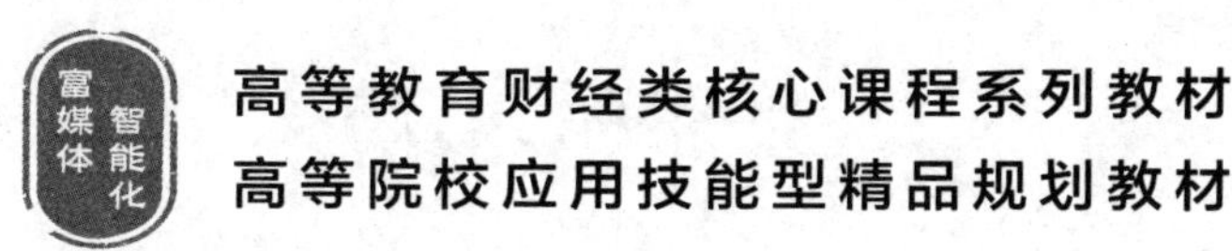

报关实务

Customs Declaration Practice

（第二版）

应用·技能·案例·实训

姚 雷 李 贺 卢 军 尚华伟◎主 编

赵 东 孟庆珍 柏 丽 叶 雨◎副主编

上海财经大学出版社

图书在版编目(CIP)数据

报关实务:应用·技能·案例·实训/姚雷等主编. —2 版. —上海:上海财经大学出版社,2019.1

高等教育财经类核心课程系列教材

高等院校应用技能型精品规划教材

ISBN 978-7-5642-3150-7/F·3150

Ⅰ.①报… Ⅱ.①姚… Ⅲ.①进出口贸易-海关手续-中国-高等学校-教材 Ⅳ.①F752.5

中国版本图书馆 CIP 数据核字(2018)第 260624 号

□ 责任编辑 汝 涛

□ 书籍设计 贺加贝

报 关 实 务

——应用·技能·案例·实训

(第二版)

姚 雷 李 贺 卢 军 尚华伟 主 编

赵 东 孟庆珍 柏 丽 叶 雨 副主编

上海财经大学出版社出版发行

(上海市中山北一路 369 号 邮编 200083)

网 址:http://www.sufep.com

电子邮箱:webmaster @ sufep.com

全国新华书店经销

上海叶大印务发展有限公司印刷装订

2019 年 1 月第 2 版 2019 年 1 月第 1 次印刷

787mm×1092mm 1/16 23 印张 589 千字

印数:4 001—8 000 定价:55.00 元

第二版前言

2018 年 4 月 20 日，出入境检验检疫局正式并入中国海关，这对所有从事进出口贸易，国际物流，港口及报关、报检等工作的人员和企业而言，都是一个非常重要的日子。"关检合一"后，在通关作业方面，统一通过"单一窗口"实现报关报检，对进出口货物实施一次查验，凭海关放行指令提离货物，实现一次放行。通关作业实现了"一次申报""一次查验""一次放行"的"三个一"标准。这对于广大进出口企业来说，企业通关效率提升了，贸易便利化程度进一步提高。为此，我们根据最新的政策调整及时修订并出版了本书。

本书共分为 12 个项目，涵盖了报关与海关管理、报关与对外贸易管制、进出境报关程序、一般进出口货物报关程序、保税加工货物报关程序、保税物流货物报关程序、减免税货物报关程序、暂准进出境货物报关程序、其他进出境货物报关程序、海关监管货物特殊申报程序、进出口税费、关检融合、单一窗口。在教材的结构编排上，我们采用现代化教学模式中所提倡的"项目引领、任务驱动、实操技能"的教学理念，对每个项目强调以实例为引导、以实践运用为手段、以实操技能为目的进行能力启发式编写，充分体现概念清晰、结构合理、内容新颖、通俗易懂、操作性强的特点。

根据培养 21 世纪财经类应用技能型人才的需要，本书力求体现以下特色：

1. 结构合理，体系规范。本书针对高等教育应用技能型院校的特点，将内容庞杂的报关理论与实务基础知识系统性地呈现出来，力求做到理论知识必需、够用，体系科学规范，内容简明实用，帮助学生为今后从事相关工作打下基础。

2. 内容求新，应用性强。本书从高等教育教学规律出发，与实际接轨，介绍了最新的报关理论知识和案例，在注重阐述报关必要理论的同时，强调报关基本技能的应用；主要引导学生"学中做"和"做中学"，一边学理论，一边将理论知识加以应用，实现理论和实训一体化。

3. 与时俱进，紧跟政策。本书及时反映"关检融合、单一窗口""海关信用管理""海关监管货物报关流程""跨境电商出口退税""关检融合报关单"等最新动态，将最新的内容融入所涉及的项目及任务，做到及时与国家的相关政策规定同步，海关政策更新调整截至 2018 年 12 月。

4. 栏目丰富，形式生动。本书栏目形式丰富多样，每个项目设有知识目标、技能目标、素质目标、项目引例、同步案例、做中学、职场指南、拓展阅读和经验小谈等栏目，并添加了二维码，丰富了教材内容与知识体系，也为教师教学和学生更好地掌握知识内容提供了首尾呼应、层层递进的可操作性教学方法。

5. **校企合作，接近实际。**为培养应用技能型人才，践行知行合一，把实践教学作为深化教学改革的关键环节，推动校企共同修订培养模式，推动校企共同开发课程，共建实训培训，发展创新创业教育、开展校企合作育人，本书对接最新职业标准、行业标准和岗位规范，组织开发或修订融合职业岗位所需知识、技能和职业素养的人才培养方案和课程标准而编写本书。

6. **职业技能，提升能力。**本书配合新的形势需要，把握行业发展前沿，以全国高等院校技能大赛为导向，注重基础知识和实操技能的结合，目的是提高整体素质和综合职业技能，特别是创新能力和实践应用能力，使学生掌握专业知识技能，突出培养学生的实践操作能力，注重实用性与知识性。

7. **课程资源，配套上网。**为了配合课堂教学，我们设计制作了精美的教师课件、习题参考答案、课程教学大纲、模拟试卷、报关单据等，实现网上运行，充分发挥网络课程资源的作用，探索课堂教学和网络教育有机结合的新途径。

本书由姚雷、李贺、卢军、尚华伟主编，赵东、孟庆珍、柏丽、叶雨副主编。其中：姚雷执笔项目五和项目十、李贺执笔项目一和项目七、卢军执笔项目六、尚华伟执笔项目三、赵东执笔项目九、孟庆珍执笔项目十一和项目十二、柏丽执笔项目四和项目八、叶雨执笔项目二。本书适合国际经济与贸易、报关与国际货运、物流管理、商务英语、国际商务等经管类专业方向的学生使用，同时也适合作为参加报关水平测试人员的辅助教材。另外，本书还配有姊妹书籍《报检实务——应用·技能·案例·实训》（第二版）、《报检与报关实务——应用·技能·案例·实训》（第三版）。

本书在编写过程中，参阅了大量的教材、著作、法律、法规，由于编写时间仓促，加之编者水平有限，难免存在一些不足之处，恳请专家、学者批评指正，以便改进完善。同时，感谢上海财经大学出版社的大力支持，谨此一并表示衷心的感谢。

内容更新与修订

编 者

2018 年 10 月

目 录

报关与海关管理

○ **知识目标:**

理解:海关的性质和任务,报关的范围与内容。

熟知:报关与通关的区别,熟知报关单位的法律责任。

掌握:海关对报关单位的分类及管理,海关的权力,海关信用管理。

○ **技能目标:**

能办理报关单位注册登记手续,能配合海关工作,能灵活运用海关的相关法规,解答实际问题。

○ **素质目标:**

能够运用所学的实务知识研究相关案例,培养和提高学生在特定业务情境中分析问题与决策设计的能力;能够结合报关行业规范或标准,分析报关行为的善恶,强化学生职业素养和职业操守道德。

○ **项目引例:**

大连星海服装有限公司是商务部批准的具有进出口经营权的服装加工企业,从事各种男女服装的生产加工及贸易服务,产品主要销往欧洲、美国、加拿大及日本等国家和地区。为了取得报关资格,自助办理进出口报关业务,该公司需到沈阳海关办理注册登记手续。

请问:

1. 什么是报关?
2. 该公司如何办理报关注册登记手续?
3. 报关单位在报关过程中有哪些注意事项?
4. 报关员在报关过程中有哪些注意事项?

○ **知识精讲:**

任务一　报关概述

一、报关的概念

《中华人民共和国海关法》(简称《海关法》)第八条规定:"进出境运输工具、货物、物品,必须通过设立海关的地点进境或出境。"由此可见,由设立海关的地点进出境并办理规定的海关手续是运输工具、货物、物品进出境的基本原则,同时也是进出境运输工具负责人、进出口货物收发货人、进出境物品所有人应履行的一项基本义务。

一般而言，报关是指进出境运输工具负责人、进出口货物收发货人、进出境物品所有人或者他们的代理人向海关办理运输工具、货物、物品进出境手续及海关相关事务的过程。其中，进出境运输工具负责人、进出口货物收发货人、进出境物品所有人或者他们的代理人是报关行为的承担者，是报关主体，也就是报关人；报关的对象是进出境运输工具、货物、物品；报关的内容是办理运输工具、货物、物品的进出境手续及相关海关手续；海关是进出境的监督管理机关，是对报关人的报关行为进行监督制约的国家行政执法机关。

【拓展阅读 1－1】　报关与通关的区别和联系

通关是指进出境运输工具的负责人、进出口货物的收发货人及其代理人、进出境物品的所有人向海关办理报关对象进出境手续，海关对其提交的单证和进出境申请书依法进行审核、查验、征缴税费、批准进境或者出境放行的全过程。报关与通关二者工作的对象是相同的，都是针对运输工具、货物、物品的进出境而言的。二者的区别是活动角度不同，报关是从海关行政管理相对人的角度出发，仅指向海关办理进出境手续；通关是从报关管理者的角度出发，通关不仅包括海关行政管理相对人向海关办理有关手续，还包括海关对报关对象依法进行监督管理，核准其进出境的管理过程。

二、报关的范围

根据法律规定，所有进出境的运输工具、货物、物品都需要办理报关手续。报关的具体范围涉及以下三个方面：

（一）进出境运输工具

进出境运输工具主要包括用于载运人员、货物、物品进出境，并在国际上运营的各种境内或境外船舶、车辆、航空器和驮畜。

（二）进出境货物

进出境货物主要包括一般进出境货物，保税货物，暂准进出境货物，特定减免税货物，过境、转运和通运货物及其他进出境货物。此外，一些特殊形态的货物，如以货品为载体的软件或通用电缆、管道输送进出境的水和电等也属于报关的范围。

（三）进出境物品

进出境物品主要包括进出境的行李物品、邮递物品和其他物品。行李物品是指以进出境人员携带、托运等方式进出境的物品；邮递物品是指以邮递方式进出境的物品；其他物品主要是指享有外交特权和豁免权的外国机构或者人员的公务用品或自用物品等。

三、报关的分类

（一）按报关对象的不同，可分为运输工具报关、货物报关和物品报关

因为海关对进出境工具、货物和物品有不同的监管要求，所以报关也相应地分为运输工具报关、货物报关和物品报关三类。

进出境运输工具作为货物、人员及其携带物品的进出境载体，其报关主要是向海关直接交验随附的、符合国际商业运输惯例、能反映运输工具进出境合法性及其所承运货物、物品情况的合法证件、清单和其他运输单证，其手续较为简单。

进出境货物的报关相对比较复杂，海关专门针对进出境货物的监管要求，制定了一系列报关管理规范，并要求必须由具备一定的专业知识和技能且经海关审核的专业人员来代表报关单位专门办理。

进出境物品因其具有非贸易性质，且一般仅限于自用及合理数量，所以其报关手续也很简单。

(二)按报关的目的不同，可分为进境报关和出境报关

由于海关对不同报关对象的进出境有不同的管理要求，运输工具、货物、物品根据进境和出境的目的分别形成了一套进境报关和出境报关手续。

(三)按报关的行为性质或报关活动实施者的不同，可分为自理报关和代理报关

1. 自理报关

自理报关是指由进出口货物收发货人自行办理报关业务。根据目前我国海关的规定，进出口货物收发货人必须依法向海关注册登记后方能办理报关业务。

2. 代理报关

代理报关是指接受进出口货物收发货人的委托，代理其办理报关业务的行为。我国海关法律将有权接受他人委托办理报关业务的企业称为报关企业。报关企业必须依法取得报关企业注册登记许可并向海关注册登记后方能从事代理报关业务。

根据代理报关法律行为责任承担者的不同，代理报关又分为直接代理报关和间接代理报关。直接代理报关是指报关企业接受委托人(进出口货物收发货人)的委托，以委托人的名义办理报关业务的行为，代理人代理行为的法律后果直接作用于被代理人。间接代理报关是指报关企业接受委托人的委托，以报关企业自身的名义向海关办理报关业务的行为，报关企业应当承担与进出口货物收发货人自己报关时所应当承担的相同的法律责任。

目前，我国报关企业大多采用直接代理报关形式，间接代理报关只适用于经营快件业务的国际货物运输代理企业。

【拓展阅读 1-2】　　报关企业的代理报关

报关企业	代理方式	行为属性	法律责任
报关企业代理报关	直接代理	委托行为代理	法律后果直接作用于被代理人(委托人)，报关企业也应承担相应的责任
	间接代理	视同企业能够自己报关	法律后果直接作用于代理人(报关企业)，由报关企业承担收发货人自己报关时所应承担的法律责任

经验小谈 1-1

我司打算从德国进口钢材，现在想找一家公司代理进口。请问委托报关企业代理报关进口需要签订委托协议吗?

答：根据《海关进出口货物申报管理规定》第 12 条：报关企业接受进出口货物收发货人委托办理报关手续的，应当与进出口货物收发货人签订有明确委托事项的委托协议，进出口货物收发货人应当向报关企业提供委托报关事项的真实情况。

四、报关的基本内容

报关的基本内容包括办理运输工具、货物、物品的进出境手续。由于进出境运输工具、货物、物品的性质不同，海关对其监管要求也不一样，因此其报关的基本内容也有所区别。

（一）进出境运输工具报关的基本内容

我国《海关法》规定，所有进出我国关境的运输工具必须经由设有海关的港口、车站、机场、国界孔道、国际邮件互换局（交换站）及其他可办理海关业务的场所申报进出境。根据海关监管的要求，进出境运输工具负责人或其代理人在运输工具进入或驶离我国关境时均应如实向海关申报运输工具所载旅客人数、进出口货物数量、装卸时间等基本情况。此外，运输工具报关时还需提交运输工具从事国际合法性运输必备的相关证明文件，如船舶国籍证书、吨税证书、海关监管簿、签证簿等，必要时还需出具保证书或缴纳保证金。

（二）进出境货物报关的基本内容

根据海关规定，进出境货物的报关应由依法取得报关从业资格并在海关注册的报关员办理。进出境货物报关的基本内容包括：按照规定填制报关单，如实申报进出口货物的商品编码、实际成交价格、原产地及相关优惠贸易协定代码，并办理提交报关单证等与申报相关的事宜；申请办理缴纳税费、退税和补税事宜；申请办理加工贸易合同备案、变更和核销及保税监管等事宜；申请办理进出口货物减税、免税等事宜；办理进出口货物的查验、结关等事宜以及应当由报关单位办理的事宜。

海关对不同性质的进出境货物规定了不同的报关程序和要求。一般来说，进出境货物报关时，报关单位和报关人员应在进出境货物收发货人接到运输公司或邮递公司寄交的提货通知单，或根据合同规定备齐出口货物后，做好向海关办理货物报关的准备工作，或者签署委托代理协议，委托报关企业向海关报关；准备好单证，在海关规定的报关地点和报关时限内以书面和电子数据方式向海关如实进行申报；经海关对报关电子数据和书面报关单证进行审核后，在海关认为必需时，报关人员要配合海关进行货物的查验；属于应纳税、应缴费范围的进出境货物，报关单位应在海关规定的期限内缴纳税费；海关做出放行决定后，该进出境货物报关完成，报关单位可以安排提取或装运货物。

对于保税加工货物、特定减免税进出境货物、暂准进出境货物，除了以上工作外，在进出境前还需办理备案申请等手续，进出境后还需在规定时间、以规定的方式向海关办理核销、结案等手续。

（三）进出境物品报关的基本内容

根据《海关法》的规定，个人携带进出境的行李物品、邮寄进出境的物品，应当以自用合理数量为限。“自用”是指进出境旅客本人自用、馈赠亲友而非出售或出租；“合理数量”是指海关根据进出境旅客旅行目的和居留时间所规定正常数量以及海关对进出境邮递物品规定的征免税限制。自用合理数量原则是海关对进出境物品监管的基本原则，也是对进出境物品报关的基本要求。

1. 进出境行李物品的报关

我国对进出境行李物品报关采用“红绿通道”制度。我国海关规定，进出境旅客在向海关申报时，可以在分别以红色和绿色作为标记的两种通道中进行选择。绿色通道适用于携带物品在数量和价值上均不超过免税限额，且无国家限制或禁止进出境物品的旅客；红色通道适用于携带上述绿色通道适用物品以外的其他物品的旅客。此时，旅客必须填写《中华人民共和国海关进（出）境旅客物品申报单》或海关规定的其他申报单证，在进出境地向海关做出书面申报。红绿通道的规定如表1－1所示。

表 1—1　　　　　　　　　　　　红绿通道的规定

绿色通道(免申报)	红色通道(必须申报)
携带的旅行自用物品在数量和价值上均不超过免税限额 无国家限制或禁止进出境物品的旅客 免验特使人员,如外交人员和 16 周岁以下旅客	入境人员携带外币现钞入境,超过等值 5 000 美元的应当向海关书面申报 出境人员携带不超过等值 5 000 美元(含 5 000 美元)的外币现钞出境;如超出上述等值,需凭入境时填具的海关申报单或银行或外汇管理局出具的许可证明予以放行 旅客携带人民币进出境,限额为 20 000 元,超出的不准进出境 携带文物出境必须向海关申报,海关凭文化行政管理部门盖的“火漆印”及文物外销统一发货票,或文化行政管理部门出具的许可出口证明查验放行。

2. 进出境邮递物品的报关

进出境邮递物品的报关因其特殊的邮递方式而不同。我国是《万国邮政公约》的签约国,根据《万国邮政公约》的规定,进出境邮包必须由寄件人填写“报税单”(小包邮件填写“绿色标签”),列明所寄物品的名称、价值、数量,向邮包寄达国家的海关申报。进出境邮递物品的“报税单”和“绿色标签”是随同物品通过邮政企业或快递公司邮递给海关的。

进出境邮递物品信息化管理系统

3. 进出境其他物品的报关

(1)暂时免税进出境物品。个人携带进出境的暂时免税进出境物品,进出境时必须向海关做出书面申报,并经海关核准登记,方可免税携带进出境;而且将来应由本人复带出进境。

(2)享有外交特权和豁免权的外国机构或人员进出境物品。这包括外国驻中国使馆和使馆人员,以及外国驻中国领事馆、联合国及其专门机构和其他国际组织驻中国代表机构及其人员进出境的公务用品和自用物品。外国驻中国使馆和使馆人员进出境公用、自用物品应当以海关核准的直接需用数量为限。在首次进出境前,应当到主管海关办理备案手续。

有下列情形者,不准进出境:①超出海关核准的直接需用数量的;②未按照规定办理备案申报手续的;③未经批准擅自将免税进境的物品转让、出售后,再次申报进境同类物品的;④携带禁止或者限制进出境物品进出境不能提交有关许可证件的。

运进公用、自用物品时,应提交“外交物品申报单”、提运单、发票、装箱单、身份证件等单据。其中,运进机动车辆的,还应提交使馆照会。

随身携带自用物品应口头申报,如携带超过规定限额的限制性物品进境,应当书面申请。

任务二　海关概述

一、海关的性质和任务

(一)海关的性质

我国《海关法》第二条规定:“中华人民共和国海关是国家进出关境监督管理机关。”这一规定明确了海关的性质,包括以下三层概念:

1. 海关是国家行政机关

我国的国家机关包括享有立法权的立法机关、享有司法权的司法机关和享有行政管理权的行政机关。海关是国家的行政机关之一，从属于国家行政管理体制，属于我国最高国家行政机关——国务院的直属机构，对内、对外代表国家依法独立行使行政管理权。

2. 海关是国家进出境监督管理机关

海关依照有关法律、行政法规并通过法律赋予的权力，制定具体的行政规章和行政措施，对特定领域的活动开展监督管理，以保证其按国家的法律规范进行。海关实施监督管理的范围是进出境及与之有关的活动，监督管理的对象是所有进出境的运输工具、货物、物品。

3. 海关的监督管理是国家行政执法活动

海关通过法律赋予的权力，对特定范围内的社会经济活动进行监督管理，并对违法行为依法实施行政处罚，以保证这些社会经济活动依照国家的法律规范进行。因此，海关的监督管理是保证国家有关法律、行政法规实施的行政执法活动。

海关执法的依据是《海关法》和其他有关法律、行政法规。海关总署可以根据法律和国务院的法规、决定、命令，制定规章制度，作为执法依据的补充。

（二）海关的任务

《海关法》第二条规定："海关依照本法和其他有关法律、行政法规，监督进出境的运输工具、货物、行李物品、邮递物品和其他物品，征收关税和其他税费，查缉走私，并编制海关统计和办理其他海关业务。"这实际上表明海关有四项基本任务：监管、征税、查缉走私、编制海关统计。

1. 监管

海关监管不是海关监督管理的总称，海关监督管理是海关全部行政执法活动的统称，而海关监管则是指海关运用国家赋予的权力，通过一系列管理制度与管理程序，依法对进出境运输工具、货物、物品及相关人员的进出境活动所实施的一种行政管理。

根据监管对象的不同，海关监管可分为运输工具监管、货物监管、物品监管三大体系，每个体系都有一整套规范的管理程序和方法。

海关主要通过备案、审单、查验、放行、后续管理等方式对进出境运输工具、货物、物品的进出境活动实施监管。此外，海关还要执行或监督其他对外贸易管理制度的实施，如进出口货物许可制度、知识产权保护制度、外汇管理制度、进出口商品检验检疫制度、文物管理制度等，从而在政治、经济、文化道德、知识产权保护、公众健康等方面维护国家利益，有效地贯彻国家对外贸易管理政策，保证各项管理措施的顺利实施。

2. 征税

征税是指海关依据《海关法》和《进出口关税条例》，代表国家征收关税和其他税、费。关税(Tariff)是指海关代表国家，按照《海关法》和《海关进出口税则》，对准予进出口的货物、进出境物品征收的一种税。其他税、费是指海关在货物进出境环节，按照关税征收程序征收的有关国内税、费，其中"其他税"是指海关对用于国内消费的进口货物征收的进口环节海关代征税(包括增值税、消费税)以及对停靠我国港口的外籍船舶征收的船舶吨税等；"其他费"主要是指海关在履行监督管理职责时，依法针对保税加工货物征收的监管手续费以及向实施特殊查验的进出口货物收发货人征收的监管费用。

海关通过执行国家制定的关税政策，对进出口货物、进出境物品征收关税，可以起到保护国内工农业生产、调整产业结构、组织财政收入和调节进出口贸易活动的作用。

3. 查缉走私

查缉走私是指海关依照法律赋予的权力，在海关监管场所和海关附近的沿海沿边规定地区，为发现、制止打击、综合治理走私活动而进行的一种调查和惩处活动。它是海关为了保证顺利完成监管和征税等任务而采取的保障措施。

走私是指进出境活动的当事人或相关人员违反《海关法》及有关法律、行政法规，逃避沿海监管，偷逃应纳税款，逃避国家有关进出境的禁止性或限制性管理，非法运输、携带、邮寄国家禁止、限制进出口或者依法应缴纳税款的货物、物品进出境，或者未经海关许可并且未缴纳税款、交验有关许可证，擅自将保税货物、特定减免税货物以及其他海关监管货物、物品、进境的境外运输工具在境内销售的行为。

为维护国家进出口贸易的正常秩序，保证国家关税和其他税费的依法征收，维护国家的主权和利益，国家都会对走私犯罪行为予以严厉打击。我国《海关法》规定国家实行“联合缉私、统一处理、综合治理”的缉私体制，海关负责组织、协调、管理查缉走私工作，是打击走私的主要部门。为了严厉打击走私犯罪活动，我国于 1998 年组建了打击走私犯罪的海关缉私警察队伍。缉私警察实行海关与公安双重垂直领导、以海关领导为主的管理体制，负责对走私案件的侦查、拘留、执行逮捕、预审工作。

根据我国的缉私体制，除了海关以外，公安、工商、税务、烟草专卖等部门也有查缉走私的权力，但这些部门查获的走私案件，必须按照法律规定，统一处理。各有关行政执法部门查获的走私案件，应当予以行政处罚的移送海关依法处理；涉嫌犯罪的，应当移送海关侦查走私犯罪的机构、地方公安机关依据案件管辖分工和法定程序处理。

【同步案例 1－1】　　拱北海关查获 30 万元走私海鲜

拱北海关缉私部门在海上渠道查获一起渔船走私龙虾等高档海鲜产品进境案，查扣鲜活龙虾、象拔蚌等高档海鲜产品 150 多箱，重约 2 吨，价值近 30 万元，当场抓获涉案船员 2 人。

6 月 6 日，拱北海关 856 缉私艇在辖区海域执行巡查任务。当晚深夜时分，一艘渔船驶出香港水域，进入蜘洲附近海面。856 艇上缉私人员根据相关线索，初步判断该渔船有极大的走私嫌疑，立即截停嫌疑船。856 艇顶风破浪向渔船逼近，并通过喇叭喊话要求其停船接受海关检查。嫌疑船只拒绝停船并掉头逃跑，其间还有一艘胶质快艇多次伺机靠近渔船企图接应船上人员逃逸。856 艇加大马力、奋勇追击，将其成功截停。缉私人员登上嫌疑船只检查发现，船舱甲板上堆满了包装海鲜的专用白色泡沫箱，而泡沫箱内全都装着鲜活的外产龙虾和象拔蚌，足足有 150 箱，重约 2 吨。经审讯，涉案船员供认，该批海鲜从香港装载，企图偷运回内地销售牟利。

案例精析

4. 编制海关统计

编制海关统计是指以实际进出口货物作为统计和分析的对象，通过收集、整理、加工处理进出口货物报关单或经海关核准的其他申报单证，对进出口货物的品种、数（重）量、价格、国别（地区）、经营单位、境外目的地、境内货源地、贸易方式、移送方式、关别等项目分别进行统计和分析。这样有助于全面、准确地反映对外贸易的运行态势，及时提供统计信息和咨询，实施有效的统计监督，开展国际贸易统计的交流与合作，促进对外贸易的发展。

经验小谈 1－2

我司是一家外贸公司，近期在做业务统计，想了解哪些运输方式纳入海关统计？

答:根据《海关统计工作管理规定》第 26 条:运输方式按照水路运输、铁路运输、公路运输、航空运输、邮件运输和其他运输等方式进行统计。进境货物的运输方式应当按照货物运抵我国境内第一个口岸时的运输方式进行统计;出境货物的运输方式应当按照货物运离我国境内最后一个口岸时的运输方式进行统计。

海关的四项基本任务是一个统一的有机联系的整体。监管工作通过监管进出境运输工具、货物、物品的合法进出,保证国家有关出口政策、法律、行政法规的贯彻实施,是海关四项基本任务的基础。征税工作所需的数据、资料等是在海关监管的基础上获取的,征税与监管有着密切的关系。查缉走私工作则是监管、征税两项基本任务的延伸,监管、征税工作中发现的逃避监管和偷漏税款的行为,必须运用法律手段制止和打击。编制海关统计是在监管、征税工作基础上完成的,它为国家宏观经济调控提供了准确、及时的信息,同时又对监管、征税等业务环节的工作质量起到检验把关的作用。

除了这四项基本原则外,近几年来国家通过有关法律、行政法规赋予了海关一些新的职责,比如知识产权海关保护、海关对反倾销及反补贴的调查等,这些新的职责也是海关的任务。

二、海关权力

海关权力是指国家为了保证海关依法履行职责,通过《海关法》和其他法律、行政法规赋予海关对进出境运输工具、货物、物品的监督管理权。海关权力属于公共行政权范畴,其行使是有一定范围和条件限制的,应当接受法律和人民群众的监督。

(一)海关权力的特点

海关权力作为一种行政权力,除了具有一般行政权力的单方性、强制性、无偿性等基本特征外,还具有特定性、独立性、强制性、复合性和自由裁量性等特征。

1. 特定性

海关权力的特定性是指海关依法具有行使进出境监督管理权资格。《海关法》第二条规定:中华人民共和国海关是国家的进出关境监督管理机关。首先,这是海关权力法定性的规定,即法律明确规定只有海关才享有对进出境活动进行监督管理的行政主体资格,具有进出境监督管理权。其他任何机关、团体、个人都不具备行使海关权力的资格。其次,海关权力的特定性还体现在海关权力的限制上,即这种权力只适用于进出关境监督管理领域,超出这个范围,就是一种越权行为,应视为无效。

2. 独立性

《海关法》第三条规定:“海关依法独立行使职权,向海关总署负责。”这不仅明确了我国海关的垂直领导管理体制,也表明海关行使职权只对法律和上级海关负责,不受地方政府、其他机关、企业单位或个人的干预。它表明海关能以自己的名义行使权力,在法律范围内依据自己的判断做出决定、发布命令,独立地组织和实施行政行为;同时,海关还能够独立参加行政复议和行政诉讼活动,独立承担因实施权力而产生的法律责任。

3. 强制性

海关权力的行使以法律为依据,以海关的行政强制措施,乃至国家的强制力为后盾,无须与相对人协商或征得其同意,具有单方面意志性和强制性。海关依法所实施的管理活动,相对人有服从、接受和协助的义务,行政海关权力的效力先定性表现在海关行政行为一经做出,就推定其符合法律规定,对海关本身和海关管理相对人都具有约束力。在没有被国家有权机关宣布为违法和无效之前，即使管理相对人认为海关行政行为侵犯其合法权益，也必须遵守和服从。如果相对人不服从海关监督管理或妨碍海关行使职权，海关可以运用其权力手段，强制相对人执行和服从决定，以保障行政行为的实施。相对人无权拒绝海关依法或依职权实施的行为，相对人如果拒不履行海关的行政命令或行政处理，海关可以依法强制其履行或依法申请人民法院强制执行。即使相对人认为海关具体行政行为侵犯了其合法权益，也只能通过行政复议、行政诉讼等行政救济措施解决，但在相关机关未做出裁决前，海关行政职权行为推定合法，相对人必须履行进出境义务，服从海关行政决定。

4. 复合性

海关权力的复合性是指海关在依据法律授权以行使行政职权为主的同时，还可以依据法律授权行使一定的立法权和司法权。例如，海关在打击走私犯罪活动中依据法律授权具有司法和行政两种手段；又如，海关可以参与行政立法活动，提出立法建议和起草制定一些行政法规，经国务院颁布实施；等等。

5. 自由裁量性

自由裁量性是指海关在法律所允许的范围内，根据具体情况进行具体分析，并在一定范围和幅度内自行判断及选择自己认为正确的行为权力，从而更加准确地贯彻法律意图，体现公正的要求。虽然法律上要求海关的行政行为必须依法而行，必须有法律依据，但这并不意味着海关权力的行使只是机械地按照法律预先设计的具体路线、方式行事，而不能有任何的自行选择、裁量，不能有任何自己的主动性参与。而且，法律是具有稳定性的，一旦制定就不能随意修改，因此，自由裁量是必需的。如海关对违规、走私，在处理上，特别是在没收、罚款和罚没并处的量刑上，不可否认其自由裁量往往伸缩性较大，这既是对海关的一种信用授权，同时也带来了一定的执法难度。

（二）海关权力的具体内容

根据《海关法》和其他有关法律、行政法规的规定，海关权力主要包括：

1. 行政许可权

行政许可权是指海关依据《中华人民共和国行政许可法》《海关法》及《海关实施〈中华人民共和国行政许可法〉办法》的规定，具有对公民、法人或者其他组织的申请，经依法审查，准予其从事与海关进出境监督管理相关的特定活动的权力。这主要包括报关企业注册登记、海关监管货物仓储审批、承运境内海关监管货物的运输企业车辆注册、暂时进出境货物的核准、保税仓库的设立审批、加工贸易业务核准等许可。由海关法制部门归口管理。

2. 税费征收权

税费征收权是指海关依据《海关法》《进出口税则》《进出口关税条例》及《中华人民共和国海关进出口货物征税管理办法》的规定，所具有的对进出境的运输工具、货物、物品行使征收税费的职权。主要包括：

(1)价格审定。海关有权依据关税法规对进出口货物的价格进行审查，以确定货物的完税价格，制止价格瞒骗、偷逃关税行为的发生。

(2)化验鉴定。根据海关总署规定，海关在监管过程中如果对申报进出口货物、物品的属性有质疑，经现场查验不能确认，有权提取货样进行化验鉴定，以正确地进行商品归类，为揭露、证实伪报货物品名，涉嫌价格瞒骗的案件提供监督证据。

(3)补征、追征。在法定期限内，对海关放行后的有关进出口货物、物品发现少征或漏征税款的，海关有权依法进行补征、追征税款。

(4)减征或免征。海关有权依法对特定的进出口货物、物品减征或者免征关税。

3. 进出境监管权

进出境监管权是指依据《海关法》及有关法律、行政法规的规定，所具有的对运输工具、货物、物品进出境活动实施监管的职权。主要包括：

(1)检查权。检查权是指为实现对进出境工具、货物、物品的监督管理，防范走私违法活动，以及所拥有的检查进出境运输工具、检查有走私嫌疑的运输工具和藏匿走私货物、物品嫌疑场所与检查走私嫌疑人身体的权力。

海关对进出境运输工具的检查不受海关监管区域的限制；对走私嫌疑人身体的检查，应在海关监管区和海关附近沿海、沿边规定地区内进行；对于有走私嫌疑的运输工具和有藏匿走私货物、物品嫌疑的场所，在海关监管区和海关附近沿海、沿边规定地区内，海关人员可直接检查；超出这个范围，在调查走私案件时，须经直属海关关长或者其授权的隶属海关关长批准，才能进行检查，但不能检查公民住处。检查权的具体内容如表 1－2 所示。

表 1－2　　海关检查权的行使

<table>
<tr><th>实施对象</th><th>区域</th><th>授权限制</th></tr>
<tr><td rowspan="2">进出境运输工具</td><td>“两区”内</td><td rowspan="2">海关有关部门可直接行使</td></tr>
<tr><td>“两区”外</td></tr>
<tr><td rowspan="2">有走私嫌疑的运输工具</td><td>“两区”内</td><td>海关有关部门可直接行使</td></tr>
<tr><td>“两区”外</td><td>须经直属海关关长或者其授权的隶属海关关长批准</td></tr>
<tr><td rowspan="2">有藏匿走私货物、物品嫌疑的场所</td><td>“两区”内</td><td>海关有关部门可直接行使</td></tr>
<tr><td>“两区”外</td><td>1. 须经直属海关关长或者其授权的隶属海关关长批准
2. 当事人在场；当事人未到场，须有见证人在场
3. 不能检查公民住处</td></tr>
<tr><td rowspan="2">走私嫌疑人</td><td>“两区”内</td><td>海关有关部门可直接行使</td></tr>
<tr><td>“两区”外</td><td>无授权，不能行使</td></tr>
</table>

注：“两区”是指海关监管区和海关附近沿海、沿边规定地区；“授权”包括一般性授权和一事一授权。

(2)查验权。查验权是指为了确定申报单据与货物、物品相符，由海关对进出境的货物、物品进行查看和检验的权力。海关认为有必要查验货物时，可以径行提取货样。

(3)查阅、复制权。查阅、复制权是指海关根据监管的需要，依法翻阅、查看、复制与进出境运输工具、货物、物品有关的合同、发票、账册、单据、记录、文件、业务函电、录音录像制品和其他有关资料的权力。

(4)查问权。查问权是指为了查清事实真相，由海关对违反《海关法》或相关法律法规的嫌疑人进行问询的权力。查问可以发生在申报、查验、放行以及放行后的后续管理等海关监管活动的各个阶段。

(5)查询权。查询权是指查询案件涉嫌单位和涉嫌人员在金融机构、邮政企业的存款和账户的权力。海关在调查走私案件时，经直属海关关长或者其授权的隶属海关关长批准，可以查询案件涉嫌单位和涉嫌人员在金融机构、邮政企业的存款、汇款。

(6)稽查权。自进出口货物放行之日起 3 年内或者在保税货物、减免税进出口货物的海关监管期限内及其后的 3 年内，海关可以对与进出口货物直接有关的企业、单位的会计账簿、会计凭证、报关单证以及其他有关资料和有关进出口货物实施稽查。

根据《中华人民共和国海关稽查条例》规定，海关在进行稽查时，可以行使下列职权：询问被稽查人的法定代表人、主要负责人和其他有关人员与进出口活动有关的情况和问题；检查被稽查人的生产经营场所；查询被稽查人在商业银行或者其他金融机构的存款账户；封存有可能被转移、隐匿、篡改、毁弃的账簿、单证等有关资料；封存被稽查人有违法嫌疑的进出口货物；等等。因此，稽查权在行使过程中可能会同时行使上述某些行政检查权力。

(7)扣留权。海关有权扣留违反《海关法》和其他有关法律法规的进出境运输工具、货物、物品，扣留与走私违规行为有关的合同、发票、账册、单据、记录、文件、业务函电、录音录像制品。另外，海关还有权扣留走私犯罪嫌疑人。

【做中学 1－1】

资料：红雷公司进口一批设备，属于特定减免税进口货物，海关在 2018 年 8 月 5 日放行。

提示：设备作为特定减免税货物进口，监管期限为 3 年。

讨论：海关的稽查权应于什么时候截止？

4. 行政强制权

海关行政强制权是《海关法》及相关法律、行政法规得以贯彻实施的重要保障。具体包括：

(1)海关行政强制措施。

它是指海关在行政管理过程中，为制止违法行为、防止证据损毁、避免危害发生、控制危险扩大等情形，依法对公民的人身自由实施暂时性限制，或者对公民、法人或者其他组织的财物实施的暂时性控制的行为。包括：

①限制公民人身自由。

a. 在海关监管区和海关附近沿海、沿边规定地区，对走私犯罪嫌疑人，经直属海关关长或者其授权的隶属海关关长批准，可以拘留。对走私犯罪嫌疑人，拘留时间不得超过 24 小时，在特殊情况下可以延长至 48 小时。

b. 个人违抗海关监管逃逸的，海关可以连续追至海关监管区和海关附近的沿海、沿边地区以外，将其带回处理。

c. 受海关处罚的当事人或者其法定代表人、主要负责人在出境前未缴清罚款、违法所得和依法追缴的货物、物品、走私运输工具的等值价款，又未提供担保的，海关可以通知出境管理机构阻止其出境。

②扣留财物。

a. 对违反《海关法》或其他有关法律、行政法规的进出境运输工具、货物、物品，以及与之有关的合同、发票、账册、单据、记录、文件、业务函电、录音录像制品和其他资料，可以扣留。

b. 在海关监管区和海关附近沿海、沿边规定地区，对有走私嫌疑的运输工具、货物、物品，经直属海关关长或者其授权的隶属海关关长批准，可以扣留。

c. 在海关监管区和海关附近沿海、沿边规定地区以外，对有证据证明有走私嫌疑的运输工具、货物、物品，可以扣留。

d. 有违法嫌疑的货物、物品、运输工具无法或不便扣留的，当事人或者运输工具负责人未提供等值担保的，海关可以扣留当事人等值的其他财产。

e. 海关不能以暂停支付方式实施税收保全措施时，可以扣留纳税义务人其价值相当于应纳税款的货物或者其他财产。

f. 进出口货物纳税义务人、担保人自规定的纳税期限届满之日起超过3个月未缴纳税款的，经直属海关关长或者其授权的隶属海关关长批准，海关可以拘留其价值相当于应缴税款的货物或者其他财产。

g. 对涉嫌侵犯知识产权的货物，海关可以依法申请扣留。

③冻结存款、汇款。

进出口货物的纳税义务人在规定的纳税期限内有明显的转移、藏匿其应税货物以及其他财产迹象，不能提供纳税担保的，经直属海关关长或者其授权的隶属海关关长批准，海关可以通知纳税义务人开户银行或者其他金融机构暂停支付纳税义务人相当于应纳税款的存款。

④封存货物或者账簿、单证。

a. 海关进行稽查时，发现被稽查人的进出口货物有违反《海关法》和其他法律、行政法规嫌疑的，经直属海关关长或者其授权的隶属海关关长批准，可以封存有关进出口货物。

b. 海关进行稽查时，发现被稽查人有可能篡改、转移、隐匿、毁弃账簿和单证等资料的，经直属海关关长或者其授权的隶属海关关长批准，在不妨碍被稽查人正常的生产经营活动的前提下，可以暂时封存其账簿、单证等有关资料。

⑤其他强制措施。

a. 进出境运输工具违抗海关监管逃逸的，海关可以连续追至海关监管区和海关附近的沿海、沿边地区以外，将其带回处理。

b. 对于海关监管货物，海关可以施加封志。

(2)海关行政强制执行。

它是指在有关当事人不依法履行义务的前提下，为实现海关的有效行政管理，依法强制当事人履行法律义务的行为。包括：

①加收滞纳金。

a. 进出口货物的纳税义务人逾期缴纳进出口税费的，由海关征收滞纳金。

b. 进出口货物和海关监管货物因纳税义务人违反规定造成少征或者漏征税款的，海关可以追征并加征滞纳金。

②加收滞报金。

a. 进口货物收货人未按照规定期限向海关申报产生滞报的，由海关依法征收滞报金。

b. 进口货物收货人向海关传送报关单电子数据申报的，未在规定期限或者核准期限内递交纸质报关单及随附单证，海关予以撤销报关单电子数据处理。进口货物收货人重新向海关申报，产生滞报的，由海关依法征收滞报金。

滞报金应当由进口货物收货人于当次申报时缴清。进口货物收货人要求在缴清滞报金前先放行货物的，海关可以在其提供与应缴滞报金等额的保证金后放行。

③扣缴税款。

进出口货物的纳税义务人、担保人自规定的纳税期限届满之日起超过3个月未缴纳税款的，经直属海关关长或者其授权的隶属海关关长批准，海关可以书面通知其开户银行或者其他金融机构从其暂停支付的存款中扣缴税款。

④抵缴、变价抵缴。

a. 当事人逾期不履行海关处罚决定又不申请复议或者向人民法院提起诉讼的，海关可以将其保证金抵缴罚款，或者将其被扣留的运输工具、货物、物品依法变价抵缴。

b. 进出口货物的纳税义务人、担保人自规定的纳税期限届满之日起超过 3 个月未缴纳税款的，经直属海关关长或者其授权的隶属海关关长批准，海关可以依法变卖应税货物，以变卖所得抵缴税款。

c. 海关以扣留方式实施税收保全措施，进出口货物的纳税义务人在规定的期限内未缴纳税款的，经直属海关关长或者其授权的隶属海关关长批准，依法变卖所扣留的货物或者其他财产，以变卖所得抵缴税款。

d. 进口货物的收货人自运输工具申报进境之日起超过 3 个月未向海关申报，其进口货物由海关提取依法变卖处理。

e. 确属误卸或者溢卸的进境货物，原运输工具负责人或者货物的收发货人逾期未办理退运或者进口手续的，由海关提取依法变卖处理。

海关权力的类型及具体内容如图 1—1 所示。

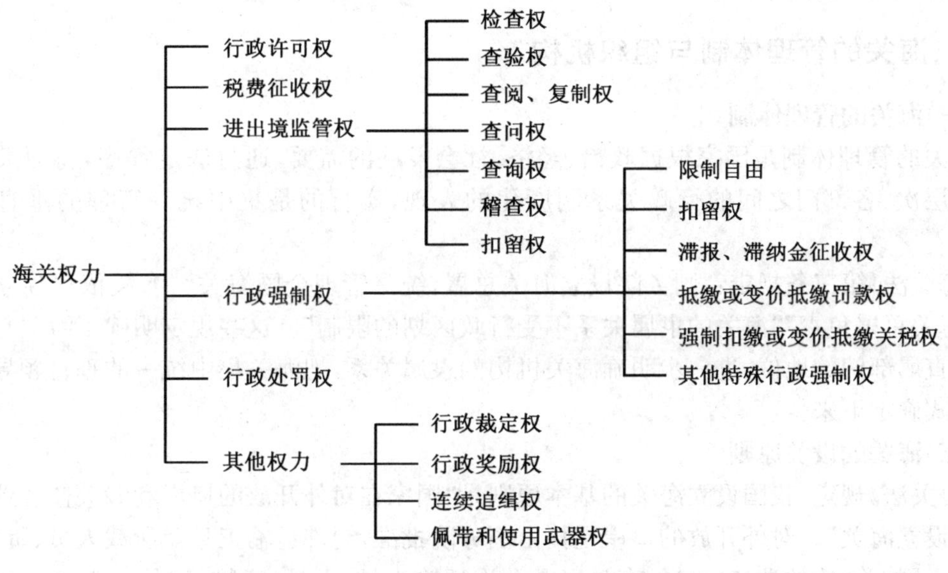

图 1—1　海关权力的类型及具体内容

(三)海关权力行使的基本原则

1. 合法原则

权力的行使要合法，这是依法行政原则的基本要求。合法原则是指海关权力的存在、行使都必须于法有据，符合法律规定。也就是说，法律法规规定为海关行使的职权，海关及其工作人员才能行使，法律法规对海关权力规定到什么范围和幅度，海关及其工作人员就只能在法定范围和幅度内行使。

2. 合理原则

合理原则是指海关在执法中必须公平、正当、合理地行使权力，它是合法原则不可或缺的补充。因国家管理的需要，海关在验、放、征、减、免、罚的管理活动中拥有很大的自由裁量权，因此，采用最合适的行为方式及其内容来行使职权，是海关行使行政权力的一项重要原则。

3. 独立行使原则

独立行使原则是指海关可以自己的名义行使权力，在法律法规规定的范围内依照自己的判断和意志做出决定，发布命令，独立地采取行政行为。海关实行高度集中统一的管理体制和垂直领导方式，地方各级海关都要对海关总署负责。

4. 程序法定原则

程序法定原则是指海关的职权、海关行政执法的权力及海关调查相对人违法行为、处理相对人的程序等，都只能由法律法规明确规定，法律法规没有明确赋予的职权，海关不得行使；即使是法律法规授予的职权，也必须在法定的授权范围内，依照法定的条件和程序行使。

【做中学 1－2】

红雷公司对海关征收的税款有异议，认为海关侵犯了其合法权益。红雷公司应该怎么做，有下列几点建议：(1)暂缓纳税，向海关提出行政裁定；(2)暂缓纳税，向海关提出行政复议；(3)缴纳税款，再提出海关行政裁定；(4)缴纳税款，再提出海关行政复议。

讨论：你会选择哪种建议，为什么？

三、海关的管理体制与组织机构

(一)海关的管理体制

海关的管理体制是国家根据政治、经济、社会发展的需要，通过法定程序，将海关组织结构中各层次、各部门之间的行政关系制度化的表现，实行的是集中统一管理的垂直领导关系。

《海关法》第三条规定："国务院设立海关总署，统一管理全国海关""海关依法独立行使职权，向海关总署负责""海关的隶属关系不受行政区划的限制"。这些规定明确了海关总署作为国务院直属部门的地位，进一步明确海关机构的隶属关系，把海关集中统一的垂直领导体制以法律形式确定下来。

(二)海关的设关原则

《海关法》规定，我国设立海关的基本原则是"国家在对外开放的口岸和海关监管业务集中的地点设立海关"。对外开放的口岸是指由国务院批准，允许运输工具及所载人员、货物、物品直接出入国(关)境的港口、机场、车站以及允许运输工具、人员、货物、物品出入国(关)境的边境通道。国家规定：在对外开放的口岸，必须设置海关。海关监管业务集中的地点，是指虽非国务院批准对外开放的口岸，但是海关某类或某几类监管业务比较集中的地方，如转关运输监管、保税加工等。这一设关原则为海关管理从口岸向内地、进而向全关境的转化奠定了基础，同时也为海关业务制度的发展预留了空间。

依据《海关法》，目前我国在下列地方设立了海关机构：对外开放口岸和进出口业务集中的地点；边境火车站、汽车站及主要国境联运火车站；边境地区陆路和江河上的准许货物、人员进出的地点；国际航空港；国际邮件互换局(交换站)；其他需要设立海关的地点。

(三)海关的组织机构

海关的组织机构分为海关总署、直属海关、隶属海关三级。隶属海关由直属海关领导，向直属海关负责；直属海关由海关总署领导，向海关总署负责。

1. 海关总署

海关总署是中华人民共和国国务院下属的正部级直属机构，统一管理全国海关机构、人员编制、经费物资和各项海关业务，是海关系统的最高领导部门。

2. 直属海关

直属海关是指由海关总署领导，负责办理一定区域范围内的海关业务的海关。目前，直属海关共有41个，除香港、澳门、台湾地区外，分布在全国31个省、直辖市、自治区。直属海关就本关区内的海关事务独立行使职权，向海关总署负责。直属海关承担着在关区内组织开展海关各项业务和关区集中审单作业、全面有效地施行海关各项政策、法律、法规、管理制度和作业规范的重要职责，在海关三级业务职能管理中发挥着承上启下的作用。

3. 隶属海关

隶属海关是指由直属海关领导，负责办理具体海关业务的海关，是海关进出境监督管理职能的基本执行单位，一般设在口岸和海关业务集中的地点。

【做中学1-3】

2009年7月15日，义乌海关正式开关运行，这是全国首个县级市海关，浙江省副省长和杭州市海关关长共同为义乌海关揭牌，宁波海关关长到场祝贺。

讨论：为什么在义乌设立海关？义乌海关属于什么级别？

任务三　报关单位

一、报关单位的概念

任务术语

报关单位是指依法在海关注册登记的报关企业和进出口货物收发货人。报关单位实行注册登记管理，向海关注册登记是法定要求。

二、报关单位的类型

《海关法》将报关单位划分为两种类型：进出口货物收发货人和报关企业。

（一）进出口货物收发货人

它是指依法直接进口或者出口货物的中华人民共和国关境内的法人、其他组织或个人。其范围和特点见表1—3。

表1—3　进出口货物收发货人的范围和特点

范围	在外经贸主管部门办理备案登记的对外贸易经营者（如贸易公司、外向型生产工厂、仓储型企业等）
	无备案登记按规定需要从事非贸易性进出口活动的单位（如境外企业、新闻机构、经贸机构、文化团体等依法在中国境内设立的常设代表机构，少量货样进出境的单位，国家机关、学校、科研院所等组织机构，临时接受捐赠、礼品、国际援助的单位，国际船舶代理企业等），在进出口货物时，海关也视其为进出口货物收发货人
特点	一般有进出口经营权；必须经海关注册才能自理报关；只能为本单位报关；是经济实体，要承担法律责任

（二）报关企业

它是指按照规定经海关准予注册登记，接受进出口货物收发货人的委托，以进出口货物收发货人的名义或者以自己的名义向海关办理代理报关业务，从事报关服务的境内企业法人。

其范围和特点见表1—4。

表1—4　报关企业的范围和特点

范围	(1)经营国际货物运输代理,兼营进出口货物代理报关业务的企业(如国际货代企业或国际船舶代理企业) (2)主营代理报关的企业(如报关行或报关公司)
特点	(1)经海关注册登记许可,并注册登记 (2)代理委托人报关,没有进出口经营权 (3)境内独立法人

三、报关单位的注册登记

报关单位注册登记制度是指进出口货物收发货人、报关企业依法向海关提交规定的注册登记申请材料,经注册地海关依法对申请注册登记材料进行审核,准予其办理报关业务的管理制度。报关单位注册登记分为进出口货物收发货人注册登记和报关企业注册登记。

(一)进出口货物收发货人注册登记

1. 流程、提交材料及相关说明

相关内容见表1—5。

表1—5　进出口货物收发货人注册登记的流程、提交材料及相关说明

流　程	进出口货物收发货人应当按照规定到所在地海关办理报关单位注册登记手续 进出口货物收发货人在海关办理注册登记后可以在中华人民共和国关境内口岸或者海关监管业务集中的地点办理本企业的报关业务
提交材料	(1)《报关单位情况登记表》;(2)营业执照副本复印件;(3)对外贸易经营者备案登记表复印件或者外商投资企业(台港澳侨投资企业)批准证书复印件;(4)其他与注册登记有关的文件材料。申请人按照规定提交复印件的,应当同时向海关交验原件。海关可以通过网络共享获取规定材料的,申请人无须另行提交
海关审核	注册地海关依法对申请注册登记材料进行核对。经核对申请材料齐全、符合法定形式的,应当核发《海关报关单位注册登记证书》。《海关报关单位注册登记证书》长期有效
临时注册登记说明	下列单位未取得对外贸易经营者备案登记表,按照国家有关规定需要从事非贸易性进出口活动的,应当办理临时注册登记手续:(1)境外企业、新闻、经贸机构、文化团体等依法在中国境内设立的常驻代表机构;(2)少量货样进出境的单位;(3)国家机关、学校、科研院所等组织机构;(4)临时接受捐赠、礼品、国际援助的单位;(5)其他可以从事非贸易性进出口活动的单位 ①临时注册登记单位在向海关申报前,应当向所在地海关办理备案手续。特殊情况下可以向拟进出境口岸或者海关监管业务集中地海关办理备案手续 ②办理临时注册登记,应当持本单位出具的委派证明或者授权证明以及非贸易性活动证明材料 ③临时注册登记的,海关可以出具临时注册登记证明,但是不予核发注册登记证书。临时注册登记有效期最长为1年,有效期届满后应当重新办理临时注册登记手续。已经办理报关注册登记的进出口货物收发货人,海关不予办理临时注册登记手续

【做中学1—3】

辽宁某院校要进口一批做实验用的设备,进口该设备时,其从事的就是非贸易性的行为。该院校应如何报关?

分析:第一种方法:该院校可以办理进出口货物收发货人临时注册登记,获得临时注册登记证明以后再去报关。第二种方法:可以直接找报关企业为其代理报关。

经验小谈 1—3

我司的工商营业执照发生了变更,请问应该在多长时间内去海关办理变更?

答:根据《海关报关单位注册登记管理规定》第 31 条:进出口货物收发货人企业名称、企业性质、企业住所、法定代表人(负责人)等海关注册登记内容发生变更的,应当自变更生效之日起 30 日内,凭变更后的营业执照副本或者其他批准文件以及复印件,向注册地海关办理变更手续。

2. 进出口货物收发货人注册登记的变更及注销

(1)进出口货物收发货人注册登记的变更

进出口货物收发货人企业名称、企业性质、企业住所、法定代表人(负责人)等海关注册登记内容发生变更的,应当自变更生效之日起 30 日内,持变更后的营业执照副本或者其他批准文件以及复印件,到注册地海关办理变更手续。

所属报关人员发生变更的,进出口货物收发货人应当在变更事实发生之日起 30 日内,持变更证明文件等相关材料到注册地海关办理变更手续。

(2)进出口货物收发货人注册登记的注销

进出口货物收发货人有相关情形之一的(见表 1—6),应当以书面形式向注册地海关办理注销手续。海关在办结有关手续后,应当依法办理注销注册登记手续。

表 1—6　　进出口货物收发货人注销登记的情形

序号	内　容
1	破产、解散、自行放弃报关权或者分立成两个以上新企业的
2	被工商行政管理机关注销登记或者吊销营业执照的
3	丧失独立承担责任能力的
4	对外贸易经营者备案登记表或者外商投资企业批准证书失效的
5	其他依法应当注销注册登记的情形

进出口货物收发货人未依照规定主动办理注销手续的,海关可以在办结有关手续后,依法注销其注册登记。

(二)报关企业注册登记

1. 设立条件和注册登记许可申请资料

相关内容见表 1—7。

表 1—7　　报关企业注册登记的设立条件和许可申请资料

序号	设立条件	注册登记许可申请资料
1	具备境内企业法人资格条件	《报关单位情况登记表》(提交复印件的,应当同时向海关交验原件)
2	法定代表人无走私记录	企业法人营业执照副本复印件

续表

序号	设立条件	注册登记许可申请资料
3	无因走私违法行为被海关撤销注册登记许可记录	报关服务营业场所所有权证明或者使用权证明
4	有符合从事报关服务所必需的固定经营场所和设施	其他与申请注册登记许可相关的材料
5	海关监管所需要的其他条件	

2. 注册登记许可程序

申请人应当到所在地海关提出申请并递交申请注册登记许可材料。直属海关应当对外公布受理申请的场所。申请人可以委托代理人提出注册登记许可申请，申请人委托代理人代为提出申请的，应当出具授权委托书。具体见图1－2。

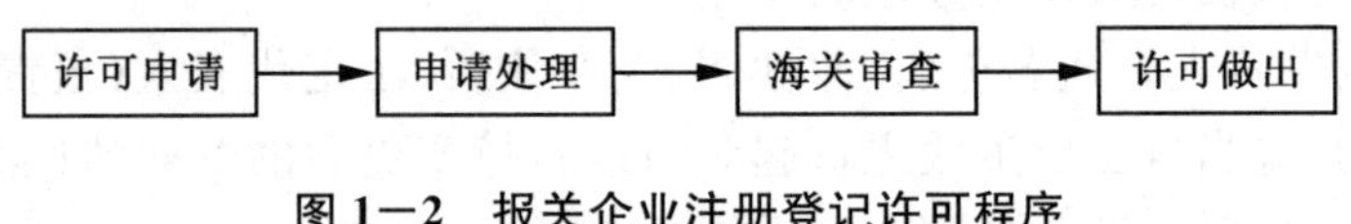

图1－2 报关企业注册登记许可程序

第一步，许可申请。准备材料（可委托）。

第二步，申请处理。

①申请人不具备报关企业注册登记许可申请资格的，应当做出不予受理的决定；

②申请材料不齐全或者不符合法定形式的，应当场或者在签收申请材料后5日内一次告知申请人需要补正的全部内容，逾期不告知的，自收到申请材料之日起即为受理；

③申请材料仅存在文字性或者技术性等可以当场更正的错误的，应当允许申请人当场更正，并且由申请人对更正内容予以签章确认；

④申请材料齐全、符合法定形式，或者申请人按照海关的要求提交全部补正申请材料的，应当受理报关企业注册登记许可申请，并做出受理决定。

第三步，海关审查。

①所在地海关受理申请后，应当根据法定条件和程序进行全面审查，并且于受理注册登记许可申请之日起20日内审查完毕。

②直属海关未授权隶属海关办理注册登记许可的，应当自收到所在地海关报送的审查意见之日起20日内做出决定。

③直属海关授权隶属海关办理注册登记许可的，隶属海关应当自受理或者收到所在地海关报送的审查意见之日起20日内做出决定。

第四步，许可结果做出。

①申请人的申请符合法定条件的，海关应当依法做出准予注册登记许可的书面决定，并送达申请人，同时核发《中华人民共和国海关报关单位注册登记证书》（简称《海关报关单位注册登记证书》）。

②申请人的申请不符合法定条件的，海关应当依法做出不准予注册登记许可的书面决定，并且告知申请人享有依法申请行政复议或者提起行政诉讼的权力。

3. 跨关区分支机构的许可

①报关企业在取得注册登记许可的直属海关关区外从事报关服务的，应当依法设立分支机构，并且向分支机构所在地海关备案。

②报关企业在取得注册登记许可的直属海关关区内从事报关服务的，可以设立分支机构，并且向分支机构所在地海关备案。

③报关企业分支机构可以在备案海关关区内从事报关服务。备案海关为隶属海关的，报关企业分支机构可以在备案海关所属直属海关关区内从事报关服务。

④报关企业对其分支机构的行为承担法律责任。

报关企业设立分支机构应当向其分支机构所在地海关提交下列备案材料：《报关单位情况登记表》（申请人按照规定提交复印件的，应当同时向海关交验原件）；报关企业《海关报关单位注册登记证书》复印件；分支机构营业执照副本复印件以及组织机构代码证书副本复印件；报关服务营业场所所有权证明复印件或者使用权证明复印件；海关要求提交的其他备案材料。

经审查符合备案条件的，海关应当核发《海关报关单位注册登记证书》。

提示：自 2019 年 2 月 1 日，全国海关通关一体化关检业务全面融合：

(1)关于进出口货物收发货人及其分支机构从事报关业务：进出口货物收发货人依法设立的分支机构可以办理进出口货物收发货人分支机构备案，由进出口货物收发货人凭《报关单位情况登记表》向分支机构所在地海关申请办理。进出口货物收发货人及其在海关备案的分支机构可以在全国办理进出口报关业务。进出口货物收发货人应当对其分支机构的行为承担法律责任。

(2)关于报关企业及其分支机构从事报关业务：报关企业及其在海关备案的分支机构可以在全国办理进出口报关业务。报关企业应当对其分支机构的行为承担法律责任。

(3)关于临时注册登记：申请人办理海关临时注册登记的，凭《报关单位情况登记表》和非贸易性活动证明材料即可向海关申请办理。

4. 报关企业许可期限

报关企业注册登记许可期限为 2 年。被许可人需要延续注册登记许可有效期的，应当办理注册登记许可延续手续。报关企业分支机构备案有效期为 2 年，报关企业分支机构应当在有效期届满前 30 日持规定的材料到分支机构所在地海关办理换证手续。

5. 报关企业注册登记许可的变更及延续

(1)报关企业注册登记许可的变更

①报关企业的企业名称、法定代表人发生变更的，应当持《报关单位情况登记表》《海关报关单位注册登记证书》、变更后的工商营业执照或者其他批准文件及复印件，以书面形式到注册地海关申请变更注册登记许可。

②报关企业分支机构企业名称、企业性质、企业住所、负责人等海关备案内容发生变更的，应当自变更生效之日起 30 日内，持变更后的营业执照副本或者其他批准文件及复印件，到所在地海关办理变更手续。

③所属报关人员备案内容发生变更的，报关企业及其分支机构应当在变更事实发生之日起 30 日内，持变更证明文件等相关材料到注册地海关办理变更手续。

④对被许可人提出的变更注册登记许可申请，注册地海关应当参照注册登记许可程序进行审查。经审查符合注册登记许可条件的，应当做出准予变更的决定，同时办理注册信息变更手续。

经审查不符合注册登记许可条件的，海关不予变更其注册登记许可。

(2)报关企业注册登记许可的延续

①报关企业办理注册登记许可延续手续，应当在有效期届满前 40 日向海关提出申请，同

时提交申请报关企业注册登记许可规定的文件材料。依照海关规定提交复印件的，还应当同时交验原件。

②报关企业应当在办理注册登记许可延续的同时办理换领《海关报关单位注册登记证书》手续。

③报关企业未按照规定的时限提出延续申请的，海关不再受理其注册登记许可延续申请。

④海关应当参照注册登记许可程序在有效期届满前对报关企业的延续申请予以审查。经审查认定符合注册登记许可条件，以及法律、行政法规、海关规章规定的延续注册登记许可应当具备的其他条件的，应当依法做出准予延续2年有效期的决定。

⑤海关应当在注册登记许可有效期届满前做出是否准予延续的决定。有效期届满时仍未做出决定的，视为准予延续，海关应当依法为其办理注册登记许可延续手续。

⑥海关对不再具备注册登记许可条件，或者不符合法律、行政法规、海关规章规定的延续注册登记许可应当具备的其他条件的报关企业，不准予延续其注册登记许可。

6. 注销注册登记许可

有下列情形之一的，海关应当依法注销注册登记许可：(1)有效期届满未申请延续的；(2)报关企业依法终止的；(3)注册登记许可依法被撤销、撤回，或者注册登记许可证件依法被吊销的；(4)由于不可抗力导致注册登记许可事项无法实施的；(5)法律、行政法规规定的应当注销注册登记许可的其他情形。

海关依据规定注销报关企业注册登记许可的，应当同时注销该报关企业设立的所有分支机构。

经验小谈 1－4

我司在搬家期间不慎遗失了注册登记证书，现已申请补办。请问在补办期间，公司能继续办理报关业务吗？

答：根据《海关报关单位注册登记管理规定》第34条：报关单位应当妥善保管海关核发的注册登记证书等相关证明文件。发生遗失的，报关单位应当及时书面向海关报告并说明情况。

海关应当自收到情况说明之日起20日内予以补发相关证明文件。遗失的注册登记证书等相关证明文件在补办期间仍然处于有效期间的，报关单位可以办理报关业务。

四、报关单位的管理

(一)基本规定

(1)中华人民共和国海关是报关单位注册登记管理的主管机关。

(2)报关单位办理报关业务应当遵守国家有关法律、行政法规和海关规章的规定，承担相应的法律责任。报关单位对其所属报关人员的报关行为应当承担相应的法律责任。

(3)除法律、行政法规或者海关规章另有规定外，办理报关业务的报关单位，应当按照本规定到海关办理注册登记。

(4)报关单位注册登记分为报关企业注册登记和进出口货物收发货人注册登记。报关企业应当经所在地直属海关或者其授权的隶属海关办理注册登记许可后，方能办理报关业务。进出口货物收发货人可以直接到所在地海关办理注册登记。

报关单位应当在每年6月30日前向注册地海关提交《报关单位注册信息年度报告》。

报关单位所属人员从事报关业务的，报关单位应当到海关办理备案手续，海关予以核发证明。

报关单位可以在办理注册登记手续的同时办理所属报关人员备案。

(5)进出口货物收发货人应当通过本单位所属的报关人员办理报关业务，或者委托海关准予注册登记的报关企业，由报关企业所属的报关人员代为办理报关业务。海关可以将报关单位的报关业务情况以及所属报关人员的执业情况予以公布。

(6)已经在海关办理注册登记的报关单位，再次向海关提出注册登记申请的，海关不予受理。

(二)特殊管理

(1)报关单位有权向海关查询其办理的报关业务情况。

(2)报关单位应当妥善保管海关核发的注册登记证书等相关证明文件。发生遗失的，报关单位应当及时书面向海关报告并说明情况。

海关应当自收到情况说明之日起 20 日内予以补发相关证明文件。遗失的注册登记证书等相关证明文件在补办期间仍然处于有效期间的，报关单位可以办理报关业务。

(3)报关单位向海关提交的纸质进出口货物报关单应当加盖本单位的报关专用章。

报关专用章应当按照海关总署统一规定的要求刻制。

报关企业及其分支机构的报关专用章仅限在其取得注册登记许可或者备案的直属海关关区内使用。

进出口货物收发货人的报关专用章可以在全关境内使用。

(4)报关单位在办理注册登记业务时，应当对所提交的申请材料以及所填报信息内容的真实性负责并且承担法律责任。

(5)海关依法对报关单位从事报关活动及其经营场所进行监督和实地检查，依法查阅或者要求报关单位报送有关材料。报关单位应当积极配合，如实提供有关情况和材料。

(6)海关对报关单位办理海关业务中出现的报关差错予以记录，并且公布记录情况的查询方式。

报关单位对报关差错记录有异议的，可以自报关差错记录之日起 15 日内向记录海关以书面方式申请复核。

海关应当自收到书面申请之日起 15 日内进行复核，对记录错误的予以更正。

(7)报关单位、报关人员违反规定，构成走私行为、违反海关监管规定行为或者其他违反《海关法》行为的，由海关依照《海关法》和《海关行政处罚实施条例》的有关规定予以处理；构成犯罪的，依法追究刑事责任。

(8)报关单位有下列情形之一的，海关予以警告，责令其改正，可以处 1 万元以下罚款：

①报关单位企业名称、企业性质、企业住所、法定代表人(负责人)等海关注册登记内容发生变更，未按照规定向海关办理变更手续的；

②向海关提交的注册信息中隐瞒真实情况、弄虚作假的。

(9)海关特殊监管区域内企业可以申请注册登记成为特殊监管区域双重身份企业，海关按照报关企业有关规定办理注册登记手续。

特殊监管区域双重身份企业在海关特殊监管区域内拥有进出口货物收发货人和报关企业双重身份，在海关特殊监管区外仅拥有报关企业身份。

除海关特殊监管区域双重身份企业外，报关单位不得同时在海关注册登记为进出口货物收发货人和报关企业。

【同步案例 1-2】 报关企业要遵守海关管理

案例精析

顺风报关公司是一家专业的报关企业。2019 年 1 月在接受当地一家化工企业委托报关业务时没有察觉到该企业有瞒报的情况,在向海关办理报关手续时被海关发现,海关追究报关公司的经济责任,该公司以不知情为由拒绝处罚。

任务四 海关企业信用管理

任务术语

一、海关企业信用管理的对象及分类

海关根据企业信用状况将企业认定为认证企业、一般信用企业和失信企业。认证企业分为高级认证企业和一般认证企业。海关按照诚信守法便利、失信违法惩戒的原则,对上述企业分别适用相应的管理措施。

海关根据社会信用体系建设有关要求,与国家有关部门实施守信联合激励和失信联合惩戒,推进信息互换、监管互认、执法互助(简称“三互”)。

认证企业是中国海关经认证的经营者(AEO)。中国海关依据有关国际条约、协定以及《中华人民共和国海关企业信用管理办法》,开展与其他国家或者地区海关的 AEO 互认合作,并且给予互认企业相关便利措施。中国海关根据国际合作的需要,推进“三互”的海关合作。

二、信用信息采集和公示

海关可以采集能够反映企业信用状况的下列信息:

(1)企业注册登记或者备案信息以及企业相关人员基本信息。

(2)企业进出口以及与进出口相关的经营信息。

(3)企业行政许可信息。

(4)企业及其相关人员行政处罚和刑事处罚信息。

(5)海关与国家有关部门实施联合激励和联合惩戒信息。

(6)AEO 互认信息。

(7)企业产品检验检疫合格率,以及国外通报、退运、召回、索赔等情况。

(8)因虚假申报导致进口方原产地证书核查,骗取、伪造、变造、买卖或者盗窃出口货物原产地证书等情况。

海关建立企业信用信息管理系统,对有关企业实施信用管理。企业应当于每年 1 月 1 日至 6 月 30 日通过企业信用信息管理系统向海关提交《企业信用信息年度报告》。

当年注册登记或者备案的企业,自下一年度起向海关提交《企业信用信息年度报告》。

企业有下列情形之一的,海关将其列入信用信息异常企业名录:

(1)未按照规定向海关提交《企业信用信息年度报告》的;

(2)经过实地查看,在海关登记的住所或者经营场所无法查找,并且无法通过在海关登记的联系方式与企业取得联系的。

列入信用信息异常企业名录期间，企业信用等级不得向上调整。

如以上规定的情形消除后，海关应当将有关企业移出信用信息异常企业名录。

海关应当在保护国家秘密、商业秘密和个人隐私的前提下，公示下列信用信息：

(1)企业在海关注册登记或者备案信息；

(2)海关对企业信用状况的认定结果；

(3)海关对企业的行政许可信息；

(4)海关对企业的行政处罚信息；

(5)海关与国家有关部门实施联合激励和联合惩戒信息；

(6)海关信用信息异常企业名录；

(7)其他依法应当公示的信息。

海关对企业行政处罚信息的公示期限为5年。海关应当公布上述信用信息的查询方式。

自然人、法人或者非法人组织认为海关公示的信用信息不准确的，可以向海关提出异议，并且提供相关资料或者证明材料。

海关应当自收到异议申请之日起20日内进行复核。自然人、法人或者非法人组织提出异议的理由成立的，海关应当采纳。

经验小谈1－5

我司已完成了2018年的年报报送，请问在哪里可以查询报送情况？

答：根据《市场监管总局、海关总署关于实施年报"多报合一"改革的公告》第二条的规定，2018年度海关管理企业年报报送时间为即日起至8月31日。企业可以在通过公示系统完成年报报送之日起7日后，登录"中国海关企业进出口信用信息公示平台"，查询海关接收企业年报的状态。

经验小谈1－6

申请认证时向海关提供的企业相关信息，我司想了解哪些信息会被公示？

答：根据《关于公布〈中华人民共和国海关企业信用管理办法〉的令》第9条：海关应当在保护国家秘密、商业秘密和个人隐私的前提下，公示下列信用信息：企业在海关注册登记或者备案信息；海关对企业信用状况的认定结果；海关对企业的行政许可信息；海关对企业的行政处罚信息；海关与国家有关部门实施联合激励和联合惩戒信息；海关信用信息异常企业名录；其他依法应当公示的信息。

三、企业信用状况的认定标准和程序

(一)企业信用状况的认定标准

认证企业应当符合海关总署制定的《海关认证企业标准》。《海关认证企业标准》分为高级认证企业标准和一般认证企业标准。失信企业与一般信用企业的认定标准见表1－8。

表1－8　　失信企业与一般信用企业的认定标准

海关认定为失信企业	海关认定为一般信用企业
(1)企业有违反国境卫生检疫、进出境动植物检疫、进出口食品化妆品安全、进出口商品检验规定被追究刑事责任的，海关认定为失信企业。 (2)非报关企业1年内违反海关监管规定行为次数超过上年度报关单、进出境备案清单、进出境运输工具舱单等相关单证总票数1‰且被海关行政处罚金额累计超过100万元的；报关企业1年内违反海关监管规定行为次数超过上年度报关单、进出境备案清单、进出境运输工具舱单等相关单证总票数5‰且被海关行政处罚金额累计超过30万元的 (3)拖欠应缴税款或者拖欠应缴罚没款项的 (4)海关将其列入信用信息异常企业名录(二)，被海关列入信用信息异常企业名录超过90日的 (5)假借海关或者其他企业名义获取不当利益的 (6)向海关隐瞒真实情况或者提供虚假信息，影响企业信用管理的 (7)抗拒、阻碍海关工作人员依法执行职务，情节严重的 (8)因刑事犯罪被列入国家失信联合惩戒名单的 (9)海关总署规定的其他情形 当年注册登记或者备案的非报关企业、报关企业，1年内因违反海关监管规定被海关行政处罚金额分别累计超过100万元、30万元的，海关认定为失信企业	(1)在海关首次注册登记或者备案的企业 (2)认证企业不再符合《海关认证企业标准》，并且未发生海关认定为失信企业的规定情形的 (3)自被海关认定为失信企业之日起连续2年未发生海关认定为失信企业规定情形的

经验小谈1－7

我司是广州一家企业，接到海关通知作为样本企业参加2018年进口货物使用去向调查。请问如果参加，海关能否对我司的信息保密？同时会对我们有哪些优惠政策？

答：根据海关总署公告2018年第38号第六条：海关对企业层级的调查信息予以保密。第七条：完成调查的企业享有的鼓励措施有：样本企业符合《海关认证企业标准》规定情形的，海关在开展企业认证时予以加分；可以通过进口货物使用去向调查系统查阅本企业的相关海关统计数据；可以在2018年7月1日至2019年6月30日期间，通过海关信息网(www.haiguan.info)在线查询海关统计资料。

(二)企业信用状况的认定程序

海关应当自收到《适用认证企业管理申请书》之日起90日内对企业信用状况是否符合《海关认证企业标准》做出决定。特殊情形下，海关认证时限可以延长30日。

通过认证的企业，海关制发《认证企业证书》；未通过认证的企业，海关制发《不予适用认证企业管理决定书》。《认证企业证书》《不予适用认证企业管理决定书》应当送达申请人，并且自送达之日起生效。

企业主动撤回认证申请的，视为未通过认证。未通过认证的企业1年内不得再次向海关提出认证申请。

申请认证期间，企业涉嫌走私被立案侦查或者调查的，海关应当终止认证。企业涉嫌违反海关监管规定被立案调查的，海关可以终止认证。企业在申请认证期间，涉嫌违反国境卫生检疫、进出境动植物检疫、进出口食品化妆品安全、进出口商品检验规定被刑事立案的，海关应当终止认证。

申请认证期间，企业被海关稽查、核查的，海关可以中止认证。中止时间超过 3 个月的，海关终止认证。

海关对高级认证企业每 3 年重新认证一次，对一般认证企业不定期重新认证。

重新认证前，海关应当通知企业，并且参照企业认证程序进行重新认证。对未通过重新认证的，海关制发《企业信用等级认定决定书》，调整企业信用等级。《企业信用等级认定决定书》应当送达企业，并且自送达之日起生效。重新认证期间，企业申请放弃认证企业管理的，视为未通过认证。

认证企业被海关调整为一般信用企业管理的，1 年内不得申请成为认证企业。认证企业被海关调整为失信企业管理的，2 年内不得成为一般信用企业。

高级认证企业被海关调整为一般认证企业管理的，1 年内不得申请成为高级认证企业。

自被海关认定为失信企业之日起连续 2 年未发生海关认定为失信企业规定情形的，海关应当将失信企业调整为一般信用企业。

失信企业被调整为一般信用企业满 1 年，可以向海关申请成为认证企业。

企业有分立合并情形的，海关对企业信用状况的认定结果按照以下原则做出调整：

(1)企业发生存续分立，分立后的存续企业承继分立前企业的主要权利和义务的，适用海关对分立前企业的信用状况认定结果，其余的分立企业视为首次注册登记或者备案企业；

(2)企业发生解散分立，分立企业视为首次注册登记或者备案企业；

(3)企业发生吸收合并，合并企业适用海关对合并后存续企业的信用状况认定结果；

(4)企业发生新设合并，合并企业视为首次注册登记或者备案企业。

海关或者企业可以委托社会中介机构就企业认证相关问题出具专业结论。

经验小谈 1－8

请问海关的高级认证企业多久需要进行重新认证？

答：根据《海关企业信用管理办法》第 18 条：海关对高级认证企业每 3 年重新认证一次，对一般认证企业不定期重新认证。

重新认证前，海关应当通知企业，并且参照企业认证程序进行重新认证。对未通过重新认证的，海关制发《企业信用等级认定决定书》，调整企业信用等级。《企业信用等级认定决定书》应当送达企业，并且自送达之日起生效。重新认证期间，企业申请放弃认证企业管理的，视为未通过认证。

经验小谈 1－9

公司向海关提出高级认证申请后，因各种原因准备撤回申请。请问如果撤回的话，是否会影响以后的申请？

答：根据《海关企业信用管理办法》第 16 条第 2 款、第 3 款：企业主动撤回认证申请的，视为未通过认证；未通过认证的企业 1 年内不得再次向海关提出认证申请。

四、管理措施

企业认证管理措施见表1—9。

表1—9 **企业认证管理措施**

一般认证企业适用的管理措施	高级认证企业除适用一般认证企业管理措施外,还适用下列管理措施	失信企业适用的管理措施
(1)进出口货物平均查验率在一般信用企业平均查验率的50%以下 (2)优先办理进出口货物通关手续 (3)海关收取的担保金额可以低于其可能承担的税款总额或者海关总署规定的金额 (4)进出口货物平均检验检疫抽批比例在一般信用企业平均抽批比例的50%以下(法律、行政法规、规章或者海关有特殊要求的除外) (5)出口货物原产地调查平均抽查比例在一般信用企业平均抽查比例的50%以下 (6)优先办理海关注册登记或者备案以及相关业务手续,除首次注册登记或者备案以及有特殊要求外,海关可以实行容缺受理或者采信企业自主声明,免于实地验核或者评审	(1)进出口货物平均查验率在一般信用企业平均查验率的20%以下 (2)可以向海关申请免除担保 (3)减少对企业稽查、核查频次 (4)可以在出口货物运抵海关监管区之前向海关申报 (5)海关为企业设立协调员 (6)AEO互认国家或者地区海关通关便利措施 (7)国家有关部门实施的守信联合激励措施 (8)因不可抗力中断恢复后优先通关 (9)进出口货物平均检验检疫抽批比例在一般信用企业平均抽批比例的20%以下(法律、行政法规、规章或者海关有特殊要求的除外) (10)出口货物原产地调查平均抽查比例在一般信用企业平均抽查比例的20%以下 (11)优先向其他国家(地区)推荐食品、化妆品等出口企业的注册	(1)进出口货物平均查验率在80%以上 (2)不予免除查验没有问题企业的吊装、移位、仓储等费用 (3)不适用汇总征税制度 (4)除特殊情形外,不适用存样留像放行措施 (5)经营加工贸易业务的,全额提供担保 (6)提高对企业稽查、核查频次 (7)国家有关部门实施的失信联合惩戒措施 (8)失信企业还适用进出口货物平均检验检疫抽批比例在80%以上的管理措施 (9)海关总署规定的其他管理措施

高级认证企业适用的管理措施优于一般认证企业。

因企业信用状况认定结果不一致导致适用的管理措施相抵触的,海关按照就低原则实施管理。

认证企业涉嫌走私被立案侦查或者调查的,海关应当暂停适用相应管理措施。认证企业涉嫌违反海关监管规定被立案调查的,海关可以暂停适用相应管理措施。海关暂停适用相应管理措施的,按照一般信用企业实施管理。认证企业涉嫌违反国境卫生检疫、进出境动植物检疫、进出口食品化妆品安全、进出口商品检验规定被刑事立案的,海关应当暂停适用相应管理措施。

企业有向下调整信用等级情形的,海关停止适用相应管理措施,按照调整后的信用等级实施管理。

作为企业信用状况认定依据的走私犯罪,以司法机关相关法律文书生效时间为准进行认定。作为企业信用状况认定依据的走私行为、违反海关监管规定行为,以海关行政处罚决定书做出时间为准进行认定。企业主动披露且被海关处以警告或者50万元以下罚款的行为,不作为海关认定企业信用状况的记录。

经验小谈 1—10

我司是一家报关公司，是高级认证企业。如果我司设立一家分公司，关于分公司海关是按照什么信用等级管理的？

答：根据海关总署公告 2018 年第 32 号（关于《海关企业信用管理办法》及相关配套制度实施有关事项的公告）第四条：在海关备案的报关企业分支机构，其信用等级应当与所属报关企业信用等级保持一致，报关企业应当对其分支机构行为承担相应的信用管理责任。

报关单相关资料

应知考核

一、单项选择题

1. 进出境运输工具、货物、物品，必须通过设立（　　）的地点进境或出境。

A. 海关　　B. 边检　　C. 商检　　D. 地方政府

2.（　　）是海关的最基本任务，是一项国家职能。

A. 监管　　B. 征税　　C. 查缉走私　　D. 海关统计

3. 根据我国《海关法》的规定，报关行为可分为自理报关和代理报关，通常情况下下列不得办理代理报关的主体是（　　）。

A. 进出口货物代理人　　B. 专业报关行

C. 进出口货物收发货人　　D. 国际贸易货物运输代理公司

4. 下述企业或单位，不属于报关单位的是（　　）。

A. 经海关批准在海关临时注册登记的境内某大学

B. 在海关注册登记的经营进出境快件业务的某快递公司

C. 在海关注册登记的某外商投资企业

D. 在海关注册登记的经营转关运输货物境内运输业务的某承运人

5. 进出口货物的纳税义务人、担保人超过规定期限未缴纳税款的，经直属海关关长或者其授权的隶属海关关长批准，海关可以行使（　　）。

A. 提取货物变卖、先行变卖权　　B. 强制扣缴和变价抵缴关税权

C. 税收保全　　D. 连续追缉权

6. 经营国际货物运输代理、国际运输工具代理业务的同时兼营报关业务的企业，称为（　　）。

A. 专业报关企业　　B. 自理报关企业

C. 代理报关企业　　D. 有进口经营权的企业

7. 下列说法中不正确的是（　　）。

A. 专业报关企业是具有境内法人地位的经济实体

B. 专业报关企业中有的属于有限责任公司

C. 专业报关企业具有报关权

D. 专业报关企业具有进出口经营权

8. 根据报关活动的实施者不同，可分为（　　）。

A. 进出境报关　　B. 运输工具、货物、物品报关

C. 自理报关，代理报关　　　　　　　　　D. 物品、非物品的报关

9. 扣留走私罪嫌疑人，一般不超过(　　)小时，特殊情况可延长至(　　)小时。

A. 5　10　　　　B. 12　20　　　　C. 24　48　　　　D. 12　18

10. 认证企业被海关调整为一般信用企业管理的，(　　)年内不得申请成为认证企业。认证企业被海关调整为失信企业管理的，(　　)年内不得成为一般信用企业。

A. 1　2　　　　B. 2　1　　　　C. 2　4　　　　D. 2　3

二、多项选择题

1.《海关法》明确规定海关的基本任务是(　　)。

A. 监管进出境的运输工具、货物、行李物品、邮递物品和其他物品

B. 查缉走私

C. 编制海关统计

D. 征收关税和其他税费

2. 根据《海关法》的规定，海关可以行使的权力是(　　)。

A. 检查进出境运输工具，查验进出境货物、物品

B. 查阅、复制与进出境运输工具、货物、物品有关的合同、发票、账册、单据、记录、文件、业务函电、录音、录像制品和其他资料

C. 在调查案件时，调查关员可以直接查询案件涉嫌单位和涉嫌人员在金融机构、邮政企业的存款、汇款

D. 在调查案件时，经直属海关关长或其授权的隶属海关关长批准，可以扣留走私犯罪嫌疑人，扣留时间不超过 24 小时，特殊情况可延长至 48 小时

3. 根据海关有关管理规定，下列单位中可以申请向海关办理报关注册登记的是(　　)。

A. 专门从事报关服务的企业

B. 经营国际货物运输代理、国际运输工具代理等业务，并接受委托代办进出口货物报关的企业

C. 有进出口经营权的企业

D. 经常接受境外捐赠的儿童福利机构

4. 按照报关对象的不同，可分为(　　)。

A. 运输工具报关　　B. 货物报关　　　C. 物品报关　　　D. 进出境报关

5. 有下列情形者，不准进出境的是(　　)。

A. 超出海关核准的直接需用数量的

B. 未按照规定办理备案申报手续的

C. 未经批准擅自将免税进境的物品转让、出售后，再次申报进境同类物品的

D. 携带禁止或者限制进出境物品进出境不能提交有关许可证件的

6. 海关权力行使原则包括(　　)。

A. 合法原则　　　　　　　　　　　　B. 适当原则

C. 依法独立行使原则　　　　　　　　D. 依法受到保障原则

7. 进出口货物收发货人注册登记需要提交的材料有(　　)。

A. 报关单位情况登记表

B. 营业执照副本复印件

C. 对外贸易经营者备案登记表复印件或者外商投资企业(台港澳侨投资企业)批准证书复印件

D. 其他与注册登记有关的文件材料

8. 下列(　　)情形,海关对进出口货物收发货人注销登记。

A. 破产、解散、自行放弃报关权或者分立成两个以上新企业的

B. 被工商行政管理机关注销登记或者吊销营业执照的

C. 丧失独立承担责任能力的

D. 有效期届满未申请延续的

9. 海关认定为一般信用企业的条件是(　　)。

A. 在海关首次注册登记或者备案的企业

B. 认证企业不再符合《海关认证企业标准》,并且未发生海关认定为失信企业的规定情形的

C. 自被海关认定为失信企业之日起连续1年未发生海关认定为失信企业规定情形的

D. 自被海关认定为失信企业之日起连续2年未发生海关认定为失信企业规定情形的

10. 一般认证企业适用的管理措施有(　　)。

A. 进出口货物平均查验率在一般信用企业平均查验率的80%以下

B. 优先办理进出口货物通关手续

C. 海关收取的担保金额可以低于其可能承担的税款总额或者海关总署规定的金额

D. 海关总署规定的其他管理措施

三、判断题

1. 个人携带进出境的行李物品、邮寄进出境的物品,应当以自用合理数量为限。(　　)

2. 一般情况下,关境等于国境,如欧盟。(　　)

3. 超过3个月未申报货物,海关可以提取货物变卖、先行变卖权。(　　)

4. 报关企业注册登记许可期限为3年。(　　)

5. 报关企业办理注册登记许可延续手续,应当在有效期届满30日前向海关提出申请。(　　)

6. 报关单位应当在每年6月30日前向注册地海关提交《报关单位注册信息年度报告》。(　　)

7. 海关应当自收到《适用认证企业管理申请书》之日起60日内对企业信用状况是否符合《海关认证企业标准》做出决定。(　　)

8. 认证企业被海关调整为一般信用企业管理的,2年内不得申请成为认证企业。认证企业被海关调整为失信企业管理的,1年内不得成为一般信用企业。(　　)

9. 高级认证企业被海关调整为一般认证企业管理的,1年内不得申请成为高级认证企业。(　　)

10. 自被海关认定为失信企业之日起连续3年未发生海关认定为失信企业规定情形的,海关应当将失信企业调整为一般信用企业。(　　)

应会考核

■观念应用

2018年8月20日,顺发公司获得进出口经营权,注册成为一家外贸公司。8月22日即签订了一份出口合同。为提高办事效率,第二天公司就派其职员李华去海关办理货物进出口报关手续,结果被海关拒绝。

请问:海关拒绝是否有理?为什么?

■技能应用

2018年11月28日,100台机电设备被国际远洋运输船舶运抵大连港。货物到港后,该船向大连海关申报进境。从该船向海关递交的载货清单上看,该批货物的收货人为沈阳机械制造厂。但是该船申报进境后,收货人迟迟不露面。

2019年2月23日,大连海关根据载货清单上的地址,向沈阳机械制造厂发出了催报通知,请沈阳机械制造厂于2019年2月28日前向海关办理货物进口报关手续,并说明如逾期不向海关办理报关手续,海关将按《海关法》的规定提取变卖该批货物。3月1日,收货人通过当地政府部门,以无法领取机电产品进口证明为由,向大连海关提出退运该批货物的申请。由于其提出退货申请的时间超过海关总署规定的退运提出期限,不符合退运条件,大连海关于4月7日给予答复,不同意退运,并告知收货人,海关决定提取拍卖该批货物。受海关委托,一通公物拍卖行定于2019年4月22日举行该批货物的公开拍卖会。

2019年4月12日,收货人向大连市中级人民法院提起行政诉讼,请求法院撤销大连海关做出的不准原告退运,并决定提取变卖该批货物的行政行为。

2019年4月22日,100台机电设备在大连进行公开拍卖,拍卖所得价款共计4 277.7万元。

在法院做出最终判决前,沈阳机械制造厂找到了大连嘉宏报关行,请教胜诉的可能性。报关员赵昂接受任务。赵昂的工作任务包括:

任务一:海关是否有权变卖处理超期未报货物?

任务二:海关如何处理变卖所得?

任务三:具备哪些条件后沈阳机械制造厂才有权申领余款?

■案例分析

大连力凡进出口公司于2018年9月与巴西一公司签订进口500吨玉米的合同,并约定贸易条件为CIF大连。但由于运输船只途中遭遇台风偏离航线而被迫停靠在厦门,待天气好转再运往大连,船长将情况及时通知了买卖双方。考虑到这样会耽搁很长时间,力凡公司与巴西公司商定在上海交货并通知运输公司卸货,同时力凡公司委托大连嘉宏报关行办理报关业务。大连嘉宏报关行的报关员赵昂到厦门为这批货物报关,但厦门海关对这批货物不予报关。

请问:为什么厦门海关不接受大连嘉宏报关行的报关?案件该如何解决?

项目实训

【实训项目】

报关与海关管理。

【实训情境】

辽宁省黑土地有限责任公司(简称"黑土地公司")是新建立的企业,从事缝纫线的生产,并有志于开拓国际市场。日本与我国东北地理位置相邻,故日本市场成为黑土地公司的目标市场。黑土地公司至今尚未获得报关权,但已经取得了来自日本方面的订单,2018 年 10 月就要从中国大连出口缝纫线到日本名古屋,该如何办理相关的出口手续呢?黑土地公司向大连嘉宏报关行进行咨询,报关员赵昂随同公司经理办理此事。

经理和赵昂指导黑土地公司完成以下任务:

任务一:取得对外贸易经营权——进行对外贸易经营者的备案登记。

任务二:变更企业的工商营业执照经营范围。

任务三:取得报关权——进行海关注册登记。

任务四:进行电子口岸执法系统登记。

任务五:进行出口企业退(免)税登记。

任务六:进行进口购汇和出口核销登记。

任务七:进行商检登记。

任务八:准备报关单据。

【实训结果】

请对以上任务进行操作分析,并填写实训报告。

<table>
<tr><td colspan="3">《报关与海关管理》实训报告</td></tr>
<tr><td>项目实训班级:</td><td>项目小组:</td><td>项目组成员:</td></tr>
<tr><td>实训时间:　　年　　月　　日</td><td>实训地点:</td><td>实训成绩:</td></tr>
<tr><td colspan="3">实训目的:</td></tr>
<tr><td colspan="3">实训步骤:</td></tr>
<tr><td colspan="3">实训结果:</td></tr>
<tr><td colspan="3">实训感言:</td></tr>
<tr><td colspan="3">不足与今后改进:</td></tr>
<tr><td colspan="3">项目组长评定签字:　　　　　　　　项目指导教师评定签字:</td></tr>
</table>

项目二

报关与对外贸易管制

○ **知识目标：**

理解：外贸管制的概念、目的和实现途径。

熟知：我国外贸管制的主要措施。

掌握：我国外贸管制制度的主要内容、主要措施的报关规范。

○ **技能目标：**

学会运用进出口许可证管理的海关规范，并能利用工具查找所需要的监管证件；能解决企业进出口业务中所涉及的外贸管制问题。

○ **素质目标：**

能够运用所学的实务知识研究相关案例，培养和提高学生在特定业务情境中分析问题与决策设计的能力；能够结合报关行业规范或标准，分析报关行为的善恶，强化学生职业素养和职业操守道德。

○ **项目引例：**

全国海关坚持抓住要害，突出重点，坚持“破大案、打团伙、摧网络”，先后部署开展了“国门利剑”等6次专项斗争和联合行动，深化对重点区域、重点渠道、重点商品走私活动的打击和治理，摧毁了一批重大走私犯罪团伙，有效遏制了大规模走私势头，同时与相关部门密切协作，积极开展海上封堵、边境管理、市场清查、行业整顿等综合治理工作，为规范进出口和市场经济秩序、促进对外贸易健康有序发展、维护国家安全和社会稳定做出了积极贡献。

资料来源：海关总署网站。

请问：1. 该案例中体现了海关部门的哪些任务？

2. 分析海关缉查走私的体制是什么。

○ **知识精讲：**

任务一　对外贸易管制概述

一、对外贸易管制的概念

对外贸易管制是一国从国家的宏观经济利益和对内对外政策的需要出发，在国际贸易有关规则的基础上，对本国的对外贸易活动实施有效管理而实行的各种贸易政策、制度和措施的总称。

对外贸易管制通常有三种分类形式：一是按照管理目的分为进口贸易管制和出口贸易管

制；二是按照管理手段分为关税管制和非关税管制；三是按照管制对象分为货物进出口管制、技术进出口管制和国际服务贸易管制。

二、对外贸易管制的目的

对外贸易管制是一国对外经济和外交政策的具体体现。尽管各国所实行的对外贸易管制措施在形式和内容上存在许多差异，但其实现对外贸易管制的目的往往是相同的，主要有以下三个方面：保护本国经济利益，发展本国经济；推行本国的外交政策，实现国家政治目的或军事目标；行使国家职能。

三、对外贸易管制目标的实现

（一）海关监管是实现贸易管制的重要手段

海关作为进出关境监督管理机关，依据《海关法》所赋予的权力，代表国家在口岸行使进出境监督管理职能，这种特殊的管理职能决定了海关监管是实现贸易管制目标的有效行政手段。海关主要通过监督进出境货物是否合法以及管理进出境秩序来实现对外贸易的管制。这种监督具体表现为以下两个方面：

(1)对“物”的管理，包括进出境运输工具、货物、物品，即物流监控。对物流的监控管理是海关确保货物合法进出的基础和前提条件。

(2)对“单证”的管理，包括与进出境运输工具、货物、物品及相关的提单、合同、发票、装箱单、登记手册、减免税证明、许可证件等，即单证管理。对单证审核的管理是海关确定货物进出结果的依据。

海关确认货物合法进出口的必要条件是“单”(包括报关单在内的各类报关单据及其电子数据)、“证”(各类许可证件、相关文件及其电子数据)、“货”(实际进出口货物)互为相符，即“单单相符”“单证相符”“单货相符”“货证相符”。所谓“单单相符”，即报关单所显示的内容与所提供的提单、合同、发票、装箱单、登记手册等相符；“单证相符”，即报关单所显示的内容与提供的减免税证明、许可证件相符；“单货相符”，即报关单所显示的内容与实际进出境的运输工具、货物、物品相符；“货证相符”，即所提供的减免税证明、许可证件的内容与实际进出境的运输工具、货物、物品相符。只有在确认达到“单单相符”“单证相符”“单货相符”“货证相符”的情况下，海关才可以放行。

（二）报关是海关确认进出口货物合法性的先决条件

报关实际上是指进出口货物收发货人或其代理人依法向海关进行进出口申报并办理有关海关手续的过程，是履行海关手续的必要环节之一。《海关法》第24条规定：“监控货物的收货人、出口货物的发货人应当向海关如实申报，交验进出口许可证件和有关单证。国家限制进出口的货物没有进出口许可证件的，不予放行。”海关是通过报关环节审核“单”“证”“货”来确认进出口货物的合法性的。因此，报关不仅是进出口货物收发货人或其代理人必须履行的手续，也是海关确认进出口货物合法性的先决条件。

四、我国对外贸易管制的法律体系

为保障贸易管制各项制度的实施，我国已基本建立并逐步健全了以《中华人民共和国对外贸易法》为核心的对外贸易管理与管制的法律体系，并依照这些法律、行政法规、部门规章和我国履行国际公约的有关规定，自主实行对外贸易管制。

（一）法律

法律是指由最高国家权力机关全国人民代表大会或其常务委员会制定、由国家主席颁布的规范性文件的总称。我国现行的与贸易管制有关的法律有《中华人民共和国对外贸易法》《中华人民共和国海关法》《中华人民共和国进出口商品检验法》《中华人民共和国海关进出境动植物检疫法》《中华人民共和国固体废物污染环境防治法》《中华人民共和国国境卫生检疫法》《中华人民共和国野生动物保护法》《中华人民共和国食品安全法》《中华人民共和国药品管理法》《中华人民共和国文物保护法》等。

（二）行政法规

行政法规是指国务院为了实施宪法和其他相关法律，在自己职权范围内，制定的基本行政管理规范性文件的总和。我国现行的与贸易管制有关的行政法规主要有《中华人民共和国货物进出口管理条例》《中华人民共和国技术进出口管理条例》《中华人民共和国进出口关税条例》《中华人民共和国知识产权海关保护条例》《中华人民共和国野生动植物保护条例》《中华人民共和国外汇管理条例》《中华人民共和国反补贴条例》《中华人民共和国反倾销条例》《中华人民共和国保障措施条例》等。

（三）部门规章

部门规章是指国务院各部门根据法律和国务院的行政法规、决定和命令，在本部门权限范围内发布的规范性文件总和。我国现行的与贸易管制有关的部门规章很多，比如：《货物进口许可证管理办法》《货物出口许可证管理办法》《货物自动进口许可管理办法》《出口收汇核销管理办法》《进口药品管理办法》《放射性药品管理办法》《两用物项和技术进出口许可证管理办法》等。

（四）国际公约

国际公约是指国家及其他国际法主体间所缔结的以国际法为准则，并确定其相互关系中权利和义务的一种国际书面协议，也是国际法主体间相互交往的一种最普遍的法律形式。

由于各国在通过国内立法实施本国进出口贸易管理和管制的各项措施的同时，必然要与其他国家协调立场，确定相互之间在国际贸易活动中的权利和义务关系，以实现其外交政策和对外贸易政策所确立的目标，因此国际贸易条约与协定成为各国之间确立国际贸易关系立场的重要的法律形式。

我国目前所签订生效的各类国际公约，虽然不属于我国国内法的范畴，但就其效力而言，可将其视为我国的法律渊源之一。目前，我国所加入或缔结的涉及贸易管制的国际条约主要有：我国加入世界贸易组织（WTO）所签订的有关双边或多边的各类贸易协定；《京都公约》——关于简化和协调海关义务制度的国际公约；《濒危野生动植物国际贸易公约》《蒙特利尔协定书》——关于消耗臭氧层物质的国家公约；《鹿特丹公约》——关于在国际贸易中对某些危险化学品和农药采用事先知情同意程序的国际公约；《精神药物公约》；《伦敦准则》——关于化学品国际贸易资料交换的国际公约；《巴塞尔公约》——关于控制危险废物越境转移及其处置的国际公约；《建立世界知识产权组织公约》；《维也纳公约》——关于禁止非法贩运麻醉品和精神药物的国际公约；等等。

任务二　我国对外贸易管制制度

一、“证”：进出口许可证制度

进出口许可证制度是根据国家的法律、政策、对外贸易计划和国内市场的需要，对进出口经营权、经营范围、贸易国别、进出口商品品种和数量等实行全面管理的制度。从广义上讲，进出口许可证制度是以进出口许可证管理为主的国家对外贸易一系列审批制度的总和。

进出口许可证制度作为一项非关税措施，是世界各国管理进出口贸易的一种常见手段。货物、技术进出口许可证管理制度是我国进出口许可管理制度的主体，是国家对外贸易管制中极其重要的管理制度。其管理范围包括禁止进出口货物及技术、限制进出口货物及技术、自由进出口的技术与自由进出口中部分实行自动登记许可管理的货物。

（一）禁止进出口管理

对列入国家公布的禁止进出口目录以及其他法律、法规明令禁止或停止进口的货物、技术，任何对外贸易经营者均不得经营进出口。

1. 禁止进口货物管理

（1）列入《禁止进口货物目录》的商品禁止进口。目前，我国公布的《禁止进口货物目录》共六批。其中：

①第一批是为了保护我国的自然生态环境和生态资源以及履行我国所参加或缔结的与保护世界生态环境相关的国际公约和协定而发布的，如四氯化碳、犀牛角、麝香和虎骨等禁止进口。

②第二批是国家对涉及生产安全、人身安全和环境保护的旧机电产品所实施的，如旧电器、旧医疗设备、旧汽车等。

③第三、第四、第五批合并修订而成《禁止进口固体废物目录》，所涉及的是对环境有污染的固体废物类，如废橡胶、废玻璃、废弃机电产品和设备等。

④第六批是为了保护人的健康，维护环境安全，淘汰落后产品，履行《关于在国际贸易中对某些危险化学品和农药采用事先知情同意程序的鹿特丹公约》和《关于持久性有机污染物的斯德哥尔摩公约》而颁布的，如长纤维青石棉、二噁英等。

（2）国家有关法律、法规明令禁止进口的商品。

①来自疫区或不符合我国卫生标准的动物和动物产品。

②动植物病源（包括菌种、毒种等）及其他有害生物、动物尸体、土壤。

③带有违反“一个中国”原则内容的货物及其包装。

④以氯氟羟物质为制冷剂、发泡剂的家用电器产品和以氯氟羟物质为制冷剂的家用电器压缩机。

⑤滴滴涕、氯丹。

⑥莱克多巴胺和盐酸莱克多巴胺。

（3）其他。比如，旧服装、氯酸钾、硝酸铵、Ⅷ因子制剂等血液制品，以 CFC-12 为制冷剂的汽车及以 CFC-12 为制冷剂的汽车空调压缩机（含汽车空调器）、100 瓦及以上普通照明白炽灯。

2. 禁止进口技术管理范围

列入《中国禁止进口限制进口技术目录》的技术禁止进口，主要是高污染、高耗能、低技术类的技术。

3. 禁止出口货物管理规定

(1)列入《禁止出口货物目录》的商品禁止出口。目前，我国公布的《禁止出口货物目录》共五批。其中：

①第一批是为了保护我国的自然生态资源和生态环境以及履行我国所参加的或缔结的与保护世界生态环境相关的国际条约和协定而发布的，如四氯化碳、麝香、犀牛角和虎骨、发菜和麻黄草等禁止出口。

②第二批主要是为了保护我国匮乏的森林资源，防止滥砍滥伐而发布的，如禁止出口木炭。

③第三批是为了保护人的健康，维护环境安全，淘汰落后产品，履行《鹿特丹公约》和《斯德哥尔摩公约》(关于持久性有机污染物的国际公约)而颁布，如长纤维青石棉、二噁英等。

④第四批主要包括硅砂、石英砂及其他天然砂。

⑤第五批包括无论是否经化学处理过的森林凋落物以及泥炭(草炭)，如腐叶、腐根、树皮、树根等森林凋落物；沼泽(湿地)中，地上植物枯死、腐烂堆积而成的有机矿体。

(2)国际法律、法规明令禁止出口的商品。

①禁止出口未命名的或新发现并有重要价值的野生植物。

②原料血浆。

③商业性出口的野生红豆杉及其部分产品。

④以氯氟羟物质为制冷剂、发泡剂的家用电器产品，以氯氟羟物质为制冷剂的家用电器压缩机。

⑤禁止出口劳改产品。

⑥滴滴涕、氯丹。

⑦莱克多巴胺和盐酸莱克多巴胺。

4. 禁止出口技术管理范围

列入《中国禁止出口限制出口技术目录》的技术禁止出口，主要是涉及国家安全、技术保密方面的技术，如航空遥测遥感技术、针刺麻醉技术，以及药品生产、测绘、农业、地质、核工业等领域的技术。

(二)限制进出口管理

为了维护国家安全和社会公共利益，保护人民的生命健康，履行我国所参加或缔结的国际公约及协定，国家在一定时期内对一定商品加以限制进出口。由国务院商务主管部门会同国务院其他有关部门，依据《对外贸易法》的规定，制定、调整并公布各类限制进出口的货物、技术目录。海关依据国家有关法律和法规对目录货物与技术实施监督管理。属于限制进出口管理的货物和技术未经许可，不得进出口。

1. 限制进口货物管理

目前，我国限制进口货物管理采用两种操作形式：一是许可证件管理，凭许可证向相关部门批件报关；二是关税配额管理，凭关税配额证明报关，是一种相对数量限制。

(1)许可证件管理。许可证件管理主要包括进口许可证、濒危物种进口、可利用废物进口、进口药品、进口音像制品、黄金及其制品进口管理。国务院商务主管部门或国务院有关部门在各自的职责范围内，根据法律、行政法规的有关规定签发上述各类许可证件，海关凭相关证件验放货物。

(2)关税配额管理。关税配额是指对货物进口的绝对数额不加限制，而对在一定时期(一般为1年)内，在规定配额内的进口货物，给予低税、减税或免税待遇；对超过配额的进口货物增收附加税或罚款。即配额内实施配额内税率，配额外实施配额外税率。

为达到限制进口的目的，配额内税率和配额外税率往往相差很大。如粮食、棉花等农产品，配额内税率为4%～6%，配额外税率高达50%～70%。

对实施进口关税配额管理的货物海关凭关税配额证明验放。

2. 限制进口技术管理

限制进口技术实行目录管理。属于目录范围内的限制进口的技术，实行许可证管理，未经国家许可，不得进口。进口审批程序如下：向国务院对外贸易主管部门申请→获得技术进口许可意向书→对外签订技术进口合同→申请获得技术进口许可证→凭技术进口许可证通关。如表2—1所示。

表2—1　　限制进口管理方式

限制方式	许可证管理	进口配额许可证管理	进口关税配额管理	其他许可证件管理
主管部门	商务部	生态环境部、商务部、海关总署	商务部、国家发改委	其他政府行政职能部门
管理方式	由商务部会同国务院其他有关部门制定并调整进口许可证管理目录，以签发许可证方式对进口许可证管理目录的商品实行行政管理	由生态环境部、商务部、海关总署制定并调整《中国进出口受控消耗臭氧层物质名录》；由生态环境部和国务院有关部门公布年度进出口额度；于2014年3月1日起，由国家消耗臭氧层物质进出口管理机构对进口单位年度进出口配额指标完成情况进行审核，进出口消耗臭氧层物质申请获批的，签发消耗臭氧层物质进出口审批单；进出口单位持审批单向商务主管部门申领进出口许可证	国家对部分商品的进口指导关税配额税率并规定该商品进口数量总额；对外贸易经营者经国家批准取得关税配额证后允许按照关税配额税率进口，如超出限额则按照配额外税率征税进口	(1)濒危野生动植物种进口 (2)密码产品和含密码技术的设备进口 (3)限制进口类可用作原料的固体废物进口 (4)进口药品 (5)美术品进口 (6)民用爆炸物品进口 (7)音像制品进口 (8)黄金及其制品进口 (9)农药进口 (10)兽药进口 (11)有毒化学品进口
管理范围	(1)部分进口货物、技术 (2)12类重点旧机电产品 (3)两用物项和技术进口	公布于《中国进出口控制消耗臭氧层物质名录》(目录共六批)的消耗臭氧层物质	(1)部分进口农产品 (2)部分进口化肥	

3. 限制出口货物管理

依据《货物进出口管理条例》的规定，我国对限制出口货物的管理有两种：一是对国家规定有数量限制的出口货物，实行配额管理，其限制方式是出口配额限制；二是其他限制性出口货物，实行许可证件管理，其限制方式为出口非配额限制。

(1)出口配额限制。

①出口配额许可证管理。出口配额许可证管理是由国务院主管部门或国务院有关部门在各自的职责范围内根据申请者需求并结合其进出口实绩、能力等条件，按效益、公正、公开和公

平竞争的原则直接分配配额，对获得配额的申请者发放各类配额证明，取得配额证明的申请者，凭配额证明到商务主管部门申领出口许可证（其中，出口消耗臭氧层物质的配额管理同上述该物质的进口管理），凭出口许可证报关。

②出口配额招标管理。出口配额招标管理是由国家主管部门采取招标分配的原则，经中标获得配额者，发放配额证明，凭配额证明到商务主管部门申领出口许可证，凭出口许可证报关。

(2)出口非配额限制。

出口非配额限制主要包括出口许可证、濒危物种出口、两用物项出口及黄金及其制品出口等许可管理。

4. 限制出口技术管理

我国限制出口技术实行目录管理和许可证管理。

目前，限制出口的技术目录主要有《两用物项和技术进出口许可证管理目录》和《中国禁止出口限制出口技术目录》。出口属于上述目录的技术，应当向国务院商务主管部门提出技术出口申请，经国务院商务主管部门审核批准后取得技术出口许可证件，凭此向海关办理出口通关手续。如表 2—2 所示。

表 2—2　　限制出口管理方式

限制方式	配额管理	许可证件管理
主管部门	商务部及其他有关经济管理部门	商务部及其他政府职能部门
管理方式	国家通过行政管理手段对部分商品的出口，在一定时间内（1 年）以规定绝对数量的方式来限制出口，有两种方法： (1)出口配额许可证管理； (2)出口配额招标管理。	国家主管部门在一定时期内，根据国家政治、军事、技术、卫生、环境保护、资源保护等领域的需要，以及履行我国加入或缔结的有关国际条约的规定，对部分商品的出口签发出口许可证来实现各类出口限制措施。
管理范围	实行出口配额许可证管理的主要商品范围： (1)部分农产品出口； (2)部分活禽、畜出口； (3)部分资源性产品、贵金属出口； (4)消耗臭氧层物质。 实行出口配额招标管理的主要商品范围： 部分我国出产且国际市场需求量较大的农副产品及资源性产品出口。	(1)部分出口商品； (2)濒危物种出口； (3)两用物项和技术出口； (4)黄金及其制品出口。

【同步案例 2－1】　　昂贵的“家具”

大连海关对外公布，该关隶属大东港海关先后查获两起走私珍贵动物制品案，截获鹿茸、鹿茸切片、鲸鱼肉等共计 1 600 多千克，查获同类物品数量之多，在全国尚属罕见。

“3 月 21 日查获的第二起案件涉及货物较复杂，”大东港海关查验关员介绍，“当时，犯罪嫌疑人向海关申报以一般贸易方式出口家具，目的地是韩国。”但在丹东大东港口岸，家具类商品一般是以加工贸易方式出口，一般贸易比较少见。经过分析，海关人员认为该票货物走私风险较大，决定进行详细查验。“集装箱内装满了桌子、椅子等小型家具，乍一看没有什么不妥，”查验关员说，“但之前的风险分析告诉我们不能放弃。”果然不出所料，在检查到集装箱中部时，查验关员发现了藏在家具中的十几个大纸箱，里面装满了整根鹿茸、鹿茸切片、鲸鱼肉等动物制品。海关经过彻查、清点，最终查获涉嫌走私整根鹿茸 119 千克、

案例精析

鹿茸切片49千克、鲸鱼肉1 200多千克。“涉案的动物制品都属于国家限制进出境物品。”大东港海关缉私科有关人员介绍。两起案件涉及的7名犯罪嫌疑人均在24小时内被海关抓获。1月17日查获走私鹿茸切片近240千克,其中国家限制进出境的马鹿茸切片80多千克,较为普通的驯鹿茸切片140多千克。

(三)自由进出口管理

除国家禁止、限制进出口货物和技术外的其他货物和技术,都属于自由进出口范围。主要进出口的货物和技术不受进出口数量的限制。国家基于监测进出口情况的需要,对部分属于自由进口的货物实行自动进口许可管理,对所有自由进出口的技术实施技术进出口合同登记管理。

进口属于自动进口许可管理的货物经营者,应当在向海关申报前向国务院商务主管部门申请取得自动进口许可证,海关凭自动进口许可证验放。

进出口属于自由进出口技术的经营者,应当向国务院对外贸易管理部门办理合同备案登记。国务院对外贸易主管部门应当自收到文件之日起3个工作日内,对技术进出口合同进行登记并颁发进出口合同登记证,申请人凭证通关。

二、“备”:备案登记制度

对外贸易经营者管理制度是我国对外贸易管理制度之一。从2004年7月起,我国对对外贸易经营者的管理,实行备案登记制度。即法人、其他组织或个人在从事对外贸易经营活动之前,必须按照国家的有关规定,依照法定程序在国务院商务主管部门备案登记,取得对外贸易经营资格后,方可在国家允许的范围内从事对外贸易活动。对外贸易经营者管理制度由进出口经营权管理制度和进出口经营范围管理制度组成。

(一)进出口经营权管理制度

进出口经营权是指在我国境内的法人、其他组织或个人,依法所取得的对外签订进出口贸易合同的资格,又称对外贸易经营权。只有向国务院对外贸易主管部门或者其委托的机构依法办理备案登记(法律、行政法规和国务院对外贸易主管部门规定不需要登记的除外)后享有对外贸易经营权的法人、其他组织或个人,才有权对外签订贸易合同。

目前,我国对外贸易经营者主要包括:隶属于商务部和各省、市、自治区的专业外贸公司;有权自营进出口的企业,包括外商投资及各类内资生产型企业;对外经营科技产品的科研院所和大专院校;从事国际承包工程和劳务合作的国际合作公司;等等。

(二)进出口经营范围管理制度

对外贸易经营者取得对外贸易经营资格后,必须在国家所规定的经营范围内开展进出口经营活动。国务院商务主管部门可以对部分进出口商品实施国营贸易管理。国营贸易管理的实质是国家通过对进出口经营范围的管理,使国家能够对关系国计民生的重要进出口商品实施有效的宏观管理。实行国营贸易管理的企业目录、货物目录由国务院商务主管部门会同国务院其他有关部门制定、调整并公布。目前,我国实行国营贸易管理的商品主要包括玉米、大米、煤炭、原油、成品油、棉花、锑及锑制品、钨及钨制品、白银等。未列入国营贸易的企业,不得经营国营贸易货物目录中货物的进出口。

【职场指南2-1】 对外贸易经营者备案登记程序

1. 领取"对外贸易经营者备案登记表"

对外贸易经营者可以通过商务部政府网站(http://www.mofcom.gov.cn)或对外贸易经营者备案登记系统网站(http://iecms.ec.com.cn/iecms/index.jsp)下载,或到所在地备案登记机关领取"对外贸易经营者备案登记表"。

2. 填写登记表

填表时要求认真填写所有事项,并确保所填写内容是完整的、准确的和真实的,认真阅读"登记表"背面条款,并由企业法定代表人或个体工商负责人签字、盖章。

3. 向备案登记机关提交备案登记材料

(1)登记表;(2)营业执照复印件;(3)组织机构代码证书复印件;(4)对外贸易经营者为外商投资企业的,还应提交外商投资企业批准证书复印件;(5)依法办理工商登记的个体户(独资经营者),须提交合法公证机构出具的财产公证证明,依法办理工商登记的外国(地区)企业,须提交合法公证机构出具的资金信用证明文件。

备案登记机关应自收到对外贸易经营者提交的上述材料之日起5日内办理备案登记手续,在"登记表"上加盖备案登记印章。

备案登记机关在完成备案登记手续的同时,应当完整准确地记录和保存对外贸易经营者的备案登记信息和登记材料。

对外贸易经营者应凭加盖备案登记印章的"登记表"在30日内到当地海关、检验检疫、外汇、税务等部门办理开展对外贸易业务所需的所有手续。逾期未办理的,"登记表"自动失效。

三、"检":出入境检验检疫制度

出入境检验检疫制度是指海关依照有关法律、行政法规和国际管理等的要求,对出入境的货物及其包装物、物品及其包装物、交通运输工具、运输设备和人员实施检验、检疫监督管理的法律依据和行政手段的总和。其目的是保护国家的经济顺利发展,保护人民的生命和社会环境的安全与健康。

(一)出入境检验检疫制度的组成

我国出入境检验检疫制度包括进出口商品检验制度、进出境动植物检疫制度和国境卫生监督制度,简称"三检",实行目录管理。

1. 进出口商品检验制度

我国进出口商品检验制度是根据《进出口商品检验法》及其实施条例的规定,海关总署及直属海关对进出口商品所进行的品质、质量检验和监督管理的制度。商品检验侧重于商业性要求,包括法定检验、合同检验、公正鉴定和委托检验等类型。

2. 进出境动植物检疫制度

进出境动植物检疫制度是根据《进出境动植物检疫法》及其实施条例的规定,根据海关总署及直属海关对进出境动植物、动植物产品的生产、加工、存放过程实行动植物检疫的进出境监督管理制度。进出境动植物检疫的范围和重点是检查发现进出境的动植物可能具有或已经具有的各类传染性疾病、寄生虫病和可能携带的各种有害生物,侧重于健康和卫生的要求。

3. 国境卫生监督制度

国境卫生监督制度是指海关总署根据《国境卫生检疫法》及其实施细则,以及根据其他的卫生法律、法规和卫生标准，在进出口口岸对出入境的交通工具、货物、运输容器以及口岸辖区的公共场所、环境、生活设施、生产设备所进行的卫生检查、鉴定、评价和采样检验的制度。国境卫生检疫的范围和重点是在进出口口岸对出入境交通工具、货物，以及运输容器以及口岸辖区的公共场所、环境、生活设施、生产设备所进行的卫生检查、鉴定、评价和采样检验，与进出境动植物检疫一样侧重于卫生要求。

（二）我国出入境检验检疫工作的主要目的

对出入境商品进行检验、鉴定和监督管理，加强进出口商品检验工作，规范进出口商品检验行为，可以维护社会公共利益和进出口贸易有关各方的合法权益，促进对外贸易的顺利发展。对出入境动植物及其产品，包括其运输工具、包装材料的检疫和监督管理，可以防止危害动植物的病菌、害虫、杂草种子及其他有害生物由国外传入或由国内传出，保护我国农、林、渔、牧业生产和国际生态环境与人类的健康。对出入境人员、交通工具、运输设备以及可能传播传染病的行李、货物、邮包等物品实施国境卫生检疫和口岸卫生监督，可以防止传染病由国外传入或者由国内传出，保护人类健康。

（三）我国出入境检验检疫工作的内容

出入境检验检疫涉及的主要工作有：进出口商品检验，动植物检疫，卫生检疫与处理，进口废物原料、旧机电产品装运前检验，进口商品认证管理，出口商品质量许可和卫生注册管理，出口危险货物运输包装检验，外商投资财产价值鉴定，货物装载和残损鉴定，进出口商品质量认证，涉外检验检疫、鉴定、认证机构审核认可和监督涉外检验检疫、鉴定、认证机构审核认可，与外国和国际组织开展合作等。

四、“汇”：货物贸易外汇管理制度

国家外汇管理局依据国务院《外汇管理条例》及其他有关规定，对包括经常项目外汇业务、资本项目外汇业务、金融机构外汇业务、人民币汇率的生成机制和外汇市场等领域实施监督管理。

（一）我国货物贸易外汇管理制度概述

我国货物贸易外汇管理制度的运行主要依靠三个方面来完成，即企业自律、金融机构专业审查和国家外汇管理局的监管。具体如下：

(1)企业的贸易外汇收支活动应当自觉遵守国家法律法规，按照“谁出口谁收汇、谁进口谁付汇”的原则办理贸易外汇收支业务。企业应当根据真实贸易方式、结算方式和资金来源或流向在金融机构办理外汇收支，并按相关规定向金融机构如实申报贸易外汇收支信息。代理进口、出口业务，应当由代理方付汇、收汇。代理进口业务项下，委托方可凭委托代理协议将外汇划转给代理方，也可由代理方购汇。代理出口业务项下，代理方收汇后凭委托代理协议将外汇划转给委托方，也可结汇将人民币划转给委托方。对超过规定期限的预收货款、预付货款、延期收款及延期付款等影响贸易外汇收支与货物进出口匹配信息的，企业应当在规定期限内向国家外汇管理局报告。

(2)金融机构应当对企业提交的交易单证的真实性及其与贸易外汇收支的一致性在专业层面进行合理审查，并负责向国家外汇管理局报送相关贸易外汇收支信息。

(3)国家外汇管理局建立进出口货物流与收付汇资金流匹配的核查机制，依法对企业贸易外汇收支进行非现场总量核查与监测。在此基础上，对存在异常或可疑情况的企业进行现场核查。对金融机构办理贸易外汇收支业务的合规性与报送相关信息的及时性、完整性、正确性实施非现场和现场核查。通过核查结果实施差别化管理。当国际收支出现或者可能出现严重失衡时,国家可以对贸易外汇收支采取必要的保障、控制等措施。

(二)国家外汇管理局对货物外汇的主要监管方式

1. 企业名录登记管理

企业依法取得外贸经营权后,应当持有关材料到国家外汇管理局办理名录登记手续后才能在金融机构办理贸易外汇收支业务。国家外汇管理局将登记备案的企业统一向金融机构发布名录,金融机构不得为不在名录内的企业办理贸易外汇收支业务。国家外汇管理局可根据企业贸易外汇收支业务状况及其合规情况注销企业名录。

2. 非现场核查

国家外汇管理局对企业在一定期限内的进出口数据和贸易外汇收支数据进行总量比对,核查企业贸易外汇收支的真实性及其与进出口的一致性。非现场核查是国家外汇管理局的常规监管方式。

3. 现场核查

国家外汇管理局可对企业非现场核查中发现的异常或可疑的贸易外汇收支业务实施现场核查,也可对金融机构办理贸易外汇收支业务的合规性与报送信息的及时性、完整性和准确性实施现场核查。国家外汇管理局实施现场核查时,被核查单位应当配合国家外汇管理局进行现场核查,如实说明情况,并提供有关文件、资料,不得拒绝、阻碍和隐瞒。

五、"救":贸易管制的救济措施

贸易管制的救济措施包括反倾销措施、反补贴措施和保障措施。其中,反倾销措施、反补贴措施是在非公平竞争环境下采取的,而保障措施是在公平环境下采取的。

(一)反倾销措施

反倾销措施是进口国政府为了保护国内产业而对实行倾销的进口产品所采取的措施,目的是提高进口产品价格,降低其竞争力,从而有效保护国内市场。反倾销措施包括临时反倾销措施和最终反倾销措施。

反倾销实施的对象是采用了价格歧视的不公平贸易行为,实施的依据是《对外贸易法》《反倾销协议》和《反倾销条例》。

临时反倾销措施有两种形式:一是征收临时反倾销税;二是要求提供现金保证金、保函或其他形式的担保。

征收临时反倾销税由商务部提出,国务院税则委员会决定,商务部予以公告,海关自公告规定实施之日起执行;要求提供现金保证金、保函或者其他形式担保的,由商务部决定并予以公告,海关自公告规定实施之日起执行。临时反倾销措施的期限自公告规定实施之日起执行。临时反倾销措施的期限自公告规定实施之日起不超过 4 个月,特殊情况下可以延长至 9 个月。

最终反倾销措施是指在正常海关税款之外征收反倾销税,是一种进口附加税。征收反倾销税由商务部提出,国务院税则委员会决定,商务部予以公告,海关自公告规定实施之日起执行。

(二)反补贴措施

反补贴措施是进口国政府为了保护国内产业而对接受补贴的进口产品所采取的措施,目的是提高进口产品价格,降低其竞争力,从而有效保护国内市场。反补贴措施包括临时反补贴措施和最终反补贴措施。

反补贴措施的对象是采用了价格歧视的不公平贸易行为，实施的依据是《对外贸易法》《补贴与反补贴措施协议》和《反补贴条例》。

临时反补贴措施有两种形式：一是征收临时反补贴税；二是要求提供现金保证金、保函或其他形式的担保。

征收临时反补贴税由商务部提出，国务院税则委员会决定，商务部予以公告，海关自公告规定实施之日起执行；要求提供现金保证金、保函或者其他形式担保的，由商务部决定并予以公告，海关自公告规定实施之日起执行。临时反补贴措施的期限自公告规定实施之日起不超过 4 个月。

最终反补贴措施是指在正常海关税款之外征收反补贴税，是一种进口附加税。征收反补贴税由商务部提出，国务院税则委员会决定，商务部予以公告，海关自公告规定实施之日起执行。

（三）保障措施

保障措施是一个国家加入 WTO 以后因履行自由贸易与开放市场的义务，在特殊情况下造成某种产品的大量进入，给国内同类产品的生产和销售造成严重损害或威胁，进口国政府在适当的程度和时间内对这种进口产品实施进口限制，包括临时提高关税、纯粹的数量限制和实施关税配额。

保障措施所实施的对象是在价格平等、公平贸易条件下进口激增的行为，实施的依据是《对外贸易法》和《保障措施协议》。保障措施包括临时保障措施和最终保障措施。

临时保障措施的形式是可以不经磋商临时加征关税，但是在调查后不成立时应立即退还。临时保障措施实施期限不得超过 200 天，并且将此时间计入最终保障措施期限。

最终保障措施可以采取提高关税、数量限制和关税配额等形式，其实施期限一般不超过 4 年，最长可延长至 10 年（包括临时保障措施实施期限的 200 天）。

【拓展阅读 2－1】　三大救济措施的对比分析

	反倾销	反补贴	保障措施
适用对象	出口商的行为造成低于正常价格的低价；对国内同类产业造成损害	出口国的政府补贴造成低于正常价格的低价；对国内同类产业造成损害	进口产品数量增加 对国内产业造成难以补救的损害
临时阶段	征收临时反倾销税，要求提供保证金、保函或者其他形式担保（此期间不超过 4 个月，最长可延至 9 个月）	征收反补贴税，要求提供保证金、保函或者其他形式的担保（此期间不超过 4 个月，不能延长）	采取提高关税的形式 （此期间不超过 200 天）
最终阶段	征收反倾销税	征收反补贴税	采取提高关税、数量限制和关税配额等形式（全部实施期限不超过 10 年）

任务三　我国贸易管制主要管理措施

一、进出口许可证管理

进出口许可证管理是指由商务部或者由商务部会同国务院其他有关部门，依法制定并调整进出口许可证管理目录，以签发进出口许可证的方式对进出口许可证管理目录中的商品实行的行政许可管理。进出口许可证采用目录管理和分级发证制度。

（一）进出口许可证的管理机构

（1）商务部是全国进出口许可证管理的归口单位。

（2）商务部授权配额许可证事务局（以下简称许可证局）统一管理全国进出口许可证机构的签发工作；许可证局及商务部驻各地特派员办事处和各省、自治区、直辖市的商务主管部门以及计划单列市和经商务部授权的其他省会城市的商务主管部门为许可证的发证机构。

（二）管理范围

1. 进口许可证管理的商品范围

第一，消耗臭氧层物质。商品：三氯氟甲烷（CFC-11）、二氯二氟甲烷（CFC-12）。发证机构：各地外经贸委（厅、局）、商务厅；在京中央管理的企业由许可证局签发。

第二，重点旧机电产品。商品：旧化工设备类、旧水泥生产设备类、旧金属冶炼设备类、旧工程机械类、旧造纸设备类、旧电力设备类、旧食品加工及包装设备、旧农业机械类、旧印刷机械类、旧纺织机械类、旧船舶类、旧硒鼓。发证机构：许可证局。

2. 出口许可证管理的商品范围

依据《对外贸易法》《货物进出口管理条例》《消耗臭氧层物质管理条例》和有关规章，公布《2018 年出口许可证管理货物目录》（以下简称“目录”），自 2018 年 1 月 1 日起执行。

（1）列入目录的货物有 44 种，实行出口配额或出口许可证管理。

①实行出口配额管理的货物为：活牛（对港澳地区出口）、活猪（对港澳地区出口）、活鸡（对香港地区出口）、小麦、玉米、大米、小麦粉、玉米粉、大米粉、甘草及甘草制品、蔺草及蔺草制品、磷矿石、煤炭、原油、成品油（不含润滑油、润滑脂、润滑油基础油）、锯材、棉花、白银。

出口所列上述货物的，需按规定申请取得配额（全球配额或国别、地区配额），凭配额证明文件申领出口许可证。其中，出口甘草及甘草制品、蔺草及蔺草制品的，需凭配额招标中标证明文件申领出口许可证。

②实行出口许可证管理的货物为：活牛（对港澳地区以外市场）、活猪（对港澳地区以外市场）、活鸡（对港澳地区以外市场）、牛肉、猪肉、鸡肉、天然砂（含标准砂）、矾土、镁砂、滑石块（粉）、氟石（萤石）、稀土、锡及锡制品、钨及钨制品、钼及钼制品、锑及锑制品、焦炭、成品油（润滑油、润滑脂、润滑油基础油）、石蜡、部分金属及制品、硫酸二钠、碳化硅、消耗臭氧层物质、柠檬酸、维生素 C、青霉素工业盐、铂金（以加工贸易方式出口）、铟及铟制品、摩托车（含全地形车）及其发动机和车架、汽车（包括成套散件）及其底盘等。其中，对向港澳台地区出口的天然砂实行出口许可证管理，对标准砂实行全球出口许可证管理。

消耗臭氧层物质的货样广告品需凭出口许可证出口。企业以一般贸易、加工贸易、边境贸易和捐赠贸易方式出口汽车、摩托车产品，需申领出口许可证，并符合申领许可证的条件；企业以工程承包方式出口汽车、摩托车产品，需凭中标文件等相关证明材料申领出口许可证；企业以上述贸易方式出口非原产于中国的汽车、摩托车产品，需凭进口海关单据和货物出口合同申领出口许可证；其他贸易方式出口汽车、摩托车产品免予申领出口许可证。

③以边境小额贸易方式出口以招标方式分配出口配额的货物和属于出口许可证管理的消耗臭氧层物质、摩托车（含全地形车）及其发动机和车架、汽车（包括成套散件）及其底盘等货物的，需按规定申领出口许可证。以边境小额贸易方式出口属于出口配额管理的货物的，由有关地方商务主管部门（省级）根据商务部下达的边境小额贸易配额和要求签发出口许可证。以边

境小额贸易方式出口本款上述以外的列入目录的货物，免予申领出口许可证。

④铈及铈合金（颗粒＜500μm）、钨及钨合金（颗粒＜500μm）、锆、铍的出口免予申领出口许可证，但需按规定申领两用物项和技术出口许可证。

⑤我国政府对外援助项下提供的目录内货物不纳入出口配额和出口许可证管理。

(2)对玉米、大米、钨及钨制品、锑及锑制品、煤炭、原油、成品油、棉花、白银等货物实行出口国营贸易管理。

继续暂停对润滑油(27101991)、润滑脂(27101992)和润滑油基础油(27101993)一般贸易出口的国营贸易管理，实行出口许可证管理。企业凭货物出口合同申领出口许可证，海关凭出口许可证验放。

(3)加工贸易项下出口目录内货物的，按规定执行。

①以加工贸易方式出口属于配额管理的货物，凭配额证明文件、有效期内的《加工贸易企业经营状况及生产能力证明》和货物出口合同申领出口许可证。其中，出口以招标方式分配配额的货物，凭有效期内的《加工贸易企业经营状况及生产能力证明》、配额招标中标证明文件、海关加工贸易进口报关单和货物出口合同申领出口许可证。

②以加工贸易方式出口属于出口许可证管理的货物，凭有效期内的《加工贸易企业经营状况及生产能力证明》、有关批准文件、海关加工贸易进口报关单和货物出口合同申领出口许可证。其中，申领白银出口许可证需加验商务部批件；加工贸易项下出口成品油（润滑油、润滑脂和润滑油基础油）需凭有效期内的《加工贸易企业经营状况及生产能力证明》、海关加工贸易进口报关单和省级商务主管部门申请函申领出口许可证。加工贸易项下出口成品油（不含润滑油、润滑脂、润滑油基础油）免予申领出口许可证。

(4)为实施出口许可证联网核销，对不属于“一批一证”制的货物，出口许可证签发时应在备注栏内填注“非一批一证”。在出口许可证有效期内，“非一批一证”制货物可以多次报关使用，但最多不超过12次。12次报关后，出口许可证即使尚存余额，海关也停止接受报关。

属于“非一批一证”制的货物为：

①外商投资企业出口货物；

②加工贸易方式出口货物；

③补偿贸易项下出口货物；

④小麦、玉米、大米、小麦粉、玉米粉、大米粉、活牛、活猪、活鸡、牛肉、猪肉、鸡肉、原油、成品油、煤炭、摩托车（含全地形车）及其发动机和车架、汽车（包括成套散件）及其底盘。

消耗臭氧层物质的出口许可证管理实行“一批一证”制，出口许可证在有效期内一次报关使用。

(5)为维护对外贸易秩序，对目录内部分货物实行指定口岸报关出口。

①甘草出口的报关口岸指定为天津海关、上海海关、大连海关；甘草制品出口的报关口岸指定为天津海关、上海海关。

②镁砂项下产品“按重量计含氧化镁70%以上的混合物”（海关商品编码为3824909200）的出口不再指定报关口岸，镁砂项下其他产品的出口指定大连（大窑湾、营口、鲅鱼圈、丹东、大东港、庄河）、青岛（莱州海关）、天津（东港、新港）、长春（图们）、满洲里为报关口岸。

③稀土出口的报关口岸指定为天津海关、上海海关、青岛海关、黄埔海关、呼和浩特海关、南昌海关、宁波海关、南京海关和厦门海关。

④锑及锑制品出口的报关口岸指定为黄埔海关、北海海关和天津海关。

⑤对台港澳地区出口天然砂的报关口岸限定于企业所在省的海关。

(三)进出口许可证的申请

1. 消耗臭氧层物质和实行出口许可证管理的商品

时间:组织该类进出口商品前。申领形式:网上和书面两种形式。提交材料:与加盖经营者公章相对应的许可证申请表、主管机关签发的进出口批准文件、合同正本复印件和商务部规定的其他应当提交的材料。

年度内初次申请还应提交营业执照、加盖对外贸易经营者登记专用章的经营者备案登记表或进出口企业资格证书;经营者为外商投资企业的,还应提交外商投资企业批准证书。

进口许可证办理流程见图 2—1,进口许可证见样例 2—1。

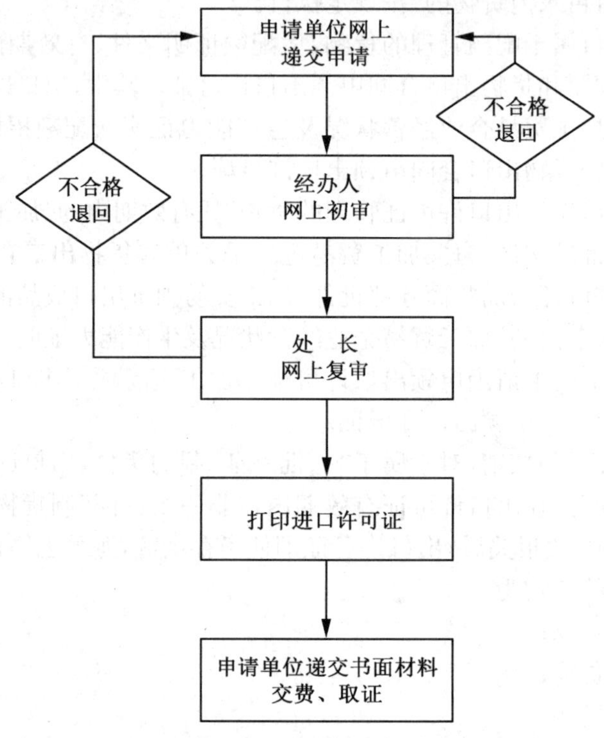

申请单位提交的书面材料包括:
1. 进口许可证申请表
2. 主管部门批准文件(正本)
3. 进口合同(正本复印件)
4. 负责人的身份证或单位介绍信
5. 属于委托代理进口的,应提交委托代理进口协议(正本复印件)
6. 进出口资格证书、备案登记表或外商投资企业批准证书(年内首次申领)

图 2—1 进口许可证办理流程

2. 进口重点旧机电产品

时间:组织进口列入《重点旧机电产品进口目录》的旧机电产品前。申领形式:网上和书面两种形式。提交材料:由旧机电产品最终用户提交用途说明、机电产品进口申请表、营业执照复印件、制造年限证明材料和设备状况说明。

翻新业务的,要提交资质证明文件;旧船舶进口的,还要提交旧船舶进口技术鉴定书或者

中华人民共和国限制进口类可用作原料的固体废物进口许可证

IMPORT LICENCE OF THE PEOPLE'S REPUBLIC OF CHINA FOR RESTRICTED SOLID WASTES THAT CAN BE USED AS RAW MATERIALS

1. 进口商: Importer [illegible]回收有限公司	2. 进口许可证号: Import licence No. SEP[illegible]1043794
3. 利用商: Recycler [illegible]回收有限公司	4. 进口许可证有效截止日期: Import licence expiry date [illegible]年12月31日
5. 商品名称: Description of goods 乙烯聚合物的废碎料及下脚料	6. 商品编码: Code of goods [illegible]100000
7. 数量: Quantity 1000000	8. 计量单位: Unit 千克
9. 报关口岸: Place of clearance	10. 贸易方式: Terms of trade 一般贸易
11. 备注: Supplementary details	12. 发证机关盖章: Issuing authority's stamp 中华人民共和国环境保护部 Ministry of Environmental Protection of the People's Republic of China 13. 发证日期: Licence date 2011年1月21日

第一联 报关凭证

中华人民共和国环境保护部监制（2008）

样例 2—1　进口许可证

旧渔业船舶进口技术评定书。

(四)报关规范

(1)进口许可证有效期1年，当年有效，跨年度使用不得超过次年3月31日。

(2)出口许可证最长不得超过6个月，且有效期截止时间不得超过当年12月31日。

(3)许可证一经签发，不得擅自更改证面内容。如需更改，经营者应当在有效期内提出更改申请，并将许可证交回原发证机构，由原发证机构重新换发新许可证。

(4)进口许可证实行“一证一关”管理。一般情况下，为“一批一证”。如要实行“非一批一证”，应当同时在备注栏内打印“非一批一证”字样，但最多不超过12次，由海关在许可证背面“海关验放签注栏”内逐批签注核减进出口数量。

(5)对于实行“一批一证”的大宗、散装货物，其溢装数量在货物总量3%以内的原油、成品油予以免证，其他货物溢装数量在货物总量5%以内的免证；对于实行“非一批一证”的大宗、散装货物，在每批货物出口时，按其实际出口数量进行许可证证面数量核扣，在最后一批货物出口时，应按该许可证实际剩余数量溢装上限，即在5%(原油、成品油在溢装上限3%)以内计算免征数额。

(6)凡列入禁止出口、出口配额许可证、出口许可证管理货物目录的商品,因添加、混合其他成分,或因简单加工导致商品编码改变的,按原商品编码的管理方式进行管理。

(7)凡申报出口的商品成分中含有禁止出口、出口配额许可证、出口许可证管理的商品(贵金属超过2%、其他超过5%)的,需按含有禁止出口、出口配额许可证、出口许可证管理的商品实施管理。

(8)部分货物实行出口报关口岸管理。①锑:黄埔、北海、天津海关。②轻(重)烧镁:大连、青岛、天津、长春、满洲里海关。③甘草:天津、上海、大连海关。甘草制品:天津、上海海关。④锯材:黑龙江指定大连、绥芬河报关;内蒙古指定满洲里、二连浩特、大连、天津、青岛报关;新疆指定阿拉山口、天津、上海报关;福建指定福州、厦门、莆田、漳州报关。

二、两用物项和技术进出口许可证管理

(一)管理部门

商务部指导全国各发证机构的两用物项和技术进出口许可证发证工作。商务部配额许可证事务局和受商务部委托的省级商务主管部门为两用物项和技术进出口许可证发证机构。

(二)管理范围

2018年实施两用物项和技术进口许可证管理的商品包括监控化学品管理条例名录所列物项(69种)、易制毒化学品(48种)、放射性同位素(10种)共3类。实施两用物项和技术出口许可证管理的商品包括核出口管制清单所列物项和技术(159种)、核两用品及相关技术出口管制清单所列物项和技术(202种)、生物两用品及相关设备和技术管制清单所列物项和技术(144种)、监控化学品管理条例名录所列物项(69种)、有关化学品及相关设备和技术出口管制清单所列物项和技术(37种)、导弹及相关物项和技术出口管制清单所列物项和技术(186种)、易制毒化学品(一)(48种)、易制毒化学品(二)(17种)、部分两用物项和技术(6种)、特殊民用物项和技术(5种)共10类。

(三)报关规范

列入《两用物项和技术进出口许可证管理目录》内,以任何方式进出口的商品,都应提交许可证。海关有权质疑所有进出口货物,而进出口人则有责任提供商务部门的"不属于两用物项和技术证明"。

(1)两用物项和技术进口许可证实行"非一批一证"制和"一证一关"制,并在其备注栏内打印"非一批一证"字样;两用物项和技术出口许可证实行"一批一证"制和"一证一关"制。

(2)许可证有效期1年,跨年度使用不得超过次年3月31日。

(3)许可证不得买卖、转让、涂改、伪造和变造。

(4)不得更改证面内容,如需更改,则要重新申请,换发新证;同时应做到证单相符。

三、密码产品和含有密码技术的设备进口许可证管理

(一)管理范围

管理范围为列入《密码产品和含有密码技术的设备进口管理目录》(第一批)以及暂未列入目录但含有密码技术的进口商品。根据《商用密码管理条例》,将调整后的《密码产品和含有密码技术的设备进口管理目录》予以发布,自2014年1月1日起执行,包括9类商品,见表2−3。

表 2—3　**密码产品和含有密码技术的设备进口管理目录**

（2013 年 12 月调整）

序号	海关商品编号	商品名称	计量单位
1	8443311010	静电感光式多功能一体加密传真机（可与自动数据处理设备或网络连接）	台
2	8443319020	其他多功能一体加密传真机（兼有打印、复印中一种及以上功能的机器）	台
3	8443329010	其他加密传真机（可与自动数据处理设备或网络连接）	台
4	8517110010	无绳加密电话机	台
5	8517180010	其他加密电话机	台
6	8517622910	光通信加密路由器	台
7	8517623210	非光通信加密以太网络交换机	台
8	8517623610	非光通信加密路由器	台
9	8543709950	密码机、密码卡（不包括数字电视智能卡、蓝牙模块和用于知识产权保护的加密狗）	台

（二）管理部门

国家密码管理局主管部门负责签发进口许可证。

（三）报关规范

（1）免领情形。加工贸易项下为复出口而进口的；由海关监管，暂时进口后复出口的；从境外进入保税区、出口加工区及其他海关特殊监管区域和保税监管场所的，或在海关特殊监管区域、保税监管场所之间进出的。

（2）从海关特殊监管区域、保税监管场所进入境内区外，需交验密码进口许可证。

（3）进口单位知道商品含密码技术，但未列入目录，也应当主动申请并提交进口许可证。

（4）海关在进口环节发现应交而未交许可证的应进行处理。

四、自动进口许可证管理

（一）实施自动进口许可管理的商品范围

依据《对外贸易法》《货物进出口管理条例》和有关规章，公布《2018 年自动进口许可管理货物目录》，自 2018 年 1 月 1 日起执行。2018 年实施自动进口许可管理的商品包括非机电类货物（26 类）、机电产品（包括旧机电产品）（22 类），分为 2 个管理目录。

（二）免交自动进口许可证的情形

进口列入《自动进口许可管理货物目录》的商品，在办理报关手续时，需向海关提交自动进口许可证，但下列情形免交：

（1）加工贸易项下进口并复出口的（原油、成品油除外）。

（2）外商投资企业作为投资进口或者投资额内生产自用的（旧机电产品除外）。

（3）货样广告品、实验品进口，每批次价值不超过 5 000 元人民币的。

（4）暂时进口的海关监管货物。

（5）进入保税区、出口加工区等海关特殊监管区域及进入保税仓库、保税物流中心属自动进口许可证管理的货物。

（6）加工贸易项下进口的不作价设备监管期满后留在原企业使用的。

（7）国家法律法规规定其他免领自动进口许可证的。

（三）自动进口许可证的办理程序申请

收货人可以直接向发证机构书面申请自动进口许可证，也可以通过网上申请。其中书面申请的，收货人可以到发证机构领取或者从相关网站下载自动进口许可证申请表（可复印）等有关材料，按要求如实填写，并采用送递、邮寄或者其他适当方式，与其他相关材料一并递交发证机构。采取网上申请的，收货人应当先到发证机构申领用于企业身份认证的电子钥匙。申请时，登录相关网站，进入相关申领系统，按要求在线如实填写自动进口许可证申请表等材料，同时向发证机构提交有关材料。

申请内容正确且形式完备的，发证机构收到后应当予以签发自动进口许可证，最多不超过10个工作日。

（四）报关规范

（1）自动进口许可证有效期为6个月，但仅限公历年度内有效。

（2）原则上实行"一批一证"管理，对部分货物也可实行"非一批一证"管理。实行"非一批一证"管理的，在有效期内可以分批次累计报关使用，但累计使用不得超过6次。同一进口合同项下，收货人可以申请并领取多份自动进口许可证。

（3）对实行"一批一证"的自动进口许可证管理的大宗、散装货物，其溢装数量在货物总量3%以内的原油、成品油、化肥、钢材4种货物予以免证，其他货物溢装数量在货物总量5%以内的予以免证；对"非一批一证"的大宗散装货物，每批货物进口时，按其实际进口数量核扣自动进口许可证额度数量，最后一批货物进口时，应按该自动进口许可证实际剩余数量的允许溢装上限，即在5%（原油、成品油、化肥、钢材在溢装上限3%）以内计算免证数额。

经验小谈 2－1

我司有一票货物，因含量不符合目的地国海关的进口许可标准，客户无法清货，就直接退回来了。请问这种情况退运回国时要不要交进口关税？

答：根据《海关进出口货物征税管理办法》第55条：因品质或者规格原因，出口货物自出口放行之日起1年内原状退货复运进境的，纳税义务人在办理进口申报手续时，应当按照规定提交有关单证和证明文件。经海关确认后，对复运进境的原出口货物不予征收进口关税和进口环节海关代征税。

五、固体废物进口许可证管理

国家禁止进口不能用作原料的固体废物，限制进口可以用作原料的固体废物。

（一）废物的分类

我国《固体废物污染环境防治法》管理范围内的废物包括工业固体废物、城市生活垃圾、危险废物、液态废物以及置于容器中的气态废物。

（二）管理范围

生态环境部会同国家发改委、商务部、海关总署、国家质检总局制定、调整并公布了《限制进口类可用做原料的废物目录》及《自动进口许可管理类可用做原料的废物目录》，未列入上述两个目录的固体废物禁止进口。

（三）办理程序

废物进口单位或者废物利用单位直接向生态环境部提出废物进口申请，由生态环境部审查批准，取得其签发的"自动许可进口类可用做原料的固体废物进口许可证"（以下统称"废物进口许可证"）后才可组织进口。

进口废物运抵口岸后，海关凭生态环境部签发的废物进口许可证及其他必要单证受理报验。经审核未发现不符合环境保护要求的，海关凭有效废物进口许可证办理通关手续；对不符合环境保护要求的，海关会同地方环保部门依法对废物进行处理。

（四）报关规范

第一，向海关申报进口列入《限制进口类可用做原料的废物目录》《自动进口许可管理类可用做原料的废物目录》中的废物，报关单位应主动向海关提交有效的废物进口许可证。

第二，对于未列入《限制进口类可用做原料的废物目录》《自动进口许可管理类可用做原料的废物目录》，或虽列入上述目录但未取得有效废物进口许可证的废物，一律不得进口或存入保税仓库。

第三，废物进口许可证实行"非一批一证"管理。

第四，进口的废物不能转关（废纸除外），只能在口岸海关办理申报进境手续。

**【同步案例 2-2】　进口铜废碎料报关手续**

案例精析

大连嘉恒金属公司在 2018 年 4 月从智利进口一批铜废碎料，货物运抵张家港，在向张家港海关申报进口时，提交了由地方政府环境保护行政部门批准的证明，但海关不接受申报。请问海关的做法正确吗？

六、进口关税配额管理

关税配额管理是一种相对数量的进口限制，对外贸易经营者经国家批准取得关税配额证后，允许按照关税配额税率征税进口，如超出限额，则按照配额外税率征税进口。

（一）实施进口关税配额管理的农产品

（1）管理部门：商务部和国家发改委。

（2）管理范围：小麦、大米和稻谷、玉米、棉花、食糖、羊毛及毛条等。

（3）管理措施：海关凭商务部、国家发改委各自授权机构向最终用户发放的加盖"商务部农产品进口关税配额证专用章"或"国家发改委农产品进口关税配额证专用章"的"农产品进口关税配额证"办理验放手续。

加工贸易进口需在进口关税配额证上注明加工贸易。由境外进入保税仓库、保税区、出口加工区的上述农产品，不需要提交"农产品进口关税配额证"，海关按现行规定验放并实施监管。从保税仓库、保税区、出口加工区出库或出区进口的关税配额农产品，海关凭进口关税配额证按规定办理进口手续。

（4）报关规范：实行"一证多批"。"农产品进口关税配额证"的有效期为每年 1 月 1 日至当年 12 月 31 日。如需要延期，应向原发证机构申请办理换证，但延期最迟不得超过下一年 2 月底。进口关税配额证正面内容不得更改，如需更改，应到发证部门换发新证。

（二）实施进口关税配额管理的工业品

（1）管理部门：商务部负责全国化肥的配额管理工作。商务部的化肥进口关税配额管理机构负责管辖范围内化肥进口关税配额的发证、统计、咨询和其他授权工作。

（2）管理范围：尿素、磷酸氢二铵、复合肥 3 种农用肥料。

（3）管理措施：申请单位应当在每年 10 月 15 日至 10 月 30 日向商务部提出化肥关税配额的申请。

(4)报关规范:关税配额内化肥进口时,海关凭进口单位提交的"化肥进口关税配额证明"按配额内税率征税,并验放货物。

经验小谈 2—2

请问什么样的企业可以申请白糖进口关税配额?

答:根据商务部公告 2017 年第 59 号(《关于 2018 年食糖进口关税配额申请和分配细则的公告》)第二条,申请企业类型具体包括:(1)国营贸易企业;(2)具有国家储备职能的中央企业;(3)持有 2017 年食糖关税配额且有进口实绩(不包括代理进口)的企业;(4)2016 年日加工原糖 600 吨以上(含 600 吨)或食糖年销售额 4.5 亿元以上(含 4.5 亿元)的食糖生产企业;(5)以食糖为原料从事加工贸易的企业。

七、野生动植物种进出口管理

我国是《濒危野生动植物种国际贸易公约》的成员国。我国进出口管理的濒危物种包括该公约的成员国(地区)应履行保护义务的物种,以及为保护我国珍稀物种而自主保护的物种。

濒危物种进出口管理是依据《进出口野生动植物种商品目录》和"濒危野生动植物种国际贸易公约允许进出口证明书"(以下简称"公约证明")、"中华人民共和国濒危物种进出口管理办公室野生动植物允许进出口证明书"(以下简称"非公约证明")或"非《进出口野生动植物种商品目录》物种证明"(以下简称"物种证明")的形式,对该目录列明的依法受保护的珍贵、濒危野生动植物及其产品实施的进出口限制管理。

凡进出口列入《进出口野生动植物种商品目录》中的野生动植物或其产品,必须严格申报和审批,并在进出口报关前取得国家濒危物种进出口管理办公室或其授权的办事处签发的"公约证明""非公约证明"或"物种证明"后,向海关办理进出口手续。野生动植物种进出口管理的范围及报关规范见表 2—4。

表 2—4　　野生动植物种进出口管理的范围及报关规范

项目 证件	管理范围划分	报关规范
非公约证明	列入《进出口野生动植物种商品目录》中属于我国自主规定管理的野生动植物及其产品	"一批一证"制
公约证明	列入《进出口野生动植物种商品目录》中属于《濒危野生动植物种国际贸易公约》成员国(地区)应履行保护义务的物种	"一批一证"制
物种证明	对于进出口列入《进出口野生动植物种商品目录》中除适用"公约证明""非公约证明"物种以外的其他野生动植物及相关货物或物品和含野生动植物成分的纺织品,均须事先申领"物种证明"	1. 一次使用的"物种证明"有效期自签发之日起不得超过 6 个月 2. 多次使用的"物种证明"只适用于同一物种、同一货物类型、在同一报关口岸多次进出口的野生动植物。多次使用的"物种证明"有效期截至发证当年 12 月 31 日。持证者需于 1 月 31 日之前将上一年度使用多次"物种证明"进出口有关野生动植物标本的情况汇总上报给发证机关

【同步案例 2-3】 杭州海关查获檀香紫檀制品

7 月 30 日，经浙江省林产品质量检测站鉴定，杭州海关此前在空港渠道查获的一件重 21.15 千克的木质工艺品为檀香紫檀制品。这是杭州海关近年来在杭州空港口岸查获的重量最大的一件紫檀制品。

这件紫檀制品是杭州海关隶属萧山机场海关关员在一名由柬埔寨入境的旅客行李箱内发现的。

案例精析

杭州海关隶属萧山机场海关旅检一科某关员介绍："以前我们也查获了不少檀香紫檀制品，但是像这种 20 多千克重的近年来还是第一次查获。"

八、进出口药品管理

进出口药品管理是我国进出口许可管理制度的重要组成部分，属于国家限制进出口管理范畴，实行分类和目录管理。国家食品药品监督管理总局会同国务院对外贸易主管部门对相关药品依法制定并调整管理目录，以签发许可证件的形式对其进出口加以管制。

药品必须经由国务院批准的允许其进口的口岸进口。目前，允许进口药品的口岸城市共 19 个，即北京、天津、上海、大连、青岛、成都、武汉、重庆、厦门、南京、杭州、宁波、福州、广州、深圳、珠海、海口、西安、南宁。

(一)精神药品进出口管理

1. 管理范围

列入《精神药品管制品种目录》中的药品，包括精神药品及其标准品、对照品，如肾上腺素、咖啡因、去氧麻黄碱等的进出口。对于列入《精神药品管制品种目录》中的药品可能存在的盐、脂、醚，虽未列入该目录，但仍属于精神药品管制范围。

2. 管理证件

精神药品进出口准许证。其仅限在该证注明的口岸海关使用，并实行"一批一证"制度。

(二)麻醉药品进出口管理

1. 管理范围

列入《麻醉药品管制品种目录》中的麻醉药品，包括鸦片类、可卡因类、大麻类、合成麻醉药类及其他易成瘾的药品、药用植物及其制剂。对于列入《麻醉药品管制品种目录》中的麻醉药品可能存在的盐、脂、醚，虽未列入该目录，但仍属于麻醉药品管制范围。

2. 管理证件

麻醉药品进出口准许证。其仅限在该证注明的口岸海关使用，并实行"一批一证"制度。

(三)兴奋剂进出口管理

1. 管理范围

列入《兴奋剂目录》中的药品，包括蛋白同化制剂品种、肽类激素品种、麻醉药品品种、刺激剂(含精神药品)品种、药品类易制毒化学品品种、医疗用毒性药品品种、其他品种共 7 类。

2. 管理证件

对于《兴奋剂目录》中的"其他品种"，海关暂不按照兴奋剂实行管理。根据《蛋白同化制剂、肽类激素进出口管理办法(暂行)》的相关规定，国家对进出口蛋白同化制剂和肽类激素分别实行"进口准许证"和"出口准许证"管理。

(四)一般药品进出口管理

1. 管理范围

范围包括：进口列入《进口药品目录》中的药品；进口列入《生物制品目录》中的商品；首次在我国境内销售的药品。进口暂未列入《进口药品目录》中的原料药的单位，必须遵守《进口药品管理办法》中的各项有关规定，主动到各口岸药品检验所报验。

2. 管理证件

申领进口药品通关单，进口药品通关单仅限在该单注明的口岸海关使用，并实行"一批一证"制度。

九、美术品进出口管理

（一）管理范围

（1）艺术创作者以线条、色彩或者其他方式创作的具有审美意义的造型艺术作品，包括绘画、书法、雕塑、摄影等作品，以及艺术创作者许可并签名的、数量在200件以内的复制品。

（2）批量临摹的作品、工业化批量生产的美术品、手工艺品、工艺美术产品、木雕、石雕、根雕、文物等均不纳入美术品范围进行管理。

（3）我国禁止含有以下内容的美术品进出境：违反《宪法》确定的基本原则的；危害国家统一、主权和领土完整的；泄露国家秘密、危害国家安全或者损害国家荣誉和利益的；煽动民族仇恨、民族歧视，破坏民族团结或者侵害民族风俗习惯的；宣扬或者传播邪教迷信的；扰乱社会秩序，破坏社会稳定的；宣扬或者传播淫秽、色情、赌博、暴力、恐怖或者教唆犯罪的；侮辱或者诽谤他人、侵害他人合法权益的；蓄意篡改历史、严重歪曲历史的；危害社会公德或者有损民族优秀文化传统的；我国法律、行政法规和国家规定禁止的其他内容。

（二）管理部门和办理程序

经营美术品进出口的企业必须在商务部门备案登记，向进出口口岸所在地的省、自治区、直辖市文化行政部门提出申请。文化行政部门应当自受理申请之日起15日内做出决定。批准的，发给批准文件；不批准的，应书面通知申请人并说明理由。

（三）报关规范

（1）批准文件不得擅自更改。

（2）批准文件不得伪造、涂改、出租、出借、出售或者以其他任何形式转让。

（3）同一批已经批准进口或者出口的美术品复出口或复进口，进出口单位可持原批准文件正本到原进口或者出口口岸海关办理相关手续。

十、其他货物进出口管理

（一）黄金及其制品进出口管理

根据《中国人民银行法》《海关法》和《国务院对确需保留的行政审批项目设定行政许可的决定》，中国人民银行、海关总署制定了《黄金及黄金制品进出口管理办法》并予以发布，自2015年4月1日起施行。

（1）使用证件：黄金及其制品进出口准许证，它是《黄金及其制品进出口管理目录》中的货物合法进出口的证明文件。法人、其他组织以下列贸易方式进出口黄金及黄金制品的，应当办理《中国人民银行黄金及黄金制品进出口准许证》：①一般贸易；②加工贸易转内销及境内购置黄金原料以加工贸易方式出口黄金制品的；③海关特殊监管区域、保税监管场所与境内区外之间进出口的。

中国人民银行、海关总署联合公告2016年第9号（关于黄金及黄金制品进出口准许证事宜)，黄金及黄金制品进出口业务频繁的法人可以按照《黄金及黄金制品进出口管理办法》的条件和审批流程，申请“非一批一证”准许证。

实行“非一批一证”的准许证可以在有效期内、不超过规定数量和批次报关使用。具体做法是，海关在准许证正本背面“海关验放签注栏”内逐笔签注核减进出口的数量，报关批次最多不超过 12 次。“非一批一证”准许证自签发之日起 6 个月内有效，逾期自动失效。

在“非一批一证”准许证允许进(出)口的数量、批次未使用完之前，海关留存每次已签注的“非一批一证”准许证复印件。“非一批一证”准许证允许进(出)口的数量、批次核扣完毕，由海关收存。“非一批一证”准许证未使用过或未使用完毕的，被许可人应在准许证有效期满后 10 个工作日内将证件交回核发机构。

实行“非一批一证”准许证管理试点海关为北京、上海、广州、南京、青岛、深圳海关。

实行“非一批一证”准许证管理试点后，中国人民银行及其分支机构将对核发的准许证使用情况加强监督管理。“非一批一证”准许证的被许可人，应在“非一批一证”准许证有效期满后 10 个工作日内将黄金及黄金制品进出口情况(包括批次、验放日期、实际进出口数量等)报送中国人民银行及其分支机构。

进出口“其他金化合物(海关商品编号 2843300090)”“镶嵌钻石的黄金制首饰及其零件(海关商品编号 7113191100)”的，免予办理《黄金及黄金制品进出口准许证》。

个人、法人或者其他组织因公益事业捐赠进口黄金及黄金制品的，应当办理《黄金及黄金制品进出口准许证》。

个人携带黄金及黄金制品进出境的管理规定，由中国人民银行会同海关总署制定。

(2)主管及发证部门：中国人民银行是黄金及黄金制品进出口主管部门，对黄金及黄金制品进出口实行准许证制度。列入《黄金及黄金制品进出口管理目录》中的黄金及黄金制品进口或出口通关时，应当向海关提交中国人民银行及其分支机构签发的《黄金及黄金制品进出口准许证》。中国人民银行会同海关总署制定、调整并公布《黄金及黄金制品进出口管理商品目录》。

(3)适用范围：《黄金及其制品进出口管理目录》中的黄金及其制品，主要包括：氰化金、氰化金钾(含金 40%)、其他金化合物、非货币用金粉、非货币用半制成金、非货币用未锻造金、货币用未锻造金(包括镀铂的金)、金的废碎料、镶嵌钻石的黄金制首饰及其零件、镶嵌濒危物种制品的金首饰及零件、其他黄金制首饰及其零件、金制工业实验室用制品等。

(4)报关规范：提供有效的黄金及其制品进出口准许证。

(二)音像制品进口管理

(1)使用证件：音像制品进口批准单，它是音像制品合法进口的证明文件。

(2)主管及发证部门：生态环境部。

(3)适用范围：音像制品成品。

(4)报关规范：由指定单位经营，未经指定的任何单位或个人均不得从事音像制品成品进口业务，但可以委托进口。

(三)有毒化学品进出口管理

(1)使用证件：有毒化学品环境管理放行通关单，它是列入《中国禁止或严格限制的有毒化学品名录》中的化学品合法进出口的证明文件。

(2)主管及发证部门：环境保护部。

(3)适用范围：列入《中国禁止或严格限制的有毒化学品名录》中的化学品。

(4)报关规范：提供有毒化学品环境管理放行通知单。

(四)农药进出口管理

(1)使用证件:进出口农药登记证明,它是列入《进出口农药管理名录》中的农药合法进出口的证明文件。

(2)主管及发证部门:农业部农药检定所。

(3)适用范围:列入《进出口农药管理名录》中的农药。

(4)报关规范:实行"一批一证"制,既可作农药又可作工业原料的商品如果以工业原料进出口,则改凭农业部签发的"非农药登记管理证明"验放。

(五)兽药进口管理

(1)使用证件:兽药进口通过单,它是列入《进口兽药管理目录》中的兽药合法进出口的证明文件。

(2)适用范围:列入《进口兽药管理目录》的兽药。

(3)报关规范:实行"一单一关",在30日有效期内只能一次性使用。

(4)《进口兽药通关单》通关作业联网无纸化

许可证件管理

自2016年11月1日起,按照《兽药进口管理办法》(农业部、海关总署令第2号)有关规定,进口单位向农业部、地方兽医行政管理部门申领《进口兽药通关单》,经审核批准后,农业部、地方兽医行政管理部门将签发的《进口兽药通关单》电子数据通过"兽药监管证件联网核查系统"传输至海关。试运行期间,农业部、地方兽医行政管理部门同时核发纸质《进口兽药通关单》。

报关企业按照海关通关作业无纸化改革的规定,可采用无纸方式向海关申报。海关通过联网核查方式验凭《进口兽药通关单》电子数据并办理报关手续。以无纸方式申报的企业可以免予交验纸质《进口兽药通关单》。

为提高无纸化应用效率,适应计算机管理系统自动化处理需求,进口单位、报关单位在向农业部、地方兽医行政管理部门申领《进口兽药通关单》以及向海关办理报关手续时,《进口兽药通关单》与进口货物报关单的货物计量单位应当一致,《进口兽药通关单》与进口货物报关单的报关/进口口岸代码前两位应当一致。

因海关和农业部门审核需要、计算机管理系统故障、其他管理部门需要验凭纸质《进口兽药通关单》等原因,可以转为有纸报关作业或补充提交纸质《进口兽药通关单》。

【做中学2-1】

2018年5月,大连市某外商独资企业向该企业在境外的分公司订购移动通信设备2套,此次进口会涉及我国贸易管制措施吗?如果会,将具体涉及什么措施?

【拓展阅读2-2】 **许可证件管理一览表**

<table>
<tr><th>许可证件名称</th><th>发证机构</th><th>有效期</th><th>代码</th><th>管理要点</th><th>管理范围</th></tr>
<tr><td>进口许可证</td><td rowspan="2">商务部三级发证(进出口消耗臭氧层物质由地方商务部门凭"消耗臭氧层物质进出口审批单"发证)</td><td>1年</td><td>1</td><td rowspan="2">一批一证、一证一关;非一批一证使用不超过12次;大宗散货溢装5%以内(油3%以内)免证;消耗臭氧层物质在海关特殊监管区、场所与境外之间进出应领审批单、许可证,在海关特殊监管区、场所与境内其他地区或海关特殊监管区、场所之间进出免领审批单、许可证</td><td>重点旧机电产品、消耗臭氧层物质</td></tr>
<tr><td>出口许可证</td><td>6个月</td><td>4</td><td>部分农、禽、畜产品;资源性产品;贵金属;消耗臭氧层物质</td></tr>
</table>

续表

许可证件名称	发证机构	有效期	代码	管理要点		管理范围
两用物项和技术进口许可证	商务部授权省级商务主管部门凭相关行政主管部门批准文件发证	1年内	2	非一批一证 一证一关	海关有权对是否属于两用物项提出质疑	监控化学品、易制毒化学品、放射性同位素
两用物项和技术出口许可证			3	一批一证 一证一关		核、核两用、导弹、生物、监控化学品、易制毒化学品、计算机
密码产品和设备进口许可证	国家密码管理局	具体规定	M	加密传真机、加密电话机、加密路由器、非光通信加密以太网络交换机、密码机、密码卡。免证情形：加工贸易，暂准进口，从境外进入海关特殊监管区、场所及前述区域场所之间		
自动进口许可证（非机电产品）	商务部三级发证机构和地方机电产品进出口办公室发证	6个月	7	1. 一批一证，如非一批一证，使用不超过6次 2. 大宗散装货溢装5%以内（原油、成品油、化肥、钢材3%以内）免证。下列情形免证：加工贸易、外商投资总额内生产自用、5 000元以下货样广告品、实验品、暂准进口、进出海关特殊区域、场所		目录一（非机电）27类 目录二（机电）商务部发证6类，地方机电办发证16类
自动进口许可证（机电产品）			O			
固体废物进口许可证	生态环境部	当年有效	P	1. 非一批一证，一证一关 2. 口岸报验 3. 海关有权对是否属于固体废物提出质疑		列入《限制类可用作原料固体废物目录》《自动许可类可用作原料固体废物目录》
关税配额证明	商务部、国家发改委分工发证	具体规定	T	一证多批制		1. 农产品、糖、羊毛及毛条（商务部）；小麦、稻谷和大米、玉米棉花（发改委） 2. 工业品为化肥
濒危物种允许进口证明	国家濒危物种进出口管理办公室		F	一批一证制		列入《进出口野生动植物物种目录》
濒危物种允许出口证明			E			
精神药品进出口准许证	国家食药监局		I	一批一证制		列入《精神药品管制目录》
麻醉药品进出口准许证			W			列入《麻醉药品管制目录》
药品进出口准许证			L	1. 一批一证制 2. 从境外进入海关特殊监管区、场所或从前述区域、场所进入境内区外应领证		蛋白同化制剂、肽类激素等
药品进口通关单	国家食药监局授权口岸药品检验所发证		Q	一批一证制		1. 列入《进口药品目录》《生物制品目录》 2. 首次在我国境内销售的药品
进口音像制品批准单	国家新闻出版广电总局	音像制品成品当年有效；出版的影像制品1年有效	Z	一次报关使用		进口录有内容的录音带、录像带、唱片、激光唱片、激光视盘；录制的光学媒体

续表

许可证件名称	发证机构	有效期	代码	管理要点	管理范围
有毒化学品环境管理放行通知单	生态环境部		X	海关验放的依据	列入《中国禁止或严格限制的有毒化学品名录》
黄金及其制品进出口准许证	中国人民银行		J	海关特殊监管区、场所与境外及前述区域、场所之间进出免证	列入《黄金及其产品进出口管理目录》
民用爆炸物品进/出口审批单	工业和信息化部			一批一单,一单一关	列入《民用爆炸物品品名表》的火药、炸药、雷管、导火索等
进口兽药通关单	省级政府兽医行政管理部门	30 日		一单一关,一次使用	列入《进口兽药管理目录》
合法捕捞产品通关证明	农业部			样品、暂时进口、加工贸易、进入海关特殊监管区、场所等应领证	列入《实施合法捕捞证明的水产品清单》

任务四 批件办理

一、出口许可证及消耗臭氧层物质进口许可证的申领

在组织进出口该类商品前,经营者应事先向主管部门申领进(出)口许可证,可通过网上和书面两种形式申领。申请进(出)口许可证时须提交加盖经营者公章的相对应的进(出)口许可证申请表、主管机关签发的进(出)口批准文件、进(出)口合同正本复印件[进(出)口商与收(发)货人不一致的,应当提交委托代理协议正本复印件]、商务部规定的其他应当提交的材料。网上申请的,领取进(出)口许可证时提交上述材料;书面申请的,申请时提交。如果为年度内初次申请进(出)口许可证的,还应提交"企业法人登记营业执照"、加盖对外贸易经营者备案登记专用章的"对外贸易经营者备案登记表"或"进出口企业资格证书";经营者为外商投资企业的,还应当提交"外商投资企业批准证书"。

发证机构自收到符合规定的申请之日起 3 个工作日内发放进(出)口许可证。特殊情况下,进口许可证最多不超过 10 个工作日。发证机构凭加盖经营者公章的申请表取证联和领证人员本人身份证明材料发放进(出)口许可证。

二、重点旧机电产品进口许可证的申领

在组织进口列入《重点旧机电产品进口目录》的旧机电产品前,经营者应事先向主管部门申领进口许可证,可通过网上和书面两种形式申领。进口许可证应由旧机电产品进口的最终用户提出申请,并且申请企业应具备从事重点旧机电产品用于翻新(含再制造)的资质。申请时进口单位应当向商务部提交申请进口的重点旧机电产品用途说明、机电产品进口申请表、营业执照复印件、申请进口的重点旧机电产品的制造年限证明材料、申请进口单位提供设备状况说明、其他相关法律和行政法规规定需要提供的文件。从事翻新业务进口重点旧机电产品的单位,国家规定有资质要求的,还须提供资质证明文件;旧船舶的申请进口单位,还需提供中华人民共和国海事局出具的"旧船舶进口技术评定书"或中华人民共和国渔业船舶检验局出具的"旧渔业船舶进口技术评定书"。

申请进口单位申请材料齐全后,商务部应正式受理,并向申请进口单位出具受理通知单。商务部如认为申请材料不符合要求的,应在收到申请材料后的5个工作日内一次性告知申请进口单位,要求申请进口单位说明有关情况、补充相关文件或对相关填报内容进行调整。商务部应在正式受理后20日内决定是否批准进口申请;如需征求相关部门或行业协会意见的,商务部应在正式受理后35日内决定是否批准进口申请。

对于经营边境小额贸易企业,凡出口配额招标的货物、消耗臭氧层物质、汽车(包括成套散件)及其底盘、摩托车(含全地形车)及其发动机和车架,应与其他贸易方式相同,按照上述程序向商务部授权的发证机构办理出口许可证;出口列入《边境小额贸易出口许可证管理货物目录》商品的,应事先获得商务部下发的边境小额贸易出口配额,凭以向商务部授权的边境省、自治区商务主管部门申领出口许可证。边境小额贸易企业出口除上述货物以外的其余列入《出口许可证管理货物目录》的货物,一律免领出口许可证。

三、两用物项和技术进出口许可证办理程序

(1)进出口属于两用物项和技术进出口许可证管理的货物,进出口经营者在进出口前获相关行政主管部门批准文件后,凭批准文件到所在地发证机构申领两用物项和技术进出口许可证(在京的中央企业向许可证局申领),其中:

①核、核两用品、生物两用品、有关化学品、导弹相关物项、易制毒化学品和计算机的批准文件为商务主管部门签发的两用物项和技术进口或者出口批复单。其中,核材料的出口凭国防科工局(原国防科工委)的批准文件办理相关手续,外商投资企业进出口易制毒化学品凭“商务部外商投资企业易制毒化学品进口批复单”或“商务部外商投资企业易制毒化学品出口批复单”申领两用物项和技术进口或出口许可证。

②监控化学品进出口的批准文件为国家履行禁止化学武器公约工作领导小组办公室签发的监控化学品进口或者出口核准单。监控化学品进出口经营者向许可证局申领两用物项和技术进口或出口许可证。

(2)两用物项和技术进出口许可证实行网上申领。申领两用物项和技术进出口许可证时除上述批准文件外还应提交:进出口经营者公函(介绍信)原件、进出口经营者领证人员的有效身份证明以及网上报送的两用物项和技术进出口许可证申领表。如因异地申领等特殊情况,需要委托他人申领两用物项和技术进出口许可证的,被委托人应提供进出口经营者出具的委托公函(其中应注明委托理由和被委托人身份)原件和被委托人的有效身份证明。

(3)发证机构收到相关行政主管部门批准文件(含电子文本、数据)和相关材料并经核对无误后,应在3个工作日内签发两用物项和技术进口或者出口许可证。

四、办理自动进口许可证

(一)应向发证机关提交的申请材料

这包括:①进出口经营资格证书、备案登记表或外商投资企业批准证书(以上证书、文件仅限公历年度内初次申领者提交);②自动进口许可证申请表;③货物进口合同(正本复议件);④属于委托代理进口的,应提交委托代理进口协议(正本复印件);⑤对于进口货物用途或者最终用户法律法规有特定规定的,应当提交进口货物用途或者最终用户符合国家规定的证明材料;⑥针对不同商品在《目录》中列明的应提交的材料;⑦商务部规定的其他应提交的材料;⑧进口经营者公函(介绍信)原件;⑨进口经营者领证人员的有效身份证明;⑩如因异地申领等

特殊情况，需要委托他人申领的，被委托人应提供进口经营者出具的委托公函（其中应注明委托理由和被委托人身份）原件和被委托人的有效身份证明。

（二）**申领程序**

1. 网上申领

（1）进口经营者在网上申请前，应先申领用于企业身份认证的电子钥匙。申请时登录相关网站，如商务部配额许可证事务局网站（http://www.licence.org.cn）以及中国国际招标网（http://www.chinabidding.com），进入相关申领系统。

（2）按要求在线如实填写"自动进口许可证申请表"。在线查看"自动进口许可证申请表"状态，待复审通过后打印"自动进口许可证申请表"并加盖公章。

（3）持"自动进口许可证申请表"及相关材料到相关商务主管部门领取自动进口许可证。

2. 书面申领

（1）进口经营者可以从商务部配额许可证事务局网站下载"自动进口许可证申请表"（可复印）等有关材料。

（2）按要求如实填写，与本办法规定的其他材料一并递交相关商务主管部门。

五、可用做原料的固体废物进口许可申办程序

可用做原料的固体废物进口许可申办程序，如图 2—2 所示。

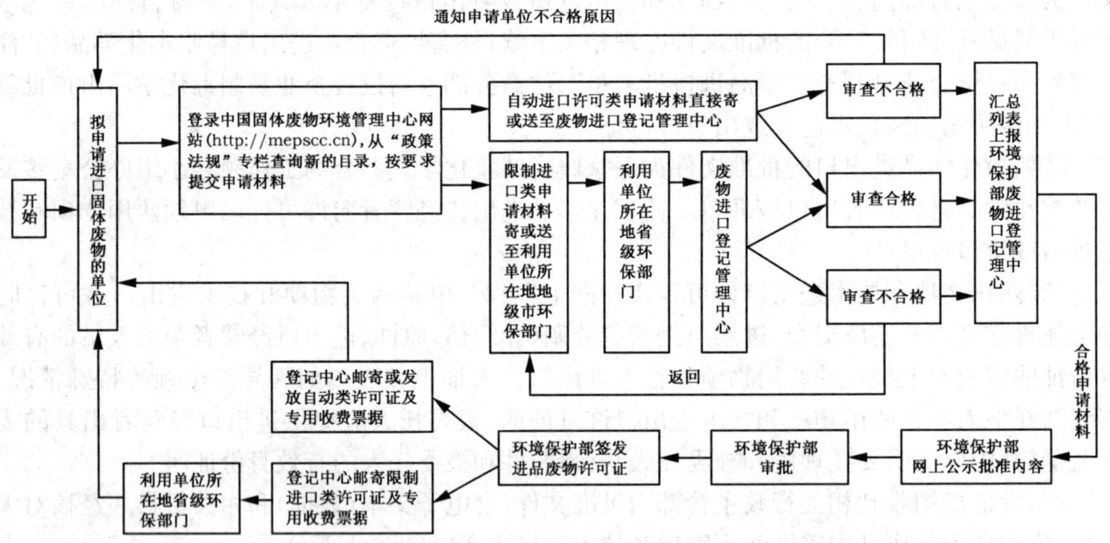

图 2—2 可用做原料的固体废物进口许可申办程序

国家对进口可用做原料的固体废物的国内收发货人以及国外供货商实行注册登记制度。向中国出口可用做原料的固体废物的国外供货商，应当取得国务院质量监督检验检疫部门颁发的注册登记证书。固体废物利用单位在组织进口列入限制进口目录和自动许可进口目录的固体废物前，应当直接向环境保护部提出固体废物进口申请，由环境保护部审查批准，取得环境保护部签发的"中华人民共和国限制进口类可用做原料的固体废物进口许可证"或"中华人民共和国自动许可进口类可用做原料的固体废物进口许可证"（以下统称为"废物进口许可证"）后才可组织进口。

进口固体废物境外启运前，应当由国务院质量监督检验检疫部门指定的装运前检验检疫机构实施装运前检验，检验合格的，出具装运前检验证书；进口的固体废物运抵固体废物进口相关许可证列名的口岸后，国内收货人应当持固体废物进口相关许可证报检验检疫联、装运前检验证书以及其他必要单证，向口岸海关报检。海关经检验检疫，对符合国家环境保护控制标准或者相关技术规范等强制性要求的，出具入境货物通关单，并备注"经初步检验检疫，未发现不符合国家环境保护控制标准要求的物质"；对不符合国家环境保护控制标准或者相关技术规范等强制性要求的，出具检验检疫处理通知书，并及时通知口岸海关和口岸所在地省、自治区、直辖市环境保护行政主管部门。海关凭有效废物进口许可证及入境货物通关单办理通关手续。

应知考核

一、单项选择题

1. 保障措施是对外贸易救济措施的一种方式，其实施期限最长不得超过(　　)。

A. 200 天　　B. 4 个月　　C. 4 年　　D. 10 天

2. 国务院商务主管部门应当自收到规定的文件之日起(　　)个工作日内，对技术进出口合同进行登记，颁发技术进出口合同登记证。

A. 2　　B. 3　　C. 5　　D. 7

3. 反补贴、反倾销是针对(　　)而采取的措施。

A. 进口产品激增的情况　　B. 价格歧视

C. 国别歧视　　D. 数量

4. 对于限制出口货物管理，国家规定有数量限制的出口货物，实行(　　)。

A. 许可证件管理　　B. 配额管理　　C. 自动出口管理　　D. 禁止出口管理

5. 自动进口许可证有效期为(　　)。原则上实行"一批一证"管理，对"非一批一证"管理，在有效期内，可以分批次累计报关使用，但累计使用不得超过(　　)。

A. 1 年　12 次　　B. 6 个月　6 次　　C. 6 个月　12 次　　D. 9 个月　6 次

6. 实行进口许可证管理的货物是(　　)。

A. 汽车及其地盘　　B. 易制毒化学品　　C. 消耗臭氧层物质　　D. 监控化学品

7. 任何单位以任何方式进出口列入《精神药品管制品种目录》的药品，均须取得(　　)核发的《精神药品进出口准许证》，该证实行"一批一证"制度。

A. 国家食品药品监督管理总局　　B. 商务部

C. 国家卫计委　　D. 生态环境部

8. 以下列入《自动进口许可管理货物目录》的货物中，可免交自动进口许可证的是(　　)。

A. 用于在北京开展的 5G 手机研讨会使用的从国外进口仪器、设备

B. 用于加工贸易项下进口并复出口的原油

C. 外商投资企业作为投资进口的旧机电产品

D. 每批次价值超过 5 000 元人民币的进口货样广告品

9. 下列(　　)属于我国限制进口商品。

A. 虎骨　　B. 成品油　　C. 汽车　　D. 抗生素

10. 下列进出口许可证中，实行“非一批一证”管理的是(　　)。

A. 濒危野生动植物国际贸易公约允许进出口证明

B. 精神药品进口准许证

C. 两用物项和技术出口许可证

D. 进口废物批准证书

二、多项选择题

1. 下列属于对外贸易管制目的的是(　　)。

A. 实现国家政治目的或军事目标　　B. 推行本国的外交政策

C. 行使国家职能　　D. 保护发展本国经济

2. 下列属于贸易管制所涉及的法律渊源的是(　　)。

A. 宪法　　B. 行政法规　　C. 地方性法规、规章　D. 相关的国际条约

3. 下列属于国家禁止出口的是(　　)。

A. 犀牛角、虎骨、麝香　　B. 硅砂、石英砂

C. 劳改产品、木炭　　D. 商业性出口的红豆杉

4. 目前，我国限制进口货物管理按照其限制方式划分为(　　)。

A. 许可证件管理　　B. 关税配额管理

C. 绝对配额管理　　D. 货物自动进口许可管理

5. 我国对外贸易管制制度是由一系列管理制度构成的综合管理制度，其中包括(　　)。

A. 进出口许可制度　　B. 海关监管制度

C. 出入境检验检疫制度　　D. 出口退税制度

6. 对于(　　)等大宗散装货物，溢短装数量在货物总量正负3%以内，免予另行申领自动进口许可证。

A. 原油　　B. 成品油　　C. 化肥　　D. 钢材

7. 对于未列入(　　)内的固体废物禁止进口。

A.《限制进口类可用作原料的废物目录》

B.《废物进口环境保护管理暂行规定》

C.《自动进口许可管理类可用作原料的废物目录》

D.《废物污染环境防治法》

8. 下列选项中，实行“非一批一证”的是(　　)。

A. 两用物项和技术进口许可证　　B. 两用物项和技术出口许可证

C. 非公约证明　　D. 废物进口许可证

9. 下列对两用物项和技术进出口许可证管理表述中正确的是(　　)。

A. 两用物项和技术进出口前，进出口经营者应当向发证机关申领两用物项和技术进出口许可证，凭以向海关办理进出口报关手续

B. 两用物项和技术进口许可证实行非“一批一证”制和“一证一关”制

C. 两用物项和技术出口许可证实行“一批一证”制和“一证一关”制

D. 两用物项和技术进出口许可证有效期一般不超过1年，跨年度使用时，在有效期内只能使用到次年3月31日，逾期发证机构将根据原许可证有效期换发许可证

10. 下列属于国家禁止进口的是(　　)。

A. 四氯化碳　　B. 犀牛角、虎骨　　C. 氯酸钾、硝酸铵　　D. 旧衣服

三、判断题

1.《货物自动进口许可管理办法》属于法律。（　）

2. 属于禁止进口技术的，领取许可证后可以进口。（　）

3. 我国货物限制出口按照其限制方式划分为出口配额限制、出口非配额限制。（　）

4. 我国限制出口技术实行目录管理和许可证管理。（　）

5. 保障措施的对象是针对价格歧视这种不公平贸易行为。（　）

6. 自临时反补贴措施决定公告规定实施之日起，不超过4个月。（　）

7. 甘草制品出口的报关口岸指定为天津海关、大连海关。（　）

8. 出口许可证最长不得超过6个月，且有效期截止时间不得超过当年12月31日。（　）

9. 两用物项和技术进口许可证实行“一批一证”制和“一证一关”制。（　）

10. 货样广告品、实验品进口，每批次价值不超过5 000元人民币的可以免交自动进口许可证。（　）

应会考核

■观念应用

【背景资料】

河南豫农公司以CIF青岛USD650/吨进口杀虫剂（监管条件:AS）20吨，货物与2018年12月10日载运进境，同日该公司向青岛海关所属黄岛海关办理货物的进口报关手续。海关审核单证时，决定对货物进行查验，提取货样送检。2019年1月15日，经鉴定，认定送检货样品为滴滴涕，黄岛海关立案调查后，认定豫农公司申报不实，但并非主观故意，据此做相应处理决定，但是豫农公司对海关的处理决定不服。

【实务要求】

根据业务背景资料，请做出下列选择。

1. 2018年12月10日申报进口杀虫剂时，向海关递交的单证有（　）。

A. 入境货物通关单　　B. 农药进出口登记管理放行通知单

C. 进口兽药通关单　　D. 进口货物报关单

2. 海关查验货物时，豫农公司或其代理人应当（　）。

A. 按照海关的要求搬移货物，并拆包装　　B. 协助海关提取货样

C. 收取海关出具的“取样仓单”　　D. 在货物查验记录单上签字确认

3. 针对豫农公司申报不实的行为，海关应（　）。

A. 认定为走私行为，没收货物，可处100万元以下罚款

B. 认定为违法行为，货物不予放行，处货物价值30%以下罚款

C. 认定为走私行为，没收货物，可处货物等值以下罚款

D. 认定为违规行为，责令货物退运，处100万元以下罚款

4. 豫农公司对海关的处理决定不服，可以（　）。

A. 向海关总署申请行政复议　　B. 向青岛海关申请行政复议

C. 向人民法院提起行政诉讼　　　　D. 向黄岛海关申请行政复议

■技能应用

辨识进出口商品是否属于管制商品。请查询以下商品属于哪一类进出口管制或管理？能否经营其进出口或需要向海关提供什么许可证件？

税则号	商品名称	进出口商品状态
51051000	粗疏羊毛	进口
11031100	小麦的粗粒及粗粉	进口
10064010	大米	出口
02022000	冻藏的去骨牛肉	出口
26090000	锡矿砂	出口
87112020	排气量 120cc 的小马力摩托车	出口
27030000	原油	出口
25059000	天然砂	出口
61034200	棉制针织男长裤	出口
60052300	色织棉制编织物	出口
29394100	麻黄碱	进口
51000010	牛黄	进口
31021000	尿素	进口
85238011	已录制的唱片	进口

■案例分析

1. 2019 年 3 月 6 日，天津某薄膜有限公司（中美合资企业，投资总额 1 350 万美元）进口一批设备，委托天津翱翔国际货运代理有限公司办理进口报验、报关。报验时提供的单据和信息均为新设备，而天津海关检验人员检验时发现引进设备多为二手设备。

请问：

(1)天津某薄膜有限公司和天津翱翔国际货运代理有限公司是否都应当承担法律责任？

(2)根据我国对外贸易管理制度，国家对该批货物应当实行什么管理措施？

2. 2018 年 8 月，广州同安医药进出口有限公司欲从德国进口一批去氧麻黄碱药品，通过查询得知该药品被列入《精神药品管制品种目录》。该公司在办理进口报关手续前应向哪些部门取得哪些特殊单证才能顺利报关？

3. 2018 年 6 月，某大学的图书馆打算进口 20 000 盒英语磁带用于本校的英语教学。作为报关员，请你为该大学提供正确有效的建议，帮助它完成该项进口任务。

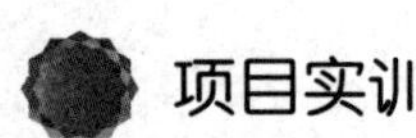

项目实训

【实训项目】

报关与对外贸易管制。

【实训情境】

2018年的9月，大连嘉宏报关行收到辽宁省粮食进出公司出口500吨玉米（海关商品编码10059000）的报关委托，预计出口时间为2018年底。

任务一：公司经理要求赵昂查证一下，玉米是否属于许可管理范围内的货物，如果是，那就要求辽宁省粮食进出口公司提供相关的许可证件。

任务二：出口许可证的管理方式和有效期。

任务三：向发证机构申请上述许可证时，应提供哪些材料？

【实训结果】

请对上述任务做出操作分析，并填写实训报告。

<table>
<tr><td colspan="3">《报关与对外贸易管制》实训报告</td></tr>
<tr><td>项目实训班级：</td><td>项目小组：</td><td>项目组成员：</td></tr>
<tr><td>实训时间：　　年　　月　　日</td><td>实训地点：</td><td>实训成绩：</td></tr>
<tr><td colspan="3">实训目的：</td></tr>
<tr><td colspan="3">实训步骤：</td></tr>
<tr><td colspan="3">实训结果：</td></tr>
<tr><td colspan="3">实训感言：</td></tr>
<tr><td colspan="3">不足与今后改进：</td></tr>
<tr><td colspan="3">项目组长评定签字：　　　　　　　　　　　　项目指导教师评定签字：</td></tr>
</table>

进出境报关程序

○ **知识目标:**

理解:进出境报关在报关事务中的重要性及在报关过程中所处的位置。

熟知:进出境报关的基本规则;熟悉报关现场作业阶段的业务工作;熟悉进出境报关后续作业阶段的业务工作内容及其顺序。

掌握:在报关现场对进出境货物准确适用通关制度、依法交证和纳税等,以达到降低成本、快速通关的目的;掌握在报关后续作业阶段各项工作的作业规范及各个环节的作业方法。

○ **技能目标:**

能对进出境报关的概念及在报关活动全过程所处的位置进行准确描述;能对进出境报关虚拟案例的报关过程及相对应的海关管理措施进行准确描述;能对进出境报关虚拟案例中有关申报、配合查验、缴纳税费、提取或装运货物等作业实施是否符合基本报关规则进行判断;能对虚拟案例进行分析判断和实际处理。

○ **素质目标:**

能够运用所学的实务知识研究相关案例,培养和提高学生在特定业务情境中分析问题与决策设计的能力;能够结合报关行业规范或标准,分析报关行为的善恶,强化学生职业素养和职业操守道德。

○ **项目引例:**

W报关有限公司成立于1996年,于2015年4月通过了ISO9001的认证,2019年1月获得"全国百优报关企业"称号。近几年,公司每年进(出)口货物报关单量达到8 000票以上,报关差错率每年控制在2%以内,业务规模和专业水平在南京关区内名列前茅。

随着企业发展,为了未来进一步提高报关质量,加大客户服务力度,充分体现"专业成就价值"的经营理念,该公司进行了一系列的制度创新和操作流程来优化工作,特别是在报关单证管理方面制定并完善起来一套科学有效的制度和操作规程,在公司的业务操作、经营管理和风险防范方面发挥着越来越重要的作用。

这套报关单证管理制度,核心是建立单证管理电子查询系统,并配套相关制度、配备专人管理。其操作规程主要体现于公司的"报关单证扫描作业指导书",要点有四项:(1)现场扫描,现场专职报关单扫描人员利用专业扫描设备,将当天通关业务的全套单据扫描电子留存;(2)电子留存导入系统,定期将所有电子数据传送给公司,并导入单证管理查询系统归档;(3)质控部门通过报关系统核对电子扫描单证是否齐全,抽查是否存在个别单证遗漏扫描,并跟踪补全过程;(4)单证电子查询,单证管理查询系统可提供调取查阅历史单证的功能并直接打印扫描件。

按照以上四点进行单证管理，不仅会大大提高公司的工作效率与管理效能，还发挥了以下几个方面的作用：(1)便于调阅，有利于报关人员研究个案；(2)便于纠错管理；(3)便于开展员工培训；(4)便于配合海关等主管部门的核查；(5)便于对原始数据、单证追溯核查，可以在发生争议时保护自身的合法权益。

公司的单证管理制度，明确要求报关人员在业务操作中，不仅要按照有关规定审核材料，还要保留全套报关单据的扫描文件。

从上述案例可以看出，进出口货物现场报关完成后，还有诸如申领相关证明、担保销案、单证存档等工作，特殊情况下还需要办理报关单删、改单等工作。这些后续工作也是报关人员的重要工作内容。

○ **知识精讲：**

任务一　报关准备

一、进出境报关作业流程的概念和应注意的问题

(一)报关作业流程的概念

进出境报关的作业流程是指围绕报关的目标和任务所开展的一系列工作内容，并按照一定顺序和步骤从起点到终点的运行过程。

(二)报关作业流程应注意的问题

(1)报关作业流程是人们在报关作业实践中，尊重并按照报关作业运行的内在规律而不断总结和设计出来的，并不是主管臆断的结果。

(2)报关作业流程不是简单的或杂乱无章的运行过程，而是将报关的作业内容以一定的时间或空间顺序排列组合，是程序性地跨岗位、跨部门流转的过程。

(3)报关工作的特殊性决定了报关作业流程是海关管理要求和企业管理要求的有机统一。

(4)报关作业流程是影响报关速度和报关工作有序展开的决定性因素，需要不断地改革和创新。

二、进出境报关作业的流程

(一)报关准备

报关准备工作主要是货物报关前的单证准备。单证准备是进出口货物收发货人或其代理人在向海关办理货物申报进出境手续前开展的准备工作。

报关单位报关作业流程：签发报关委托协议、获取报关随附单证及相关信息、审核报关随附单证及相关信息、填制进出口货物报关单、复核进出口货物报关单。报关随附单证包括：

(1)进出口商业单证。进出口商业单证是指进出口商、货物运输部门、保险公司和金融机构签发的诸如合同、发票、装箱单、提运单、保险单、信用证等单证材料。根据报关工作的需要，与申报货物相关的进出口商业单证一般可分为必备单证和预备单证。

①必备单证是指根据海关规定申报时必须向海关提交的与申报货物相关的进出口商业单证，主要包括：进出口商业单证，如商业发票等；包装单据，如装箱单、包装明细单、包装提要、重量证书、尺码单、花色搭配单等；运输单据，如海运提单、海运单、提货单、装货单、空运总运单、空运分运单、铁路运单、载货清单等。

②预备单证是指在特殊情况下应海关要求向海关提交的其他与申报货物相关的进出口商业单证，主要包括：合同；货运结算单据，如信用证、付款证明等；保险单据，如保险单、保费发票；运输单据，如运费发票等；其他单据，如原厂商发票、贸易商发票等。在向海关申报时，这些单证一般无须直接向海关提交。但由于海关审价等工作需要，有时会要求报关人员提供这些单证，为提高工作效率，报关人员应尽可能地提前准备好这些单证。

(2)进出境贸易管理单证。在报关工作中，与申报货物相关的进出境贸易管理单证主要包括进出口许可证件、检验检疫证件、其他贸易管理证件(如原产地证明、关税配额证明)。

(3)海关单证。海关单证是指进出口货物申报前由海关依法签发的备案、审批、核准凭证，证明货物进出境状态的原进(出)口货物报关单和其他海关出具的有约束力的单证或文书。包括：保税加工货物备案凭证，如加工贸易手册(包括分册、续册、电子化手册)、通关电子账册(包括分册)、加工贸易不作价设备手册等；特定减免税货物免税凭证，主要是指海关进出口货物征免税证明等；暂时进出境货物核准凭证，主要包括货物暂时进/出境申请批准决定书、经海关签注的 ATA 单证册等；特殊报关作业审批凭证，主要有进口货物直接退运表、责令直接退运通知书、加工贸易货物内销征税联系单等；其他海关单证，主要有海关事务担保凭证、关联报关单、预归类决定书等。

(4)其他单证。除进出口商业单证、贸易管理单证和海关单证外，报关企业接受进出口收发货人委托办理报关手续的，还必须向海关提交报关委托书/委托报关协议。报关委托书/委托报关协议既是进出口货物收发货人具有法律效力的授权证明，也是进出口货物收发货人与报关企业明确具体委托报关事宜和双方责任的法律文件。

对于某些特殊货物，如无代价抵偿货物、大宗散装货物溢装等，向海关申报时还需提交第三方认证证明，主要包括具有资质的商品检验机构出具的检验证明、溢短装证明等；对于一般退运货物，向海关申报时还需提交国税部门出具的出口未退税已补税的证明等。

(二)作业实施

报关准备工作主要包括接单、理单、制单、复核等若干作业环节，报关准备工作翔实、完备，是避免报关差错的重要前提。

1. 接单

接受进出口货物向海关申报的任务，俗称接单。在接单环节，要尽可能获取与申报货物有关的全部随附单证及相关信息。

(1)检查报告随附单证是否齐全。

在报关企业代理报关的情况下，与申报货物相关的进出口商业单证、贸易管理单证和海关单证等资料一般由报关委托人随委托协议一起提供给报关人员，但有时由于委托人对国家贸易管理规定和海关监管要求了解不够等原因，可能提供的单证资料不够完备，这就需要报关人员能够根据申报货物的情况把握海关对申报货物的报关随附单证要求，并能够与委托人进行有效的沟通，尽可能做到全面、完整地获取报关随附单证。

进出口货物收发货人在自理报关时，合同、发票、装箱单等基本商业单证一般由公司内部相关部门提供，与申报货物相关的贸易管理单证、海关单证的申领等事项一般会由报关人员负责，报关人员对申报货物的基本情况和海关监管要求会相对比较熟悉，但报关人员仍需对报关随附单证是否齐全进行检查，以免疏漏。

(2)获取与申报货物相关的其他信息。

①申报货物本身的信息。报关企业或进出口货物收发货人对于有些申报货物仅凭合同、

发票等单据无法最终确定商品编码的，还需要获得产品说明书、照片资料、加工流程、加工工艺等。对于某些可能涉及知识产权保护的进出口货物，还需要获得知识产权授权使用书等材料。

对于某些货物，如果仅凭文字资料无法确定商品归类或对货物品名、规格、数量有异议的，可通过海关申请申报前看货取样来进一步了解货物信息。向海关提出申报前查看货物或提取样品时，应持正本提单及复印件和其他必要的单证向现场海关查验部门提出书面申请，属动植物、动植物产品及其他需要法定检验检疫的货物及产品的，还须向海关提供主管部门签发的检疫合格通知单或书面批准证明。海关批准后，由海关、仓储公司、报关公司三方共同对货物进行开拆包装、看货、取样和记录的工作。

②与申报货物相关的舱单信息。进出境运输工具舱单管理是海关对物流实施监控的主要举措。根据海关规定，进口货物的提单、运单等资料如与进境运输工具原始舱单信息不相匹配的，出口货物的装箱单、运单等资料如与出境运输工具预配舱单信息不相匹配的，海关不予放行货物。因此，在向海关申报前，应尽可能向船公司或货运代理公司核实舱单信息。如发现提、运单资料与舱单信息不一致的，在申报前做出相应处理。舱单信息可以通过在海关设置的计算机终端和全国海关通关网或海关网上服务大厅等网站进行查询。

③报关委托人相关信息。在代理报关中，有时还需要了解报关委托人的基本情况，如企业报关注册有效期、企业的海关管理类别、委托人的进出口特点和规律等，这些信息也与进出口货物的申报直接相关。这些信息可以向委托人直接索取，也可以通过以往委托业务资料中心收集。

(3)接单处理。

在代理报关中，接收委托方提供的各类单证及相关资料时，须签署接收人姓名和接收时间，并做好登记处理，信息系统条件许可的报关企业须将资料录入公司报关业务系统中。

签收单证时，记录内容应与实际收取单证一致。

根据作业分工进行报关企业内部单证流转，做好内部签收，并记录各个环节流转的时间节点。

(4)换单。

无论是自理报关还是代理报关，大部分报关随附单证需要在进口货物进境前或出口货物运至海关监管区前准备完毕，但有时也有些单证需要报关人员在接受申报任务后按照要求到相关部门办理，如提货单、出境货物通关单等，这项工作称为换单。

①提货单换取。在海洋运输的情况下，由于海运提单正本具有特权凭证性质，一般不会直接作为报关随附单证提交给海关。在申报前，报关人员需要将提单正本换成能够从港区或仓库提取货物的提货单(也称“小提单”)待申报时同海运提单副本一起作为报关随附单证向海关提交，货物所有人或其代理人则凭加盖“放行章”的提货单提取货物。

换单的基本程序和要求如下：

a. 确认换单时间。提单的有效性经过确认后，报关人员一般需要通过电话查询或网络查询的方式向船公司或货运代理公司确认提单上的船名、航次号和提单号，船舶到港时间，何时可以换单，换单费用等事项。

b. 领取正本提货单。在规定时间到船公司或货运代理公司指定地点支付换单费用及其他相关费用，领取正本换货单。

c. 确认提单的有效性。报关人员在换单前要对提单“收货人”栏进行检查确认。如为记名提单，则看收货人是否加盖公章；如为指示性提单，则看提单持单人是否在提单上背书。如果发货人要求电报放货，没有正本提单，则不仅需要检查收货人是否在提单上背书，还需要收货人提供加盖本单位公章的电报放货换单的保函。

在其他运输方式下，由于运输单据不具有物权凭证的性质，一般可凭运单直接向海关报关，不需要换单。

报关企业代理收货人换单时，一般应要求收货人出具授权委托书。

②出口货物通关单的换取。出口货物报关时，出口法定检验检疫货物必须提交报关地检验检疫机构签发的出境货物通关单。按照属地检验原则，出口货物一般须经产地检验检疫机构实施检验检疫，特殊情况可在报关地检验检疫机构实施检验检疫。对产地和报关地一致的货物，可在产地检验检疫机构办理报检手续后，直接获取出境货物通关单，凭以办理出口报关手续。对产地和报关地不一致的货物，要凭产地检验检疫机构签发的"出境货物换证凭条/单"或凭产地检验检疫机构发送的电子信息到口岸检验检疫机构换取出境货物通关单，凭以办理出口报关手续。

出境货物通关单换取的一般流程如下：

a. 备齐产地检验检疫机构签发的换证凭条（复印有效），货物运抵港口信息（在场证明），在检验检疫机构电子转单口岸换证系统里调出产地检验检疫机构发送的电子信息，进行数据的补充录入；

b. 向口岸检验检疫机构提交换证凭条及相关随附单证；

c. 配合检验检疫机构实施复核和检验检疫；

d. 缴纳证书费；

e. 口岸检验检疫机构签发出境货物通关单。

2. 理单

理单环节的主要工作任务是对报关随附单证的有效性、一致性进行审核，为填制报关单和现场报关做好准备。

(1)理单工作的基本要求。

理单工作的基本要求是通过对报关随附单证的审核，保证其"齐全、有效、一致"。

①"齐全"是指按照进出口货物的申报目的和要求，根据不同进出口货物的状态和海关监管规定，审核报告随附单证是否完全提供，是否足以证实进(出)口货物报关单上填制的内容。站在报关人员的立场上，应当首先审核报关委托协议/报关委托书、进出口商业单证、贸易管理单证、海关单证和其他单证的齐全，尤其是要注意审核进出境贸易管理单证的齐全。例如，以海运方式进口的一般贸易货物，应提供的随附单证包括海运提单、提货单、发票、装箱单等；必要时还需提供信用证、原产地证明等相关单证。如货物属于国家进出口贸易管制范围的，还需提供相关官方机构签发的有效管制证件。

②"有效"是指报关随附单证的获取途径合法、符合规定程序，相关内容信息真实体现该批货物进出口的合法性、商业交易等情况。例如，需要提供"进口许可证"的货物，许可证必须在有效期内，超过有效期该证失效，需要重新申领。

③"一致"是指报关随附单证相关内容要一致，如各单证上显示的抬头、商品名称、数量、规格、唛头、金额要相互一致，如加工贸易电子账册中显示商品的名称和规格为"纯涤纶布，幅宽110cm"，而发票中显示商品名称和规格为"纯涤纶布，幅宽130cm"，显然这两份单证中的商品信息不一致，就要根据实际进出口货物情况办理其中一份单证的修改手续。

(2)理单的基本方法。

①报关随附单证的完备性审核。

a. 报关所要求提交的单证是否齐全。不同贸易方式、不同的进出口状态的货物在向海关申报时所提交的随附单证也有所不同，审核时须注意所提交的单证是否符合海关对货物的要求。

b. 商业单证是否体现报关时所必备的相关信息。按照报关单填制的要求和海关对货物监管需要，审核商业单证中关于对商品的描述是否清晰；价格成交条款是否明确；货物的单价、总价，进、出口商的名称地址，商品的数量、唛头、产地等报关时所必备的相关信息是否齐全。

②报关随附单证的有效性审核。

报关随附单证有效性审核的重点是证明、证书。证明、证书是指官方机构签发，用以证明进出境业务进出境活动当事人的基本情况或者证实进出境活动已按法律、法规的要求办理了备案或审批手续的书面文件。

证明、证书包括：国家批准的进出口许可证；进出境检验检疫的证明证书；证明货物、物品性质的证明、证书；由海关签发的备案、注册；审批的证明、证书等。

审核的要点：证明、证书的抬头是否与其他报关随附单证的抬头一致；证明、证书是否在有效期内；证明、证书的商品名称、数量、金额等内容是否与其他报关随附单相关内容一致；证明、证书的签发机关是否符合相关法律法规的规定。如审核原产地证书时，应注意对照货物的运输路线及方式，审核确认是否出现中途转运及加工贸易或更换货物状况，原产地证书的前述日期是否迟于货物的装运日期等。

③各报关随附单证间一致性的审核。

a. 货物金额、币制是否一致。审核商业发票中商品单价、总价、币制是否与证书或证明中的一致。

b. 货物数量是否一致。审核商业发票中商品数量与包装单据中的商品数量是否一致；商业发票中商品的数量与运输、保险单据及证明或证书的商品数量是否一致。

c. 货物名称是否一致。审核商业发票中对商品的描述与包装单据、运输单据、保险单据、合同、证明、证书中的商品描述是否一致。

d. 单证的抬头是否一致。审核报关单证中各单证的抬头是否一致。应避免如商业单证显示是母公司抬头，而证明、证书中显示为子公司的抬头，或者其他方面的不相符的情况发生。

3. 制单

在进出境报关业务中，制单主要是指填制报关单草单。制单的基本要求如下：

①制单前，应根据报关随附单证及其他有关信息确定商品编码、贸易方式、征免性质等报关单关键项目。在制单过程中发现问题，要做好记录，并将问题及时反馈或返回给接、理单岗位与客户确认。

②填制完成报关单草单或打印报关单底单（报关复核表）后，必须连同整套报关资料交复核岗位，做完一份交复核岗位一份，切忌不及时移交。

4. 复核

①复核内容。

a. 根据原始数据（合同、发票、装箱单、进口许可证、出口许可证、入境货物通关单、出境货物通关单、提运单等）对报关单草单或报关单复核表各栏目填报内容进行核对，原始资料没有的内容，要与接单岗位、理单岗位进一步确认；

b. 数量、金额、币制的正确性；

c. 经营单位性质、贸易方式、备案号与征免性质的逻辑关系；

d. 成交方式、运费、保费间的逻辑关系；

e. 报关单表头与表体相关项目的逻辑关系；

f. 经营单位的加工贸易手册是否超期、超量；

g. 审核报关单申报内容的逻辑性及准确性，如审核商品的品名、重量与对应的数量是否符合逻辑关系，商品数量、重量、价值是否符合逻辑关系；

h. 审核报关单上申报的品牌是否有侵权嫌疑；

i. 审核报关单的舱单数据与装运数据是否相符；

j. 审核报关单申报的商品是否规范申报完整，审核确定商品归类是否正确等。

②复核的其他注意事项。

a. 要特别注意报关单栏目中的数量关系。例如，报关单表体部分的各项净重应用计算器或其他计算方法累加起来的合计数与报关单表头部分的总净重是否相符，相符表示表体部分的净重正确，不符需找原因；报关单表体的各项数量应累加合计，与客户提供的发票或装箱单上的数量合计数是否相符；报关单表体的各项价值应累加合计，与客户提供的发票合计数是否相符。

b. 要具有一定的业务常识。例如，在复核报告集装箱量时，如客户在装箱单上提供了体积数，须与各种集装箱的标准体积数进行对比。比如，一个标准 20 英尺尺柜：长 5.899 米×宽 2.352 米×高 2.386 米＝33.1（立方米）。一个 40 英尺尺柜：长 12.02 米×宽 2.352 米×2.386 米＝67.5（立方米）。如果装箱单上显示的体积数是 45 立方米，客户提供的是一个 20 英尺集装箱号，从逻辑关系判断有可能是客户漏提供了 1 个 20 英尺集装箱号，或者是客户的集装箱显示的体积数有误。

三、不同运输方式下进出境货物报关特点

进出境运输方式分为实际进出境运输方式和无实际进出境运输方式。

（一）实际进出境运输方式

实际进出境运输方式包括水路运输、铁路运输、公路运输、航空运输、邮件运输及其他运输（包括人扛、驮畜、管道、输送带和输电网等）。

（二）无实际进出境运输方式

无实际进出境运输方式包括特殊监管区域、保税监管场所的进出区，以及其他境内流转的货物，包括特殊监管区域之间的流转、调拨货物，特殊监管区域、保税监管场所之间相互流转货物，特殊监管区域外的加工贸易余料结转、深加工结转、内销等货物运输。不同运输方式下进出境报关的特点不尽相同。不同运输方式下进出境货物报关的特点如表 3－1 所示：

表 3－1　　不同运输方式下进出境货物报关的特点

运输方式＼特点		工作环境	申报单证
实际进出境	海运进出境	在设有海关的港口、码头、堆场、分拨仓库等海关监管区域开展相应的进出境报关及其相关工作	除提交发票、装箱单等基本单据外，运输单证应提交海运提单、海运单、港区提货单、分拨提货单及装货单（场站收据）等
	空运进出境	在设有海关的机场、航空站、监管仓库等海关监管区域开展相应的进出境报关及其相关工作	除提交发票、装箱单等基本单据外，运输单证应提交空运运单等
	铁路进出境	在设有海关的火车站、铁路堆场、监管仓库等海关监管区域开展相应的进出境报关及其相关工作	除提交发票、装箱单等基本单据外，运输单证应提交铁路运单等

续表

特　点 运输方式		工作环境	申报单证
实际 进出境	公路 进出境	在设有海关的边境口岸，如中哈边境、中缅边境等海关监管区域开展相应的进出境报关及其相关工作	除提交发票、装箱单等基本单据外，运输单证应提交货运单、进出境载货清单等
	邮运 进出境	在设有海关的邮局开展相应的进出境报关及其相关工作	除提交发票、装箱单等基本单据外，运输单证应提交邮政包裹单等
无实际进 出境	形式 进出口	在货物所在地海关及其监管区域开展进出境报关及其相关工作	除提交发票、装箱单等基本单据外，视货物流向提交相应的报关单证，如深加工结转申报表、加工贸易保税货物内销联系单等

任务二　现场作业

一、现场作业的概述

货物进出境环节，应当经审单、查验、征税、放行四个海关作业环节，海关管理相对人，即进出口货物收发货人或其代理人应当按照程序办理相对应的进出口申报、配合查验、缴纳税款、提取或装运货物等手续。

报关单位报关作业流程与海关管理作业流程：报关单位报关单电子数据申报、海关进行电子审核和专业审核，海关审核后向报关单位发送审核通知，报关单位提交纸质报关单证、海关进行现场接单验核，海关向报关单位发出查验通知，海关进行现场查验货物，报关单位配合海关查验，海关查验相符，签发税款缴款凭证，海关现场征收税费，报关单位缴纳进出口税费后，海关现场放行货物，进出口货物收发货人提取或装运货物。

二、预约通关：互联网＋海关

为适应全国通关一体化改革，进一步落实企业通关便利优惠措施，营造良好的营商环境，在新的通关模式下，通过“互联网＋海关”一体化网上办事平台或“中国国际贸易单一窗口”提供更加便利的预约通关服务。预约通关申请网址“互联网＋海关”一体化网上办事网址：http://online.customs.gov.cn。中国国际贸易单一窗口网址：https://www.singlewindow.cn。

（一）受理情形

一般信用及以上信用级别的进出口收发货人或其代理人，遇下列情形之一，需在海关正常办公时间以外办理通关业务的，可向海关提出预约通关申请：

（1）国家紧急救灾救援物资、危险货物；

（2）鲜活、冷冻、易变质腐烂的需紧急通关的货物；

（3）其他确有需要紧急验放的货物。

（二）预约时限

预约时限如图 3－1 所示：

图 3－1　预约时限

(三)办理流程

1. 企业提交申请

企业登陆“互联网＋海关”一体化网上办事平台或“中国国际贸易单一窗口”，进入预约通关功能模块，按要求填写预约通关申请单。

2. 申请材料系统自动校验

企业提交申请后，由预约通关信息化系统自动校验申请。

3. 申请材料审核

系统自动校验通过后，将申请材料提交海关相关部门并行审核。各部门均审核通过后，企业预约通关方申请成功。

4. 申请结果查询

预约通关信息化系统通过短信的方式将海关审核意见通知企业联系人，同时企业也可登录预约通关信息化系统查询海关相关部门的审核意见。

5. 通关结果反馈

企业预约成功并顺利完成通关后，需在预约时间结束后的 5 日内通过预约通关信息化系统反馈本次预约通关的完成情况，逾期未反馈的将暂停该企业预约通关资质。

(四)预约通关业务流程

预约通关业务流程如图 3－2 所示：

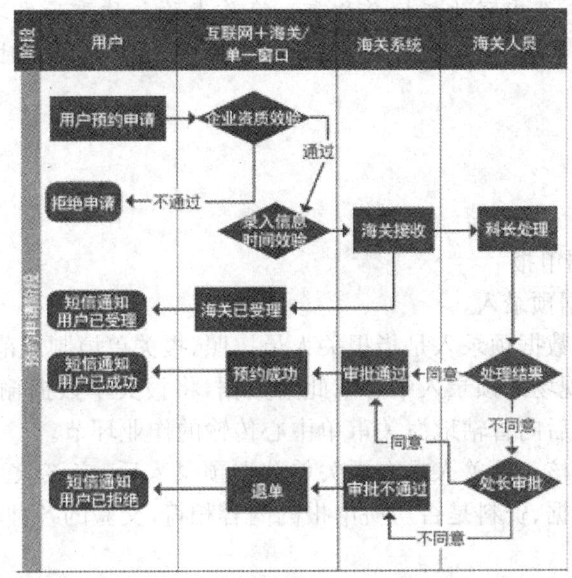

图 3—2　预约通关业务流程

三、现场报关常见的海关作业单证

(一)海关查验通知单

海关查验通知单是指海关在接受报关单位的申报后,依法为确定进出境货物与报关单内容相符,对货物进行实际检查而向进出口货物收发货人或其代理人签发的书面通知。海关查验通知单分为两联,第一联作为报关单位留存用,第二联作为海关内部流转、留档使用。

(二)海关税款缴款书

海关税款缴款书一式六联。第一联(收据)由银行收款签章后交缴款单位或者纳税义务人;第二联(付款凭证)由缴款单位开户银行作为付款凭证;第三联(收款凭证)由收款国库作为收入凭证;第四联(回执)由国库盖章后退回海关财务部门;第五联(报查)国库收款后,关税专用缴款书退回海关,海关代征税专用缴款书送当地税务部门;第六联(存根)由填发单位存查。

(三)海关放行凭证

1. 有纸通过业务

加盖有"海关放行章"的提货单和装货单为进出口货物放行的凭证,同时海关将进出口放行信息发送到港口、码头等单位。港口、码头等单位凭海关签章的放行单证及收到的放行信息,为收发货人办理提货、装货手续。

2. 通过专业无纸化

进出口货物电子数据放行后,进出口收发货人或其代理人打印"进(出)口查验/放行通知书",凭以办理提货、装货手续。

【同步案例 3－1】

案例精析

某外贸公司委托大连 ABC 报关有限公司代理进口通关,在大连大窑湾港海运进口 ABS 树脂 720 包,毛重 36 000 千克。在向海关申报后,海关需要对该批货物进行开箱查验，查验方式及内容为机检并称重。海关查验并称重后发现该批货物的实际毛重为 38 000 千克，与申报不符。该外贸公司表示发货人有可能在发货时未准确称重，同意海关查验结果。

四、作业实施

(一)申报

1. 报关单电子数据申报

(1)报关单电子数据预录入。

①预录入。报关单数据预录入是指报关人员按照《报关单填制规范》手工填制预录入报关单后，自行或交由报关现场的预录入中心以此为数据，将报关单数据输入计算机，形成电子数据报关单并经确认无误后向管辖地海关审单中心传输的作业环节。

②预录入数据的审核。报关人员在报关单数据预录入后，应该认真检查所申报的内容是否规范、准确，随附的单据、资料是否与所申报的内容相符，交验的各种单据是否正确、齐全、有效。其审核的步骤为：

a. 进入报关单申报系统后，按照报关单"同一编号"查找拟审核报关单，打印报关单校对稿(报关单样式)，进行审核；

b. 报关单校对稿审核完成后，按照上述步骤进入报关单申报系统，查找拟审核报关单，并对审核出的错误点进行修改，确认无误后保存数据；

c. 报关单数据修改并保存后，点击审核申报按钮(或申报确认按钮)，完成报关单审核申报(或确认填报)操作。

(2)报关单电子数据发送。

报关单电子数据发送后，除接到海关不接受申报信息外，申报单位原则上不能对已发送电子数据做出修改。在报关电子数据发送前，需特别注意因电子数据申报不实而可能引起的有关法律责任。

(3)报关单电子数据申报结果查询。

①查询海关计算机系统发布的信息。在审单作业过程中，报关人员可以通过海关设置在报关或预录入大厅的显示屏幕和自助终端、短信息及 EDI 通关系统等手段了解审单等作业环节处理过程及结果，以保证能及时办理通关手续。

a. 等待处理。通知报关人员审单中心正在对报关单数据进行审核或正在等待审核，请继续等待处理结果。

b. 现场交单。通知报关人员有关报关单电子数据已通过计算机审核，请报关人员立即向隶属海关现场在接单审核/征收税费环节递交纸质报关单及随附单证。

c. 放行交单。通知报关人员有关报关单电子数据已通过计算机审核，请报关人员立即携带所有纸质单证前往隶属海关在放行环节办理交单和放行手续。

对于未通过规范性审核的，海关将通知报关人员，并将电子报关单数据退回，请报关人员按海关要求修改报关单电子数据后重新进行电子申报。

②查询海关审单中心发布的信息。报关人员在海关审单中心对报关单电子数据进行审核的过程中或审核结束后，可以查询其对外发送的处理结果，主要有：

a. 修改报告数据。通知报关人员申报有错误，按规定办理报关单数据修改、删除手续。

b. 等待处理。通知报关人员审单中心正在对有关数据进行审核或正在等待审核，请继续等待处理结果。

c. 与海关联系。通知报关人员，审单中心需要进一步了解情况。

d. 现场交单。通知报关人员有关的电子数据已通过计算机审核，请报关人员立即向隶属海关现场在接单审核/征收税费环节递交纸质报关单及随附单据。

e. 办理放行交单手续。通知报关人员有关报关单电子数据已通过审单中心审核，请报关人员立即携带所有纸质单证前往隶属海关在放行环节办理交单和放行手续。

【职场指南 3－1】

电子申报作业流程如图 3—3 所示：

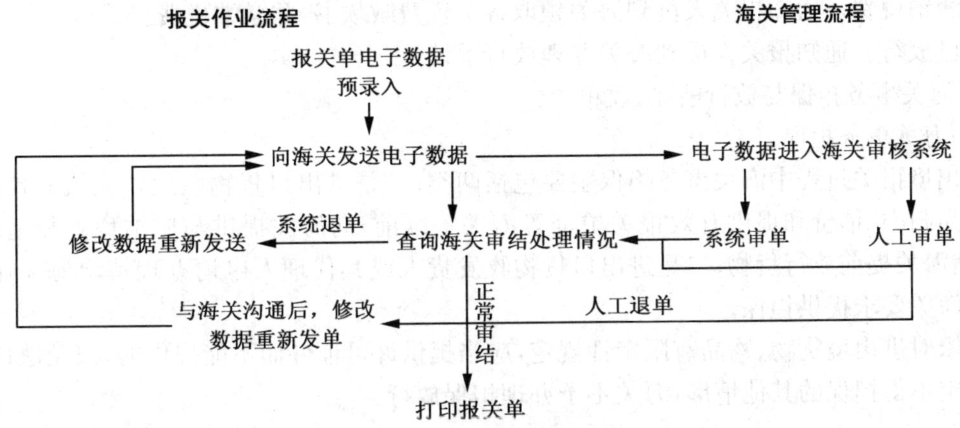

图 3—3　电子申报作业流程

2. 现场交单

(1)纸质单证的整理。

审单中心通过电子数据报关单审核后，报关人员应打印纸质报关单，向海关递交纸质报关单内容应当与电子数据报关单一致。每份正式的纸质进(出)口货物报关单下方加盖申报单位报关专用章。应递交的报关单证主要有进(出)口货物报关单、提运单、发票、装箱单、合同、许可证件、提货单、加工贸易手册、征免税证明等。

实际工作中，纸质单证的装订看似简单，但需要注意文件的顺序以便于放行后撤单等细节。例如，发票、箱单等文件页数较多时，需要注意每页文件的先后顺序，便于海关人工审单；如放行后，需要领取提货单或许可证等文件，要注意装订技巧以便于撤回单证，避免重新装订文件造成的工作效率降低。

(2)递交纸质单证。

①正式递交。海关审结电子数据报关单后，报关人员应当自接到海关“现场交单”或“放行交单”通知之日起 10 日内，持打印的纸质报关单，备齐规定的随附单证并签名盖章，到货物所在地海关递交书面单证并办理相关海关手续。这里的“10 日内”是指 10 个自然日，而不是 10 个工作日。报关人员超过 10 日未到报关现场递交报关单证，电子数据报关单将会在第 11 日被海关删除。报关人员的电子申报行为无效。货物如想继续通关，报关人员需重新进行电子数据报关单申报。

②特殊情况逾期递交。实际工作中，报关人员由于多种原因在接到交单通知后，不能立即

备好相关单证，出现延迟，若确因节日或转关运输等其他特殊原因，需要逾期向海关递交书面单证并办理相关海关手续的，报关人员应事先向海关提出书面申请说明原因，经海关核准后在核准期限内办理。

逾期交单需要具备两个条件：第一，需事先申请并经海关核准。其中，进出口货物收发货人自行报关的，由收发货人在申请书上签章；委托报关企业报关的，由报关企业和进出口货物收发货人双方在申请书上签章。第二，海关核准的延期时限最长为10日。超过海关核准时限仍不能完成交单的，海关按规定将该单删除。

(3)查询海关审单处理信息。

①接单处理完成。通知报关人员海关单证审核完成，可以进入缴纳税费环节或放行流转环节。如接单处理完成后，长时间未进入下一环节，报关人员需要到海关现场查询原因。

②缴纳税费。通知报关人员到海关领取各类税费缴款书，并缴纳税费。

③已放行。通知报关人员到海关办理放行手续。

3. 海关事务担保与放行前删、改单

(1)海关事务担保。

进出境报关过程中海关事务担保主要包括两类：一是进出口货物收发货人或其代理人在办结商品归类、估价和提供有效报关单证等海关手续前，向海关提供与应纳税款相适应的担保，申请海关提前放行货物；二是进出口货物收发货人或其代理人申请办理特定海关业务的，应按照海关要求提供担保。

国家对进出境货物、物品有限定性规定，应当提供许可证件而不能提供的，以及法律、行政法规规定不得担保的其他情形，海关不予办理担保放行。

【职场指南3-2】

现场交单作业流程如图3—4所示：

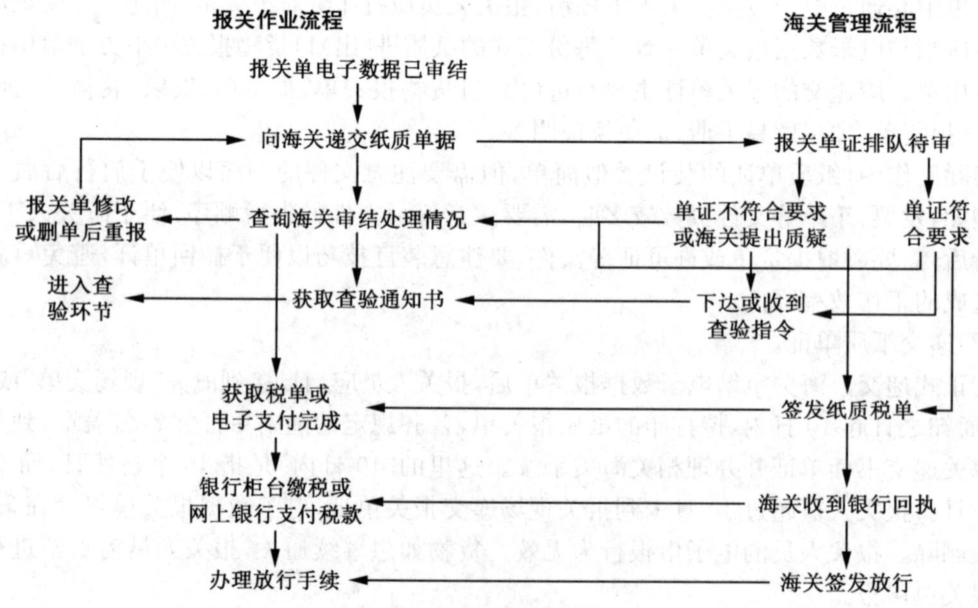

图3—4　现场交单作业流程

①申请提前放行货物的担保。在货物进出境通关过程中,海关对报关人的申报提出质疑或确认报关人申报需要补充相关单证,报关人无法在短期内满足海关要求但需要海关先行放行货物时,可向海关提出担保申请。

其主要包括以下情形:进出口货物的商品归类存在争议,等待海关归类部门结果;进口商品完税价格存在争议,报关人需要提供成交证明或与海关价格磋商;原产地尚未确定;有效报关单证尚未提供,如需要发货人提供货物充分、详细说明等。

办理此类担保的作业流程如下:

a. 担保申请。报关人按照海关要求,填写担保申请,并提供货物报关单证,包括发票、装箱单、合同、许可证件及相关说明材料。

所有报关单证和担保申请,需要盖有经营单位公章,以保证文件的有效性。

必要时,需要向海关提交真实、合法、有效的财产或者权利凭证及海关要求的其他材料。

b. 海关审核。报关人向海关递交担保申请后,海关进入审核流程。

如果担保原因涉及海关多个职能处室的,必要情况下需要申请单位提供其他涉及部门的工作联系单等文件。

担保申请经海关审批通过后,报关人凭审批文件到现场海关办理放行手续;需要缴纳保证金的担保业务,在缴纳保证金后,办理放行手续。

②申请办理特定海关业务的担保。适用某些海关监管方式通关时,海关通关流程要求报关人先行办理担保手续。

常见的情形:货物、物品暂时进出境;货物进境修理和出境修理;租赁货物进口;将海关监管货物暂时存放在海关监管区外等。

以暂时进出境货物为例介绍办理此类担保的业务流程:

a. 在海关"进出口录入审批系统"中,按照海关要求录入担保货物信息并发送。

b. 经海关网上审批通过后,报关人获得申请书编号。

c. 递交书面担保申请,并提供货物报关单证,包括发票、装箱单、合同、许可证件、相关说明及网上审批文件。所有报关单证和担保申请,需要盖有经营单位公章,以保证文件的有效性。必要时,需要向海关提交真实、合法、有效的财产凭证或者权利凭证及海关要求的其他材料。

d. 海关审核。报关人向海关递交担保申请后,海关进入审核流程。审批通过的,报关人可以获得"货物暂时进/出境申请批准决定书",凭以办理通关手续。

(2)放行前删、改单

根据规定,海关接受进出口货物申报后,报关单证及其内容不得修改或撤销,但符合规定条件的除外。进(出)口货物报关单的修改或撤销,应当遵循修改优先原则;确实不能修改的,予以撤销。

①范围。相关情形及规定如表3-2所示。

表 3—2　　　　进(出)口货物报关单修改和撤销的情形及相关规定

<table>
<tr><th colspan="2">进(出)口货物报关单修改与撤销</th><th>所需的表单及材料</th><th>要　求</th></tr>
<tr><td rowspan="4">客户原因</td><td>进(出)口货物在装载、运输、存储过程中发生溢短装,或者由于不可抗力造成灭失、短损等导致原申报数据与实际货物不符的</td><td>进(出)口货物报关单修改/撤销表,以及商检机构或者相关部门出具的证明材料</td><td rowspan="5">当事人向海关提交材料符合本条规定,并且齐全、有效的,海关应当及时进行修改或者撤销</td></tr>
<tr><td>根据贸易管理先行采用暂时价格成交,实际结算时按商检品质认定或者国际市场实际价格付款方式需要修改申报内容的</td><td>进(出)口货物报关单修改/撤销表,以及全面反映贸易实际状况的发票、合同、提单、装箱单等单证,如实提供与货物买卖有关的支付凭证和证明申报价格真实准确的其他商业单证、书面资料和电子数据</td></tr>
<tr><td>已申报进口货物办理直接退运手续,需要修改或者撤销原进口货物报关单的</td><td>进(出)口货物报关单修改/撤销表、进出口货物直接退运表或者责令进口货物直接退运通知书</td></tr>
<tr><td>由于计算机、网络系统等技术原因导致电子数据申报错误的</td><td>进(出)口货物报关单修改/撤销表,以及计算机、网络系统运行管理方出具的说明材料</td></tr>
<tr><td>主观原因</td><td>由于报关人员操作或者书写失误造成申报内容需要修改或者撤销的</td><td>进(出)口货物报关单修改/撤销表,以及可以证明进出口货物实际情况的合同、发票、装箱单、提运单或者载货清单等相关单证、证明文书,详细情况说明,其他证明材料</td></tr>
<tr><td rowspan="2">海关要求</td><td>海关将电子数据报关单退回,并详细说明修改原因和要求</td><td>报关人员应当按照海关要求进行修改后重新提交,不得对报关单其他内容进行变更</td><td>海关未发现报关人员存在逃避海关监管行为的,可以修改或者撤销报关单;不予以修改或者撤销的,海关应当及时通知当事人,并且说明理由</td></tr>
<tr><td>海关向报关人员制发“进(出)口货物报关单修改/撤销确认书”,通知报关人员要求修改或撤销的内容</td><td>报关人员应当在 5 日内对进(出)口货物报关单修改或者撤销的内容进行确认,确认后海关完成对报关单的修改或者撤销</td><td></td></tr>
</table>

②作业手续。

a. 当事人申请修改或撤销报关单的作业:当事人应填写“进(出)口货物报关单修改/撤销表”向海关提出申请,同时还需要根据不同的情况提交相应的资料,申请经海关批准后即可进行报关单修改或者撤销操作。

b. 海关发现,要求报关人修改或撤销报关单的作业:海关向经营单位或相关报关企业出具“进(出)口货物报关单修改/撤销确认书”,通知要求修改或者撤销的内容;报关人应在 5 日内对进(出)口货物报关单修改或者撤销的内容进行确认,确认后由海关完成对报关单的修改或撤销。

经验小谈 3—1　　　　申请预裁定时间有何规定

海关预裁定管理暂行办法

我司准备进口一批货物,听说现在进口前可以向海关申请预裁定,请问对于申请预裁定的时间有何规定?

答:根据海关总署令第 236 号(《关于公布〈中华人民共和国海关预裁定管理

暂行办法〉的令》)第七条:申请人应当在货物拟进出口3个月之前向其注册地直属海关提出预裁定申请。特殊情况下,申请人确有正当理由的,可以在货物拟进出口前3个月内提出预裁定申请。

(二)配合查验

1. 配合查验准备

(1)确认海关查验方式。海关实施查验可以全部查验,也可以抽查。按照操作方式,查验可以分为人工查验、机检查验和开箱查验等。

(2)确认海关查验时间、地点。海关指定查验时间、地点的情形:此时海关查验一般安排在海关监管区内的指定场地进行。报关人员在接受海关查验前应确认待查验货物的准确位置及堆放地点。当海关通知查验时,报关人员应及时到达指定的查验作业区配合海关查验。如果超过规定时间又无合理理由的,海关将径行查验。

企业预约初验时间、地点的情形:报关人员收到查验通知后,应首先到查验场地办理查验货物进场手续,在确认货物抵达查验场地后,向海关预约查验时间。因货物易受温度、静电、粉尘等自然因素的影响,或者对于拆装环境有特殊要求的货物(如食品、精密仪器等),可向海关提出申请,要求派员到监管区外海关确认的地点实施查验。

(3)确认货物信息、装箱明细。报关人员在配合海关实施查验前,应与收发货人确认货物相关信息、装箱明细:

①了解货物的包装、重量、体积情况,拆箱或开拆包装,是否需要安排特殊机械设备或人力;

②货物包装或标签,是否印刷有货物成分含量组成、原产地等信息;

③机械设备上是否有铭牌标识或技术参数;

④装箱清单与实际货物对应的方式等。

(4)确认查验可能产生的货损风险。因进出口货物所具有的特殊属性,容易因开启、搬运不当等原因导致货物损毁,报关人员需要与收发货人在查验实施前详细确认。

(5)其他准备。为确保查验过程中及时回答海关提出的询问,报关人员需要详细了解申报货物的结构组成、成分含量、工作原理等,并准备相关资料,如产品说明书、品牌授权书、预归类建议书等。

为了不延误取样送检货物的通关效率,报关人员应按照海关取样送检的有关规定,准备好有关产品的成分说明书等资料,以及符合取样准备的取样瓶、袋子、相应取样工具等并及时通知收发货人;如遇有危险品或不具备条件现场取样的,应及时向海关提出申请。

2. 配合查验实施

(1)提前向海关说明被查货物情况。因进出口货物所具有的特殊属性,容易因开启、搬运不当等原因导致货物损毁,需要查验人员在查验过程中予以特别注意,进出口货物收发货人或其代理人应当在海关实施查验前声明。

(2)搬移、开拆和重封查验货物。再配合海关查验的过程中,应负责搬移、开拆和重封工作,并负责由此产生的相关装卸费用。

(3)提供资料、回答询问。如海关查验需要,报关人员应提供必要的资料并如实回答海关人员询问。因此,当海关通知货物需要查验时,报关人员须提前备齐相关资料,如装箱单、产品说明书、品牌授权书或其他有助于说明货物性质、数(重)量、产地等资料,向海关解释说明,如实回答海关的询问。

(4)协助取样送检。海关为了确定进出口货物的属性、成分、含量、结构、品质、规格等事项,而需要采取化验手段对进出口货物进行剖析或对其某些指标进行核验时,需要提取货物送验,货样的化验一般由海关化验中心和委托化验机构负责。

①提取送验商品资料。海关对进出口货物要求采样送验时,报关人员应及时到场并向海关提供有关单证和技术资料,如产品说明书、生产工艺流程等。在海关查验人员的监督下按照取样要求进行取样(特殊样品应由相关技术人员提取样品),并在"中国海关进出境货物(物品)化验取样记录单"上签字确认。

海关对进出口货物的属性、成分、含量、结构、品质、规格等进行测试化验后,做出鉴定结论,除特殊情况外,海关化验中心和委托化验机构应当自收到送验样品之日起 15 日内做出鉴定结论,并出具"海关进出口货物化验鉴定书"(以下简称"化验鉴定书")。除特殊情况外,海关化验中心会在"化验鉴定书"签发次日,将"化验鉴定书"相关信息通过海关门户网站等途径对外公布,报关人员也可要求海关提供纸本"化验鉴定书"。

②申请复验。报关人员对鉴定结果有异议的,可以自鉴定结论公布之日起 15 日内向送验海关提出复验申请,并说明理由。送验海关将复验申请转送海关化验中心,海关化验中心在收到复验申请,对送验样品重新化验后,出具"海关进出口货物鉴定书(复验)",并按规定公布鉴定结论。

③申请凭担保先予放行货物。因交货期紧,申请承担放行的货物在查验过程中海关对货物取样送验时,报关人员可以向海关申请凭担保先予放行货物。目前,出口货物不适用该条规定。

④保密声明。因货物取样送验而提供的技术资料涉及商业秘密的,报关人员应事先声明,要求海关保守其商业秘密。

3. 确认查验记录

查验结束后,查验人员如实填写查验记录并签名。查验记录记载了货物的数量、状态、工作原理等查验结果。查验记录应当由陪同查验的进出口货物收发货人或其代理人签名确认。

查验的相关记录包括:开箱的具体情况;货物残损情况及致残损原因;提货取样情况;查验结论。

对于查验实货与申报相符的货物,查验记录经海关关员和陪同查验人员签字后,已缴纳税费的货物可直接由海关查验部门放行,或将查验记录及报关单证转至现场审单部门放行。对于已取样化验的货物,若查验结果与申报不符但不涉及走私、违规的,查验记录及报关单证将转至其他相关部门。

4. 其他

报关人员发现货物在海关查验中被损坏的,可要求海关出具"海关查验货物、物品损坏报告书",以确认货物损坏情况。

**【职场指南 3-3】**

配合查验作业流程如图 3-5 所示。

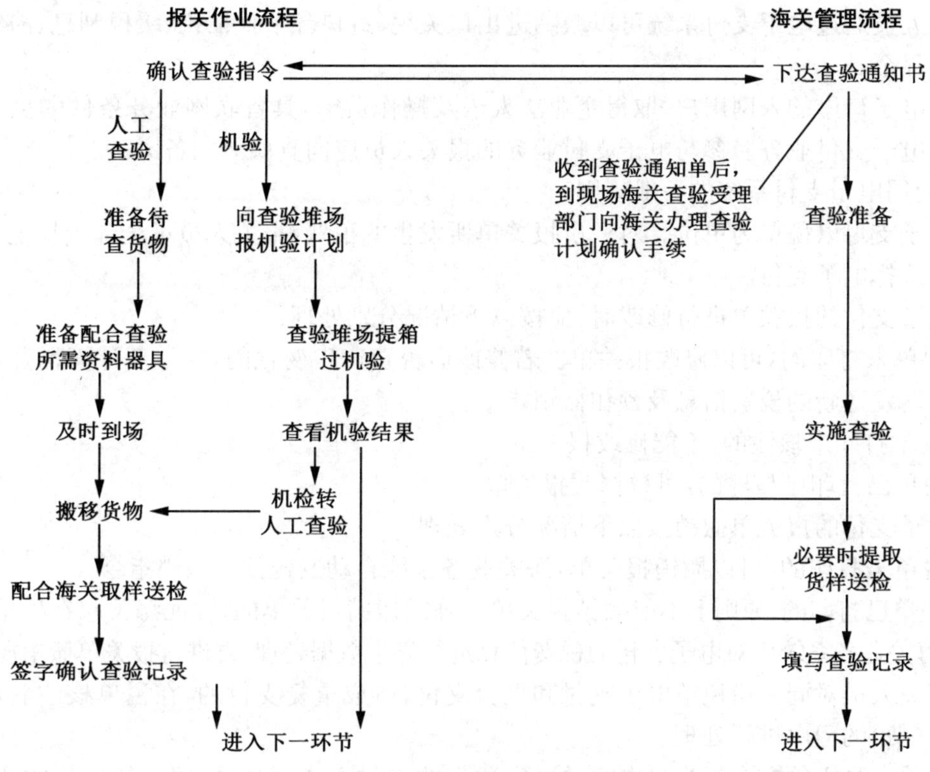

图 3—5　配合查验作业流程

（三）缴纳税费

1. 银行柜台缴纳作业

（1）签收海关填发的税款缴款书。除另有规定外，海关在货物实际进出境并完成海关现场接单审核工作之后，即填发税款缴款书。需要通过对货物进行查验确定商品归类、完税价格、原产地的，则在查验核实之后填发或者更改税款缴款书。报关人员（代表纳税义务人）在收到税款缴款书后应当办理签收手续。

报关人员缴纳税款前不慎遗失税款缴款书的，可以向填发海关提出补发税款缴款书的书面申请。海关自接到纳税义务人的申请之日起 2 个工作日内审核确认并重新予以补发。

（2）前往指定银行缴纳税款。报关人员应当自海关填发税款缴款书之日起 15 日内向指定银行缴纳税款。逾期缴纳税款的，海关将自缴款期限届满之日起至缴清税款之日止，按日加收滞纳税款 5‰的滞纳金。

（3）税款缴款书送交填发海关验核。报关人员向银行缴纳税款后，应当及时将盖有证明银行已收讫税款的业务印章的税款缴款书送交填发海关验核，海关据此办理核注手续。

报关人员缴纳税款后遗失税款缴款书的，可以自缴纳税款之日起 1 年内向填发海关提出确认已缴清税款的书面申请，海关经审查核实后，将予以确认，但不再补发税款缴款书。

2. 电子支付系统缴纳作业

（1）电子支付系统。

电子支付系统是由海关业务系统、中国电子口岸系统、商业银行业务系统和第三方支付系统四部分组成的进出口环节税费缴纳的信息化系统。

报关人员通过电子支付系统可以缴纳进出口关税、进口环节代征税、缓税利息、滞纳金、保证金和滞报金。

中国电子口岸的入网用户，取得企业法人卡及操作员卡，具备联网业务条件的报关人员，可以参与电子支付业务。参与电子支付业务的报关人员应向直属海关备案。

(2)使用电子支付系统的一般规则。

①电子支付以税单为单位。对一份报关单所发生的税费，报关人员可全部选择电子支付，也可部分选择电子支付。

②电子支付的报关单进行修改时，应按以下情况分别处理：

a. 税单未打印的，可以修改报关单。若修改后税费产生变化的，应重新计算税费，海关业务系统自动发送新的税费信息及预扣撤销指令。

b. 税单打印未核注的，不能修改报关单。

c. 税单已打印已核注的，可以修改报关单。

③电子支付的报关单撤销按以下情况分别处理：

a. 税单未打印的，可以撤销报关单，海关业务系统自动发送预扣撤销指令。

b. 税单已打印的，原则上不能撤销报关单。确需撤销报关单的，发证海关应在税单核注后次日，在海关业务系统中对电子支付的税费信息进行异常数据处理，再进行报关单撤销操作。

④报关人员对同一份税单电子支付和柜台支付，造成重复支付的，在税单核注后，现场海关按退税(费)的程序进行处理。

⑤报关人员必须在申报当日向海关确定税款的支付方式，并应按照法律法规的要求履行纳税义务，遵守海关总署的相关规定。

⑥如遇异常情况，企业可直接通过网络或热线电话向海关、银行、中国电子口岸和支付平台提出协查要求，接到协查要求的部门，应在保证企业正常通关的原则下及时解决。

(3)使用电子支付系统缴纳税费的流程。

①进(出)口报关单通过电子审核后，海关业务系统自动向中国电子口岸和支付平台发送税费信息。企业可登录中国电子口岸或支付平台查询税费信息，并通过支付平台向商业银行发送税费预扣指令。

②现场海关收到支付平台转发的银行税费预扣成功回执后，即为企业办理税单打印手续，即打印有“电子支付”或“电子担保”标记的税单，同时海关业务系统通过支付平台自动向商业银行转发税费实扣通知(保证金除外)。

③税单打印成功后，银行接收支付平台转发的实扣通知并作实扣操作。现场海关收到实扣成功回执后，海关业务系统自动核注税费，核注日期为税费实扣成功日期。对于电子支付的保证金，在预扣成功后，海关业务系统自动进行核注，并发送实扣通知，银行进行实扣操作。

④在现场海关放行环节，若电子支付的税费已预扣成功，且税单已打印，或在无纸化通关模式下，电子支付税费已预扣成功，现场海关即可办理放行手续，报关人员即可提取或装运货物。

在电子支付税单打印前，需复审重新计征税费的，海关业务系统自动向中国电子口岸和支付平台发送新的税费信息。

(4)与使用电子支付系统缴纳税费相关的注意事项。

①交单前确认税费支付状态。对于采用电子支付系统缴纳税费的，报关人员应在查询确认税费支付状态为“支付成功”后，到海关现场办理通关手续。这样。报关人员在税费支付不

成功的情形下，可以在海关现场办理交单手续时转为柜台支付。

②放行前确认税费单打印状况。对于采用电子支付系统缴纳税费的，报关人员办理提取或装运（放行）手续前，应通过系统检查确认税费单已打印，若税费单未打印，则系统不能通过税费检查，不予放行并退回前一岗位处理。海关不验核网上支付纸质税费单据，但不同报关单中的非电子支付税费单据仍按规定验核。

【职场指南 3－4】

电子支付缴纳税费作业流程如图 3－6 所示：

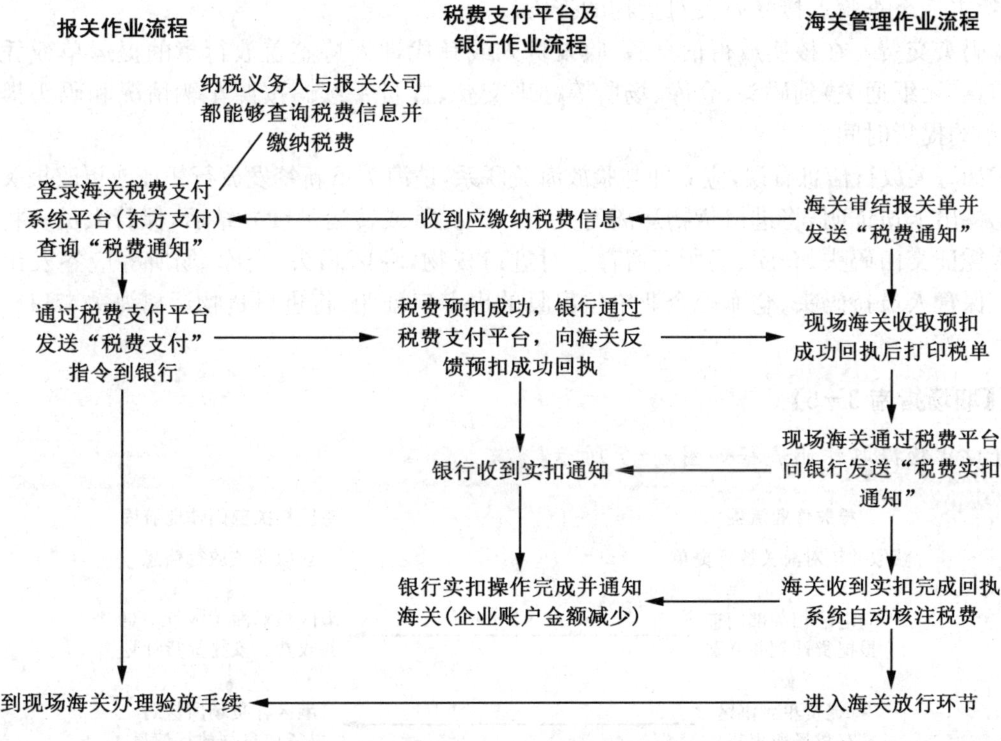

图 3－6　电子支付缴纳税费作业流程

（四）提取、装运货物

1. 查询放行信息

（1）获取放行凭证。

报关人员在向海关办理进出口货物电子数据申报、纸质单证申报、配合海关查验货物、缴纳进出口税费（或提供担保）等手续后，海关在进口货物提货或出口货物装运凭证上签盖"海关放行章"。报关人员在获取提货或装运凭证后，即可提取进口货物或将出口货物装运出境。

（2）港口码头的放行信息核实。

因海关与受海关监管的港区各个码头、仓库、场所等对进出口货物沟通实行双轨制放行管理，即港区各个码头、仓库、场所等管理人员不仅核对报关人员提交的已签盖"海关放行章"的提货单、装运单是否有效，还要核对电子放行系统中海关的放行信息与货物是否一致。因此，报关人员在获取海关签发的放行凭证后，首先需要在海关终端系统中，确认该报关单电子数据的放行信息，在当地口岸的查询系统中确认该提单或运单的放行信息。

2. 提取、装运货物作业

(1)进口提货作业。

①确认船舶到港信息后，应及时办妥海关签放手续。确认船舶到港信息后，货主或其代理人持提货单或运单及报关单备用联交口岸海关放行部门，有海关根据计算机的提示进行放行处理(如计算机提示“货物未到港”，不予放行；如计算机提示“与实际情况不符或未找到实卸记录”，根据实际情况办理放行手续)。对无须查验的，海关在处理完计算机操作后即在正本提单或运单上加盖放行章，计算机自动将有关实货放行电子信息传送至港区或机场货代，货主即可办理提货手续。对需要查验的货物，海关在提货单或运单上加盖“查验章”退还货主或其代理人，由货主带至查验点接受海关对货物的查验。

②码头交费。在核实放行信息后，收发货人或其代理人持签盖放行章的提运单或凭货物放行信息(无纸通关)到码头、仓库、场所等办理交费、提货手续。按照车辆情况和码头提货计划表，预约提货时间。

③如海关放行信息有误，应立即与验放海关联系，请海关重新签发放行凭证或更改报关单。

④持出卡口证明，将进口货物运离海关卡口。提货或转运手续办结后，保管人员应将提货或装货凭证交由码头、仓库、场所等留存。对进口货物，港区码头、仓库、场所等应签发出卡口证明。保管人员持码头、仓库等企业单位出具的出卡口证明，将进口货物运离海关卡口。

【职场指南 3－5】

进口货物提取作业流程如图 3－7 所示：

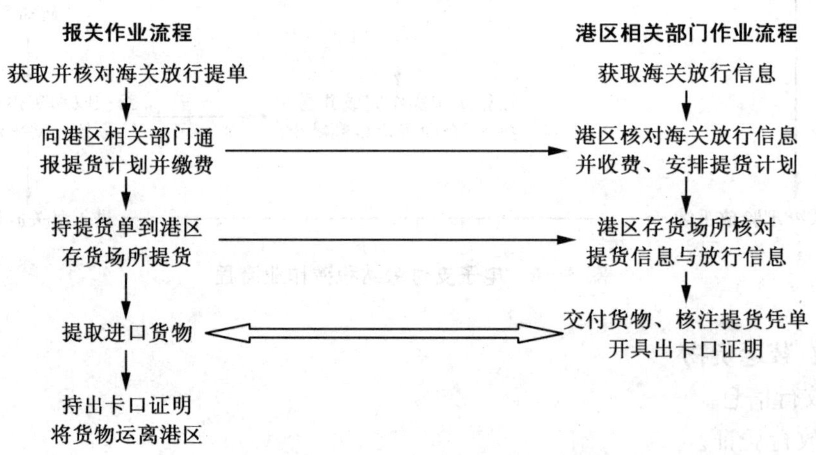

图 3－7 进口货物提取作业流程

(2)出口装货作业。

①海运出口货物运抵管理。根据《海关法》和《海关进出境运输工具舱单管理办法》(海关总署第 172 号)的要求规定，海关对申报出口的海运货物执行电子运抵报告管理。海运出口货物在报关前，需要运抵于监管堆场，监管堆场发送运抵信息后，向海关出口报关。

②装货单递交港区相关部门，核对放行信息后转船。出口货物放行后，报关人员应到港区相关管理部门，按船名等递交装货单放行联(三联单)，或凭放行信息(无纸通关)装船。在未爆

舱的情况下方可装船，若遇爆舱，则需持船公司证明等向海关办理退关手续。

【职场指南 3－6】

出口货物运抵、装货作业流程如图 3－8 所示：

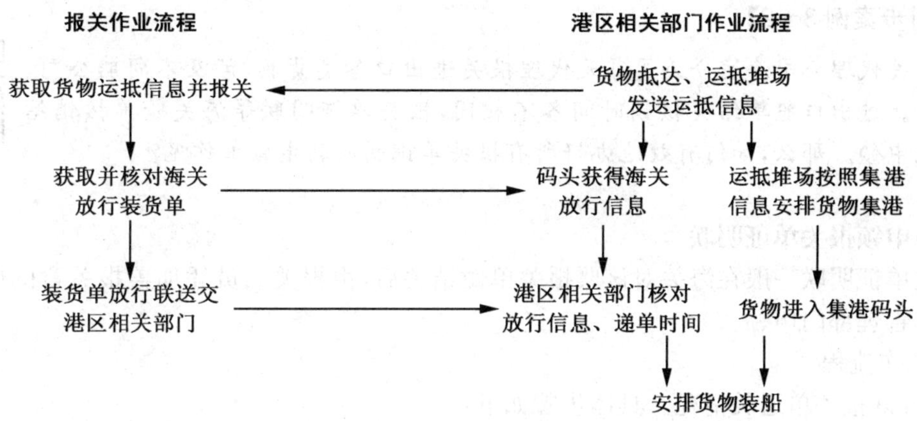

图 3－8　出口货物运抵、装货作业流程

（五）事后交单

事后交单，即经海关审核准予适用"事后交单"通关方式的企业采取"无纸报关"方式录入报关单向海关申报，经海关审核满足计算机自动放行条件的，货物放行后在规定期限内向海关递交纸质报关单证或传输随附单据的电子数据。

任务三　后续作业

一、后续作业的概念

后续作业是指进出口货物收发货人或其代理人在进出口货物放行后所开展的作业过程。

报关单位报关作业流程与海关管理作业流程：现场海关签发证明，报关单位获取报关证明，进行报关单证归档和财务结算。

（一）报关单证明联

报关单证明联是进出口货物收发货人向海关、税务、外汇管理等部门办理加工贸易手册核销、出口退税、进出口货物收付汇手续的重要凭证。进出口货物收发货人或其代理人在办理结关手续后，按照不同的海关监管方式，可以向海关申请签发以下报关证明联：①出口货物报关单出口退税证明联；②出口货物报关单收汇证明联；③进口货物报关单付汇证明联；④进（出）口货物报关单加工贸易核销联。

海关所签发的报关单证明联上盖有"海关验讫章"，付汇报关单证明联上还同时盖有"付汇专用章"。所有报关单证明联均具有防伪标志，并与税务、外汇管理机构实施联网管理。

（二）货物进口证明书

货物进口证明书是指为满足进出口公司及企事业单位的不同需要，海关对已实际监管进口的货物事后开具的证明文件。目前,需签发"货物进口证明联"的货物主要是进口车辆。为加强国家对进口车辆的管理,海关对贸易性渠道进口的车辆在办结验放手续后,一律签发"货物进口证明书",并实行"一车一证"制,作为货主办理上牌手续的重要依据之一。

二、后续作业的实施

【同步案例 3-2】

某报关代理公司海运分公司每天代理报关进出口各类货物,涉及不同船公司、不同航线。进出口舱单结关核销时间各不相同,报关单证明联等海关舱单核销结关后才能申领。那么,如何有效地办好所有报关单证明联的申领工作呢?

案例精析

(一)申领报关单证明联

报关单证明联一般在海关对该票报关单做结关后,由报关人员凭加盖报关章的申请表向海关舱单管理部门申领。

1. 工作流程

(1)查询报关单通关情况。具体步骤如下:

①登录海关总署网站 http://www.customs.gov.cn;

②点击"办事服务"中的"信息查询";

③点击"通关状态查询";

④输入报关单号,点击"查询";

⑤显示"已结关",说明已经可以申领报关单证明联。

(2)填制申请表。申请出口货物报关单出口退税证明联、收汇证明联及进口货物报关单付汇证明联时,填制进(出)口货物报关单证明联签发申请表(见表 3-3);申请进(出)口货物报关单核销联时,填制其他报关单证明联签发申请表(见表 3-4),申请表应加盖申请企业报关专用章,由经办人签字。

表 3-3　××海关进(出)口货物报关单证明联签发申请表

<table>
<tr><td colspan="9">填报单位:</td></tr>
<tr><td colspan="9">说明:</td></tr>
<tr><td colspan="9">A 类企业不提供进口付汇联、出口结汇联打印。</td></tr>
<tr><td colspan="9">B、C 类企业需打印进口付汇联、出口结汇联的,应提供外汇管理类别证明。</td></tr>
<tr><td colspan="9" align="right">编号:</td></tr>
<tr><td rowspan="2">序号</td><td rowspan="2">报关单编号</td><td rowspan="2">贸易方式</td><td colspan="4">证明联类别</td><td rowspan="2">签发情况</td><td rowspan="2">打印情况</td></tr>
<tr><td>付汇联</td><td>结汇联</td><td>退税联</td><td>核销联</td></tr>
<tr><td>1</td><td></td><td>一般贸易</td><td></td><td></td><td></td><td></td><td></td><td></td></tr>
<tr><td>2</td><td></td><td>一般贸易</td><td></td><td></td><td></td><td></td><td></td><td></td></tr>
</table>

表3—4　　××海关其他报关单证明联签发申请表　　编号：

<table>
<tr><td rowspan="3">序号</td><td rowspan="3">报关单编号</td><td colspan="6">证明联类别</td><td rowspan="3">签发情况</td><td rowspan="3">打印情况</td></tr>
<tr><td colspan="2">加工贸易核　销</td><td rowspan="2">暂时进出境</td><td rowspan="2">修理物品</td><td rowspan="2">直接退运</td><td rowspan="2">其他（监管方式）</td></tr>
<tr><td>来料</td><td>进料</td></tr>
<tr><td>1</td><td></td><td></td><td></td><td></td><td></td><td></td><td></td><td></td><td></td></tr>
<tr><td>2</td><td></td><td></td><td></td><td></td><td></td><td></td><td></td><td></td><td></td></tr>
<tr><td colspan="5">申请企业公章：</td><td colspan="5">经办人章
申请日期</td></tr>
</table>

(3)签发证明联。

向海关提交申请表及相关纸质报关单，由现场海关签发证明联。报关人员签收时要注意检查是否已加盖“海关验讫章”，同时需要加盖报关专用章。

2. 异常情况的处理

(1)出口货物报关单证明联办理异常情况的处理。有时出口货物海关已经放行，但报关单查询结果显示未结关，并因而不能办理证明联的申领手续。造成这种情况的原因比较复杂，归结起来主要包括舱单数据异常、无核销标志、大船舱单数据错误、加工贸易手册超量等。

舱单数据异常、无核销标志、大船舱单数据错误等原因的处理方法主要是与代理公司及驳船代理公司确定具体原因，由其处理相关数据信息，接对方反馈后查询相关网站确定已结关后，办理申领手续。

因加工贸易手册超量造成无法结关的情况，通知客户做手册数量变更，变更后再与代理公司及驳船代理公司联系，由其处理相关数据信息，接到对方反馈后，查询相关网站确定已结关后，办理申领手续。

(2)进口货物报关单证明联办理异常情况的处理。进口货物已放行提货，但查询海关相关网站，显示“未放行”，而非“已结关”。造成这种情况的主要原因一般是报关单在放行时因网络故障，系统显示为正常放行，但其实只完成了单证放行，卡口放行并未完成。对于这种情况，企业可书面向海关申请重新放行，海关重新放行后即可结关，企业此时可办理证明联申领手续。

(二)申领货物进口证明书

目前，需要签发“货物进口证明书”的货物主要是进口车辆。

1. 基本手续

货主或其代理人在办结车辆进口验放手续后，须到海关有关部门办理“货物进口证明书”的签发手续：

(1)货主或其代理人在货物放行后现场向海关提出申请，由现场海关制发“货物进口证明书”联系单关封。

(2)货主或其代理人将上述关封递交海关有关部门，办理货物进口证明书的签发手续。

(3)海关有关部门经审核后向货主颁发“货物进口证明书”。

2. 货物进口证明书的换发

货主或其代理人发现“货物进口证明书”数据与进口车辆实际情况不符的，应向原签发地海关办理有关“货物进口证明书”的换发手续。

(1)货主或其代理人向原签发联系单的现场海关提出换发申请。需提交的单证主要包括原签发的“进口货物证明书”、原进口货物报关单证、海关需要的其他单证。

(2)现场海关核实后,重新签发联系单并制作“货物进口证明书”联系单关封。

(3)货主或其代理人将联系单关封递交海关有关部门,办理有关换发手续。需递交的单证主要包括“货物进口证明书”联系单关封、原“货物进口证明书”、海关需要的其他单证。海关凭上述材料重新签发“货物进口证明书”。

3. 货物进口证明书的补发

海关签发的进口车辆“货物进口证明书”因故丢失的,货主或其代理人可向海关申请办理有关补发手续,但对申请补发“货物进口证明书”之日两年以前签发的“货物进口证明书”,海关一律不予补发。办理手续如下:

(1)货主或其代理人向原签发“货物进口证明书”联系单的现场海关提出申请。须提交的单证主要包括:申请补发“货物进口证明书”的报告,并说明“货物进口证明书”丢失的时间、地点和过程等有关情况;丢失的“进口货物证明书”、许可证件、进口货物报关单、税款缴款书复印件;公安部门报案丢失的立案证明;在省、市级报纸上刊登的遗失声明;其他海关认为必要的单据。

(2)海关核实后,手工填制“进口车辆‘货物进口证明书’换发、补发联系单”和“进口车辆‘货物进口证明书’换发、补发审批单”,并制作关封。

(3)货主或其代理人将联系单关封递交海关有关部门,办理有关补发手续。

(三)货物放行后报关单修改或撤销的作业实施

1. 货物放行后报关单修改或撤销的情形

货物放行后报关单修改或撤销的情形主要包括当事人向海关申请修改或撤销报关单、海关发现要求报关人修改或撤销报关单。

(1)出口货物放行后,由于装运、配载等原因造成原申报货物部分或者全部退关、变更运输工具的;

(2)由于办理退补税、海关事务担保等其他海关手续而需要修改或者撤销报关单数据的;

(3)根据贸易惯例先行采用暂时价格成交、实际结算时按商检品质认定或者国际市场实际价格付款方式需要修改申报内容的;

(4)海关统计核查发现涉及品名、商品编码、数量、价格、原产国(地区)、境内货源地等影响海关统计数据方面的问题,需要修改申报内容的。

2. 报关单修改或撤销的作业操作

(1)当事人申请修改或撤销报关单的作业实施。

当事人应填写“进(出)口货物报关单修改/撤销表”向海关提出申请,同时还需要根据不同的情况提交相关的资料。例如,上述情形(1)需向海关提交退关、变更运输工具证明材料;情形(2)应当提交签注海关意见的相关材料;情形(3)应当提交全面反映贸易实际状况的发票、合同、提单、装箱单等单证,并如实提供与货物买卖有关的支付凭证及证明申报价格真实、准确的其他商业单证、书面资料和电子数据等。

(2)海关发现要求报关人修改或撤销报关单的作业实施。

海关首先向经营单位或相关报关企业出具“进(出)口货物报关单修改/撤销确认书”,通知要求修改或撤销的内容;报关企业协同经营单位在5日内对进(出)口货物报关单修改或撤销的内容进行确认,确认后由海关完成对报关单的修改或撤销。

(四)担保销案

进出境报关中主要涉及海关手续未办结前因为进出口货物的商品归类、完税价格、原产地等尚未确定或报关资料不齐全而申请担保放行货物;取得相关证明文件,以及因适用暂时进出口、修理物品等海关监管方法通关而申请担保放行两类。

1. 担保销案的条件

报关人在限期内履行有关义务或者海关依法收取担保的情况不再存在,海关将及时书面通知报关人办理财产、权利凭证退还手续,报关人须于规定的担保期限届满前,凭海关保证金收据或留存的保证函或其他担保凭证向海关办理销案手续。因此,担保人履行了向海关承诺的义务或者依法收取担保的情形不再存在,是担保销案的前提。

2. 担保销案的手续

(1)进出口货物的商品归类、完税价格、原产地尚未确定等担保放行。此类担保的货物进出口后,需向海关提交可以证明申报货物的商品归类、完税价格,以及原产地信息准确、真实、符合规定的相关资料,在海关确认其资料符合要求后可办理销案手续。

(2)暂时进出口及修理物品等。此类货物担保进口后,应在规定期限内复运出境或办理实际进口。在此基础上,可以办理相关销案手续。例如,进境修理物品修理完毕复运出境的,应凭原修理物品进口货物报关单及其他随附单据申报出口,在海关查验放行办理出运手续后,凭原修理物品进口货物报关单及放行后的修理物品出口货物报关单向海关办理担保销案手续,同时必须提交企业开具的保证金收据以及海关"保证金收据"第一联,办理完海关手续后,在既定周期内企业指定账户上会收到海关退还的保证金。修理物品因故留在境内的,应凭原进口修理物品报关单及情况说明向海关申请办理留用手续,并办理进口保证金转税,将原进口保证金收据交于海关换取进口税单。

3. 担保销案后的其他工作

担保销案后有些情况需要办理报关单修改手续,例如,修理物品无法修理留在境内,以及因商品归类、完税价格、原产地等情况征收保证金先放行进口的,报关人在取得相关证明材料办理完销案手续后,需填写"进(出)口货物报关单修改/撤销表",向海关提出申请,将进境修理物品报关单"征免性质"栏由原先的"保证金"改为"照章征税",报关单备注栏增加"转税"字样。

因商品归类、完税价格、原产地等情况向海关提交的证明材料与实际申报存在差异,由此带来的报关单其他栏目的修改,依据《海关进出口货物报关单修改或撤销管理办法》(海关总署令第 220 号)及《海关行政处罚实施条例》的相关规定执行。

(五)报关单证归档的作业实施

1. 报关单证归档的范围

报关单证归档的范围主要包括报关单、进出口单证、合同、与进出口业务直接有关的其他资料等。

2. 报关单证归档的质量及期限要求

(1)所有留存的单证应真实、详细;

(2)应按照海关单证管理的规定要求和统一原则进行分类、汇总、存储,形成档案;

(3)报关单证、进出口单证、合同及与进出口业务直接有关的其他资料,应自进出口货物放行之日起保管 3 年,并自觉接受海关及相关机构的日常监督和检查。

3. 报关单证归档签收

(1)办理报关业务前的报关单证签收。

代理报关公司接受客户的委托办理进出口业务报关前，收到进出口货物报关所需的报关单证后，应将报关单证扫描或复印，按照客户的业务种类进行分类，并将扫描件或复印件留档。自理企业可根据情况保存好相应的报关文件。

（2）办理报关业务后的报关单证签收。

进出口货物放行后，代理报关公司与客户交接报关单证，将已放行的报关单证明联扫描件或复印件作为公司留档。客户报关单证签收表如表3－5所示。

表3－5　客户××报关单证签收表　××××年××月××日

提运单号	报关单号	页数	付汇联	核销联	退税联	收汇联	手册/许可证件号	税单	签收

4．已归档报关单证的保管

一票货物的报关单证按照客户名称、业务种类或公司编号等方式分类后，按日期顺序排列进行归档。此票货物的档案中应保留通关过程各个环节的操作日期、所发生的问题，以及与客户进行的各种单证的交接记录。

根据海关的相关规定，报关单证应自进出口货物解除监管之日起保存3年。从公司的长期发展来看，某些具有典型意义的报关单证适宜长期保存，作为日后工作的参考。

5．已归档报关单证的利用

建立报关单证存档管理，其目的之一就是利用完整的记录信息为日后的报关工作提供参考的数据。例如，类似商品的归类、各种监管方式所需的报关单证、各种报关许可证件的样式、通关中类似问题的解决等。此外，作为代理报关企业，报关单证存档后，当客户在某些方面有需要时，由其提供一定的检索信息，也可以很方便快捷地查询到相关内容，从而为客户提供更好的服务。

因此，完整的报关单证存档管理，不仅是公司日常文件的记录，是公司工作经验的总结，也是公司培训员工的教材，更是为客户提供优质服务的保障。

（六）财务结算的作业实施

1．结算范围

委托代理报关服务应根据双方签订的报关服务合同/协议的条款内容结算相应的费用，其中包括：

（1）代垫费用，每票报关业务所产生的各项代垫费用，例如，换单费、THC费、检验检疫费、检查场地费、进出口税费、仓储费等。

（2）服务费用，委托代理双方合同条款内容确定的服务费用，例如，报关服务费、换单服务费、检验检疫服务费、查验服务费、预归类服务费等。

除上述正常结算范围外，还应包括补充合同/协议及报关服务中产生的其他经委托方确认的变更费用、代缴费用等。

2．结算依据

委托企业与报关企业以双方签订的报关服务合同/协议作为最终结算的依据，结算相应的费用。合同/协议中需明确结算的范围、结算的价格及结算的期限。

3．法律责任

报关企业收取委托方费用后开具全国统一样式的税务机打发票，不得虚拟费用，伪造费用凭证,由此带来的法律责任由报关企业承担。

应知考核

一、单项选择题

1. 货物进出境阶段,进出口货物收发货人或其代理人应当按照(　　)步骤完成报关工作。

A. 进出口货物申报—配合查验—缴纳税费—提取或装运货物

B. 提取或装运货物—进出口货物申报—配合查验—缴纳税费

C. 进出口货物申报—配合查验—提取或装运货物—缴纳税费

D. 提取或装运货物—配合查验—缴纳税费—进出口货物申报

2. 大连顺发服装有限公司以一般贸易方式向美国出口一批男士西服。在海关放行后,该公司应凭(　　)单据到海关监管仓库,办理将货物装上运输工具离境的手续。

A. 海关签发的"出口货物证明书"

B. 海关和检验检疫部门加盖了"放行章"的出口装货凭证

C. 海关签发的"税款缴款证"

D. 海关签发的报关单出口退税证明联

3. 大连山海机械有限公司,从德国以一般贸易方式进口一批数控机床。经过如实申报、接受查验、缴纳进口税费后海关放行,该公司凭(　　)单据到海关监管仓库提取货物。

A. 海关签发的"进口货物证明书"　　B. 海关签发的"税款缴纳证"

C. 海关加盖"放行章"的货运单据　　D. 海关签发的进口付汇核销专用报关单

4. 一般进口货物进境前办理相关的海关手续为(　　)。

A. 进口货物备案登记　　B. 进口货物检疫证明

C. 进口货物证明书　　D. 无

5. 在海洋运输的情况下,由于(　　)正本具有物权凭证性质,一般不会直接作为报关随附单证提交海关。

A. 海运提单　　B. 进口许可证件　　C. 发票　　D. 装箱单

6. 报关单证、进出口单证、合同及与进出口业务直接有关的其他资料,应自进出口货物放行之日起保管(　　)年。

A. 1　　B. 2　　C. 3　　D. 4

7. 海关审结电子数据报关单后,报关人员应当自接到海关"现场交单"或"放行交单"通知之日起(　　)内,到货物所在地海关递交书面单证并办理报关现场递交报关单证。

A. 7 日　　B. 10 日　　C. 14 日　　D. 15 日

8. 目前,需要签发"货物进口证明书"的货物主要是进口(　　)。

A. 车辆　　B. 飞机　　C. 船舶　　D. 其他

9. 对于经海关批准且选择"通关作业无纸化"方式申报的经营单位管理类别为(　　)。

A. B 类　　B. AA 类或 A 类　　C. D 类　　D. C 类

10. 报关人员应当自海关填发税款缴款书之日起(　　)内向指定银行缴纳税款。

A. 14 日　　B. 15 日　　C. 3 个月　　D. 6 个月

二、多项选择题

1. 进出境报关的作业流程包括(　　)。

A. 报关准备　B. 现场作业　C. 后续作业　D. 报核手续

2. 现在海关不再签发(　　)报关单证明联，而是由外汇管理局直接用电子联网数据核销。

A. 进口付汇证明联　B. 出口退税证明联

C. 进口货物证明书　D. 出口收汇证明联

3. 国家有关法律法规规定实行进出境管理的特殊单证包括(　　)。

A. 进出口合同　B. 进出口许可证

C. 海关签发的减免税证明　D. 货物的原产地证书

4. 查验结束后，进出口货物收发货人或其代理人要认真阅读查验人员填写的“查验记录单”，注意以下哪些记录属实？(　　)

A. 开箱的具体情况　B. 货物残损情况及造成残损的原因

C. 提取货样的情况　D. 查验结论

5. 一般出口货物出境时应办理相应的海关手续为(　　)。

A. 出口申报　B. 配合查验　C. 缴纳税费　D. 装运货物

6. 海关通关作业新模式包括(　　)。

A. 属地申报、口岸验放　B. 属地申报、属地放行

C. 通关作业无纸化　D. 口岸申报、口岸验放

7. 报关随附单证主要包括(　　)。

A. 商业单证　B. 贸易管理单证　C. 海关单证　D. 支付单证

8. 进出口货物收发货人或其代理人配合海关查验的工作主要包括(　　)。

A. 负责搬移货物，开拆和重封货物的包装

B. 回答查验关员的询问

C. 负责提取海关需要做进一步检验、化验或鉴定的货样

D. 签字确认查验记录

9. 进出境贸易管理单证主要包括(　　)。

A. 进出口许可证件　B. 检验检疫合格证书

C. 原产地证明　D. 关税配额证明

10. 在报关程序中，前期阶段适用的范围是(　　)。

A. 进出境展览品　B. 一般进出口货物

C. 保税加工进出口货物　D. 特定减免税货物

三、判断题

1. 在一般情况下，进出口货物收发货人或其代理人应先以电子数据报关单形式向海关申报，海关接受并审结电子数据报关单后，进出口货物收发货人或其代理人应自接到海关“现场放行”或者“放行交单”通知之日起10日内，持打印的纸质报关单，备齐规定的随附单证并签名盖章，到货物所在地海关提交纸质单证并办理相关海关手续。(　　)

2. 所有货物进出口报关都要经过前期的备案阶段。(　　)

3. 对汽车、摩托车，进口货物的收货人或其代理人应当向海关申请签发“进口货物证明书”，进口货物收货人凭以向国家交通管理部门办理汽车、摩托车的牌照申领手续。(　　)

4. 提取货物是凭借海关加盖“放行章”的进口提货凭证或放行通知书提取进口货物的工作环节。（　　）

5. 大连申达报关行向大窑湾海关申报进口一批焊锡机，货物运抵海关监管仓库。根据举报，大窑湾海关官员在没有通知该公司的情况下，由仓库人员陪同对这批货物进行了查验，发现该批货物实际是坤包等高档奢侈品。该企业以海关查验时报关人员不在场为由，拒绝承认查验结果。因此，海关不得以此对其进行处罚。（　　）

6. 事后交单，即经海关审核准予适用“事后交单”通关方式的企业采取“无纸报关”方式录入报关单向海关申报。（　　）

7. 目前，需要签发“货物进口证明书”的货物主要是进口车辆。（　　）

8. 一票货物的报关单证按照客户名称、业务种类或公司编号等方式分类后，按日期顺序排列进行归档。（　　）

9. 理单工作的基本要求是通过对报关随附单证的审核，保证其“齐全、有效、一致”。（　　）

10. 货物进出境环节，应当经过审单、查验、征税、放行四个海关作业环节。（　　）

应会考核

■观念应用

【背景资料】

万讯有限公司以 CIP 北京 USD 5 000/吨从德国进口厚板钢材 100 吨（厚度为 25mm，散装，列入法检范围，属自动进口许可管理并实行“一批一证”制），以信用证方式支付货款，信用证金额约 50 万美元。收货单位申报前看货取样时，发现实际到货的数量为 110 吨，且其中混有厚度为 18mm 米的中板钢材 5 吨。该公司即与外商交涉，外商同意补偿厚度为 25mm 厚板钢材 5 吨，外商同时要求将厚度为 18mm 米的中板钢材降价留在境内，但收货人未予接受。该公司在申报前已经向商务主管部门申领了数量为 100 吨的自动进口许可证。

报关员在办理该批货物进口报关手续时，报关单中的商品编号栏填写不正确，海关退回责令更正。

【实务要求】

根据上述案例，回答下列问题：

1. 该单位向海关办理进口申报时，其申报数量应为（　　）。

A. 100 吨　　B. 105 吨　　C. 110 吨　　D. 95 吨

2. 该单位向海关办理货物进境申报时，下列说法中正确的是（　　）。

A. 向海关报关时需要向海关提交进口货物报关单、自动进口许可证、入境货物通关单

B. 该公司申报前仍需向商务主管部门另外补领 2 吨货物的自动进口许可证

C. 该公司申报前仍需向商务主管部门另外补领 5 吨货物的自动进口许可证

D. 该公司申报前仍需向商务主管部门另外补领 10 吨货物的自动进口许可证

3. 海关对补偿进口的 5 吨钢材可按（　　）管理规定办理。

A. 按无代价抵偿货物，免证免税　　B. 按一般进口货物，领证征税

C. 按无代价抵偿货物，领证免税　　D. 按一般进口货物，免证征税

4. 错发的 5 吨货物如退运境外，（　　）。

A. 按一般退运货物处理　　B. 按退关货物处理

C. 按暂时进口货物处理　　D. 按直接退运货物处理

■技能应用

南京某汽车零部件有限公司 2019 年 2 月 10 日从南京新生圩海关进口一批韩国产汽车零部件，商品编码 8708.5072.01，品名为桥壳总成(35 座以上客车用，主减速器及差速器总成)，报关单表体填制如下：

项号	商品编码	商品名称、规格型号	数量及单位	原产国(地区)	单价	总价	币制	征免性质
1	8708507201	桥壳总成	0.01 个	韩国			(502)	全免
		35 座以上客车用/	3 040 千克	(133)			美元	
		主减速器及差减速器总成	29 个		419.00	12 151.00		

货物放行后，报关行于 2019 年 4 月 8 日接到海关通知，根据后期统计核查结果，要求修改数量及单位。

■案例分析

1. 某企业委托大连 DEF 报关有限公司在大连机场以一般贸易方式进口钢管，并以通关作业无纸化的方式向海关申报，报关单电子数据审核后，DEF 报关有限公司向客户提示需要电子支付税款。

该企业由于没有与银行签订电子支付税款的协议，因此希望代理的 DEF 报关有限公司先行垫付。税款金额预计超过 60 万元，作为初次合作业务的 DEF 报关有限公司没有同意垫付。此种情况下，应该如何缴税?

2. 某德资企业总经理从黄埔港进口一辆奔驰车自用，该公司委托某报关行代理该辆车进口报关，在确定该辆车具备商检相关证书后，要请车主本人带好相关资料到公司所在地海关办理进口申请手续，海关批准后会出具海关进口批文(关封)。办理完报关、报检、海关查验等相关手续提取车辆后，到海关业务处办理进口车辆的申领进口证明(俗称：领照单)，该证明的作用是什么?

项目实训

【实训项目】

进出境报关程序。

【实训情境】

中国成套设备进出口总公司大连分公司与法国 BEC 公司于 2018 年 7 月 8 日签订一批户外家具出口合同，货名：花园椅(Garden Chair，铸铁底座木椅，按规定出口时需有动植物检验证明)。型号：TG0503。价格：USD68/PC FOB DALIAN。数量：1 000 把。毛重：20KGS/PC。净重：18KGS/PC。包装：1PC/CTN，集装箱 1×20′。生产厂家：大连宏达家具有限公司。装船日期：2018 年 9 月 8 日。启运港：大连。目的地：马赛。支付方式：不可撤销的即期信用证。

任务一：根据以上资料为出口公司整理一份出口合同。列明合同条款：品名、规格、数量、包装、成交方式、装运期、装运港、目的港等。

任务二：中国成套设备进出口公司大连分公司委托大连东盈报关行报关，报关人员于

2018 年 8 月 20 日以电子数据报关单向海关申报，8 月 22 日收到海关“放行交单”通知，报关人员应在哪天前持打印的纸质报关单？备齐哪些单证办理相应的海关手续？

任务三：为该批货物设计报关程序。

【实训要求】

请对任务进行分析，并填写实训报告。

《进出境报关程序》实训报告		
项目实训班级：	项目小组：	项目组成员：
实训时间：　　年　　月　　日	实训地点：	实训成绩：
实训目的：		
实训步骤：		
实训结果：		
实训感言：		
不足与今后改进：		
项目组长评定签字：	项目指导教师评定签字：	

一般进出口货物报关程序

○ **知识目标:**

理解:我国电子报关和电子口岸的发展及应用。

熟知:一般进出口货物的概念及其监管特征。

掌握:海关监管货物的概念及分类,进出口货物报关的基本程序。

○ **技能目标:**

能够为一般进出口货物报关进行流程设计,会计算进口货物滞报天数和滞报金。

○ **素质目标:**

能够运用所学的实务知识研究相关案例,培养和提高学生在特定业务情境中分析问题与决策设计的能力;能够结合报关行业规范或标准,分析报关行为的善恶,强化学生职业素养和职业操守道德。

○ **项目引例:**

福州机械设备加工有限公司委托福建福路通有限公司(350191××××)代理进口一批不锈钢板材(属法检和自动进口许可管理货物)。载货船舶(Queen/125)于2018年5月19日申报进境,5月30日由中外运福州公司(350198××××)持相关证件向海关申报(法定计量单位:千克,运费:USD19/MT,保险费率:2.5%)。

请问:该批板材是否为一般进出口货物?进口申报应注意哪些问题?如何进口申报?如何修改申报内容或撤销申报?

○ **知识精讲:**

任务一　一般进出口货物概述

一、一般进出口货物的概念

一般进出口货物是指在进出口环节缴纳应征的进出口税费,办结所有必要的海关手续,海关放行后不再进行监管,可以直接进入生产和消费领域流通的进出口货物。它包括一般进口货物和一般出口货物。

【拓展阅读4-1】　一般进出口货物与一般贸易货物的异同

一般贸易是指国际贸易中的一种交易方式。在我国的对外贸易中,一般贸易是指中国境内有进出口经营权的企业单边进口或单边出口的贸易。按一般贸易交易方式进出口的货物即为一般贸易货物。

一般进出口货物是指按照海关一般进出口监管制度监管的进出口货物。

一般贸易货物在进口时按一般进出口监管制度办理海关手续，这时它就是一般进出口货物；当其享受特定减免税优惠，按特定减免税监管制度办理海关手续，这时它就是特定减免税货物；当其经海关批准保税，按保税监管制度办理海关手续，这时它就是保税货物。

二、一般进出口货物的特征

（一）进出境时缴纳进出口税费

一般进出口货物的收发货人应当按照《海关法》和其他有关法律、行政法规的规定，在货物进出境时向海关缴纳应当缴纳的税费。在海关收妥税费后，即放行货物，海关不再进行监管，而其他类型的进出口货物，在进出境时所涉税费存在减、缓、免的问题。

（二）进出口时提交相关的许可证件

货物进出口应受国家法律、行政法规管制的，进出口货物的收发货人或其代理人应当向海关提交相关的进出口许可证件。

（三）海关放行即办结海关手续

海关征收了全额的税费，审核了相关的进出口许可证件，并对货物进行实际查验（或做出不予查验的决定）以后，按规定签章放行。这时，进出口货物的收发货人或其代理人才能办理提取进口货物或者装运出口货物的手续。

对一般进出口货物来说，海关放行就意味着海关手续已经全部办完，海关不再监管，可以直接进入生产和消费领域流通。

三、一般进出口货物的范围

海关监管货物按货物进境、出境后是否复运出境、复运进境，可以分为两大类：一类是进境、出境后不再复运出境、复运进境的货物，称为实际进出口货物；另一类是进境、出境后还将复运出境、复运进境的货物，称为非实际进出口的货物。实际进出口的货物，是指除特定减免税货物以外的实际进出口货物。具体而言，它包括如下范围：

（1）一般贸易进出口货物；

（2）转为实际进口的保税货物、暂准进境货物、转为实际出口的暂准出境货物；

（3）易货贸易、补偿贸易进出口货物；

（4）不准予保税的寄售代销贸易货物；

（5）承包工程项目实际进出口货物；

（6）外国驻华商业机构进出口陈列用的样品；

（7）外国旅游者小批量订货出口的商品；

（8）随展览品进境的小卖品；

（9）免费提供的进口货物，如：①外商在经济贸易活动中赠送的进口货物；②外商在经济活动中免费提供的测试材料等；③我国在境外的企业、机构向国内单位赠送的进口货物。

【做中学 4－1】

有这样四种货物：

1. 某加工贸易企业经批准从德国进口机器设备一套用于加工产品出口；

2. 某公司经批准以易货贸易方式进口货物一批在境内出售；

3. 张家港保税区批准出售橡胶一批给青岛汽车轮胎厂；

4. 某境外商人免费提供机器设备一套给境内某企业用以来料加工。

讨论：上述哪种货物适用一般进出口通关制度？为什么？

【拓展阅读 4－2】 不同类别的进出境货物对应不同的报关阶段

<table>
<tr><th>报关阶段
货物的类别</th><th>前期阶段</th><th>进出境阶段</th><th>后续阶段</th></tr>
<tr><td>一般进出口货物</td><td>—</td><td rowspan="4">①进出口申报（海关决定是否受理申报）
②配合查验（海关决定是否查验并决定查验形式和查验方法）
③缴纳税费（海关决定征、减、缓、免税费）
④提取或装运货物（海关签印放行）</td><td>—</td></tr>
<tr><td>保税进出口货物</td><td>加工贸易备案和申领登记手册（银行保证金台账开设和海关核发登记手册）</td><td>保税货物核销申请
（海关办理核销结案）</td></tr>
<tr><td>特定减免税货物</td><td>特定减免税备案登记和申领减免税证明（海关核发特定征免税证明）</td><td>解除海关监管申请
（海关办理解除监管手续）</td></tr>
<tr><td>暂准进出境货物</td><td>展览品备案申请</td><td>暂准进出境货物销案申请
（海关办理销案手续）</td></tr>
</table>

任务二　一般进出口货物的报关程序

一、申报前看货、取样

《海关法》规定，进口货物的收货人经海关同意，可以在申报前查看货物或者提取货样。需要依法检验的货物，应当在检验合格后提取货样。

（一）申报前看货、取样的概念

进口货物的收货人，在向海关申报前，为了确定货物的名称、规格、型号等，可以向海关提出查看货物或提取货样的书面申请。海关审核同意的，派员到场监管。查看货物或提取货样时，海关出具取样记录和取样清单；提取货样的货物涉及动植物及产品，以及其他须依法提供检验证明的，应当按照国家有关的法律规定，在取得主管部门签发的书面批准证明后提取。提取货样后，到场监管的海关关员和报关人员在取样记录和取样清单上签字确认。

《海关法》关于申报前允许看货取样的规则，对加强海关管理和维护相对人的合法权利有着积极的意义，可以严格要求收货人履行如实申报的义务，加快通关速度，提高贸易效率；可以避免在出现申报内容与实际不符时，报关人员以“错发货”为由逃避应承担的责任。

（二）申报前看货、取样的权利与义务

申报前经海关同意看货、取样，这是进口货物收货人的权利。但作为法律赋予的“权利”，收货人可以不予行使（放弃）。由于法律已经赋予收货人在申报前查看货物、提取样品的权利，因而在收货人自己放弃行使权利的情况下所产生的法律后果，只能由收货人自己承担。

（三）申报前看货、取样的条件和要求

收货人申报前向海关提出查看货物、提取货样的申请应具备一定的条件，如果货物进境已有走私违法嫌疑并被海关发现，海关将不予同意。同时，只有在通过外观无法确定货物的归类等情况时，海关才会同意收货人提取货样，法律对收货人借查看货物或提取货样之机进行违法活动也有严厉查处的规定。

二、申报

（一）申报概念

申报是进出口货物收发货人、受委托的报关企业，依照《海关法》以及有关法律、行政法规的要求，在规定的期限、地点，采用电子数据报关单和纸质报关单的形式，向海关报告实际进出口货物的情况，并接受海关审核的行为。

为进出口货物办理申报手续的人员，应当是在海关备案的报关企业的报关人员。

（二）申报地点

进口货物应当由收货人或其代理人在货物的进境地海关申报；出口货物应当由发货人或其代理人在货物的出境地海关申报。

经收发货人申请，海关同意，进口货物的收货人或其代理人可以在设有海关的货物抵运地申报；出口货物的发货人或其代理人可以在设有海关的货物启运地申报。

以保税货物、特定减免税货物和暂准进境货物申报进境的货物，因故改变使用目的从而改变货物性质为一般进口时，进口货物的收货人或其代理人应当在货物所在地的主管海关申报。

**【同步案例 4－1】**

案例精析

2018 年 5 月，徐州某单位从俄罗斯陆运进口一批汽车，在满洲里海关报关后，火车经哈尔滨、北京至徐州。报关员乔皓在报关单上将进境地填写为徐州，这样对吗？

（三）申报期限

进口货物的申报期限为自装载货物的运输工具申报进境之日起 14 日内（从运输工具申报进境之日的第二天开始计算，下同）。进口货物自装载货物的运输工具申报进境之日起超过 3 个月仍未向海关申报的，货物由海关提取依法变卖。对属于不宜长期保存的货物，海关可以根据实际情况提前处理。

出口货物的申报期限为货物运抵海关监管区后、装货的 24 小时前。

经电缆、管道或其他特殊方式进出境的货物，进出口货物收发货人或其代理人按照海关规定定期申报。

（四）申报日期

进出口货物收发货人或其代理人的申报数据自被海关接受之日起，其申报的数据就产生发法律效力，即进出口货物收发货人或其代理人应当向海关承担"如实申报""如期申报"等的法律责任。因此，海关接受申报数据的日期非常重要。

申报日期是指申报数据被海关接受的日期。不论是以电子数据报关单方式申报，还是以纸质报关单方式申报，海关接受申报数据的日期即为接受申报的日期。

采用先电子数据报关单申报、后提交纸质报关单，或者仅以电子数据报关单方式申报的，申报日期为海关计算机系统接受申报时记录的日期，该日期将反馈给原数据发送单位，或公布于海关业务现场，或通过公共信息系统发布。电子数据报关单经过海关计算机检查被退回的，视为海关不接受申报，进出口货物收发货人或其代理人应当按照要求修改后重新申报，申报日期为海关接受重新申报的日期。海关已接受申报的报关单电子数据，送人工审核确认需要退回修改的，进口货物收发货人或其代理人应当在10日内完成修改并重新发送报关单电子数据，申报日期仍为海关原接受申报的日期；超过10日的，原报关单无效，进口货物收货人、受托的报关企业应当另行向海关申报，申报日期为海关再次接受申报日期。

先纸质报关单申报、后补报电子数据，或只提供纸质报关单申报的，海关工作人员在报关单上做登记处理。

（五）申报方式

申报采用电子数据报关单申报形式和纸质报关单申报形式。电子数据报关单和纸质报关单均具有法律效力。

电子数据报关单申报形式是指进出口货物收发货人、受托的报关企业通过计算机系统按照《海关进出口货物报关单填制规范》（以下简称"报关单填制规范"）的要求向海关传送报关单电子数据并且备齐随附单证的申报方式。

纸质报关单申报形式是指进出口货物收发货人、受托的报关企业，按照海关规定填制纸质报关单，备齐随附单证，向海关当面递交的申报方式。

进出口货物的收发货人、受托的报关企业应当以电子数据报关单形式向海关申报，与随附单证一并递交的纸质报关单的内容应当与电子数据报关单一致；特殊情况下经海关同意，允许先采用纸质报关单形式申报，电子数据事后补报，补报电子数据应当与纸质报关单内容一致。在未使用海关信息化管理系统作业的海关申报时，可以采用纸质报关单形式。

目前，全国海关的通关作业现场正积极开展"通关作业无纸化申报"试点。试点在北京、天津、上海、南京、杭州、宁波、福州、青岛、广州、拱北、黄埔等海关及上述海关以外的其余30个海关的一些业务现场开展试点。

通关作业无纸化流程如图4－1所示。

（六）滞报金

进口货物收货人未按规定期限向海关申报产生的滞报，由海关按规定征收滞报金。

进口货物的收货人超过规定期限向海关申报的，滞报金的征收，以自运输工具申报进境之日起第15日为起始日，以海关接受申报之日为截止日。

进口货物滞报金按日征收。起始日与截止日均计入滞报期间。

进口货物收货人在向海关传送报关单电子数据申报后，未在规定期限或核准的期限内提交纸质报关单，海关予以撤销电子数据报关单处理，进口货物收货人因此重新向海关申报产生滞报的，滞报金的征收，以自运输工具申报进境之日起第15日为起始日，以海关重新接受申报之日为截止日。

进口货物收货人申报并经海关依法审核，必须撤销原电子数据报关单重新申报，产生滞报的，经进口货物收货人申请并经海关审核同意，滞报金的征收，以撤销原电子数据报关单之日起第15日为起始日，以海关重新接受申报之日为截止日。

进口货物因收货人在运输工具申报进境之日起超过3个月未向海关申报，被海关提取作变卖处理后，收货人申请发还余款的，滞报金的征收，以自运输工具申报进境之日起第15日为起始日，以该3个月期限的最后一日为截止日。

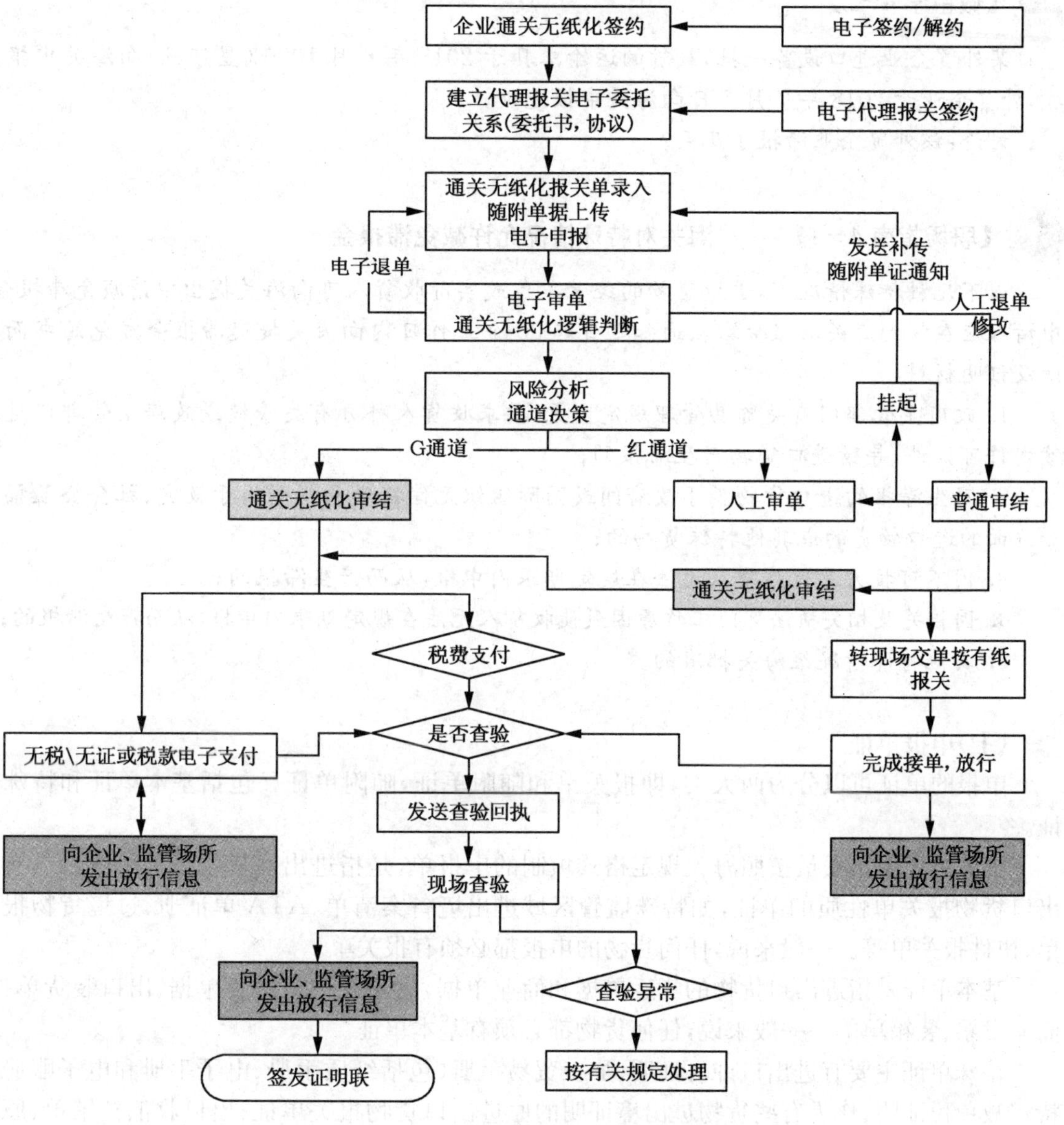

企业通关无纸化签约
电子签约/解约
建立代理报关电子委托关系(委托书,协议)
电子代理报关签约
通关无纸化报关单录入
随附单据上传
电子申报
电子退单
发送补传随附单证通知
电子审单
通关无纸化逻辑判断
人工退单修改
风险分析
通道决策
挂起
G通道
红通道
通关无纸化审结
人工审单
普通审结
通关无纸化审结
税费支付
转现场交单按有纸报关
是否查验
无税\无证或税款电子支付
完成接单,放行
发送查验回执
向企业、监管场所发出放行信息
现场查验
向企业、监管场所发出放行信息
向企业、监管场所发出放行信息
查验异常
签发证明联
按有关规定处理

图 4—1　通关作业无纸化流程

滞报金按日征收,征收的金额为进口货物完税价格的 0.5‰,以人民币“元”为计征单位,不足 1 元的部分免于征收。滞报金的起征点为人民币 50 元。征收滞报金的计算公式为:

滞报金额=进口货物完税价格×0.5‰×滞报期间(滞报天数)

【同步案例 4-2】

案例精析

大连某进出口公司以每吨 280 美元 CIF 大连从日本进口某种货物 1 000 吨,该批货物由日本大阪装船,2018 年 3 月 14 日(星期一)载运货物的船舶向大连海关申报进境。4 月 6 日该公司才向大连海关进行申报。该公司是否应该缴纳滞报金?如果需要缴纳,应缴纳多少?

【做中学 4-2】

某外贸企业进口设备一批,载货的运输工具于2018年6月10日(星期五)向海关申报进境,外贸企业于2018年7月6日向海关申报进口。

讨论:该外贸企业滞报了几天?

【职场指南 4-1】 海关对特殊情况允许减免滞报金

以下几种特殊情况下,进口货物的经营单位或实际收货人可向海关提出申请减免滞报金,申请人应在收到海关滞报金缴款通知之日起30个工作日内向海关提交滞报金减免的书面申请及证明材料:

1. 政府主管部门有关贸易管理规定变更,要求收货人补办有关手续或政府主管部门延迟签发许可证件,导致进口货物产生滞报的;
2. 产生滞报的进口货物属于政府间或国际组织无偿援助和捐赠用于救灾、社会公益福利等方面的进口物资的或其他特殊货物的;
3. 因不可抗力导致收货人无法在规定期限内申报,从而产生滞报的;
4. 因相关及相关执法部门工作原因致使收货人无法在规定期限内申报,从而产生滞报的;
5. 其他特殊情况经海关批准的。

(七)申报单证

申报的单证可以分为两大类,即报关单和随附单证,随附单证又包括基本单证和特殊单证。

报关单是由报关员按照海关规定格式填制的申报单,是指进出口货物报关单或者具有进出口货物报关单性质的单证,如特殊监管区域进出境备案清单、ATA单证册、过境货物报关单、快件报关单等。一般来说,任何货物的申报都必须有报关单。

基本单证是指进出口货物的货运单据和商业单据,主要有进口提货单据、出口装货单据、商业发票、装箱单等。一般来说,任何货物都必须有基本单证。

特殊单证主要有进出口许可证明、加工贸易手册(包括纸质手册、电子手册和电子账册)、特定减免税证明、作为有些货物进出境证明的原进出口货物报关单证、出口收汇核销单、原产地证明书、贸易合同等。某些货物的申报,必须有特殊单证,如租赁贸易货物进口申报,必须有租赁合同,别的货物进口申报则不一定需要贸易合同,所以贸易合同对于租赁贸易货物申报来说是一种特殊单证。

准备申报单证的原则:基本单证和特殊单证必须齐全、有效、合法,填制报关单必须真实、准确、完整,报关单与随附单证数据必须一致。

(八)申报的修改和撤销

海关接受进出口货物的申报后,报关单证及其内容不得修改或撤销,符合规定情形的,可以修改或撤销;进(出)口货物报关单修改或者撤销,应当遵循修改优先原则;确实不能修改的,予以撤销。

申报的修改或撤销有两种情况:进出口货物收发货人或其代理人申请修改或撤销,以及根据海关要求对进出口货物报关单进行修改或撤销。

(1)进出口货物收发货人或其代理人申请修改或撤销(向原接受申报海关办理)。进出口货物收发货人或其代理人确有如下理由的,可以向原接受申报的海关申请修改或撤销进出口货物报关单:

①由于报关员操作或书写失误造成所申报的报关单内容有误,并且未发现有走私违规或者其他违法嫌疑的。

②出口货物放行后,由于装运、配载等原因造成原申报货物部分或全部退关、变更运输工具的。

③进出口货物在装载、运输、存储过程中因溢短装、不可抗力的灭失、短损等原因造成原申报数据与实际货物不符的。

④根据贸易惯例先行采取暂时价格成交,实际结算时按商检品质认定或国际市场实际价格付款方式需要修改申报内容的。

⑤由于计算机、网络系统等方面的原因导致电子数据申报错误的。

⑥其他特殊情况经海关核准同意的。

海关已经布控、查验的,以及涉及有关案件的进出口货物报关单在办结前不得修改或撤销。

进出口货物收发货人或其代理人申请修改或者撤销进出口货物报关单的,应当向海关提交"进出口货物报关单修改/撤销申请表",并应随附相关单证。因修改或者撤销进出口货物报关单导致需要变更、补办进出口许可证件的,进出口货物收发货人或其代理人应当向海关提交相应的进出口许可证件。

(2)根据海关要求对进出口货物报关单进行修改或撤销。海关发现进出口货物报关单需要进行修改或撤销,海关主动要求进出口货物收发货人或其代理人修改或者撤销:①海关应当通知进出口货物的收发货人或其代理人,将电子数据报关单退回,并详细说明修改的原因和要求,进出口货物收发货人或其代理人应当按照海关的要求进行修改后重新提交,不得对报关单其他内容进行变更;②海关向进出口货物收发货人或其代理人制发"进出口货物报关单修改/撤销确认书",通知其要求修改或撤销的内容,进出口货物收发货人或其代理人应当在 5 日内对进出口货物报关单修改或者撤销的内容进行确认,确认后海关完成对报关单的修改或撤销。

(3)除不可抗力外,进出口货物收发货人或其代理人有以下情形之一的,海关可以直接撤销相应的电子数据报关单:①海关将电子数据报关单退回修改,进出口货物收发货人或其代理人在规定期限内重新发送的;②海关审核电子数据报关单后,进出口货物收发货人或其代理人未在规定期限内递交纸质报关单的;③出口货物申报后未在规定期限内运抵海关监管场所的;④海关总署规定的其他情形。

(4)海关已经决定布控、查验及涉嫌走私或者违反海关监管规定的进出口货物,在办结相关手续前不得修改或者撤销报关单及其电子数据;已签发报关单证明联的进出口货物,当事人办理报关单修改或者撤销手续时,应向海关交回报关单证明联;由于修改或者撤销进(出)口货物报关单导致需要变更、补办进出口许可证件的,进出口货物收发货人或其代理人应当向海关提交相应的许可证件。

(九)特殊申报

1. 提前申报

经海关批准,报关人员可以在取得提(运)单或载货清单(舱单)数据后,向海关提前申报。在进出口货物品名、规格、数量等已确定无误的情况下,经批准的报关人员可以在进口货物启运后、抵港前或出口货物运入海关监管场所前3日内，提前向海关办理报关手续，并按照海关的要求交验有关随附单证、进出口货物批准文件及其他需提供的证明文件。

2. 集中申报

特殊情况下，经海关批准，报关人员可以自装载货物的运输工具申报进境之日起1个月内向指定海关办理集中申报手续。集中申报的报关人员应当向海关提供有效担保，并在每次货物进、出口时，按照要求向海关报告货物的进出口日期、运输工具名称、提(运)单号、税号、品名、规格型号、价格、原产地、数量、重量、收(发)货单位等海关监管所必需的信息，海关可准许先予查验和提取货物。集中申报报关人员提取货物后，应当自装载货物的运输工具进境之日起1个月内向海关办理集中申报及征税、放行等海关手续。超过规定期限未向海关申报的，按照《海关征收进口货物滞报金办法》征收滞报金。

3. 补充申报

补充申报是指进出口货物的收发货人、受委托的报关企业(以下分别简称"收发货人""报关企业")依照海关有关行政法规和规章的要求，在《海关进(出)口货物报关单》(以下简称"报关单")之外采用补充申报单的形式，向海关进一步申报为确定货物完税价格、商品归类、原产地等所需信息的行为。

有下列情形的，收发货人、报关企业应当向海关进行补充申报：

(1)海关对申报时货物的价格、商品编码等内容进行审核时，为确定申报内容的完整性和准确性，要求进行补充申报的。

(2)海关对申报货物的原产地进行审核时，为确定货物原产地准确性，要求收发货人提交原产地证书，并进行补充申报的。

(3)海关对已放行货物的价格、商品编码和原产地等内容进行进一步核实时，要求进行补充申报的。

收发货人、报关企业可以主动向海关进行补充申报，并在递交报关单时一并提交补充申报单。

补充申报的申报单包括《海关进出口货物价格补充申报单》《海关进出口货物商品归类补充申报单》《海关进出口货物原产地补充申报单》以及海关行政法规和规章规定的其他补充申报单证。

收发货人、报关企业应按要求如实、完整地填写补充申报单，并对补充申报内容的真实性、准确性承担相应的法律责任。补充申报的内容是对报关单申报内容的有效补充，不得与报关单填报的内容相抵触。

需要进行补充申报的，海关应当书面通知收发货人、报关企业，收发货人、报关企业应当在收到海关书面通知之日起5个工作日内通过系统向海关办理补充申报手续。

电子数据补充申报单经海关审核通过后，收发货人、报关企业应当打印纸质补充申报单(一式两份)签名盖章后递交现场海关。适用通关作业无纸化通关方式申报的补充申报单，无须递交纸质补充申报单。

电子数据补充申报单的修改、撤销比照报关单的有关规定办理。

收发货人、报关企业在规定时限内未能按要求进行补充申报的，海关可根据已掌握的信息，按照有关规定确定货物完税价格、商品编码和原产地。

4. 向指定海关申报

(1)经电缆、管道、输送带或者其他特殊运输方式输送进出口的货物，经海关同意，可以定期向指定海关申报。

(2)以一般贸易方式进出口钻石的(税目 71.02、71.04、71.05 项下,工业用钻石及加工贸易方式项下除外),应当在上海钻石交易所办理进出口报关手续。加工贸易项下钻石转内销的,也应当参照一般贸易方式在上海钻石交易所办理报关手续。

(3)汽车整车限定在大连、天津新港、上海港、黄埔港 4 个沿海港和满洲里、深圳(皇岗)2 个陆地口岸海关进行申报。

(4)进口药品和精神药品、麻醉药品、蛋白同化制剂、肽类激素指定在北京、天津、上海、大连、青岛、成都、武汉、重庆、厦门、南京、杭州、宁波、福州、广州、深圳、珠海、海口、西安和南宁 19 个城市所在地直属海关所辖的口岸海关申报。国家食品药品监督管理总局规定的生物制品及首次在中国境内销售的药品和国务院规定的其他药品指定在北京、上海和广州 3 个口岸海关申报进口。

(5)出口麻黄素类产品指定在北京、天津、上海、深圳 4 个口岸海关报关。

三、配合海关查验

(一)海关查验

海关查验是指海关为确定进出境货物收发货人向海关申报的内容是否与进出口货物的真实情况相符,或者为确定商品的归类、价格、原产地等,依法对进出口货物进行实际核查的执法行为。

查验应当在海关监管区内实施,不宜在海关监管区实施查验的,经收发货人书面申请,海关可以派员到海关监管区外实施查验。

当海关决定查验时,即将查验的决定以书面通知的形式通知进出口货物收发货人或其代理人,约定检验的时间。查验时间一般约定在海关正常工作时间内。在一些业务繁忙的口岸,海关也可以接受进出口货物收发货人或其代理人的请求,在海关正常工作时间以外实施检验。

海关通过查验,检验报关单位是否伪报、瞒报、申报不实,同时也为海关的征税、统计、后续管理提供可靠的资料。

1. 查验方法

海关实施查验可以彻底查验,也可以抽查。查验的操作有人工查验和设备查验,人工查验包括外形查验和开箱查验。海关可以根据货物情况及实际执法需要,确定具体的查验方式。

2. 复验

海关可以对已查验货物进行复验。有下列情形之一的,海关可以复验:

(1)经初次查验未能查明货物的真实属性,需要对已查验货物的某些性状做进一步确认的;

(2)货物涉嫌走私违规,需要重新查验的;

(3)进出口货物收发货人对海关查验结论有异议,提出复验要求并经海关同意的;

(4)其他海关认为必要的情形。

已经参加过查验的查验人员不得参加对同一票货物的复验。

3. 径行开验

径行开验是指海关在进出口货物收发货人或其代理人不在场的情况下,对进出口货物进行开拆包装查验。有下列情形之一的,海关可以径行开验:①进出口货物有违法嫌疑的;②经海关通知查验,进出口货物收发货人或其代理人届时未到场的。

海关径行开验时,存放货物的海关监管场所经营人、运输工具负责人应当到场协助,并在查验记录上签名确认。

(二)配合查验

海关查验货物时,进出口货物收发货人或其代理人应当到场,配合海关查验。

进出口货物收发货人或其代理人配合海关查验应当做好以下工作:

(1)负责按照海关要求搬移货物,开拆包装,以及重新封装货物。

(2)预先了解和熟悉所申报货物的情况,如实回答查验人员的询问及提供必要的资料。

(3)协助海关提取需要做进一步检验、化验或鉴定的货样,收取海关出具的取样清单。

(4)查验结束后,认真阅读查验人员填写的"海关进出境货物查验记录单",注意以下情况的记录是否符合实际:①开箱的具体情况;②货物残损情况及造成残损的原因;③提取货样的情况;④查验结论。

查验记录准确清楚的,配合查验人员应立即签名确认。配合查验人员如不签名,海关查验人员应在查验记录中予以注明,并由货物所在监管场所的经营人签名证明。

(三)货物损坏赔偿

在货物查验过程中,或者证实海关在径行开验过程中,因为海关关员的责任造成被查验货物损坏的,进口货物的收货人、出口货物的发货人或其代理人可以向海关索赔。海关进行赔偿的范围仅限于在实施查验过程中,由于查验人员的责任造成被查验货物损坏的直接经济损失。直接经济损失的金额根据被损坏货物及其部件的受损程度确定,或者根据修理费确定。

以下情况不属于海关赔偿范围:

(1)进出口货物的收发货人或其代理人搬移、开拆、封装货物或保管货物不善造成的损失;

(2)易腐、易失效货物在海关正常工作程序所需要时间内(含扣留或代管期间)的损失;

(3)海关正常查验时产生的不可避免的磨损;

(4)在海关查验之前已发生的损坏和海关查验之后发生的损坏;

(5)由于不可抗力的原因造成货物的损坏、损失。

如果进出口货物的收发货人或其代理人在海关查验时对货物是否受损坏未提出异议,事后发现货物有损坏的,海关不负赔偿责任。

**【做中学 4-3】**

黄埔海关查验一批贵重的精密仪器,交给发货人或其代理人后,有关发货人或其代理人当时未提出异议,后来证实是海关查验时仪器遭到损坏。

讨论:海关应负赔偿责任吗? 为什么?

四、缴纳税款

(一)缴纳税款的概念

缴纳税款是指进出口货物收发货人或其代理人收到海关对货物应缴纳关税、进口环节增值税、进口环节消费税、滞报金、滞纳金等所开具的关税和代征税缴款书或收费专用票据后,在规定时间内到银行办理缴纳税费手续,或在网上向指定银行缴纳,再持已缴纳的税款缴款书到海关办理税费缴纳核销手续的活动。

(二)缴纳税款的方式

进出口货物收发货人或其代理人应在规定时间持"海关专用缴款书"向指定银行或在 EDI 终端办理缴纳手续,也可以通过电子口岸进行"网上支付",由银行将款项缴入海关专用账户。

五、货物获得放行

（一）货物获得放行的概念

货物获得放行是指海关接受进出口货物的申报，审核电子数据报关单和纸质报关单及随附单证，查验货物，征免税费或接受担保后，对进出口货物做出结束海关进出境现场监管决定，允许进出口货物离开海关监管现场的工作环节。

货物获得放行一般由海关在进口货物提货凭证或者出口货物装货凭证上加盖海关放行章。进出口货物收发货人或其代理人签收进口提货凭证或出口装货凭证，凭以提取进口货物或将出口货物装上运输工具离境。

（二）货物获得放行的条件

从报关人员的角度看，放行只是海关在有关报关单及运输单据上签章"放行章"并将其退交收发货人的一种形式，然而在实际操作中，海关放行货物必须以审单和查验完毕，并办理了征税手续或提供担保手续作为前提条件。但是为了加速验放，对信誉较好的进出口货物收发货人，海关将允许在其提供担保（保证在规定纳税期限缴纳税款）的基础上先予提取或装运货物。

对有下列情况之一的，海关不予放行进出口货物：①违反海关和其他进出境管理的法律、法规，非法进出境的；②单证不齐或应税货物未办理纳税手续，且又未提供担保的；③包装不良，继续运输足以造成海关监管货物丢失的；④尚有其他未了事项待处理的（如违规罚款未交）。

六、处置海关监管货物

（一）处置海关监管货物的概念

处置海关监管货物是指进出口货物收发货人或其代理人因某种特殊原因需要对海关监管货物进行加工、变卖、提取、装运或内销处理。无论出于上述哪种处置方式，都必须接受海关监管。未经海关许可，以任何方式处置这些货物，或者未按照规定办理相关手续，都将中断或破坏海关监管活动，甚至会影响国家进出口贸易管制和税费征收的后果，是一种比较严重的违反海关监管规定的行为。

（二）处置海关监管货物的原则

未经海关许可，任何单位和个人不得实施下列妨碍海关监管的行为：①开拆货物及其包装；②从海关提取货物；③将货物交给收货人或者其他人员；④将货物交运输部门运输；⑤任意调换货物的位置、内容或者掺杂其他物品；⑥对监管货物进行改装；⑦将监管货物作为债务的担保而设定抵押、质押、留置；⑧有偿或者无偿向他人转让监管货物；⑨更换货物或者货物包装上的标记；⑩将监管货物移作他用；⑪进行其他处置。

为了更好地进行货物监管，海关可以在监管货物上施加封志。这是海关对货物实施监管的一种措施，有关单位或者个人有义务保持封志的完整，不得擅自开启或损毁，否则就是违反海关监管。

**【拓展阅读 4－3】**　　　　**重新办理报关纳税手续**

在海关监管过程中，部分保税货物、特定减免税货物、暂准进出境货物，因各种原因最后发

生内销，导致这些货物的性质改变，将会对国内经济和市场产生影响，故应按一般进出口货物重新办理报关纳税手续。

任务三 分类通关报关作业程序

一、分类通关的概念

分类通关是指海关以企业守法管理为核心，综合企业类别、商品归类、价格、许可证件、贸易国别、航线、物流信息等要素，按照风险高低对进出口货物设定分类通关标准，由报关单位在通关时自主选择并经海关确认后实施的差别化作业模式。

二、分类通关的海关管理

海关对分类通关实施的管理，主要是通过运用风险管理理念和“企业分类＋差别化作业”的管理手段，有效提升整体管理效能，即以企业资信为主，综合企业和商品两方面因素，按照风险高低对进出口货物实施分类管理。对大部分诚信企业的进出口货物，实施无纸通关或快速通关等作业方式；对少数不法企业的进出口货物，实施重点审核、加强查验等管理措施，充分体现企业“守法便利、违法惩戒”的管理原则。

分类通关的海关管理是以风险管理为中心环节的系统工程，它涉及海关各业务领域的工作，会给海关各部门现有工作内容和运行机制带来影响和变化。健全的风险管理、有效的实际监管和可靠的后续管理是海关通关管理机制改革成功的根本保障，其关键因素是科学的风险识别、合理的分类处置及有效的综合防控。这三个因素从通关时序上区分，就是事前的风险识别、事中的分类处置及事后的综合防控。

(一)风险识别

以往海关监管的大量精力投放在对申报货物的单证审核、实际查验及物流监控上，而相对忽略了对进出口企业的管理。实际上，真正的风险总是来自企业，抓住了企业守法自律也就抓住了管理的重点。与此同时，在进出境活动中新商品层出不穷，交易价格千变万化，贸易管制措施不断调整，必然给海关的专业认定带来困难。海关在推动企业守法自律管理的同时，有必要对部分重点商品进行监控。为此，海关在分类通关改革中，着重强调了要改变原有的管理理念，将管理重心由原先“以商品为单元”逐步向“以企业为主”转变，实现“由企及物”的管理理念。识别风险环节的重点就是要准确把握企业和商品风险，通过充分运用技术手段，实现风险的科学识别和有效处置。

(二)分类处置

根据通关作业风险分析系统识别的风险高低，对企业申报数据实施差别化处置是海关分类通关改革的重要措施。对不同风险等级的单证实施不同的审核力度和不同的查验布控水平，对大量风险等级较低的报关单证实施计算机自动验放或人工快速验放，降低布控比例，将有限的人力资源集中于高风险单证的审核与查验，逐步实现通关作业方式由“纸面人工为主，逐票审核”向“电子自动为主，重点审核”转变。业务现场根据不同风险判别结果采取三种作业方式对所有进出口货物实施差别化管理。

1. 低风险快速放行

经海关 H2000 系统风险分析或海关专业审单确定为低风险的货物(包括特殊监管区域和

保税监管场所货物)，不涉及许可证件和税费的，或仅涉及通关单并且通关单联网比对正常的，计算机系统完成电子审核后，自动放行。对纸质报关单证，由申报人根据条件在“现场交单”“事后交单”和“企业暂存”三种方式中自主选择。

“事后交单”和“企业暂存”基于企业已与海关签约，企业在申报时自主选择无纸方式，海关计算机系统判别后，会根据企业的类型，发回执告知企业单证处置的方式。其中，“企业暂存”又分为“企业自存”和“报关企业集中代存”两种。

2. 低风险单证审核

对经海关 H2000 系统风险分析或专业审单确定为低风险，但涉及许可证件管理或征收税费要求的货物，申报人现场递交纸质单证。根据风险提示审核纸质报关单及随附单证信息，现场海关按照许可证件管理及税收征管等管理要求，对相关许可证件进行批注，或打印税款凭证后交企业办理缴纳税费手续，实施审核、验放一体化的快速作业。

3. 高风险重点审核

对经海关 H2000 系统风险分析或专业审单确定为高风险的货物(包括预定式/预警式布控、专业审单布控、随机布控等)，现场海关在受理企业递交的此类单证时，会根据海关作业系统提示的“高风险重点审核”信息，对单证进行全面、细致审核，实施严格管理，对审核有疑问的，立即进行查验布控。

(三)综合防控

加强对分类作业的风险验证，建立健全综合防控机制，是确保改革试点稳步推进和实现海关有效监管的重要保障。海关在优化作业流程，提高通关效率，为企业提供高效服务的同时，积极采取分类随机抽查、现场抽核及事后批量复核、单证数据质量监控分析、核查与验证稽查、综合业务绩效考核等多重防控措施，对分类通关管理予以验证和补充，并及时将验核结果反馈至海关企业评审、风险参数设置等相关管理环节，不断完善整体监管的闭合回路，强化执法风险和廉政风险的有效防控。

三、分类通关的报关作业流程

(一)向海关申报电子数据

根据海关核准的情况自主选择“有纸报关”或“事后交单”(录入界面为“无纸报关”)的通关方式申报。

对于企业申报的涉及许可证件管理、征税、减免税的进口货物及适用“担保验放”的货物按“有纸报关”录入。

企业可通过电子口岸联网报关系统录入报关单数据，必要时还应录入海关要求的其他单据数据，经审核确认后正式向海关申报。

(二)根据海关系统风险提示办理差别式通关手续

(1)对“低风险快速放行”报关单，在海关 H2000 系统自动完成海关接单和放行操作，业务现场直接签章放行后，报关单位提取或装运货物。

(2)对“低风险单证审核”报关单，在海关现场关员审核报关单及其随附证件是否相符、齐全、有效，审核计税要素，完成接单审核、征收税费及放行的作业过程中，报关单位须对应做出缴纳税费、提取或装运货物的行为。

(3)对“高风险”报关单，在海关现场关员根据系统提示的重点审核内容对报关单进行审核，对审核无误的，完成接单审核、征收税费等作业，而对审核有疑问的，实施布控查验的作业过程中，报关单位须对应做出缴纳税费、配合查验、提取或装运货物的行为。

海关根据系统风险提示办理差别式通关手续过程中，待完成报关单放行作业后，海关H2000系统向港区等监管场所发送海关放行信息。

四、企业配合海关实施风险防控

(1)配合海关实施分类随机抽查。在通关管理中，海关利用随机布控具有的不可获知性及不受人为因素干扰的特点，对风险参数有效性和整体监管效能进行验证和评估。在实际操作中，依据不同的管理目标，对经风险识别的“担保验放”“无纸通关”“快速放行”“重点审核”等各类报关单证实施不同比率的随机抽查，抽中单证即实施查验处置。对此，报关单位应予以配合。

(2)配合海关开展现场抽核及事后批量复核。海关根据现场作业实际，通过现场人工抽核，实现对风险参数的及时验证和补充完善。各业务现场通过设置放行后抽核专岗，对低风险自动验放单证进行抽核，发现风险后下达布控查验指令。同时，海关开发批量复核子系统，对报关单证实施事后批量复核，将事后抽核发现的情况及时反馈海关内部相关部门，不断提高风险参数的针对性并有效防控风险。对此，报关单位应予以配合。

(3)配合海关对数据质量监控。海关各业务职能部门从各自专业角度出发，围绕实现税收“应收尽收”、贸易管制政策有效落实、统计数据准确规范等管理目标，通过监控分析系统加强对单证数据质量的监控分析，从而有效防控可能产生的执法风险和廉政风险。建立企业申报质量评估分析制度，加强对申报质量的管理，督促企业加强守法自律。对此，报关单位应积极配合，主动应对。

(4)配合海关对企业的稽查与核查。海关通过查验，对相关企业及通关过程中的重大风险点实施专业查缉。同时，综合应用企业自查、海关核查、验证稽查等方式，对诚信企业定期进行风险测量和评估，对重点企业进行重点监控与核查。对此，报关单位应积极配合海关推行现代企业管理制度，落实企业守法自律，以获得更多的通关便利。

应知考核

一、单项选择题

1. 报关单位向海关报关时，按照一般进口货物报关程序办理报关手续的是(　　)。

A. 特定减免税货物

B. 保税物流园区货物出区用于保税加工货物

C. 保税物流中心货物出区用于在境内消费的货物

D. 进入保税仓库储存货物

2. 某外贸公司以一般贸易方式从境外订购一批进口货物，在如实申报、接受查验、缴纳进口税费后由海关放行，该公司应凭(　　)单据到海关监管仓库提取货物。

A. 由海关签发的“进(出)口货物证明书”

B. 由海关加盖了“放行章”的货运单据

C. 由海关签发的“税款缴纳证”

D. 由海关签发的进口收汇核销专用报关单

3. 按照海关规定，报关单位应当自接到海关“现场交单”或“放行交单”通知之日起(　　)

日内，向海关提交纸质报关单证办理海关手续。

A. 3　　B. 7　　C. 10　　D. 14

4. 属于海关赔偿范围的是(　　)。

A. 在海关查验货物的过程中，由于报关单位陪同查验人员搬移货物时造成货物的损坏

B. 易腐、易失效货物在海关工作程序所需时间内发生货物变质或失效

C. 海关查验后，货物在入库时，收货人发现被查验货物损坏

D. 海关查验人员在查验货物过程中造成的货物损坏，并在查验记录上签注

5. 下列说法中正确的是(　　)。

A. 保税加工制成品，经批准转为在境内销售时，应在加工贸易经营企业所在地主管海关办理报关手续

B. 特定减免税货物在海关监管期限内出售给另一不享受特定减免税的单位，应在特定减免税货物的进境地海关办理进口补税及相关的海关手续

C. 暂时进口货物转为正式进口时，应在进境地海关办理正式进口海关手续

D. 进口的展览品转为正式进口时，应在进境地海关办理正式进口海关手续

6. 对于(　　)，海关进出境监管现场放行就是结关。

A. 一般进出口货物　　B. 保税货物

C. 特定减免税进口货物　　D. 暂时进出口货物

7. 滞报金的起征点为人民币(　　)元。

A. 10　　B. 20　　C. 30　　D. 50

8. 出口货物的申报期限为货物运抵海关监管区后，装货的(　　)以前。

A. 48 小时　　B. 24 小时　　C. 14 日　　D. 15 日

9. 载运某批进口货物的船舶于 9 月 17 日(星期五)向海关申报进境，而货物于 10 月 8 日(10 月 1～7 日为法定节假日)报关，收货人(　　)。

A. 滞报 5 天　　B. 滞报 4 天　　C. 滞报 3 天　　D. 滞报 0 天

10. 进口货物自装载货物的运输工具申报进境之日起超过(　　)仍未向海关申报的，货物由海关依照《海关法》的规定提取变卖处理。

A. 14 日　　B. 15 日　　C. 3 个月　　D. 6 个月

二、多项选择题

1. 关于一般进出口货物的特征，下列说法中正确的是(　　)。

A. 报关单位向海关申报时应提交相应的进出口许可证件

B. 报关单位在向海关办理进出口手续时应按照海关规定缴纳进出口税款

C. 进口货物海关签印放行后即结束海关监管

D. 出口货物在出口货物装货单上由海关签印放行后即结束海关监管

2. 下列属于一般进出口货物的是(　　)。

A. 保税货物转内销货物　　B. 特定减免税货物

C. 易货贸易货物　　D. 保税物流中心从境外进口货物

3. 下列关于进出口货物申报时限的表述中，(　　)是正确的。

A. 进口货物的申报时限为自装载货物的运输工具申报进境之日起 14 日内(最后一天是法定节假日顺延至节假日后的第一个工作日)

B. 出口货物的申报时限为货物运抵海关监管区后装货的24小时内

C. 经海关批准准予集中申报的进口货物，自装载货物的运输工具申报进境之日起一个月内办理申报手续

D. 经电缆、管道或其他特殊运输方式进出境的货物，报关单位应在货物进出境时向海关办理报关手续

4. 中国石油化工进出口公司从委内瑞拉进口原油20万吨，由一艘船舶装运进口，在进口报关时除应向海关提交进口货物报关单外，还应向海关提交(　　)。

A. 发票、装箱单、提货单　　B. 合同

C. 自动进口许可证　　D. 进口许可证

5. 按照规定，海关接受进出口货物申报后，电子数据和纸质的进出口货物报关单不得修改或者撤销；确有正当理由的，经海关审核批准，可以修改或撤销。下列(　　)属于正当理由，向原接受申报的海关申请修改或者撤销原进出口货物报关单。

A. 由于计算机、网络系统的原因导致电子数据错误的

B. 由于报关员操作失误，海关发现有违规走私嫌疑的

C. 出口货物海关放行后，由于配载原因未装运申请退关的

D. 进口货物超出合同溢、短装幅度的

6. 报关单位在办结提取进口货物或出口货物装运出境的手续后，应向海关申请签发(　　)的单证。

A. 进口付汇核销单

B. 进口货物报关单进口付汇证明联

C. 出口收汇核销单、出口货物报关单收汇证明联

D. 出口货物报关单出口退税证明联

7. 关于申报地点，以下表述中正确的是(　　)。

A. 进口货物应当在进境地海关申报

B. 出口货物应当在出境地海关申报

C. 保税货物转为一般进口时应当在货物原进境地海关申报

D. 经收货人申请，海关同意，进口货物可以在设有海关的指运地申报

8. 进出口货物收发货人或其代理人配合海关查验的工作主要包括(　　)。

A. 负责搬移货物，开拆和重封货物的包装

B. 回答查验关员的询问

C. 负责提取海关需要做进一步检验、化验或鉴定的货样

D. 签字确认查验记录

9. 下列进口货物中，适用一般进出口货物通关程序的是(　　)。

A. 外商承包我国境内高速公路工程项目进口的施工机械

B. 履行加工贸易合同中，国内企业进口的由外商提供的货样

C. 进口由我国飞机制造公司进行维修的国外飞机发动机

D. 进口的俄罗斯歌唱家在北京举行演唱会时出售的纪念品

10. 在报关程序中，前期阶段适用的范围是(　　)。

A. 进出境展览品　　B. 一般进出口货物

C. 保税加工进出口货物　　D. 特定减免税货物

三、判断题

1. 一般进出口货物是指一般贸易货物。（　　）

2. 进口货物自装载货物的运输工具申报进境之日起超过3个月仍未向海关申报的，货物由海关提取依法变卖处理。对于不宜长期保存的货物，海关可以根据实际情况提前处理。（　　）

3. 申报日期是指申报数据被海关接受的日期。如报关单位采用电子数据报关和纸质报关两种方式报关，是指报关单位向海关提交纸质报关单证被海关接受的日期。（　　）

4. 海关在查验货物时，报关单位应派人配合海关对进出口货物进行查验。海关还可以对进出口货物进行复验和径行开验，但必须在报关单位陪同下进行。（　　）

5. 一般进出口货物也称一般贸易货物，是指在进出境环节缴纳了应征的进出口税费并办结了所有必要的海关手续，海关放行后不再进行监管，可以直接进入生产和流通领域的进出口货物。（　　）

四、计算题

大连经济技术开发区某企业从美国进口一批货物，成交价格为CFR境内口岸5 000万美元（假设汇率为1美元＝6.3元人民币），已知该企业为进口货物支付的国际运输保险费为1 500美元，海关于2018年3月1日（星期四）填发了税款缴款书，该公司2018年3月28日缴纳税款。根据业务资料，对其后果进行分析是否需要缴纳滞纳金，如果交的话应交多少？

应会考核

■观念应用

【背景资料】

某公司以FOB方式从巴西进口一号黄豆50 000吨，其委托某报关行办理报关手续，黄豆于2018年7月12日由“月神号”货轮装运进口。报关行于7月16日向海关申报进口，海关于7月17日放行。经商品检验，发现其中600吨为二号黄豆，与合同不符，需办理退运手续，同时还发现另有70吨一号黄豆发霉变质（因运输途中船舱进水）。

【实务要求】

请根据上述材料，回答以下问题：（注：黄豆属于配额许可证管理商品。）

1. 该批黄豆在报关时适用（　　）。

A. 前期报关程序　　B. 后续报关程序

C. 进出境报关程序　　D. 以上选项均适用

2. 报关行在向海关申报黄豆进口时需向海关递交有关单据，这些单据包括（　　）。

A. 提单、进出口货物完税证明　　B. 征免税证明、入境货物通关单

C. 提单和进口配额许可证　　D. 报关单、发票及商品检验证明

3. 下列属于卖方负责赔偿70吨发霉变质黄豆的贸易术语的是（　　）。

A. CFR　　B. DDU　　C. DEQ　　D. FOB

4. 下列关于600吨二号黄豆的叙述中，不正确的是（　　）。

A. 中方公司要求外方退换，外商同意，则退换后的600吨一号黄豆可按无代价抵偿货物来报关

B. 中方公司留购600吨二号黄豆，同时要求外商再提供符合合同要求的600吨一号黄豆，外商同意，则海关对于再次进口的600吨一号黄豆不予征税

C. 中方这种退运方式符合直接退运

D. 外商同意更换后的一号黄豆进口报关时须征税

5. 下列对70吨发霉变质黄豆和600吨二号黄豆的处置方法中，正确的是(　　)。

A. 合同中规定运输过程中的损失由船方负责的，船方应负责赔偿

B. 70吨发霉变质黄豆属于运输过程中的意外损失，应完全由买方负责，卖方不负任何责任

C. 外商答应退换黄豆，则600吨二号黄豆应退运出境，海关不征收出口关税

D. 外商答应再补偿600吨一号黄豆，则600吨二号黄豆可以由企业自行处理，但600吨二号黄豆进口报关仍需按一般贸易报关程序进行报关

■技能应用

1. 某中外合资经营企业为生产内销产品，从德国购进生产设备一批，在海关依法查验该批进口设备时，陪同查验人员开拆包装不慎，将其中一台设备的某一部件损坏。该损坏部件海关是否予以赔偿？为什么？

2. 海关查验已报关的进出口货物时，收发货人或其代理人必须到场，并按海关的要求负责办理搬运、拆装箱等工作，海关不能在未经收发货人或其代理人同意的情况下自行开箱验货或提取货样。这种说法对吗？为什么？

■案例分析

1. 2018年10月，大连某贸易公司对进口的一批液晶电脑显示屏向海关申报，海关予以开箱查验，查验过程中，海关工作人员与该贸易公司人员共同失手摔坏了一台液晶电脑显示屏，公司要求海关给予全部赔偿，海关人员拒绝全部赔偿。海关的做法对吗？请做出分析。

2. 2017年小孙通过报关水平测试并获得了证书，于2018年6月受聘于大连某报关公司，单位为其安排了3个月的实习期，小孙跟随报关员老刘学习报关知识，第一次进报关大厅面对着各个窗口上的标识片说："老刘，海关对进出口货物监管是否分为预录入、申报、查验、征税、退税5个环节。"老刘说："5个环节你只讲对了3个。"小孙讲错了哪些？为什么？

项目实训

【实训项目】

一般进出口货物报关程序。

【实训情境】

北京对外贸易进出口总公司(北京)与日本三洋株式会社于2018年7月10日在大连以FOB大连签订了出售数控设备的外贸合同，货物的最迟装运期为2018年9月8日，该批货物委托大连嘉宏报关行办理报关手续。

任务一：赵昂接受公司任务，负责办理这批货物的报关手续，赵昂需要做好哪些准备工作？

任务二：如果订舱的装船时间是2018年9月8日上午10:00，那么赵昂最迟应在何时在何地报关完毕？

任务三：如果赵昂在8月20日以电子数据报关单向海关申报，8月22日收到海关"放行交单"通知，那么赵昂应不迟于哪一天持纸质报关单？备齐哪些单证到货物所在地海关提交书

面单证并办理相关海关手续？

【实训要求】

请对上述任务做出操作分析，并填写实训报告。

<table>
<tr><th colspan="3">《一般进出口货物报关程序》实训报告</th></tr>
<tr><td>项目实训班级：</td><td>项目小组：</td><td>项目组成员：</td></tr>
<tr><td>实训时间：　　年　　月　　日</td><td>实训地点：</td><td>实训成绩：</td></tr>
<tr><td colspan="3">实训目的：</td></tr>
<tr><td colspan="3">实训步骤：</td></tr>
<tr><td colspan="3">实训结果：</td></tr>
<tr><td colspan="3">实训感言：</td></tr>
<tr><td colspan="3">不足与今后改进：</td></tr>
<tr><td colspan="3">项目组长评定签字：　　　　　　　　项目指导教师评定签字：</td></tr>
</table>

保税加工货物报关程序

○ **知识目标：**

理解：保税价格货物的概念及特征。

熟知：不同情形下的货物所适用的不同报关制度。

掌握：不同报关制度之间的不同点、基本流程和海关监管的基本要求。

○ **技能目标：**

能够为保税加工货物和保税物流货物进行进出口报关流程设计。

○ **素质目标：**

能够运用所学的实务知识研究相关案例，培养和提高学生在特定业务情境中分析问题与决策设计的能力；能够结合报关行业规范或标准，分析报关行为的善恶，强化学生职业素养和职业操守道德。

○ **项目引例：**

大连纺织品进出口公司从韩国进口一批尼龙面料，制成滑雪裤出口到德国，请分析尼龙面料属何种性质货物。

○ **知识精讲：**

任务一　保税加工货物概述

一、保税加工货物的概念

保税加工货物是经海关批准，未办理纳税手续进境，在境内加工、装配后复运出境的货物。保税货物不完全等同于加工贸易货物，经海关批准准予保税进口的加工贸易货物才是保税加工货物。

二、保税加工货物的形式

（一）来料加工

境外企业提供料件，经营企业无须付汇进口，按境外企业要求进行加工、装配，收取加工费，成品运出境。

（二）进料加工

经营企业付汇购买料件，成品复运出境。

来料加工和进料加工的相同点和区别见表5－1。

表 5－1　　来料加工和进料加工的相同点和区别

项目＼形式	来料加工	进料加工
原料	由境外厂商提供，不需要通过外汇购买	由我方企业用外汇从国外购买原料
交易	进出口为一笔有关联的交易	两笔货，多笔交易
双方关系	双方为委托加工关系	双方为买卖关系
货物处理	货物未发生所有权的转移，由委托方决定加工品种和技术要求	货物发生了所有权的转移，企业自定加工要求
利润	企业不负责产品销售，只收取加工费	企业自行销售，自负盈亏

三、保税加工货物的特征

保税加工货物的特征可总结为以下几点：

(1)料件进口。暂缓缴纳进口关税及进口环节海关代征税；除国家另有规定外，免于交验进口许可证。

(2)成品出口。如全部使用进口料件，成品出口无须缴纳关税；如使用国产料件，按国产料件比例征收关税；凡属许可证管理的，必须交验出口许可证。

(3)进出境海关现场放行并未结关。

四、保税加工货物的范围

具体包括以下几点：

(1)专为加工、装配出口产品而从国外进口且海关准予保税的原材料、零部件、元器件、包装物料、辅助材料(简称“料件”)。

(2)用进口保税料件生产的成品、半成品。

(3)在保税加工生产过程中产生的副产品、残次品、边角料和剩余料件。

【做中学 5－1】

《海关法》对保税货物作了具体的规定，下列货物中哪些属于保税加工货物？为什么？

(1)来料加工合同项下进口的料件和加工的成品。

(2)为保证来料加工合同顺利进行而进口的以加工费偿还的专用设备。

(3)来料加工合同项下进口的料件。

(4)临时进口的货样、广告品。

五、保税加工货物的管理

(一)基本内容

海关对保税加工进口料件实施保税管理，建立了一整套管理制度对保税加工全过程进行管理。具体包括以下几个方面：

1. 保税加工企业管理

保税加工企业，包括保税加工经营企业和加工企业。经营企业，是指负责对外签订加工贸易进出口合同的各类进出口企业和外商投资企业，以及经批准获得来料加工经营许可的对外加工装配服务公司；加工企业，是指接受经营企业委托，负责对进口料件进行加工或者装配，并且具有法人资格的生产企业，以及由经营企业设立的虽不具有法人资格，但是实行相对独立核算并已经办理工商营业证(执照)的工厂。开展保税加工业务，经营企业和加工企业必须向海关办理注册登记手续。除另有规定外，经营企业应按规定办理海关事务担保。

保税加工的经营企业与加工企业，可以是同一家企业，也可以不是同一家企业。

2. 保税加工电子化手册、电子账册设立管理

目前，海关对保税加工备案分为以加工贸易合同为单元的电子化手册和以企业为单元的电子账册两种形式

根据我国相关规定，企业开展保税加工须经商务主管部门审批，商务主管部门审批后，保税加工经营企业须通过设立电子化手册或者电子账册等形式向海关报备。报备的内容主要包括进口料件、出口成品、加工单耗等数据。

3. 保税加工货物进出境通关管理

保税加工货物是指加工贸易项下适用保税制度进行管理的进口物料、生产制成品，以及加工过程中产生的边角料、残次品、副产品等。

(1)料件，即专为加工、装配出口产品而从境外进口且海关准予保税的原辅材料、零部件、元器件、包装物料。

(2)制成品，即用进口保税料件生产的成品、半成品等。

(3)边角料，即保税加工企业从事加工复出口业务，在海关核定的单位耗料量内(简称“单耗”)、加工过程中产生的、无法再用于加工该合同项下出口制成品的数量合理的废、碎料及下脚料。例如，铁棒切削加工过程中产生的铁屑，服装裁剪加工过程中产生的布条，家具制造业及其他木材加工活动中产生的刨花、锯末及碎木片等。

(4)残次品，即保税加工企业从事加工复出口业务，在生产过程中产生的有严重缺陷或者达不到出口合同标准，无法复出口的制品(包括完成品和未完成品)。

(5)副产品，即保税加工企业从事加工复出口业务，在加工生产出口合同规定的制成品即主产品)过程中同时产生的，且出口合同未规定应当复出口的一个或者一个以上的其他产品。

保税加工货物在进出境通关时，须向海关申报保税加工手册编号等备案信息。料件进境时无须办理缴纳税费手续，除国家另有规定外，属于国家对进口有限制性规定的，免予向海关提交进口许可证件，货物经海关放行可以提取。出口制成品属于应当征收出口关税的，应按照有关规定缴纳出口关税，属于国家对出口有限制性规定的，应当向海关提交出口许可证件。

4. 保税加工中后期核查管理

在保税加工货物生产过程中或生产完成后，海关按照相关规定到加工企业对保税加工货物的进、出、转、存及生产的全过程进行核查。

5. 保税加工核销结案管理

保税加工经营活动完成后，经营企业须在规定的时间内向海关申请报核，经海关核销，办结全部海关手续后，海关结束对保税加工货物的监管。

(二)监管模式

1. 物理围网模式

物理围网，是指由海关对专门划定区城内开展保税加工业务实施封闭式管理。目前，主要适用于出口加工区、保税港区、综合保税区等海关监管的特殊区域企业开展加工贸易。在该模

式下，海关对保税加工企业实行联网监管，以企业为海关监管单元，以核查企业电子底账作为海关监管的主要手段，不实行银行保证金台账管理等海关事务担保措施。

2. 非物理围网模式

非物理围网，是指海关针对经营企业的不同情况分别以电子化手册和电子账册作为海关监管手段的管理模式。非物理围网相对于物理围网而言，也称为信息围网模式，该模式针对经营企业的不同情况分别实行“电子账册＋联网核查”管理或者电子化手册管理。

海关对符合联网监管条件的企业实施电子账册管理，以“电子底账＋联网核查”的模式进行管理，该模式以企业作为监管单元，按照生产能力备案。

海关对以电子化手册作为海关监管手段的保税加工企业，以“电子化手册＋自动核算”的模式进行管理，以保税加工手册作为监管单元，实行银行保证金台账管理等海关事务担保措施。

3. 电子化手册

电子化手册是以合同管理为基础，实行电子身份认证，在加工贸易手册备案、通关、核销、结案等环节采用“电子化手册＋自动核算”的模式取代纸质手册，并通过与其他相关管理部门的联网逐步取消其他的纸质单证作业，实现纸质手册电子化，最终实现“电子申报、网上备案、无纸通关、无纸报核”。电子化手册备案的前提是海关建立以企业为单元的备案资料库，企业以备案资料库内的数据为基础进行电子化手册备案，这是电子化手册备案模式与传统纸质手册备案模式的主要区别。

4. 电子账册

以企业为单元加工贸易监管改革试点

电子账册是海关以企业为管理单元，为联网企业建立电子底账的一种新型监管模式。联网企业只设立一个电子账册。海关根据联网企业的生产情况和海关的监管需要确定核销周期，并按照该核销周期对实行电子账册管理的联网企业进行核销。

需要指出的是，传统的电子化手册和电子账册管理方式均采用 BOM① 核销方式。在上海自贸区保税监管制度创新措施中，“工单核销”成为替代传统 BOM 核销的一个创新。

经验小谈 5－1　　新监管模式的加工贸易企业

加工贸易监管有关事宜的公告

我司想申请成为新监管模式的加工贸易企业，请问针对外发加工有没有新的要求？

答：根据海关总署公告 2018 年第 59 号(《关于全面推广以企业为单元加工贸易监管改革》)第二条第(一)项第 3 款规定：企业开展外发加工业务时，不再报送收发货清单，同时应保存相关资料、记录备查。

---

① 物料清单(Bill of Material, BOM)，是指产品所需零部件明细表及其结构。具体而言，物料清单是构成父项装配件的所有子装配件、零件和原材料的清单，也是制造一个装配件所需要每种零部件的数量的清单。物料清单表明了产品→部件→组件→零件→原材料之间的结构关系，以及每个组装件包含的下属部件(或零件)的数量和提前期(Lead Time)。

【做中学 5－2】

大连某加工贸易企业(B类管理企业),从日本进口12 590美元的混纺布料,委托沈阳大杨服装厂(A类管理企业)加工西装后返销日本市场。

讨论:该加工贸易的银行保证金台账应如何办理?

任务二 电子化手册管理下的保税加工货物报关程序

一、电子化手册管理简介

电子化手册管理是以企业的单个加工贸易合同为单元实施联网监管的保税货物监管模式。

(一)电子化手册的特点

电子化手册的特点包括:①以合同(订单)为单元进行管理;②企业通过计算机网络向商务主管部门和海关申请办理合同审批和备案、变更手续等;③实施银行保证金台账制度;④加工贸易货物进口时全额保税;⑤凭身份认证卡实现全国口岸报关。

(二)电子化手册的建立

电子化手册的建立与电子账册建立的程序相同,同样要经过加工贸易经营企业的联网监管申请和审批、加工贸易业务的申请和审批、建立商品归并关系和电子化手册三个步骤。

二、报关程序

(一)备案

电子化手册的备案分为按合同常规备案和分段式备案两种。按合同常规备案除不申领纸质手册以外,其他要求与纸质手册管理基本一样。分段式备案是指将电子化手册的相关内容分为合同备案和通关备案两部分分别备案。通关备案的数据建立在合同备案数据的基础上。合同备案的内容包括三部分,即表头数据、料件表、成品表。

(二)进出口报关

1. 进出境报关

具体包括:①报关清单的生成;②报关单的生成;③报关单的修改、撤销。异地报关的报关单被退单,且涉及修改表体商品信息的,应由本地企业从清单开始修改,并重新上载报关单,下载后重新申报;如仅需修改表头数据,则可在异地直接修改报关单表头信息后,直接向海关申报。

2. 深加工结转报关

深加工结转是指加工贸易企业将用保税进口料件加工的产品转至另一加工贸易企业进一步加工后复出口的经营活动。属于进口许可证件管理的,企业还应当按照规定取得有关进口许可证件。海关对有关进口许可证件电子数据进行系统自动比对验核。其程序包括计划备案、收发货登记、结转报关三个环节。

(1)计划备案——先出后入。其包括:①转出企业在申请表中填写本企业的转出计划并签章,向转出地海关备案;②转出地海关备案后,留存申请表第一联,其他三联退转出企业交转入企业;③转入企业自转出地海关备案之日起20日内,持其他三联填制本企业的内容,向转入地海关办理报备手续;④转入地海关审核后,将第二联留存,第三、四联交转入、转出企业凭以办理结转收发货登记及报关手续。

【做中学5-3】

北京加工贸易企业A进口料件生产半成品后转给南京加工贸易企业B继续深加工,最终产品由B企业出口。A、B企业都需要向海关提交加工贸易保税货物深加工结转申请表,办理计划备案。

讨论:该如何办理?

(2)收发货登记。其包括:①转入、转出企业办理结转计划申报后,按照双方海关核准后的申请表进行实际收发货;②转入、转出企业每批次收发货记录应当在保税货物实际结转登记表上如实登记,并加盖企业结转专用名章;③结转货物退货的,转出、转入企业按实际退货情况在登记表中登记,同时注明"退货"字样,并各自加盖企业结转专用名章。

(3)结转报关——先入后出。转入、转出企业实际收发货后,应当按照规定办理结转报关手续:①转出、转入企业分别在转出地、转入地海关办理结转报关手续(实际收发货后的90天内),可分批或集中报关;②转入企业凭申请表、登记表等单证向转入地海关办理结转进口报关手续,在结转报关后的第二个工作日内通知转出企业;③转出企业自接到通知之日起10日内,凭申请表、登记表等单证向转出地海关办理结转出口报关手续;④结转进口、出口报关的申报价格为结转货物的实际成交价格;⑤一份结转进口报关单对应一份结转出口报关单,两份报关单的申报序号、商品编号、数量、价格和手册号应当一致;⑥结转货物分批报关的,企业应同时提供申请表和登记表的原件和复印件。

3. 其他保税货物报关

其他保税货物是指履行加工贸易合同过程中产生的剩余料件、边角料、残次品、副产品、受灾保税货物。其处理方式包括内销、结转、退运、放弃、销毁等。除销毁处理外,其他处理方式都必须填制报关单报关。有关报关单是企业报核的必要单证。

(1)内销报关。海关特殊监管区域外加工贸易保税进口料件或者制成品如需转内销的,海关依法征收税款和缓税利息。进口料件涉及许可证件管理的,企业还应当向海关提交相关许可证件。

加工贸易项下关税配额农产品办理内销手续时,海关验核贸易方式为"一般贸易"的关税配额证原件或关税配额外优惠关税税率配额证原件(简称"一般贸易配额证"),按关税配额税率或关税配额外暂定优惠关税税率计征税款和缓税利息。无一般贸易配额证的,按关税配额外税率计征税款和缓税利息。

开展加工贸易业务的企业,凭商务主管部门或海关特殊监管区域管委会出具的有效期内的《加工贸易企业经营状况和生产能力证明》到海关办理加工贸易手(账)册设立(变更)手续,海关不再验核相关许可证件,并按《加工贸易企业经营状况和生产能力证明》中列名的税目范围(即商品编码前4位)进行手册设立(变更)。涉及禁止或限制开展加工贸易商品的,企业应在取得商务部批准文件后到海关办理有关业务。

征税的税率:经批准正常的转内销征税,适用海关接受申报办理纳税手续之日实施的税率。内销商品属关税配额管理而在办理纳税手续时又没有配额证的,应当按该商品配额外适用的税率缴纳进口税。

**【做中学 5－4】**

经批准允许转内销的保税加工货物属进口许可证管理的，企业还应按规定向海关补交进口许可证件；对于剩余料件，金额占实际进口料件总额 3%以下及总值在 1 万元人民币以下(含 1 万元)的，免审批、免许可证。

(2)结转。加工贸易企业向海关申请将剩余料件结转到另一个加工贸易合同使用。结转的条件：同一经营单位、同样进口料件、同一加工形式。申请结转提交的单证：企业申请剩余料件结转书面材料、企业拟结转的剩余料件清单、海关按规定需收取的其他单证和材料。

符合规定的，海关会做出准予结转的决定，并向企业签发加工贸易剩余料件结转联系单，由企业在转出手册的主管海关办理出口报关手续，在转入手册的主管海关办理进口报关手续。

(3)退运。加工贸易企业因故申请将剩余料件、边角料、残次品、副产品等保税加工货物退运出境的，应持登记手册等有关单证向口岸海关报关，办理出口手续，留存有关报关单证，准备报核。

(4)放弃。企业放弃剩余料件、边角料、残次品、副产品等交由海关处理，需提交书面申请。对符合规定的，海关将做出准予放弃的决定，开具加工贸易企业放弃加工贸易货物交接单，企业凭以在规定的时间内将放弃的货物运至指定仓库，并办理报关手续，留存有关报关单证以备报核。下列情形不准放弃：①申请放弃的货物属于国家禁止或限制进口的货物；②申请放弃的货物属于对环境造成污染的；③法律、行政法规、规章规定不予放弃的其他情形。

(5)销毁。被海关做出不予结转决定或不予放弃决定的加工贸易货物或因知识产权等原因企业要求销毁的加工贸易货物，企业可以向海关提出销毁申请，海关经核实同意销毁的，由企业按规定销毁，必要时海关可以派员监督销毁。货物销毁后，企业应当收取有关部门出具的销毁证明材料，以备报核。

(6)受灾保税加工货物的报关。加工贸易企业应在灾后 7 日内向海关书面报告，提交下列材料：①商务主管部门的签注意见；②有关主管部门出具的证明文件；③保险公司出具的保险赔款通知书或检验检疫部门出具的证明文件。受灾保税货物的处理见表 5－2。

表 5－2 **受灾保税货物的处理**

情况		处理方法
不可抗力	①货物灭失，无价值的	由海关审定，予以免税
	②货物失去原有价值，但可再利用的	按审定的货物价格纳税并缴缓税利息，对应的进口料件属于关税配额管理的，按关税配额税率征收
	③受灾保税货物内销	如属进口许可证件管理的，免于交验许可证件
非不可抗力		按原进口货物成交价格审定完税价征税
		属于关税配额管理但无配额证的，按配额外税率征税
		原进口料件内销，属于许可证管理的，应交验进口许可证件

(7)报核和核销。电子化手册采用的是以合同为单元的管理方式，一家企业可以有多本电

子化手册。海关根据加工贸易合同的有效期限确定核销日期，对实行电子手册管理的联网企业进行定期核销管理。

【职场指南 5－1】　加工贸易单耗申报

加工贸易企业在备案、货物进出口、内销以及报核中向海关如实申报单耗的行为。

单耗是指加工贸易企业在正常加工条件下加工单位成品所耗用的料件量，包括净耗和工艺损耗。净耗是指在加工后，料件通过物理变化或者化学反应存在或者转化到单位成品中的量。工艺损耗是指因加工工艺原因，料件在正常加工过程中除净耗外所必需耗用，但不能存在或者转化到成品中的量，包括有形损耗和无形损耗。工艺损耗率是指工艺损耗占所耗用料件的百分比。

单耗＝净耗÷(1－工艺损耗率)

任务三　电子账册管理下的保税加工货物报关程序

一、电子账册管理概述

(一)电子账册管理的概念

海关对加工贸易企业实行联网监管，是指加工贸易企业通过数据交换平台或其他计算机网络方式向海关报送能满足海关监管要求的物流、生产经营等数据，海关对数据进行核对、核算，并结合实物进行核查的一种海关保税加工监管方式。

电子账册管理是加工贸易联网监管中海关以加工贸易企业的整体加工贸易业务为单元对保税加工货物实施监管的一种模式。海关为可联网企业建立电子底账，联网企业只设立一个电子账册。根据联网企业的生产情况和海关的监管需要确定核销周期，并按照该核销周期对实行电子账册管理的联网企业进行核销。

(二)电子账册的建立

电子账册的建立要经过加工贸易经营企业的联网监管的申请和审批、加工贸易业务的申请和审批、建立商品归并关系和电子账册三个步骤。

1. 联网监管的申请和审批

(1)加工贸易经营企业申请电子账册管理模式的加工贸易，联网监管一般应具备下列条件：①在主管境内具有独立法人资格，并具备加工贸易经营资格，在海关注册，以出口为主的生产型企业；②守法经营，资信可靠，内部管理规范，对采购、生产、库存、销售等实行全程计算机管理；③能按照海关监管要求提供真实、准确、完整并具有被查核功能的数据。

申请电子账册管理模式的加工贸易联网监管的企业在向海关申请联网监管前，应当先向企业所在地商务主管部门办理前置审批手续，由商务主管部门对申请联网监管企业的加工贸易经营范围依法进行审批。

(2)经商务主管部门审批后，加工贸易企业向所在地直属海关提出书面申请，并提供加工贸易企业联网监管申请表、企业进出口经营权批准文件、企业上一年度经审计的会计报表、工商营业执照复印件、经营范围清单(含进口料件和出口制成品的品名及 4 位数的 HS 编码)及

海关认为需要的其他单证。

(3)主管海关在接到加工贸易企业电子账册管理模式的联网监管申请后，对申请实施联网监管的企业进口料件、出口产品的归类和商品归并关系进行预先审核和确认。经审核符合联网监管条件的，主管海关制发“海关实施加工贸易联网监管通知书”。

2. 加工贸易业务的申请和审批

联网企业的加工贸易业务由商务主管部门审批。商务主管部门总体审定联网企业的加工贸易资格、业务范围和生产加工能力。

商务主管部门收到联网企业申请后，对非国家禁止开展的加工贸易业务予以批准，并签发“联网监管企业加工贸易业务批准证”。

3. 建立商品归并关系和电子账册

联网监管企业凭商务主管部门签发的“联网监管企业加工贸易业务批准证”向所在地主管海关申请建立电子账册。

海关以商务主管部门批准的加工贸易经营范围、年生产能力等为依据，建立电子账册取代纸质手册。电子账册的形式如表 5—3 所示。

表 5—3　　电子账册的形式

电子账册的形式	作　用	代　码
经营范围电子账册	用于检查控制“便捷通关电子账册”进出口商品范围，不能直接报关	IT
便捷通关电子账册	用于加工贸易货物的备案、通关和核销	E

电子账册是在商品归并关系确立的基础上建立起来的，没有商品归并关系就不能建立电子账册，所以联网监管的实现依靠商品归并关系的确立。

商品归并关系是指海关与联网企业根据监管的需要，按照中文、HS 编码、价格、贸易管制等条件，将联网企业内部管理的“料号级”商品与电子账册备案的“项号级”商品归并或拆分，建立“一对多”或“多对一”的对应关系。

同时满足以下条件的商品，才可归入同一个联网商品项号：①10 位 HS 编码相同的；②商品名称相同的；③申报计量单位相同的；④规格型号虽不相同但价格相差不大的。

二、报关程序

(一)备案

1. 经营范围电子账册备案

企业凭商务主管部门的批准证通过网络向海关办理“经营范围电子账册”备案手续。备案内容包括：①经营单位名称及代码；②加工单位名称及代码；③批准证件编码；④加工生产能力；⑤加工贸易进口料件和成品范围(商品编码前 4 位)。

企业在收到海关的备案信息后，应将商务主管部门的纸质批准证交给海关存档。

2. 便捷通关电子账册备案

企业可通过网络向海关办理“便捷通关电子账册”备案手续。备案内容包括：①企业基本情况表，包括经营单位及代码、加工企业及代码、批准证编号、经营范围账册号、加工生产能力等；②料件、成品部分，包括归并后的料件、成品名称、规格、商品编码、备案计量单位、币制、征免方式等；③单耗关系，包括出口成品对应料件的净耗、损耗率等。

其他部分可同时申请备案，也可分阶段申请备案，但料件必须在相关料件进口前备案，成品和单耗关系最迟在相关成品出口前备案。

【职场指南 5-2】　　“预约通关”互联网模式

为营造良好的营商环境，提供更为便捷的通关服务，海关将推行“预约通关”互联网模式。有关事宜公告如下：

1. 适用情形

进出口收发货人或其代理人（失信企业除外），遇下列情形之一，需在海关正常办公时间以外办理通关手续的，可向海关提出预约通关申请：

(1)国家紧急救灾救援物资、危险货物；

(2)鲜活、冷冻、易变质腐烂的需紧急通关的货物；

(3)其他经海关认可确有需要紧急验放的货物。

海关在正常办公时间内受理预约通关申请，企业需提前 24 小时提出申请，高级认证企业为 8 小时。

2. 操作方式

申请人统一登录“互联网＋海关”一体化网上办事平台（平台地址：http://online.customs.gov.cn)，应用“货物通关”模块的“预约通关”功能，在线填写并提交预约通关申请。海关网上反馈受理结果。

特殊情形下，申请人在现场递交加盖企业印章的纸质《预约通关申请单》（详见附件），由海关按应急处置方式协调办理。

3. 取消预约

海关同意预约通关申请后，企业因故取消预约的，需及时联系海关，并于事后 5 日内提交情况说明。

本公告内容自 2018 年 10 月 30 日起实施。

附件　　**预约通关申请单**

境内收发货人名称		企业编码	
联系人姓名		联系人手机	
预约申报口岸	（填写口岸名称及 4 位口岸代码）	预约进出口岸	（填写口岸名称及 4 位口岸代码）
商品名称及 HS 编码	（商品种类较多不够填写，可加附页）		
运输方式	□水运　□陆运　□空运　□其他	预约通关时间	年　月　日　时
预约通关事由	年　月　日		

3. 备案变更

①“经营范围电子账册”变更。企业经营范围、加工能力等发生变更时，经商务主管部门批准后，企业可通过网络向海关申请变更，海关予以审核通过，并收取商务主管部门出具的“联网企业加工贸易业务批准证变更证明”等相关书面材料。

②“便捷通关电子账册”变更。“便捷通关电子账册”的最大周转金额、核销期限等需要变更时，企业应向海关提交申请，海关批准后直接变更。“便捷通关电子账册”的基本情况表中的内容、料件成品发生变化的，包括料件、成品品种、单损耗关系的增加等，只要未超过经营范围

和生产能力的，企业不必报商务主管部门审批，可通过网络直接向海关申请变更，海关予以审核通过。

（二）进出境报关

电子账册模式下联网监管企业的保税加工货物报关与纸质手册模式一样，适用进出口报关阶段程序的，也有进出境货物报关、深加工结转货物报关和其他保税加工货物报关三种情形。

1. 进出境货物报关

①报关清单的生成。使用"便捷通关电子账册"办理报关手续，企业应先根据实际进出口情况，从企业系统导出料号级数据生成归并前报关清单，通过网络发送到电子口岸。报关清单应按照加工贸易合同填报监管方式，进口报关清单填制的总金额不得超过电子账册最大周转金额的剩余价值，其余项目的填制参照报关单的填制规范。

②报关单的生成。联网企业进出口保税加工货物，应使用企业内部的计算机，采用计算机原始数据形成报关清单，报送中国电子口岸。电子口岸将企业报送的报关清单根据归并原则进行归并，并拆分成报关单后发送回企业，由企业填报完整的报关单内容后，通过网络向海关正式申报。

③报关单的修改和撤销。不涉及报关清单的报关单可以直接进行修改，涉及报关清单的报关单内容修改必须先修改报关清单，再重新进行归并。

报关单经海关审核通过后，一律不得修改，必须进行撤销重报。待报关清单的报关单撤销后，报关清单一并撤销，不得重复使用。

报关单放行前修改，内容不涉及报关单表体内容的，企业经海关同意可直接修改报关单；涉及报关单表体内容的，企业必须撤销报关单重新申报。

④填制报关单的要求。联网企业备案的进口料件和出口成品等内容，是货物进出口时与企业实际申报货物进行核对的电子底账。因此，申报数据与备案数据应当一致。

企业按实际进出口的"货号"（料件号和成品号）填报报关单，并按照加工贸易货物的实际性质填报监管方式。

海关按照规定审核申报数据，进口货物报关单的总金额不得超过电子账册最大周转金额的剩余值，如果电子账册对某项下料件的数量进行限制，那么报关单上该项商品的申报数量就不得超过其最大周转量的剩余值。

⑤申报方式的选择。联网企业可根据需要和海关规定分别选择有纸报关或无纸报关方式进行申报。

联网监管企业进行无纸报关的，海关凭同时盖有申报单位和其代理企业的提货专用章的放行通知书办理"实货放行"手续；报关单位凭同时盖有经营单位、报关单位及报关员印章的纸质单证办理"事后交单"事宜。

2. 深加工结转货物报关

电子账册下的联网企业深加工结转货物报关与电子化手册管理下的保税加工深加工结转报关一样，参照电子化手册有关内容。

【做中学 5－5】

跨关区异地加工、加工贸易外发加工、加工贸易保税货物深加工结转的区别：

①跨关区异地加工,是将材料直接运到关区以外的其他企业进行加工。

②加工贸易外发加工,是将加工的个别工序,委托别的企业进行加工。

③加工贸易保税货物深加工结转,是将料件在自己的关区内已经完成了加工,然后转到另外一个关区进行进一步的加工。

3. 其他保税加工货物报关

经主管海关批准,联网监管企业可按月度集中办理内销征税手续。

按月度集中办理内销征税手续的联网企业,在每个核销周期结束前,必须办结本期所有的内销征税手续。

联网企业以内销、结转、退运、放弃、销毁等方式处理保税进口料件、产品、副产品、残次品、边角料和受灾货物的报关手续,参照纸质手册管理。后续缴纳税款时,缓税利息计息日为电子账册上期核销之日(未核销过的,为"便捷通关电子账册"记录首次进口料件之日)的次日至海关开具税款缴纳证之日。

(三)报核和核销

电子账册采用的是以企业为单元的管理方式,一家企业只有一个电子账册,因此,对电子账册模式的核销实行滚动核销的形式,即对电子账册按照时间段进行核销,将某个确定的时间段内企业的加工贸易进出口情况进行平衡核算。

海关对采用电子账册管理模式的联网企业报核期限,一般规定180天为一个报核周期。首次报核期限为从电子账册建立之日起180天后的30天内;以后报核期限为从上次报核之日起180天后的30天内。

企业必须在规定的期限内完成报核手续,确有正当理由不能按期报核的,经主管海关批准可以延期,但延长期限不得超过60天。

企业报核和海关核销程序如下:

1. 企业报核

(1)预报核。预报核是加工贸易联网企业报核的组成部分。企业在向海关正式申请核销前,在电子账册本次核销周期到期之日起30天内,将本核销期内申报的所有电子账册进出口报关数据按海关要求的内容,包括报关单号、进出口岸、减扣方式、进出标志等以电子报文形式向海关申请报核。

海关通过计算机将企业的预报核报关单内容与电子账册数据进行对比。对比对结果完全相同、计算机反馈"同意报核"的,企业应向海关递交下列单证后进入正式报核:企业核销期内的财务报表、纸质报关单、已征税的税款缴纳证复印件、企业电子账册报核总体情况表、企业保税进口料件盘点资料、归并参数表的纸质文本和海关认为需要的其他单证。

(2)正式报核。正式报核是指企业预报核通过海关审核后,以预报核海关核准的报关数据为基础,准确、详细地填报本期保税进口料件的应当留存数量、实际留存数量等内容,以电子数据向海关正式申请报核。

海关认为必要时可以要求企业进一步报送料件的实际进口数量、耗用数量、内销数量、结转数量、边角料数量、放弃数量、实际损耗率等内容,对比对不相符且属于企业填报有误的可以退单,企业必须重新申报。

经海关认定企业实际库存多于应存数,有合理正当理由的,可以计入电子账册下期核销,对其他原因造成的,依法处理。

联网企业不再适用电子账册的，应当向海关申请核销。电子账册核销完毕，海关予以注销。

2. 海关核销

海关核销的基本目的是掌握企业在某个时段所进口的各项保税加工料件的使用、流转、损耗的情况，确认是否符合以下平衡关系：

进口保税料件（含深加工结转进口）＝出口成品折料（含深加工结转出口）＋内销料件＋内销产品折料＋剩余料件＋损耗－退运成品折料

海关核销除了对书面数据进行必要的计算外，还会根据实际情况采取盘库的方式。经核对，企业报核数据与海关底账数据及盘点数据相符的，海关通过正式报核审核，打印核算结果，系统自动将本期结余数转为下期期初数。企业实际库存量多于电子底账核算结果的，海关会按照实际库存量调整电子底账的当期结余数量；企业实际库存量少于电子底账核算结果且可以提供正当理由的，对短缺部分，联网企业按照内销处理；企业库存量少于电子底账核算结果且联网企业不能提供正当理由的，对缺少部分，海关将移交缉私部门处理。

【职场指南 5－3】　保税货物的报关通用程序

1. 备案申请保税

经国家批准的保税区域，包括保税区、出口加工区从境外运入区内储存、加工、装配后复运出境的货物，已经整体批准保税，备案阶段与报关阶段合并，省略了以每一个合同或每一批货物备案申请报税的环节。

经国家批准的保税仓库，在每一批货物进境入库之前必须按照每一批货物为单位进入备案申请报税的环节：仓库经营人向主管海关提出保税申请，主管海关审核后批准保税，仓库经营人凭海关批准报税的单证办理申报货物进境入库手续。

加工贸易进口料件，包括来料加工、进料加工、外商投资企业履行产品出口合同、保税工厂与保税集团进口料件，则必须以每一份合同为单位进入备案申请报税阶段。加工贸易进口料件备案批准报税阶段的具体环节：企业合同备案、海关批准保税、设立或不设立银行台账、海关核发手册。

2. 进出境报关

所有经海关批准保税的货物，包括区域保税货物、仓储保税货物和加工贸易经海关批准准予保税的货物，在进出境时都必须与其他货物一样进入进出境报关阶段；与一般进出口货物报关阶段不同的是，保税货物暂缓纳税，不进入纳税环节，但应当收取监管手续费。

进出境报关阶段的具体环节：申报、配合查验、缴纳或免纳监管手续费、提取货物或装运货物。

3. 报核申请结案

报核申请结案阶段的具体环节：企业报核、海关受理、实施核销、结关销案。

所有经海关批准保税的货物，包括区域保税货物、仓储保税货物和加工贸易经海关批准准予保税的货物，都必须按规定由保税货物的经营人向主管海关报核，海关受理报核后进行核销，核销后视不同情况，分别予以结关销案。

区域保税货物因为没有规定具体的保税期限，所以最终的结案应当以进区货物最终全部出境或出区办结海关手续为结案标志。本期核销该批报税货物没有全部出境或出区办结海关手续的，则不能结案，结转到下期继续监管，直到能够结案。

仓储保税货物应当以该批货物在规定的保税期限内最终全部出境或出库办结海关手续为结案标志。每月报核一次。本期核销该批报税货物没有全部出境或出库办结海关手续的，则不能结案，结转到下期继续监管，直到能够结案或者到期变卖处理。

加工贸易经海关批准准予保税的货物应当以该加工贸易合同项下产品在规定期限内全部出口或者部分出口，不出口部分全部得到合法处理为结案标志。海关受理报核后，在规定的核销期限内实施核销，对不设立台账的，予以结案；对设立台账的，应当到银行撤销台账，然后结案。

经验小谈 5－2

我司正在做申请出境加工账册的准备工作，请问材料齐全递交给海关后，多久可以有审核结果？

答：根据海关总署公告 2016 年第 69 号(《关于出境加工业务有关问题的公告》)第六条第二款：企业提交单证齐全有效的，主管海关应自接受企业账册设立申请之日起 5 个工作日内完成出境加工账册设立手续。账册核销期为 1 年。

任务四　出口加工区进出货物报关程序

一、出口加工区概述

(一)出口加工区的概念

出口加工区是指经国务院批准在中华人民共和国境内设立的、由海关对保税加工进出口货物进行封闭式监管的特定区域。

(二)出口加工区的功能

出口加工区具有从事保税加工、保税物流及研发、检测、维修等业务的功能。

出口加工区内设置出口加工企业、仓储物流企业，以及经海关核准专门从事区内货物进、出的运输企业。

(三)出口加工区的管理

出口加工区是海关监管的特定区域。出口加工区与境内其他地区之间设置符合海关监管要求的隔离设施及闭路电视监控系统，在进出区通道设立卡口。海关在出口加工区内设立机构，并依照有关法律、行政法规，对进出区的货物及区内相关场所实行 24 小时监管。区内不得经营零售业务，不得建立营业性的生活消费设施。除安全人员和企业值班人员外，其他人员不得在出口加工区内居住。区内企业建立符合海关监管要求的计算机管理数据库，并与海关实行计算机联网，进行数据交换。

出口加工区与境外之间进出的货物，除国家另有规定外，不实行进出口许可证件管理，国家禁止进出口的货物，不得进出出口加工区。因国内技术无法达到产品要求，须将国家禁止出口商品运至出口加工区进行某项工序加工的，应报经商务主管部门批准，海关比照出料加工管理办法进行监管，其运入出口加工区的货物，不予签发出口退税报关单。

境内区外进入出口加工区的货物视同出口，办理出口报关手续，除属于取消出口退税的基建物资外，可以办理出口退税手续。

从境外运入出口加工区的加工贸易货物全额保税。出口加工区内企业开展加工贸易业务不实行加工贸易银行保证金台账制度，适用电子账册管理，出口加工区内企业从境外进口的自用的生产、管理所需设备、物资，除交通车辆和生活用品外，一律予以免税。

二、报关程序

出口加工区内企业在进出口货物前，应向出口加工区主管海关申请建立电子账册，出口加工区企业电子账册包括加工贸易电子账册（H 账册）和企业设备电子账册。出口加工区进出境货物和进出区货物通过电子账册办理报关手续。

（一）与境外之间

出口加工区企业从境外运进货物或运出货物到境外，由收发货人或其代理人填写进、出境货物备案清单，并向出口加工区海关报关。

对于跨越关区进出境的出口加工区货物，除邮递物品、个人随身携带物品、跨越关区进口车辆和出区在异地口岸拼箱出口货物以外，可以按转关运输中的直转转关方式办理转关。

对于同一直属海关关区内的出口加工区进出境货物，可以按直通式报关。

按转关运输中直转转关方式转关的报关程序如下：

1. 境外货物运入出口加工区

货物到港后，收货人或其代理人向口岸海关录入转关申报数据，并持“进口转关货物申报单”和“汽车载货登记簿”向口岸海关物流监控部门办理转关手续；口岸海关审核同意企业转关申请后，向出口加工区海关发送转关申报电子数据，并对运输车辆进行加封。

货物运抵出口加工区后，收货人或其代理人向出口加工区海关办理转关核销手续，出口加工区海关物流监控部门核销“汽车载货登记簿”，并向口岸海关发送转关核销电子回执；同时收货人或其代理人录入“出口加工区进境货物备案清单”，向出口加工区海关提交运单、发票、装箱单、电子账册编号、相应的许可证件等单证办理进境报关手续；出口加工区海关审核有关报关单证，确定是否查验，对不需查验的货物予以放行，对需要查验的货物，由海关实施查验后，再办理放行手续，签发有关备案清单证明联。

2. 出口加工区货物运往境外

发货人或其代理人录入出口加工区出境货物备案清单，向出口加工区海关提交运单、发票、装箱单、电子账册编号等单证，办理出口报关手续，同时向出口加工区海关录入转关申报数据，并“持出口加工区出境货物备案清单”和“汽车载货登记簿”向出口加工区海关物流监控部门办理出口转关手续；出口加工区海关审核同意企业转关申请后，向口岸海关发送转关申报电子数据，并对运输车辆进行加封。

货物运抵出境地海关后，发货人或其代理人向出境地海关办理转关核销手续，出境地海关核销“汽车载货登记簿”，向出口加工区海关发送转关核销电子回执；货物实际离境后，出境地海关核销清洁载货清单并反馈至出口加工区海关，出口加工区海关凭以签发有关备案清单证明联。

（二）与境内区外其他地区之间

1. 出口加工区货物运往境内区外

出口加工区货物运往境内区外的货物，按照对进口货物的有关规定办理报关手续。由区外企业录入进口货物报关单，凭发票、装箱单、相应的许可证件等单证向出口加工区海关办理进口报关手续。进口报关结束后，区内企业填制出口加工区出境货物备案清单，凭发票、装箱单、电子账册编号等向出口加工区海关办理出区报关手续。

出口加工区海关放行后，向区外企业签发进口货物报关单付汇证明联，向区内企业签发出口加工区出境货物备案清单收汇证明联。

出口加工区内企业内销加工贸易货物制成品，以接受内销申报的同时或者大约同时进口的相同货物或者类似货物的进口成交价格为基础确定完税价格。内销加工过程中产生的副产品，以内销价格作为完税价格。由区外企业缴纳进口关税和进口环节海关代征税，免予交付缓税利息。属于许可证件管理的商品，应向海关出具有效的进口许可证件。

出口加工区内企业产生边角料、废品、残次品等原则上应复运出境。如出区内销应按照对区外其他加工贸易货物内销的相关规定办理：

(1)边角料、废品内销，海关按照报验状态归类后适用的税率和审定的价格计征税款，免予提交许可证件。

(2)边角料、废品以处置方式销毁的，或者属于禁止进口的固体废物需出区进行利用或者处置的，区内企业持处置单位的"危险废物经营许可证"复印件以及出口加工区管委会和所在地地(市)级环保部门的批准文件向海关办理有关手续。

(3)对无商业价值且不属于禁止进口的固体废物的边角料和废品，需运往区外以处置之外的其他方式销毁的，应凭出口加工区管委会的批件，向主管海关办理出区手续，海关予以免税，并免予验核进口许可证件。

(4)残次品出区内销，按成品征收进口关税和进口环节海关代征税，属于许可证件管理的，企业应当向海关提交相应的许可证件；对属于《法检目录》内的出区内销残次品，须经海关按照国家技术规范的强制性要求检验合格后，方可内销。

出口加工区内企业需要将模具、半成品运往区外用于加工生产自己的产品，应当报经加工区主管海关关长批准，由接受委托的区外企业，向出口加工区主管海关缴纳货物应征关税和进口环节增值税等值的保证金或银行保函后，办理出区手续，加工完毕后，加工产品应按期(一般为6个月)运回出口加工区，区内企业向出口加工区主管海关提交运出出口加工区时填写的"委托区外加工申请书"及有关单证，办理验放核销手续。主管海关办理验放核销手续后，退还保证金或撤销保函。

出口加工区区内企业经主管海关批准，可在境内区外进行产品的测试、检验和展示活动。测试、检验和展示的产品，应比照海关对暂准进境货物的管理规定办理出区手续。

出口加工区区内使用的机器、设备、模具和办公用品等，须运往境内区外进行维修、测试或检验时，区内企业或管理机构应向主管海关提出申请，并经主管海关核准、登记、检验后，方可将机器、模具和办公用品等运往区外维修、测试。

运往境内区外维修、测试或检验的机器、设备、模具和办公用品等，按照"修理物品"监管，不得用于境内区外加工生产和使用。

运往境内区外维修、测试或检验的机器、设备、模具和办公用品等，应自运出之日起60天内运回加工区。因特殊情况不能如期运回的，区内企业应于期限届满前7天内，向主管海关说明情况，并申请延期。申请延期以1次为限，延长期限不得超过30天。

运往境内区外维修的机器、设备、模具和办公用品等，运回出口加工区时，要以海关能辨认其为原物或同一规格的新零件、配件或附件为限，但更换新零件、配件或附件的，原零件、配件或附件应一并运回出口加工区。

2. 境内区外货物运入出口加工区

境内区外运入出口加工区的货物,按照对出口货物的有关规定办理报关手续。由区外企业录入出口货物报关单,凭购销合同(协议)、发票、装箱单等单证向出口加工区海关办理出口报关手续。出口报关结束后,区内企业填制出口加工区进境货物备案清单,凭购销发票、装箱单、电子账册编号等单证向出口加工区海关办理进区报关手续。

出口加工区海关查验、放行货物后,向区外企业签发出口货物报关单收汇证明联和出口退税证明联,向区内企业签发出口加工区进境货物备案清单付汇证明联。

从境内区外运进出口加工区供区内企业使用的国产机器、设备、原材料、零部件、元器件、包装物料、基础设施,加工企业和行政管理部门生产、办公用房合理数量的国产基建物资等,按照对出口货物的管理规定办理出口报关手续,海关签发出口货物报关单退税证明联(除不予退税的基建物资外)。境内区外企业依据出口货物报关单退税证明联向税务机关申请办理出口退(免)税手续。

3. 出口加工区出区深加工结转

出口加工区货物深加工结转是指出口加工区内企业经海关批准并办理相关的手续,将本企业加工生产的产品直接或者通过保税仓库转入其他出口加工区、保税区等海关特殊监管区域内及区外加工贸易企业进一步加工后复出口的经营活动。

出口加工区企业开展深加工结转时,转出企业凭出口加工区管委会批复,向所在地的出口加工区海关办理海关备案手续后方可开展货物的实际结转;对转入其他出口加工区、保税区等海关特殊监管区域的,转入企业凭其所在区域管委会的批复办理结转手续;对转入出口加工区、保税区等海关特殊监管区域外加工贸易企业的,转入企业凭商务主管部门的批复办理结转手续。

对结转至海关特殊监管区域以外的加工贸易企业的货物,海关按照对保税加工货物的有关规定办理手续,结转产品如果属于加工贸易项下进口许可证件管理商品的,企业应当向海关提供相应的有效进口许可证件。

对转入特殊监管区域的,转出、转入企业分别在自己的主管海关办理结转手续;对转入特殊监管区域外加工贸易企业的,转出、转入企业在转出地主管海关办理结转手续。

对转入特殊监管区域的深加工结转,除特殊情况外,比照转关运输方式办理结转手续;不能比照转关运输方式办理结转手续的,在向主管海关提供相应的担保后,由企业自行运输。

对转入特殊监管区域外加工贸易企业的深加工结转报关程序如下:

(1)转入企业在“海关出口加工区深加工结转申请表”(一式四联)中填写本企业的转入计划,凭申请表向转入地海关备案。

(2)转入地海关备案后,留存申请表第一联,其余三联退还转入企业,由转入企业送交出口加工区转出企业。

(3)转出企业自转入地海关备案之日起30天内,持申请表其余三联,填写本企业的相关内容后,向主管海关办理备案手续。

(4)转出地海关审核后,留存申请表第二联,将第三、第四联分别交给转出企业、转入企业。

(5)转出企业办理结转备案手续后,凭双方海关核准的申请表进行实际收发货。转出企业的每批次发货记录应当在一式三联“出口加工区货物实际结转情况登记表”上如实登记,转出地海关在卡口签注登记表后,货物出区。

(6)转出、转入企业每批实际发货、收货后,可以凭申请表和转出地卡口海关签注的登记表分批或者集中办理报关手续。转出、转入企业每批实际发货、收货后，应当在实际发货、收货之日起 30 天内办结该批货物的报关手续。转入企业填报结转进口货物报关单，转出企业填报结转出口备案清单。一份结转进口货物报关单对应一份结转出口备案清单。

区内转出的货物因质量不符等原因发生退运、退还的，转入企业为特殊监管区以外的加工贸易企业的，按退运货物或退换货物办理相关手续。

【同步案例 5－1】

案例精析

大连某加工贸易企业 A 进口料件生产半成品后转给南京加工贸易企业 B 继续深加工，最终产品由 B 企业出口，业务员乔皓在办理相关的结转报关手续时先报 A 企业出口，后报 B 企业进口。该业务员的做法对吗？

4. 出口加工区机器设备出区处理

(1)从境外进入出口加工区的特定减免税设备。从境外进入出口加工区按规定予以免税的机器设备，海关在规定的监管年限内实施监管。监管年限自货物进境放行之日起计算，期限 5 年。使用完毕，原则上应退运出境。

需要在监管年限内出区内销的，海关按照特定减免税货物的管理规定征收税款。监管年限届满的，出区时不再征收税款。从境外进入出口加工区时免予提交机电产品进口许可证件的，在其出区时，海关凭与其入境状态一致的机电产品进口许可证件验放。

在监管年限内转让给区外进口同一货物享受减免税优惠待遇的企业的，由区外企业按照特定减免税货物的管理规定办理进口手续，监管年限连续计算；如出区转为加工贸易不作价设备的，由区外企业按照加工贸易不作价设备的管理规定办理进口手续，监管年限连续计算。

(2)从境内区外采购入区予以退税的机器设备。从境内区外采购入区予以退税的机器设备如需内销出区的，在办理进口手续时，按报验状态征税，免予提交相应的进口许可证件。其中，从境内区外采购入区的海关监管年限内的特定减免税进口的机器设备和加工贸易不作价设备，监管年限连续计算，监管年限届满的，出区时不再征收税款；在海关监管年限内的，出区时海关按照特定减免税货物的管理规定征收税款。

经验小谈 5－3

我司在加工贸易生产过程中会产生一些边角料，无法内销也没有厂家回收，只能当废品销毁。请问如果申请放弃这批边角料，可以自己销毁吗？

答：根据《海关关于加工贸易边角料、剩余料件、残次品、副产品和受灾保税货物的管理办法》：加工贸易企业因故无法内销或者退运的边角料、剩余料件、残次品、副产品或者受灾保税货物，由加工贸易企业委托具有法定资质的单位进行销毁处置，海关凭相关单证、处置单位出具的接收单据和处置证明等资料办理核销手续。

应知考核

一、单项选择题

1. 加工贸易企业将保税料件加工的产品转至另一个海关关区内的加工贸易企业进一步

加工后复出口的经营活动属于(　　)。

A. 跨关区异地加工　　B. 跨关区深加工结转

C. 跨关区委托加工　　D. 跨关区外发加工

2. 上海加工贸易企业A进口料件生产半成品后转给苏州加工贸易企业B继续深加工，最终产品由B企业出口。A、B企业都采用纸质手册管理，A、B企业都需要向海关提交加工贸易保税深加工结转申请表，办理计划备案。下列办理计划备案的手续中正确的是(　　)。

A. 先由A企业向转出地海关申请备案，后由B企业向转入地海关申请备案

B. 先由A企业向转入地海关申请备案，后由B企业向转入地海关申请备案

C. 先由B企业向转入地海关申请备案，后由A企业向转出地海关申请备案

D. 先由B企业向转出地海关申请备案，后由A企业向转入地海关申请备案

3. 加工贸易保税货物，经批准正常的转内销征税。关于征税的税率，下列说法中正确的是(　　)。

A. 适用海关接受申报办理纳税手续之日实施的税率

B. 适用企业申请办理内销时的税率

C. 适用原料件进口时的税率

D. 一律按15%征税

4. 加工贸易剩余料件结转至另一个加工贸易合同出口时，必须符合一定的条件。下列选项中不属于这些条件的是(　　)。

A. 同一经营单位　　B. 同一加工厂

C. 同样的进口料件　　D. 同样的产品

5. 对于受灾保税加工货物，加工贸易企业应在灾后(　　)向主管海关书面报告。

A. 7日内　　B. 30日内　　C. 10日内　　D. 15日内

6. 某进出口公司与外商签订加工贸易合同，该公司已在规定的期限内将进口料件加工复出口，该合同于5月20日执行完毕。该企业办理该合同的海关和银行保证金台账核销手续的时间是(　　)。

A. 3月20日以前　　B. 6月20日以前　　C. 7月5日以前　　D. 7月20日以前

7. 对于履行加工贸易合同中产生的剩余料件、边角料、残次品、副产品等，在海关规定的下列处理方式中，不需要填制报关单向海关申报的是(　　)。

A. 销毁　　B. 结转　　C. 退运　　D. 放弃

8. 加工贸易企业从事加工出口业务中，因不可抗力原因造成损毁导致无法复出口的保税进口料件和加工制成品内销，应当(　　)。

A. 按受灾货物免税，免纳缓税利息，免予交验许可证件

B. 按原进口货物纳税，缴纳缓税利息，交验相应的许可证件

C. 按受灾货物纳税，缴纳缓税利息，免予交验许可证件

D. 按原进口货物纳税，免纳缓税利息，交验相应的许可证件

9. (　　)报关，无须经过后续阶段程序。

A. 进境展览品　　B. 暂准进境货样

C. 加工贸易进口料件　　D. 补偿贸易进口设备

10. 海关对加工贸易联网企业(电子账册模式)进行盘库核对时，发现实际库存量少于电子底账核算结果，但企业提供了短缺的正当理由。对短缺部分，海关应当(　　)。

A. 通过正式报核审核

B. 按照实际库存量调整电子底账当期结余数量

C. 按照内销处理

D. 移交缉私部门处理

二、多项选择题

1. 对于履行加工贸易合同中产生的剩余料件、边角料、残次品、副产品等，企业必须在规定的期限内处理完毕。处理的方式有(　　)。

A. 销毁　　B. 结转　　C. 退运　　D. 放弃

2. 保税加工货物内销征税，关于征税的数量下列说法中正确的是(　　)。

A. 剩余料件和边角料内销，直接按申报数量计征进口税

B. 制成品和残次品根据单耗关系折算出料件耗用数量计征税款

C. 副产品根据单耗关系折算出料件耗用数量计征税款

D. 副产品按报验状态的数量计征进口税

3. 保税加工货物内销征税，关于征税的完税价格下列说法中正确的是(　　)。

A. 进料加工的进口料件内销时，根据料件的原进口成交价格为基础确定完税价格

B. 加工企业内销加工过程中产生的副产品，以内销价格作为完税价格

C. 加工企业内销加工过程中产生的边角料，以内销价格作为完税价格

D. 用进口料件加工而得的制成品、残次品内销时，根据料件的原进口成交价格为基础确定完税价格

4. 保税加工货物内销征税，下列选项中需要征收缓税利息的是(　　)。

A. 剩余料件　　B. 制成品

C. 残次品、副产品　　D. 边角料

5. 一般情况下，加工贸易企业应持(　　)单证向海关报核。

A. 企业合同核销申请表、核销核算表　　B. 加工贸易登记手册

C. 进出口报关单　　D. 海关缉私部门出具的行政处罚决定书

6. 对于遗失加工贸易登记手册的合同，加工贸易企业应持(　　)单证向海关报核。

A. 经营企业关于加工贸易手册遗失的书面报告

B. 经营企业申请核销的书面材料

C. 加工贸易货物进出口报关单

D. 海关缉私部门出具的行政处罚决定书

7. 对于受灾保税加工货物，下列说法中正确的是(　　)。

A. 不可抗力受灾保税加工货物灭失或失去使用价值，可由海关审定，免税

B. 需销毁的受灾货物，同其他保税货物销毁处理一样

C. 可再利用的，按照海关审定的保税货物价格，按照对应的税率缴纳进口税和缓税利息

D. 对非不可抗力因素造成的受灾保税加工货物，海关按照原进口货物成交价格审定完税价格，照章征税

8. 加工企业申请办理剩余料件结转时，需向海关提出申请，海关对于符合规定的应当做出准予结转剩余料件的决定，对准予结转企业将剩余料件结转到另一加工厂的情形，下列说法中正确的是(　　)。

A. 海关向企业签发加工贸易剩余料件结转联系单
B. 企业在转出手册的主管海关办理出口报关手续
C. 企业在转入手册的主管海关办理进口报关手续
D. 无须办理报关手续

9. 以下有关加工贸易单耗、净耗、工艺损耗以及损耗率的概念中表述正确的是(　　)。
A. 单耗是指加工贸易企业在正常加工条件下加工单位成品所耗用的料件量，单耗包括净耗和工艺损耗，单耗＝净耗/(1－工艺损耗率)
B. 净耗是指在加工后，料件通过物理变化或者化学反应存在或者转化到单位成品中的量
C. 工艺损耗是指因加工工艺原因，料件在正常加工过程中除净耗外所必须耗用，不能存在或者转化到成品中的量，但不包括无形损耗
D. 工艺损耗率是指工艺损耗占所耗用料件的百分比

10. 关于加工贸易进出口货物的税收征管措施，下列符合现行规定的有(　　)。
A. 准予保税的加工贸易料件的进口，暂缓纳税
B. 全部使用进口料件生产而得的成品出口时，不征收关税
C. 生产成品出口时，部分使用进口料件生产，则按海关核定的比例征收出口关税
D. 加工贸易出口未锻铝按一般贸易出口货物从量计征出口关税

三、判断题

1. 加工贸易进口料件，除个别规定的商品外，均可以免予交验进口许可证件。出口成品属于国家规定应交验出口许可证件的，在出口报关时必须交验出口许可证。(　　)
2. 加工贸易出口未锻铝无须计征出口关税。(　　)
3. 生产成品出口时，全部使用进口料件生产，不征收关税。(　　)
4. 我国A企业与法国客商签订进口进料加工合同，加工成成品后复运出口。由于国外市场不看好，A企业可自行将该批成品转内销。(　　)
5. 加工贸易企业申请放弃的保税加工货物属于国家禁止或限制进口的，海关将做出不予放弃的决定。(　　)

应会考核

■观念应用

【背景资料】

注册于上海的某加工贸易经营企业与韩国一电子企业签订了一份来料加工合同，委托苏州某加工企业进行加工。在料件进口前，该企业已向海关办理加工贸易合同登记备案手续。2018年3月6日，企业购进的料件(限制类)从上海海关申报进境，进境后随之运到加工企业进行加工。1个月以后由于国际市场需求变化，该企业的进口料件生产的部分半成品在经过批准后内销到国内市场。企业持相关批文于2018年4月19日向海关办理了内销申报手续。剩余的加工成品，企业于2018年5月5日返销出口，企业在成品出口后向海关核销结案。

【实务要求】

根据上述背景资料，回答下列问题：

1. 题中申报内销的货物应适用(　　)的税率。

A. 2018 年 3 月 6 日　　B. 2018 年 4 月 9 日
C. 2018 年 5 月 5 日　　D. 以上都不对

2. 该来料加工合同应该向(　　)办理加工贸易合同登记备案。

A. 上海海关　　B. 苏州海关　　C. 海关总署　　D. 以上三者都要

3. 企业在合同报核时应提交的单证为(　　)。

A. 企业合同核销申请表　　B. 加工贸易保税进口料件内销批准证
C. 加工贸易登记手册　　D. 进出口报关单

■技能应用

北京加工贸易企业 A 进口料件生产半成品后转给南京加工贸易企业 B 继续深加工,最终产品由 B 企业出口。A、B 企业都需要向海关提交加工贸易保税货物深加工结转申请表,办理计划备案。请问该如何办理?

■案例分析

1. M 是 R 海关所管辖的一家 B 类加工贸易经营单位(位于东部地区),N 是 Q 海关所管辖的一家 A 类生产企业。2018 年初,M 将一批进口料件委托 N 企业进行加工,该产品属于国家限制类商品,那么,中国银行在给其办理保证金台账业务时,是否应对其实行"空转"? 为什么?

2. 东莞 A 公司和宝安 B 公司都是加工贸易企业,A 公司生产的产品要卖给 B 公司做料件,以往办理这种跨关区的"转厂",手续很烦琐。现在它们选择了福汉兴福保税物流园区办理报关业务:A 公司办理东莞至福汉兴福保税物流园货物报关手续视同出境,完成海关监管手续,可以退税,再用 B 公司的进口报关单证办理货物的进口手续,货物的运输可由国内车辆完成。该案例说明了什么?

项目实训

【实训项目】

保税加工货物报关程序。

【实训情境】

大连某企业位于出口加工区,从国外进口一台企业自用设备,同时,进口一批料件用于企业产品生产,企业进口的设备入境后,将设备运入区外进行检测,产品生产后一部分直接运到日本市场销售,一部分在国内市场销售。

任务一:设备和料件在进口前,需要办理哪些手续?

任务二:设备和料件进境,如何办理手续?

任务三:设备出区检测,如何办理手续? 在区外可以停留多长时间?

任务四:产品出境,如何办理手续?

任务五:产品进入国内市场销售,如何办理手续?

【实训要求】

请对上述任务做出操作分析,并填写实训报告。

<table>
<tr><td colspan="3">《保税加工货物报关程序》实训报告</td></tr>
<tr><td>项目实训班级：</td><td>项目小组：</td><td>项目组成员：</td></tr>
<tr><td>实训时间：　　年　　月　　日</td><td>实训地点：</td><td>实训成绩：</td></tr>
<tr><td colspan="3">实训目的：</td></tr>
<tr><td colspan="3">实训步骤：</td></tr>
<tr><td colspan="3">实训结果：</td></tr>
<tr><td colspan="3">实训感言：</td></tr>
<tr><td colspan="3">不足与今后改进：</td></tr>
<tr><td colspan="3">项目组长评定签字：　　　　　　　　项目指导教师评定签字：</td></tr>
</table>

保税物流货物报关程序

○ **知识目标：**

理解：保税物流货物的概念、特征及范围。

熟知：不同情形下的货物所适用的不同报关制度。

掌握：不同情形下的货物之间的不同点、海关监管的基本要求。

○ **技能目标：**

能够运用不同货物的不同报关制度，对其进行基本流程设计。

○ **素质目标：**

能够运用所学的实务知识研究相关案例，培养和提高学生在特定业务情境中分析问题与决策设计的能力；能够结合报关行业规范或标准，分析报关行为的善恶，强化学生职业素养和职业操守道德。

○ **项目引例：**

中商华联贸易有限公司代理湖南长沙家佳纺织品有限公司进口了一批未梳棉花，货物于2018年4月由合同卖方台湾地区某公司在棉花原产地采购后运输进境，并存放于某公用型保税仓库。2018年8月20日，华联公司与台湾地区某公司签订合同后，自上述保税仓库提取合同约定数量的棉花出库并办理进口报关手续，海关放行后，华联公司安排将货物运至境内目的地，交由家佳公司用于生产内销成品。

请问：(1)上述案例中的货物是否属于保税物流货物？

(2)货物入仓库时如何报关？

(3)货物内销时如何报关？

○ **知识精讲：**

任务一　保税物流货物概述

一、保税物流货物的概念

保税物流货物是指经海关批准未办理纳税手续进境，在境内进行分拨、配送或储存后复运出境的货物，也称为保税仓储货物。

已办结海关手续尚未离境，经海关批准存放在海关保税监管场所或特殊监管区域的货物，带有保税物流货物的性质。

二、保税物流货物的特征

保税物流货物具有以下特征：

(1)进境时暂缓缴纳进口关税和进口环节海关代征税，复运出境免税，内销应当缴纳进口关税和进口环节海关代征税，不征收缓税利息。

(2)进出境时除国家另有规定外，免予交验进出口许可证件。

(3)进境海关现场放行不是结关，进境后必须进入海关保税监管场所或特殊监管区域，运离这些场所或区域必须办理结关手续。

三、保税物流货物的范围

保税物流货物的范围包括：

(1)进境经海关批准进入海关保税监管场所或特殊监管区域，保税储存后转口境外的货物；

(2)已经办理出口报关手续尚未离境，经海关批准进入海关保税监管场所或特殊监管区域储存的货物；

(3)经海关批准进入海关保税监管场所或特殊监管区域保税储存的加工贸易货物，供应国际航行船舶和航空器的油料、物料和维修用零部件，供维修外国产品所进口寄售的零部件，外商进境暂存货物；

(4)经海关批准进入海关保税监管场所或特殊监管区域保税的其他未办结海关手续的进境货物。

四、保税物流货物的管理

海关对保税物流货物的监管模式有两大类：一类是非物理围网监管模式，包括保税仓库、出口监管仓库；另一类是物理围网监管模式，包括保税物流中心、保税物流园区、保税区、保税港区、综合保税区。

对各种监管形式的保税物流货物的管理，可以归纳为以下五点：

(一)设立审批

保税物流货物必须存放在经过法定程序审批设立的保税监管场所或者特殊监管区域。保税仓库、出口监管仓库、保税物流中心要经过海关审批，并核发批准证书，凭批准证书设立及存放保税物流货物；保税物流园区、保税区、保税港区要经过国务院审批，凭国务院同意设立的批复设立，并经海关等部门验收合格才能进行保税物流货物的运作。

未经法定程序审批同意设立的任何场所或者区域都不得存放保税物流货物。

(二)准入保税

保税物流货物通过准予进入保税监管场所或特殊监管区域来实现保税。海关对于保税物流货物的监管通过对保税监管场所或特殊监管区域的监管来实现，海关应当依法监管这些场所或者区域，按批准存放范围准予货物进入这些场所或者区域，不符合规定存放范围的货物不准进入。

(三)纳税暂缓

凡是进境进入保税物流监管场所或特殊监管区域的保税物流货物在进境时都可以暂不办理进口纳税手续，等到运离海关保税监管场所或特殊监管区域时才办理纳税手续，或者征税，或者免税。在这一点上，保税物流监管制度与保税加工监管制度是一致的，但是保税物流货物在运离海关保税监管场所或特殊监管区域征税时不需同时征收缓税利息，而保税加工货物(特殊监管区域内的加工贸易货物和边角料除外)内销征税时要征收缓税利息。

(四)监管延伸

1. 监管地点延伸

进境货物从进境地海关监管现场，已办结海关出口手续尚未离境的货物从出口申报地海关现场，分别延伸到保税监管场所或者特殊监管区域。

2. 监管时间延伸

(1)保税仓库存放保税物流货物的时间是 1 年，可以申请延伸，最多可延长 1 年；

(2)出口监管仓库存放保税物流货物的时间是 6 个月，可以申请延长，最多可延长 6 个月；

(3)保税物流中心存放保税物流货物的时间是 2 年，可以申请延长，最多可延长 1 年；

(4)保税物流园区、保税区、保税港区存放保税物流货物的时间没有限制。

(五)运离结关

除外发加工和暂准运离(维修、测试、展览等)需要继续监管以外，每一批货物运离保税监管场所或者特殊监管区域，都必须根据货物的实际流向办结海关手续。

任务二　保税仓库货物的报关程序

一、保税仓库

(一)保税仓库的概念

保税仓库是指经海关批准设立的专门存放保税货物及其他未办结海关手续货物的仓库。

我国的保税仓库根据使用对象可分为公用型和自用型两种。

1. 公用型保税仓库

公用型保税仓库由主营存储业务的中国境内独立企业法人经营，专门向社会提供保税仓储服务。

2. 自用型保税仓库

自用型保税仓库由特定的中国境内独立企业法人经营，仅存储供本企业自用的保税货物。

根据所存货物的特定用途，在公用型保税仓库和自用型保税仓库下面还衍生出一种专用型保税仓库，即专门用来存储具有特定用途或特殊种类商品的保税仓库，包括液体危险品保税仓库、备料保税仓库、寄售维修保税仓库和其他专用保税仓库。其中，液体危险品保税仓库是指符合国家关于危险化学品存储规定的，专门提供石油、成品油或者其他散装液体危险化学品保税存储服务的保税仓库。

(二)保税仓库的功能

保税仓库的功能单一，就是仓储，而且只能存放进境货物。

经海关批准可以存入保税仓库的进境货物有以下几种：①加工贸易进口货物；②转口货物；③供应国际航行船舶和航空器的油料、物料和维修用零部件；④供维修外国产品所进口寄售的零部件；⑤外商进境暂存货物；⑥未办结海关手续的一般贸易进口货物；⑦经海关批准的其他未办结海关手续的进境货物。

保税仓库不得存放国家禁止进境货物，不得存放未经批准的影响公共安全、公共卫生或健康、公共道德或秩序的国家限制进境及其他不得存入保税仓库的货物。

(三)保税仓库的设立

保税仓库应当设有海关机构和便于海关监管的区域。申请设立保税仓库的企业应当是已在海关办理进出口收发货人注册登记的、不同时拥有报关企业身份的企业,同时还应具备下列条件:

(1)经工商行政管理部门注册登记,具有企业法人资格。

(2)注册资本最低限额为300万元人民币。

(3)具备向海关缴纳税款的能力。

(4)经营特殊许可商品存储的,应当持有规定的特殊许可证件。

(5)经营备料保税仓库的加工贸易企业,年出口额最低为1 000万美元。

(6)具有专门存储保税货物的营业场所并达到:①符合海关对保税仓库布局的要求;②具备符合海关监管要求的安全隔离设施、监管设施和办理业务必需的其他设施;③具备符合海关监管要求的保税仓库计算机管理系统并与海关联网;④具备符合海关监管要求的保税仓库管理制度,符合《会计法》要求的会计制度;⑤符合国家土地管理、规划、交通、消防、安全、质检、环保等方面法律、行政法规及有关规定;⑥公用保税仓库面积最低为2 000平方米,液体危险品保税仓库容积最低为5 000立方米,寄售维修保税仓库面积最低为2 000平方米。

企业申请设立保税仓库的,应向仓库所在地主管海关提交书面申请,提供能够证明上述条件已经具备的有关文件,由主管海关受理并报直属海关审批。

【同步案例6－1】

江苏苏州某设备进出口公司,为解决进口设备的维修问题,向海关申请设立寄售维修保税仓库,海关审批后同意设立。于是公司从上海口岸进境一批设备维修零部件存入保税仓库。数月后,因一批在保修期内的原进口设备维修需要,保税仓库经营企业向主管海关办理进口报关手续。

案例精析

分析:设立寄售维修保税仓库的有关规定有哪些?本案例维修零部件的进仓报关应如何办理?存入保税仓库的期限是多长?其与出口监管仓库一样吗?

(四)保税仓库的管理

(1)保税仓库所存货物的存储期限为1年。需要延长储存期限的,应向主管海关申请延期,经主管海关批准可以延长,无特殊情形,延长的期限最长为1年。

特殊情况下,延期后货物存储期超过2年的,由直属海关审批。

保税仓库货物超过规定的存储期限未申请延期或海关不批准延期申请的,经营企业应当办理超期货物的退运、纳税、放弃、销毁等手续。

(2)保税仓库所存货物,是海关监管货物,未经海关批准并按规定办理有关手续,任何人不得出售、转让、抵押、质押、留置、移作他用或者进行其他处置。

(3)货物在仓库储存期间发生损毁或者灭失,除不可抗力原因外,保税仓库应当依法向海关缴纳损毁、灭失货物的税款,并承担相应的法律责任。

(4)仓库货物可以进行分级分类、分拆分拣、分装、计量、组合包装、打膜、加刷或刷贴运输标志、改换包装、拼装等辅助性简单作业。在保税仓库内从事上述作业必须事先向主管海关提出书面申请,经主管海关批准后方可进行。

(5)保税仓库经营企业应于每月前5个工作日内,向海关提交月报关单报表、库存总额报表及其他海关认为必要的月报单证,将上月仓库货物入、出、转、存、退等情况以计算机数据和书面形式报送仓库主管海关。

经验小谈 6-1

我司有批料件存放在保税仓库快1年了,请问保税仓库存放货物是否有时间限制?

答:根据《海关对保税仓库及所存货物的管理规定》第22条:保税仓储货物存储期限为1年。确有正当理由的,经海关同意可予以延期;除特殊情况外,延期不得超过1年。

二、保税仓库货物报关程序

(一)进仓报关

保税仓库货物进境入仓,经营企业应当在仓库主管海关办理报关手续,经主管海关批准,也可以直接在口岸海关办理报关手续,保税仓库货物进境入仓,除易制毒化学品、监控化学品、消耗臭氧层物质外,免领进口许可证件。

如果仓库主管海关与进境口岸海关不是同一直属海关的,经营企业可以按照"提前报关转关"的方式,先到仓库主管海关申报,再到口岸海关办理转关手续,货物运到仓库,由主管海关验放入仓;或者按照"直接转关"的方式,先到口岸海关转关,货物运到仓库,再向主管海关申报,验放入仓。

如果仓库主管海关与进境口岸海关是同一直属海关的,经直属海关批准,可不按照转关运输方式办理,由经营企业直接在口岸海关办理报关手续,口岸海关放行后,企业自行提取货物入仓。

(二)出仓报关

保税仓库货物出仓可能出现出口报关和进口报关两种情况,可以逐一报关,也可以集中报关。

1. 出口报关

保税仓库出仓复运出境货物,应当按照转关运输方式办理出仓手续。仓库主管海关和口岸海关是同一直属海关的,经直属海关批准,可以不按照转关运输方式,由企业自行提取货物出仓到口岸海关办理出口报关手续。

2. 进口报关

保税仓库货物出仓运往境内其他地方转为正式进口的,必须经主管海关保税监管部门审核同意。转为正式进口的同一批货物,要填写两份报关单:一份办结出仓报关手续,填制出口货物报关单,"贸易方式"栏填"保税间货物"(代码1200);另一份办理进口申报手续,按照实际进口监管方式,填制进口货物报关单。进口手续大体可以分为:

(1)保税仓库货物出仓用于加工贸易的,由加工贸易企业或其代理人按保税加工货物的报关程序办理进口报关手续;

(2)保税仓库货物出仓用于可以享受特定减免税的特定地区、特定企业和特定用途的,由享受特定减免税的企业或其代理人按特定减免税货物的报关程序办理进口报关程序;

(3)保税仓库货物出仓进入国内市场或使用于境内其他方面,包括保修期外维修,由保税仓库经营企业按一般进口货物的报关程序办理进口报关手续；

(4)保税仓库内的寄售维修零部件申请以保修期内免税出仓的，由保税仓库经营企业办理进口报关手续，填制进口货物报关单，“贸易方式”栏填“无代价抵偿”(代码 3100)，并确认免税出仓的维修在保修期内且不超过原设备进口之日起 3 年，维修件由外商免费提供，更换下的零部件要合法处理。

3. 集中报关

保税货物出仓批量少、批次频繁的，经海关批准可以办理集中报关手续。

集中报关出仓的，保税仓库经营企业应当向主管海关提出书面申请，写明集中报关的商品名称、发货流向、发货频率、合理理由。

集中报关由主管海关的分管关长审批，并按以下要求办理手续：

(1)仓库主管海关可以根据企业资信状况和风险度收取保证金；

(2)集中报关的时间根据出货的频率和数量、价值合理设定；

(3)为保证海关有效监管，企业当月出仓的货物最迟应在次月前 5 个工作日内办理报关手续，并且不得跨年度申报。

(三)流转报关

保税仓库与海关特殊监管区域或者其他海关保税监管场所往来流转的货物，按转关运输的有关规定办理相关手续。

保税仓库和特殊监管区域或者其他海关保税监管场所在同一直属关区内的，经直属海关批准，可不按转关运输方式办理。

保税仓库货物转往其他保税仓库的，应当各自在仓库主管海关报关，报关时应先办理进口报关，再办理出口报关。

任务三　出口监管仓库货物的报关程序

一、出口监管仓库

(一)出口监管仓库的概念

出口监管仓库，是指经海关批准设立，对已办结海关出口手续的货物进行存储、保税货物配送、提供流通性增值服务的海关专用监管仓库。

出口监管仓库分为出口配送型仓库和国内结转型仓库。

出口配送型仓库是指存储以实际离境为目的的出口货物的仓库。

国内结转型仓库是指存储用于国内结转的出口货物的仓库。

(二)出口监管仓库的功能

出口监管仓库的功能也只是仓储，主要用于存放出口货物。

经海关批准可以存入出口监管仓库的货物有以下几种：①一般贸易出口货物；②加工贸易出口货物；③从其他海关特殊监管区域、场所转入的出口货物；④其他已办结海关出口手续的货物。

出口配送型仓库不得存放下列货物：①国家禁止进出境的货物；②未经批准的国家限制进出境货物；③海关规定不得存放的货物。

(三)出口监管仓库的设立

1. 申请设立的条件

出口监管仓库的设立应当符合区域物流发展和海关对出口监管仓库布局的要求，符合国家土地管理、规划、交通、消防、安全、环保等有关法律、行政法规的规定。申请设立出口监管仓库的经营企业，应当具备下列条件：①经工商行政管理部门注册登记，具有企业法人资格；②具有进出口经营权和存储经营权；③注册资本在300万元人民币以上；④具备向海关缴纳税款的能力；⑤具有专门存储货物的场所，其中出口配送型仓库的面积不得低于5 000平方米，国内结转型仓库不得低于1 000平方米。

2. 申请设立和审批

企业申请设立出口监管仓库，应当向仓库所在地主管海关提交书面申请，提供能够证明上述条件已经具备的有关文件。

海关受理、审查设立出口监管仓库的申请属于海关行政许可，应当按照行政许可的法定程序，对符合条件的，做出准予设立的决定，并出具批准文件；对不符合条件的，做出不予设立的决定，并书面告知申请企业。

3. 验收和运营

申请设立出口监管仓库的企业应当自海关出具批准文件之日起1年内向海关申请验收出口监管仓库。

出口监管仓库验收合格后，经直属海关注册登记并核发“出口监管仓库注册登记证书”，可以投入运营。

4. 管理

(1)出口监管仓库必须专库专用，不得转租、转借给他人经营，不得下设分库。

(2)出口监管仓库经营企业应当如实填写有关单证、仓库账册，真实记录并全面反映其业务活动和财务状况，编制仓库月度进、出、转、存情况和年度财务会计报告，并定期报送主管海关。

(3)出口监管仓库所存货物的储存期限为6个月。如因特殊情况需要延长储存期限，应当在到期之前向主管海关申请延期，经海关批准可以延长，延长的期限最长不超过6个月。

货物存储期满前，仓库经营企业应当通知发货人或其代理人办理货物的出境或者进口手续。

(4)出口监管仓库所存的货物是海关监管货物，未经海关批准并按规定办理有关手续，任何人不得出售、转让、抵押、质押、留置、移作他用或者进行其他处置。

(5)货物在仓库储存期间发生损毁或者灭失，除不可抗力原因外，出口监管仓库应当依法向海关缴纳损毁、灭失货物的税款，并承担相应的法律责任。

(6)经主管海关同意，可以在出口监管仓库内进行品质检验、分级分类、分拣分装、印刷运输标志、改换包装等流通性增值服务。

二、出口监管仓库货物报关程序

出口监管仓库货物报关，大体可以分为进仓报关、出仓报关、结转报关和更换报关。

(一)进仓报关

出口货物存入出口监管仓库时，发货人或其代理人应当向主管海关办理出口报关手续，填制出口货物报关单，按照国家规定应当提交出口许可证件和缴纳出口关税的，发货人或其代理人必须提交许可证件和缴纳出口关税。

发货人或其代理人按照海关规定提交报关必需单证和仓库经营企业填制的“出口监管仓

库货物入仓清单”。

对经批准享受入仓即退税政策的出口监管仓库，海关在货物入仓办结出口报关手续后予以签发出口货物报关单退税证明联；对不享受入仓即退税政策的出口监管仓库，海关在货物实际离境后签发出口货物报关单退税证明联。

经主管海关批准，对批量少、批次频繁的入仓货物，可以办理集中报关手续。

（二）出仓报关

出口监管仓库货物出仓可能出现出口报关和进口报关两种情况。

1. 出口报关

出口监管仓库货物出仓出境时，仓库经营企业或者代理人应当向主管海关申报。仓库经营企业或其代理人按照海关规定提交报关必需的单证，并提交仓库经营企业填制的“出口监管仓库货物出仓清单”。

出仓货物出境口岸不在仓库主管海关的，经海关批准，可以在口岸所在地海关办理相关手续，也可以在主管海关办理相关手续。

入仓没有签发出口货物报关单退税证明联的，出仓离境后海关按规定签发出口货物报关单退税证明联。

2. 进口报关

出口监管仓库货物转进口的，应当经海关批准，按照进口货物的有关规定办理相关手续：

(1)用于加工贸易的，由加工贸易企业或其代理人按保税加工货物的报关程序办理进口报关手续。

(2)用于可以享受特定减免税的特定地区、特定企业和特定用途的，由享受特定减免税的企业或其代理人按特定减免税货物的报关程序办理进口报关手续。

(3)进入国内市场或用于境内其他方面，由收货人或其代理人按一般进口货物的报关程序办理进口报关手续。

（三）结转报关

经转入、转出方所在地主管海关批准，并按照转关运输的规定办理相关手续后，出口监管仓库之间，出口监管仓库与保税区、出口加工区、珠海园区、保税物流园区、保税港区、保税物流中心、保税仓库等特殊监管区域和保税监管场所之间可以进行货物流转。

（四）更换报关

对已存入出口监管仓库因质量等原因要求更换的货物，经仓库所在地主管海关批准，可以进行更换。被更换货物出仓前，更换货物应当先行入仓，并应当与原货物的商品编码、品名、规格型号、数量和价值相同。

任务四 保税物流中心进出货物的报关程序

一、保税物流中心简介

（一）概念

保税物流中心是经海关批准，由中国境内一家企业法人经营，多家企业进入并从事保税仓储物流业务的海关监管场所。

（二）功能

保税物流中心的功能是保税仓库和出口监管仓库功能的叠加，既可以存放进口货物，也可以存放出口货物，还可以开展多项增值服务，具体见表6－1。

表6－1　　保税物流中心的功能

存放货物的范围	可开展的业务	不得开展的业务
1. 国内出口货物 2. 转口货物和国际中转货物 3. 外商暂存货物 4. 加工贸易进出口货物 5. 供应国际航行船舶和航空器的物料、维修用零部件 6. 供维修外国产品所进口寄售的零配件 7. 未办结海关手续的一般贸易进口货物 8. 经海关批准的其他未办结海关手续的货物	1. 保税存储进出口货物及其他未办结海关手续的货物 2. 对所存货物开展流通性简单加工和增值服务 3. 全球采购和国际分拨、配送 4. 转口贸易和国际中转业务 5. 经海关批准的其他国际物流业务	1. 商业零售 2. 生产和加工制造 3. 维修、翻新和拆解 4. 存储国家禁止进出口的货物，以及危害公共安全、公共卫生或者健康、公共道德或者秩序的国家限制进出口的货物 5. 存储法律、法规明确规定不能享受保税政策的货物 6. 其他与物流中心无关的业务

（三）设立

1. 保税物流中心（A型）设立审批

（1）物流中心经营企业应当具备下列资格条件：工商行政管理部门注册登记，具有独立的企业法人资格；具有专门存储货物的营业场所；具有符合海关监管要求的管理制度。

（2）物流中心经营企业申请设立物流中心应当具备下列条件：符合海关对物流中心的监管规划建设要求；公用型物流中心的仓储面积（含堆场），东部地区不低于4 000平方米，中西部地区、东北地区不低于2 000平方米；自用型物流中心的仓储面积（含堆场），东部地区不低于2 000平方米，中西部地区、东北地区不低于1 000平方米；物流中心为储罐的，容积不低于5 000立方米；建立符合海关监管要求的计算机管理系统，提供供海关查阅数据的终端设备，并按照海关规定的认证方式和数据标准与海关联网；设置符合海关监管要求的隔离设施、监管设施和办理业务必需的其他设施。

（3）申请时应提交的材料。

首次申请：申请书；物流中心地理位置图、平面规划图、所列材料需加盖企业印章。

延续申请：保税物流中心（A型）延期申请书。

变更申请：保税物流中心（A型）变更申请书；物流中心地理位置图、平面规划图（仅需在变更物流中心地址和仓储面积/容积时提供）。

注销申请：经营企业出具的保税物流中心（A型）注销申请（申请书应当包括对保税物流中心库存货物的处理情况）。

（4）保税物流中心（A型）设立审批办理流程：

物流中心的申请、受理、审查、决定：企业申请设立物流中心，由主管海关受理，报直属海关审批；企业自直属海关出具批准其筹建物流中心文件之日起1年内向海关申请验收，由主管海关按照《海关对保税物流中心（A型）的暂行管理办法》的规定进行审核验收；物流中心验收合格后，由直属海关向企业核发《保税物流中心（A型）注册登记证书》；获准设立物流中心的企业确有正当理由未按时申请验收的，经直属海关同意可以延期验收，除特殊情况外，延期不得超过6个月。

获准设立物流中心的企业无正当理由逾期未申请验收或者验收不合格的，视同其撤回设立物流中心的申请。

物流中心的延续：《保税物流中心（A 型）注册登记证书》有效期为 3 年；物流中心经营企业申请延期的，应当在《保税物流中心（A 型）注册登记证书》每次有效期满 30 日前办理延期手续，由主管海关受理，报直属海关审批；直属海关对审查合格的物流中心经营企业准予延期 3 年，并换发或签注《保税物流中心（A 型）注册登记证书》。

物流中心的变更：物流中心需变更经营单位名称、地址、仓储面积（容积）等事项的，主管海关受理企业申请后，报直属海关审批。

物流中心的注销：物流中心经营企业因故终止业务的，由物流中心提出书面申请，主管海关受理后报直属海关审批，办理注销手续并交回《保税物流中心（A 型）注册登记证书》。

办结时限：主管海关自受理之日起 20 个工作日，直属海关接到材料之日起 20 个工作日，特殊情况可以延长 10 个工作日。

企业申请进入保税物流中心的办理步骤见图 6－1。

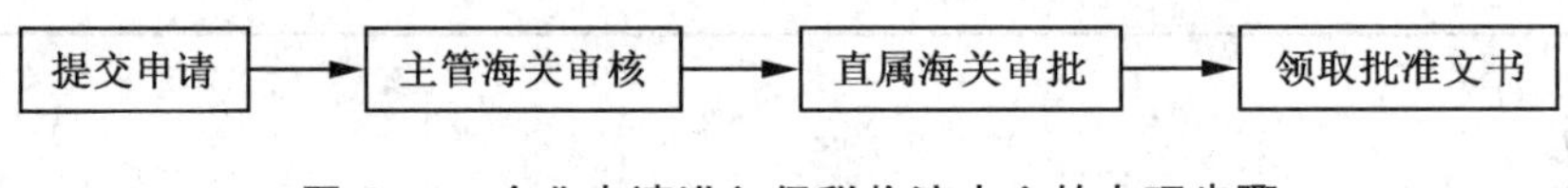

图 6－1 企业申请进入保税物流中心的办理步骤

企业申请进入保税物流中心应当向所在地主管海关提交书面申请，提供能够证明上述条件已经具备的有关文件。主管海关受理后报直属海关审批。直属海关对经批准的企业核发“保税物流中心企业注册登记证书”。中心内企业需要变更有关事项的，由主管海关受理后报直属海关审批。

2. 保税物流中心（B 型）设立审批

（1）设立物流中心应当具备下列条件：物流中心仓储面积，东部地区不低于 5 万平方米，中西部地区、东北地区不低于 2 万平方米；符合海关对物流中心的监管规划建设要求；选址在靠近海港、空港、陆路交通枢纽及内陆国际物流需求量较大、交通便利、设有海关机构且便于海关集中监管的地方；经省级人民政府确认，符合地方经济发展总体布局，满足加工贸易发展对保税物流的需求；建立符合海关监管要求的计算机管理系统，提供供海关查阅数据的终端设备，并按照海关规定的认证方式和数据标准，通过“电子口岸”平台与海关联网，以便海关在统一平台上与国税、外汇管理等部门实现数据交换及信息共享；设置符合海关监管要求的隔离设施、监管设施和办理业务必需的其他设施。

（2）物流中心经营企业应当具备下列资格条件：经工商行政管理部门注册登记，具有独立企业法人资格；具备对中心内企业进行日常管理的能力；具备协助海关对进出物流中心的货物和中心内企业的经营行为实施监管的能力。

（3）申请时应提交的材料。

首次申请：申请书；省级人民政府意见书；物流中心所用土地使用权的合法证明及地理位置图、平面规划图；所列材料需加盖企业印章。

延续申请：保税物流中心（B 型）延期申请书。

变更申请：企业申请书；省级人民政府或其授权的市级人民政府关于变更事项的意见书；物流中心所用土地使用权的合法证明（在变更中心地址、面积及所有权时提供）；地理位置图、平面规划图(在变更中心地址、面积时提供)。

注销申请:经营企业出具的保税物流中心(B型)注销申请(申请书应当包括对保税物流中心库存货物的处理情况)。

(4)保税物流中心(B型)设立审批办理流程。

物流中心的申请、受理、审查、决定:设立物流中心的申请由直属海关受理,报海关总署审批;海关总署收到申请后提出办理意见并转送财政部、税务总局和外汇局会审,达成一致意见后由四部门联合批复;企业自海关总署出具批准其筹建物流中心文件之日起1年内向海关总署申请验收,由海关总署会同财政部、税务总局和外汇局等部门或者委托被授权的机构按照规定进行审核验收;物流中心验收合格后,由海关总署向物流中心经营企业核发《保税物流中心(B型)注册登记证书》;获准设立物流中心的企业确有正当理由未按时申请验收的,经海关总署同意可以延期验收。

获准设立物流中心的企业无正当理由逾期未申请验收或者验收不合格的,视同其撤回设立物流中心的申请。

物流中心的延续:《保税物流中心(B型)注册登记证书》的有效期为3年;物流中心经营企业申请延期的,应当在《保税物流中心(B型)注册登记证书》每次有效期满30日前办理延期手续,由直属海关受理,报海关总署审批,并提交相关材料。

海关总署对审查合格的物流中心经营企业准予延期3年,并换发或签注《保税物流中心(B型)注册登记证书》。

物流中心的变更:物流中心需变更名称、地址、面积及所有权等事项的,由直属海关受理报海关总署审批。其他变更事项报直属海关备案。

物流中心的注销:物流中心经营企业因故终止业务的,物流中心经营企业向直属海关提出书面申请,经海关总署会同有关部门审批后,办理注销手续并交回《保税物流中心(B型)注册登记证书》。

办结时限:无特别说明的,直属海关自受理之日起20个工作日,海关总署联合三部门接到材料之日起45个工作日,特殊情况可以延长15个工作日。

(四)管理

自2018年7月1日起,企业在特殊监管区域管理系统、保税物流管理系统设立保税底账后,办理海关特殊监管区域间、海关特殊监管区域与保税物流中心(B型)间、保税物流中心(B型)间的保税货物流转(设备结转)适用以下规定:

转入、转出企业应对保税货物流转(设备结转)情况协商一致后,按照《海关总署公告2018年第23号》要求报送保税核注清单,其中下列栏目应符合本公告要求:①清单类型填报普通清单;②关联清单编号由转出企业填报对应转入企业的进口保税核注清单编号;③关联备案编号填写对方手(账)册备案号;④设备结转时,监管方式应填设备进出区(监管方式代码5300)。

转入、转出保税核注清单按10位商品编码进行汇总比对,商品编码比对一致且法定数量相同的,双方核注清单比对成功;系统比对不成功的,按双方核注清单商品编码前8位进行汇总比对,商品编码比对一致且法定数量相同的,转人工比对。商品编码比对不一致或法定数量不同的,对转出保税核注清单予以退单,由转入转出双方协商,并根据协商结果对保税核注清单进行相应修改或撤销。

流转双方对同一商品的商品编码协商不一致时应按转入地海关依据商品归类的有关规定认定的商品编码确定。

转入、转出保税核注清单均已审核通过的，企业进行实际收发货，并按相关要求办理卡口核放手续。

按照海关总署公告2018年第23号《关于简化保税货物报关手续的规定》，流转双方企业可不再办理报关申报手续。对报关申报有特殊要求的从其规定。

二、保税物流中心进出货物的报关程序

（一）物流中心与境外之间进出货物的报关

物流中心与境外之间进出货物的报关事项与管理方法见表6—2。

表6—2 物流中心与境外之间进出货物的报关事项与管理方法

事　项	管理方法
地点	物流中心主管海关；物流中心与口岸不是同一主管海关的，经主管海关批准，可以在口岸海关办理相关手续
许可证	除实行出口被动配额管理和我国参加或者缔结的国际条约及国家另有明确规定的以外，不实行进出口配额、许可证件管理
税收	属于规定存放范围内的货物免税；中心内企业进口自用的办公用品、交通运输工具、生活消费品，以及物流中心开展综合物流服务所需进口的机器、装卸设备、管理设备等，按照进口货物的有关规定和税收政策办理相关手续
出口退税	不享受这一政策的仓库，海关在货物实际离境后签发出口货物报关单
报关单填制	监管方式：6033保税物流中心进出境货物

（二）物流中心与境内之间进出货物的报关

1. 出中心

第一，出中心进入关境内其他地区。物流中心货物进入境内其他地区视同进口，按照货物进入境内的实际流向和实际状态办理进口报关手续；属于许可证件管理的商品，企业还应当取得有效的许可证件，海关对有关许可证件电子数据进行系统自动比对验核。

从保税物流中心进入境内用于在保修期限内免费维修有关外国产品并符合无代价抵偿货物有关规定的零部件或者用于国际航行船舶和航空器的物料或者属于国家规定可以免税的货物，免征进口关税和进口环节代征税。

第二，出中心运往境外。物流中心货物出中心运往境外填制出口货物报关单，办理出口报关手续。具体手续与保税仓库和出口监管仓库货物运往境外的报关手续一样。

2. 进中心

货物从境内进入物流中心视同出口，办理出口报关手续。报关事项及管理方法见表6—3。

表6—3 货物从境内进入物流中心的报关事项及管理方法

事　项	管理方法
关税	如需缴纳出口关税的，应当按照规定纳税
许可证	属于许可证件管理的商品，应出具出口许可证件
出口退税	签发：从境内运入物流中心已办结报关手续的货物或者从境内运入物流中心，供中心内企业自用的国产机器设备、装卸设备、管理设备、检测检验设备等以及转关出口货物，海关签发出口退税报关单证明联
	不签：从境内运入物流中心的下列货物，海关不签发出口退税报关单证明联：①供中心内企业自用的生活消费品、交通运输工具；②供中心内企业自用的进口的机器设备、装卸设备、管理设备、检测检验设备等；③物流中心之间，物流中心与出口加工区、保税物流园区和已实行国内货物入仓环节出口退税政策的出口监管仓库等海关特殊监管区域或者海关保税监管场所往来的货物

任务五　保税物流园区进出货物的报关程序

一、保税物流园区简介

（一）保税物流园区的概念

保税物流园区是指经国务院批准，在保税区规划面积内或者毗邻保税区的特定港区内设立的、专门发展现代国际物流的海关特殊监管区域。

（二）保税物流园区的功能

保税物流园区的主要功能是保税物流，可以开展以下保税物流业务：①存储进出口货物及其他未办结海关手续的货物；②对所存货物开展流通性简单加工和增值服务，如分级分类、分拆分拣、分装、计量、组合包装、打膜、印刷运输标志、改换包装、拼箱等具有商业增值的辅助性服务；③国际转口贸易；④国际采购、分销和配送；⑤国际中转；⑥商品展示；⑦经海关批准的其他国际物流业务。

（三）保税物流园区的管理

保税物流园区是海关监管的特定区域。园区与境内其他地区之间应当设置符合海关监管要求的卡口、围网隔离设施、视频监控系统及其他海关监管场所所需的设施。

海关在园区派驻机构，依照有关法律、行政法规，对进出园区的货物、运输工具、个人携带物品及园区内相关场所实行 24 小时监管。

1. 禁止事项

（1）除安全人员和相关部门、企业值班人员外，其他人员不得在园区内居住；

（2）园区内不得建立工业生产加工场所和商业性消费设施；

（3）园区内不得开展商业零售、加工制造、翻新、拆解及其他与园区无关的业务；

（4）法律、行政法规禁止进出口的货物、物品不得进出园区。

2. 企业管理

保税物流园区行政机构及其经营主体、在保税物流园区设立的企业等单位的办公场所应当设置在园区规划面积内、围网外的园区综合办公区内。

海关对园区企业实行电子账册监管制度和计算机联网监管制度。

园区行政管理机构或其经营主体应当在海关指导下通过电子口岸建立供海关、园区企业及其他相关部门进行电子数据交换和信息共享的计算机公共信息平台。

园区企业建立符合海关监管要求的电子计算机管理系统，提供海关查阅数据的终端设备，按照海关规定的认证方式和数据标准与海关进行联网。

园区企业须依照法律、行政法规的规定，规范财务管理，设置符合海关监管要求的账簿、报表，记录本企业的财务状况和有关进出园区货物、物品的库存、转让、转移、销售、简单加工、使用等情况，如实填写有关单证、账册，凭合法、有效的凭证记账核算。

3. 物流管理

园区内设立仓库、堆场、查验场和必要的业务指挥调度操作场所。园区货物不设存储期限。园区企业自开展业务之日起，应当每年向园区主管海关办理报核手续。园区主管海关应当自受理报核申请之日起 30 天内予以核库。企业有关账册、原始数据应当自核库结束之日起至少保留3年。园区企业须编制月度货物进、出、转、存情况表和年度财务会计报告，并定期报送园区主管海关。

除主管海关批准，园区企业可以在园区综合办公区专用的展示场所举办商品展示活动。展示的货物应当在园区主管海关备案，并接受海关监管。

园区内货物可以自由流转。园区企业转让、转移货物时应当将货物的具体品名、数量、金额等有关事项向海关进行电子数据备案，并在转让、转移后向海关办理报核手续。

未经园区海关许可，园区企业不得将所存货物抵押、质押、留置、移作他用或者进行其他处置。

园区与区外非海关特殊监管区域或者保税监管场所之间货物的往来，企业可以使用其他非海关监管车辆承运。承运车辆进出园区通道时应当经海关登记，海关对货物和承运车辆进行查验、检查。

4. 特殊情况处理

除法律、行政法规规定不得声明放弃的货物外，园区企业可以申请放弃货物。放弃的货物由主管海关依法提取变卖，变卖收入由海关按照有关规定处理。依法变卖后，企业凭放弃该批货物的申请和园区主管海关提取变卖该货物的有关单证办理核销手续；确因无使用价值无法变卖并经海关核准的，由企业自行处理，园区主管海关直接办理核销手续。放弃货物在海关提取变卖前所需的仓储等费用，由企业自行承担。

对按照规定应当销毁的放弃货物，由企业负责销毁，园区主管海关可以派员监督。园区主管海关凭有关部门的证明材料办理核销手续。

因不可抗力造成园区货物损坏、损毁、灭失的，园区企业应当及时书面报告园区主管海关，说明理由并提供保险、灾害鉴定部门的有关证明。经主管海关核实确认后，按照下列规定处理：

(1)货物灭失，或者完全失去使用价值的，海关予以办理核销和免税手续。

(2)进境货物损坏、损毁，失去原使用价值但可以再利用的，园区企业可以向园区主管海关办理退运手续，如不退运出境并要求运往区外的，由区内企业提出申请，并经主管海关核准，根据受损货物的使用价值估价、征税后运出园区外。

(3)区外进入园区的货物损坏、损毁、失去原使用价值但可再利用，且需向出口企业进行退换的，可以退换为与损坏货物同一品名、规格、数量、价格的货物，并向园区主管海关办理退运手续。退运到区外的，如属于尚未办理出口退税手续的，可以向园区主管海关办理退税手续；如属于已经办理出口退税手续的，按照进境货物运往区外的有关规定办理。

因保管不善等非不可抗力因素造成货物损毁、损坏、灭失的，按下列规定办理：①对于从境外进入园区的货物，园区企业应当按照一般进口货物的规定，以货物进入园区时海关接受申报之日适用的税率、汇率，依法向海关缴纳损毁、灭失货物原价值的关税、进口环节增值税和消费税。②对于从区外进入园区的货物，园区企业应当重新缴纳因出口而退还的国内环节有关税收，海关据此办理核销手续。

二、保税物流园区进出货物的报关程序

(一)保税物流园区与境外之间进出货物

海关对园区与境外之间进出货物，除园区自用的免税进口货物、国际中转货物外，实行备案制管理，适用进出境备案清单。

园区与境外之间进出货物应当向园区主管海关申报。园区货物的进出境口岸不在园区主

管海关管辖区域的，经主管海关批准，可以在口岸海关办理申报手续。

园区内开展整箱进出、二次拼箱等国际中转业务的，由开展此项业务的企业向海关发送电子舱单数据，园区企业向园区主管海关申请提箱、集运等，提交舱单等单证，办理进出境申报手续。

保税物流园区与境外之间进出货物的报关程序如下：

1. 境外运入园区

境外货物到港后，园区企业及其代理人可以先提交舱单将货物直接运到园区，再提交进境货物备案清单向园区主管海关办理申报手续。除法律、行政法规另有规定外，境外运入园区的货物不实行许可证件管理。

境外运入园区的下列货物保税：①园区企业为开展业务所需的货物及其包装物料；②加工贸易进口货物；③转口贸易货物；④外商暂存货物；⑤供应国际航行船舶和航空器的物料、维修用零部件；⑥进口寄售货物；⑦进境检测、维修货物及其零部件；⑧看样订货的展览品、样品；⑨未办结海关手续的一般贸易货物；⑩经海关批准的其他进境货物。

境外运入园区的下列货物免税：①园区的基础设施建设项目所需的设备、物资等；②园区企业为开展业务所需机器、装卸设备、仓储设施、管理设备及其维修用消耗品、零部件及工具；③园区行政机构及其经营主体、园区企业自用合理数量的办公用品。

境外运入园区的园区行政机构及其经营主体、园区企业自用交通工具和生活消费品，按一般进口货物的有关规定和程序办理申报手续。

2. 园区运往境外

从园区运往境外的货物，除法律、行政法规另有规定外，免征出口关税，不实行许可证件管理。

进境货物未经流通性简单加工，需原状退运出境的，园区企业可以向园区主管海关申请办理退运手续。

（二）保税物流园区与境内区外之间进出货物

园区与区外之间进出的货物，由区内企业或者区外的收发货人或其代理人在园区主管海关办理申报手续。

园区企业在区外从事进出口贸易且货物不实际进出园区的，可以在收发货人所在地的主管海关或者货物实际进出境口岸的海关办理申报手续。

除法律、行政法规规定不得集中申报的货物外，园区企业少批量、多批次进出货物的，经主管海关批准可以办理集中申报手续，并适用每次货物进出口时海关接受该货物申报之日的税率、汇率。集中申报的期限不得超过1个月，且不得跨年度办理。

保税物流园区与区外之间进出货物的报关程序如下：

1. 园区货物运往区外

园区货物运往区外，视同进口。园区企业或者区外收货人或其代理人按照进口货物的有关规定向园区主管海关申报，海关按照货物出园区时的实际监管方式办理相关手续：

(1)进入国内市场的，按一般进口货物报关，提供相关的许可证件，照章缴纳进口关税、进口环节的增值税、消费税。

(2)用于加工贸易的，按保税加工货物报关，提供加工贸易手册(包括纸质的或电子的)，继续保税。

(3)用于可以享受特定减免税的特定企业、特定地区或有特定用途的，按特定减免税货物报关，提供“进出口货物征免税证明”和相应的许可证件，免缴进口关税、进口环节的增值税。

园区企业跨关区配送货物或者异地企业跨关区到园区提取货物的，可以在园区主管海关办理申报手续，也可以按照海关规定办理进口转关手续。

供区内行政管理机构及其经营主体和区内企业使用的机器、设备和办公用品等需要运往区外进行检测、维修的，应当向园区主管海关提出申请，经主管海关核准、登记后方可运往区外。

运往区外检测、维修的机器、设备和办公用品等不得留在区外使用，并自运出之日起60天内运回区内。因特殊情况不能如期运回的，园区行政管理机构及其经营主体和园区内企业应当于期满前10天内，以书面形式向园区主管海关申请延期，延长期限不得超过30天。

检测、维修完毕运进园区的机器、设备等应当为原物。有更换新零部件或者附件的，原零部件或者附件应当一并运回园区。

对在区外更换的国产零部件或者附件，如需退税，由区内企业或者区外企业提出申请，园区主管海关按照出口货物的有关规定办理，并签发出口货物报关单退税证明联。

园区企业在区外其他地方举办商品展示活动的，应当比照海关对暂准进境货物的管理规定办理有关手续。

2. 区外货物运入园区

区外货物运入园区，视同出口，由区内企业或者区外企业的发货人或其代理人向园区主管海关办理出口申请手续。属于应当缴纳出口关税的商品，应当照章纳税；属于许可证件管理的商品，应当同时向海关出具有效的许可证件。

用于办理出口退税的出口货物报关单证明联的签发手续，按照下列规定办理：

(1)从区外运入园区，供区内企业开展业务的国产货物、机器、包装材料，由区内企业或者区外发货人及其代理人填写出口货物报关单，海关按照对出口货物的有关规定办理，签发出口货物报关单退税证明联；货物从异地转关进入园区的，启运地海关在收到企业主管海关确认转关货物已进入园区的电子回执后，签发出口货物报关单退税证明联。

(2)从区外运入区内，供区内行政管理机构及其经营主体和区内企业使用的国产基建物资、机器、装卸设备、管理设备等，海关按照对出口货物的有关规定办理，除剩余取消出口退税的基建物资外，其他的予以签发出口货物报关单退税证明联。

(3)从区外运入园区，供区内行政管理机构及其经营主体和区内企业使用的生活消费品、办公用品、交通运输工具等，海关不予签发出口货物报关单退税证明联。

(4)从区外进入园区的原进口货物、包装物料、设备、基建物资等，区外企业应当向海关提供上述货物或者物品的清单，按照出口货物的有关规定办理申报手续，海关不予签发出口货物报关单退税证明联，原已缴纳的关税、进口环节增值税和消费税不予退还。

(5)除已经流通性简单加工的货物外，区外进入园区的货物，因质量、规格型号与合同不符等原因，需原状返还出口企业进行更换的，园区企业应当在货物申报进入园区之日起1年内向园区主管海关申请办理退换手续。更换的货物进入园区时，可以免领出口许可证件，免征出口关税，但海关不予签发出口货物报关单退税证明联。

3. 保税物流园区与其他特殊监管区域、保税监管场所之间往来货物

海关对于园区与海关其他特殊监管区域或者保税监管场所之间往来的货物，继续实行保税监管，不予签发出口货物报关单退税证明联。但货物从未实行国内货物入区、入仓环节出口退税制度的海关特殊监管区域或者保税监管场所转入园区的，按照货物实际离境的有关规定办理申报手续，由转出地海关签发出口货物报关单退税证明联。

园区与其他特殊监管区域、保税监管场所之间的货物交易、流转，不征收进出口环节和国内流通环节的有关税收。

任务六　保税区进出货物的报关程序

一、保税区

（一）保税区的概念

保税区是指经国务院批准在中华人民共和国境内设立的由海关进行监管的特定区域。

（二）保税区的功能

保税区具有出口加工、转口贸易、商品展示、仓储运输等功能。

（三）保税区的管理

保税区与境内其他地区之间，设置符合海关监管要求的隔离设施。

1. 禁止事项

（1）除安全保卫人员外，其他人员不得在保税区居住。

（2）国家禁止进出口的货物、物品，不得进出保税区。

（3）国家明令禁止进出口的货物和列入加工贸易禁止类商品目录的商品在保税区内不准开展加工贸易。

2. 物流管理

（1）海关对进出保税区的货物、物品、运输工具、人员及区内有关场所，有权依照《海关法》的规定进行检查、查验。

（2）在保税区内设立的企业，必须向海关办理注册登记手续。区内企业必须依照国家有关法律、行政法规的规定设置账簿、编制报表，凭核发、有效凭证记账并进行核算，记录有关进出保税区货物和物品的库存、转让、销售、加工、使用和损耗情况。

（3）区内企业必须与海关实行电子计算机联网，进行电子数据交换。

（4）进出保税区的运输工具的负责人，必须持保税区主管机关批准的证件连同运输工具名称、数量、牌照号码及驾驶员姓名等清单，向海关办理登记备案手续。

（5）未经海关批准，从保税区到非保税区的运输工具和人员不得运输、携带保税区内的免税、保税货物。

（6）从非保税区进入保税区的货物，按照出口货物办理报关手续。企业在办结海关手续后，可办理结汇、外汇核销、加工贸易核销等手续。出口退税必须在货物实际离境后才能办理。

（7）保税区内的转口货物可以在区内仓库或者区内其他场所进行分级、挑选、印刷运输标志、改换包装等简单加工。

3. 加工贸易管理

保税区企业开展加工贸易，除进口易制毒化学品、监控化学品、消耗臭氧层物质要提供进口许可证件，生产激光光盘要主管部门批准外，其他加工贸易料件进口免予交验许可证件。

保税区企业开展加工贸易，不实行银行保证金台账制度。

区内加工企业加工的制成品、机器加工过程中产生的边角余料运往境外时，应当按照国家有关规定向海关办理手续，除法律、行政法规另有规定外，免征出口关税。

区内加工企业将区内加工贸易料件及制成品，在加工过程中产生的副产品、残次品、边角料，运往非保税区时，应当依照国家有关规定向海关办理进口报关手续，并依法纳税、免缴缓税利息。

二、保税区进出货物的报关程序

(一)进出境报关

进出境报关采用报关制和备案制相结合的运行机制，即保税区与境外之间进出境货物，属自用的，采取报关制，填写进出口货物报关单；属非自用的，包括加工出口、转口、仓储和展示，采取备案制，填写进出境货物备案清单，即保税区内企业的加工贸易料件、转口贸易货物、仓储货物进出境，由收货人或其代理人填写进出境货物备案清单向海关报关；对保税区内企业进出自用合理数量的机器设备、管理设备、办公用品及工作人员所需自用合理数量的应税物品及货样，由收货人或其代理人填写进口货物报关单向海关报关。

进出境货物备案清单见图 6－2 和图 6－3。

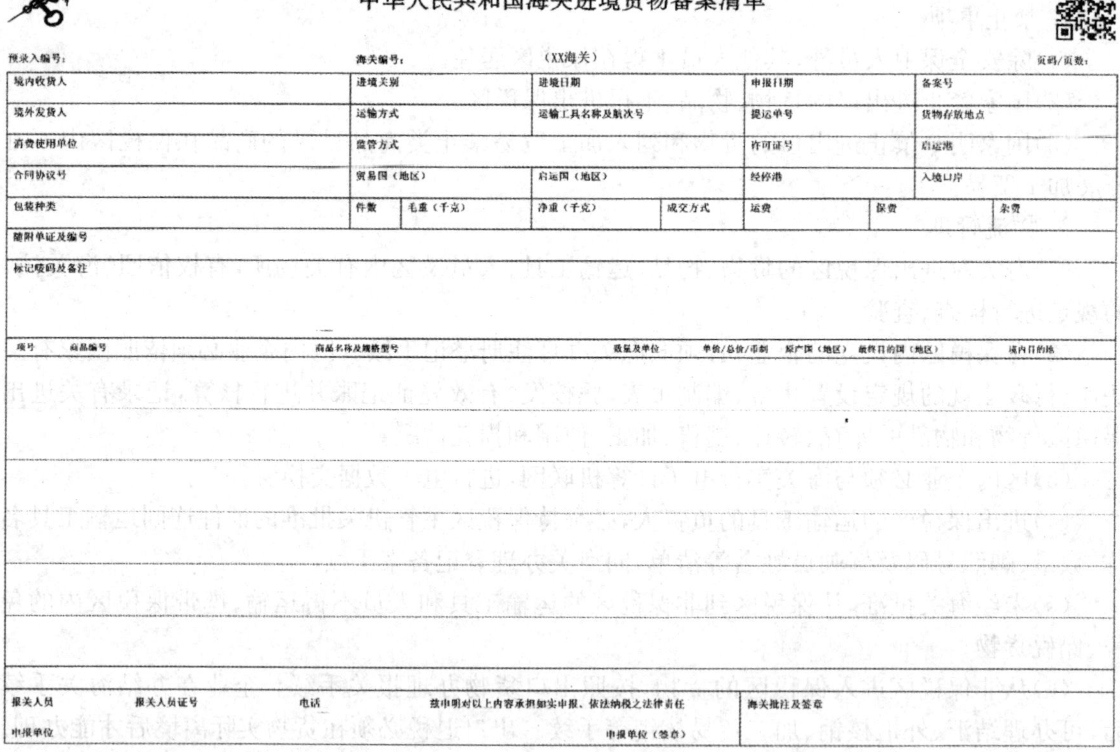

中华人民共和国海关进境货物备案清单

预录入编号：　　海关编号：　（XX海关）　　页码/页数：

境内收货人	进境关别		进境日期		申报日期	备案号	
境外发货人	运输方式		运输工具名称及航次号		提运单号	货物存放地点	
消费使用单位	监管方式				许可证号	启运港	
合同协议号	贸易国（地区）		启运国（地区）		经停港	入境口岸	
包装种类	件数	毛重（千克）	净重（千克）	成交方式	运费	保费	杂费
随附单证及编号							
标记唛码及备注							

项号	商品编号	商品名称及规格型号	数量及单位	单价/总价/币制	原产国（地区）	最终目的国（地区）	境内目的地

报关人员　报关人员证号　电话　兹申明对以上内容承担如实申报、依法纳税之法律责任 申报单位　申报单位（签章）	海关批注及签章

图 6－2　进境货物备案清单

保税区与境外之间进出的货物，除易制毒化学品、监控化学品、消耗臭氧层物质等国家规定的特殊货物外，不实行进出口许可证件管理，免予交验许可证件。

为保税加工、保税仓储、转口贸易、展示而从境外进入保税区的货物可以保税。

从境外进入保税区的以下货物可以免税：①区内生产性的基础设施建设项目所需的机器、设备和其他基建物资；②区内企业自用的生产、管理设备和自用合理数量的办公用品及其所需的维修零部件，生产用燃料，建设生产厂房，仓储设备所需的物资和设备，但是交通车辆和生活用品除外；③保税区行政管理机构自用合理数量的管理设备和办公用品及其所需的维修零

中华人民共和国海关出境货物备案清单

预录入编号：　　海关编号：　　（XX海关）　　页码/页数：

境内发货人	出境关别		出境日期		申报日期		备案号
境外收货人	运输方式		运输工具名称及航次号		提运单号		
生产销售单位	监管方式				许可证号		
合同协议号	贸易国（地区）		运抵国（地区）		指运港		离境口岸
包装种类	件数	毛重（千克）	净重（千克）	成交方式	运费	保费	杂费
随附单证及编号							
标记唛码及备注							

项号	商品编号	商品名称及规格型号	数量及单位	单价/总价/币制	原产国（地区）	最终目的国（地区）	境内货源地

报关人员　报关人员证号　电话　兹申明对以上内容承担如实申报、依法纳税之法律责任　海关批注及签章

申报单位　申报单位（签章）

图 6—3　出境货物备案清单

部件。

免税进入保税区的进口货物，海关按照特定减免税货物进行监管。

（二）进出区报关

进出区报关要根据不同情况按不同的报关程序报关。

1. 保税加工货物进出区

进区，报出口，要有加工贸易纸质手册或者加工贸易电子账册、电子化手册，填写出口货物报关单，提供有关的许可证件。出口应当征收出口关税的商品，需缴纳出口关税；海关不予签发出口货物报关单退税证明联。

出区，报进口，按不同的流向填写不同的进口货物报关单。

(1)出区进入国内市场的，按一般进口货物报关，填写进口货物报关单，提供有关许可证件。

关于保税加工货物内销的完税价格由海关按以下规定审查确定：①保税区内加工企业内销的进口料件或其制成品（包括残次品），以接受内销申报同时或者大约同时进口的相同或者类似货物的进口成交价格为基础确定完税价格。②保税区内的加工企业内销的进料加工制成品中，如果含有从境内采购的料件，以制成品所含有的从境外购入的料件的原进口成交价格为基础确定完税价格。料件的原进口成交价格不能确定的，以接受内销申报同时或者大约同时进口的相同或者类似货物的进口成交价格为基础确定完税价格。③保税区内的加工贸易企业内销的来料加工制成品中，如果含有境内采购的料件，以接受内销申报同时或者大约同时进口的相同或者类似货物的进口成交价格为基础确定完税价格。④保税区内的加工企业内销加工

过程中产生的边角料或者副产品，以内销价格为基础确定完税价格。

(2)出区用于加工贸易的，按加工贸易货物报关，填制加工贸易进口货物报关单，提供加工贸易纸质手册或者电子注册、电子化手册。

(3)出区用于可以享受特定减免税企业的，按特定减免税货物报关，提供进出口货物征免税证明和应当提供的许可证件，免缴进口税。

2. 进出区外发加工

(1)保税区企业货物外发到区外加工，或区外企业货物外发到保税区加工，须经主管海关核准。

(2)进区提交外发加工合同向保税区海关备案，加工出区后核销，不填写进出口货物报关单，不缴纳税费。

(3)出区外发加工的，须由区外加工贸易经营企业在加工企业所在地海关办理加工贸易备案手续，申领纸质手册，或者建立电子账册、电子化手册，需要建立银行保证金台账的应当设立台账，加工期限为6个月，特殊情况，经海关批准可以延长，延长的最长期限为6个月。备案后按保税加工货物出区进行报关。

3. 设备进出区

不管是施工还是投资设备，进出区均需向保税区海关备案，设备进区不填写报关单，不缴纳出口税，海关不签发出口货物报关单退税证明联，设备是从国外进口已征进口税的，不退进口税；设备退出区外，也不必填写报关单进行申报，但要报保税区海关备案。

【做中学6-1】

深圳安龙公司需将内地产的充电器和香港地区的电池组合成一种礼品装后销往欧洲。其内地工厂办理出口报关将充电器交至福田保税区，也可交至盐田保税物流园区，香港地区的电池则备案入境，可免税也可免证。内地的个人在保税区或盐田保税物流园区将两种物品按要求包装在一起，再装入货柜运至深圳或香港码头上船。

讨论：内地企业交货到福田保税区与交货到盐田保税物流园区有区别吗？如果你是当事人，你会选择交货到哪里？

任务七 保税港区进出货物的报关程序

一、保税港区

(一)保税港区的概念

保税港区是指经国务院批准，设立在国家对外开放口岸港区和与之相连的特定区域内，具有口岸、物流、加工等功能的海关的特定监管区域。

(二)保税港区的功能

保税港区具备保税加工、保税物流功能，可以开展下列业务：①存储进出口货物和其他未办结报关手续的货物；②国际转口贸易；③国际采购、分销和配送；④国际中转；⑤检测和售后服务维修；⑥商品展示；⑦研发、加工、制造；⑧港口作业；⑨经海关批准的其他业务。

(三)保税港区的管理

保税港区实行封闭式管理。保税港区与中华人民共和国关境内的其他地区之间设置符合海关监管要求的卡口、围网、视频监控系统及海关监管所需的其他设施。

保税港区享受的税收和外汇管理政策：国外货物入港区保税；货物出港区进入国内销售按货物进口的有关规定办理手续，并按货物实际状态征税；国内货物入港区视同出口，实行退税；港区内企业之间的货物交易不征收增值税和消费税。

1. 禁止事项

(1)保税港区内不得居住人员；

(2)除保障保税港区内人员正常生活工作、生活需要的非营利设施外，保税港区内不得建立商业性生活消费设施和开展商业零售业务；

(3)国家禁止进出口的货物、物品不得进出保税港区；

(4)区内企业的生产经营活动应当符合国家产业发展要求，不得开展高耗能、高污染和资源性产品及列入《加工贸易禁止类商品目录》商品的加工贸易业务。

2. 物流管理

(1)海关对进出保税港区的运输工具，以及货物、物品及保税港区内企业、场所进行监管。

(2)区内企业需要开展危险化工品和易燃易爆物品生产、经营和运输业务的，应当取得安全监督、交通等相关部门的行政许可，并报保税港区主管海关备案。

(3)有关储罐、装置、设备等设施应当符合海关的监管要求。通过管道进出保税港区的货物，应当配备计量检测装置和其他便于海关监管的设施、设备。

(4)申请在保税港区内开展维修业务的企业应当具有法人资格，并在保税港区主管海关登记备案。区内企业所开展的维修业务仅限于我国出口机电产品和售后维修，维修后的产品、更换的零部件及维修过程中产生的物料等应当复运出境。

(5)经保税港区主管海关批准，区内企业可以在保税港区综合办公区专用的展示场所举办商品展示活动。展示的货物应当在海关备案，并接受海关监管。

(6)保税港区内货物可以自由流转，区内企业转让、转移货物的，双方企业应当及时向海关报送转让、转移货物的品名、数量、金额等电子数据信息。

(7)保税港区货物不设存储期限。但存储期限超过2年的，区内企业应当每年向海关备案。

(8)经海关核准，区内企业可以办理集中申报手续。实行集中申报的区内企业应当对1个自然月内的申报清单数据进行归并，填制进出口货物报关单，在次月底前向海关办理集中申报手续。集中申报适用报关单集中申报之日实施的税率、汇率，集中申报不得跨年度。

3. 加工贸易管理

区内企业不实行加工贸易银行保证金台账和合同核销制度，海关对保税港区内加工贸易货物不实行单耗标准管理。区内企业应当自开展业务之日起，定期向海关报送货物的进区、出区和储存情况。

4. 特殊情况处理

(1)区内企业申请放弃的货物，经海关及有关部门核准后，由保税港区主管海关依法提取变卖，变卖收入由海关按照有关规定处理，但法律、行政法规和海关规章规定不得放弃的货物除外。

(2)因不可抗力造成保税港区货物损毁、灭失的，区内企业应当及时书面报告保税港区主管海关，说明情况并提供灾害鉴定部门的有关证明。经保税港区主管海关核实确认后，按照下列规定处理：①货物灭失，或者虽未灭失但完全失去使用价值的，海关予以办理核销和免税手续；②进境货物损毁，失去部分使用价值的，区内企业可以向海关办理退运手续，如不退运出境并要求运往区外的，由区内企业提出申请，经保税港区主管海关核准，按照海关审定的价格进行征税；③区外进入保税港区货物损毁、灭失部分失去使用价值，且需要向出口企业进行退换的，可以退换为与损毁货物相同或者相似的货物，并向保税港区主管海关办理退运手续。

(3)需退运到区外的，属于尚未办理出口退税手续的，可以向保税港区主管海关办理退运手续；属于已经办理出口退税手续的，按照经济货物运往区外的规定办理。

(4)因保管不善等非不可抗力因素造成货物损毁、灭失的，区内企业应当及时书面报告保税港区主管海关，说明情况。经保税港区主管海关核实确认后，按照下列规定办理：①从境外进入保税港区的货物，区内企业应当按照一般贸易货物的规定，按照海关审定的货物损毁或灭失前的完税价格，以货物损毁或灭失之日适用的税率、汇率缴纳关税、进口环节海关代征税；②从区外进入保税港区的货物，区内企业应当重新缴纳因出口而退还的国内环节有关税收，海关据此办理核销手续，已缴纳出口关税的，不予退还；③从区外进入保税港区供保税港区行政管理机构和区内企业使用的生活消费品与交通运输工具，海关不予签发出口货物报关单退税证明联；④从区外进入保税港区的原进口货物、包装物料、设备、基建物资等，区外企业应当向海关提供上述货物或者物品的清单，按照出口货物的有关规定办理申报手续，海关不予签发出口货物报关单证明联，原已缴纳的关税、进口环节海关代征税不予退还。

二、进出保税港区货物报关程序

保税港区企业向海关申报货物进出境、进出区，以及在同一区域内或者不同特殊区域之间流转货物的双方企业，应填制海关进(出)境货物备案清单，保税港区与境内区外之间进出的货物，区外企业应同时填制进(出)口货物报关单，向保税港区主管海关办理进出口报关手续。

货物在同一保税港区企业之间、不同特殊区域企业之间或保税港区内与区外之间流转的，应当先办理进口报关手续，后办理出口报关手续。

综合保税区以及被整合到国务院新批准设立的综合保税区或保税港区内的出口加工区、保税物流园区、保税区活保税物流中心，按照保税港区模式运作。

(一)保税港区与境外之间

(1)保税港区与境外之间进出的货物应当在保税港区主管海关办理海关手续，邻近口岸不在保税港区主管海关辖区内的，经保税港区主管海关批准，可以在口岸海关办理海关手续。

(2)海关对保税港区与境外之间进出的货物实行备案制管理，对从境外进入保税港区的货物予以保税。货物的收发货人或其代理人应当如实填写进出境货物备案清单，向海关备案。

(3)下列货物从境外进入保税港区，海关免征进口关税和进口环节海关代征税：①区内生产性的基础设施建设项目所需的机器、设备和建设生产厂房、仓储设施所需的基建物资；②区内企业生产所需的机器、设备、模具及其维修用零部件；③区内企业和行政管理机构自用合理数量的办公用品。

(4)从境外进入保税港区，供区内企业和行政管理机构自用的交通运输工具、生活消费品，按进口货物的有关规定办理报关手续，海关按照有关规定征收进口关税和进口环节海关代征税。

(5)从保税港区运往境外的货物免征出口关税。

(6)保税港区与境外之间进出货物，除法律、行政法规和规章另有规定外，不实行进出口配额、许可证件管理。

(7)对于同一配额许可证件项下的货物，海关在进区环节已经验核配额、许可证件的，在出境环节不再验核配额、许可证件。

（二）保税港区与区外非特殊监管区域或场所之间

保税港区与区外之间进出货物，区内企业或者区外收发货人按照进出口货物的有关规定向保税港区主管海关办理申报手续，需要征税的，区内企业或者区外收发货人按照货物进出区时的实际状态缴纳税款；属于配额、许可证件管理商品的，区内企业或者区外收发货人还应当向海关出具配额、许可证件。对于同一配额、许可证件项下的货物，海关在进境环节已验核配额、许可证件的，在出区环节不再验核配额、许可证件。

1. 出区

（1）一般贸易货物出区。一般贸易货物出区直接进入生产活消费领域流通的，按一般进口货物的报关程序办理海关手续，属于优惠贸易协定项下货物，符合海关总署相关原产地管理规定的，按协定税率或者特惠税率办理海关征税手续。

一般贸易货物出区符合保税或者特定减免税条件的，可以按保税货物或者特定减免税货物的报关程序办理海关手续。

（2）加工贸易货物出区。区内企业生产的加工贸易成品及在加工生产过程中产生的残次品、副产品出区内销的，按进口货物办理进口手续，海关按内销时的实际状态征税，属于进口配额、许可证件管理的，企业应当向海关出具进口配额、许可证件。

区内企业在加工生产过程中产生的边角料、废品，以及加工生产、储存、运输等过程中产生的包装物料，区内企业提出书面申请并且经海关批准的，可以运往区外，海关按出区时的实际状态征税。属于进口配额、许可证件管理的，免领进口配额、许可证件；列入《禁止进口废物目录》的废物及其他危险废物需要出区进行处置的，有关企业凭保税港区行政管理机构及所在地的市级环保部门批件等材料，向海关办理出区手续。

区内企业生产的加工贸易成品出区深加工结转按出口加工区深加工结转程序办理海关手续。

（3）出区展示。区内企业在区外其他地方举办商品展示的，比照海关对暂准进境货物的管理规定办理有关手续。

（4）出区检测、维修。保税港区内使用的机器、设备、模具和办公用品等，不得在区外用于加工生产和使用，并且应当自运出之日起 60 天内运回保税港区。因特殊情况不能如期运回的，区内企业或者保税港区行政管理机构应当在期限届满前 7 天内，以书面形式向海关申请延期。延长期限不得超过 30 天。检测、维修完毕运回保税港区的机器、设备、模具和办公用品等应当为原物。有更换新零件、配件或者附件，原零件、配件或者附件应当一并运回保税港区。对在区外更换的国产零件、配件或者附件，需要退税的，由区内企业或者区外企业提出申请，保税港区主管海关按照出口货物的有关规定办理手续，签发出口货物报关单证明联。

（5）出区外发加工。区内企业需要将模具、原材料、半成品等运往区外进行加工的，应当在开展外发加工前，凭承揽加工合同或者协议、承揽企业营业执照复印件和区内企业签章确认的承揽企业生产能力状况等材料，向保税港区主管海关办理外发加工手续。

委托区外企业加工的期限不得超过 6 个月，加工完毕后的货物应当按期运回保税港区。在区外开展外发加工产生的边角料、废品、残次品、副产品不运回保税港区的，海关应当按照实际状态征税，区内企业凭出区时委托区外加工申请及有关单证，向海关办理验放核销手续。

2. 进区

区外货物进入保税港区的，按照货物出口的有关规定办理缴税手续，并按照下列规定签发用于出口退税的出口货物报关单证明联：

(1)从区外进入保税港区供区内企业开展业务的国产货物及其包装物料，海关按照对出口货物的有关规定办理，签发出口货物报关单证明联；货物转关出口的，启运地海关在收到保税港区主管海关确认转关货物已进入保税港区的电子回执后，签发出口货物报关单证明联。

(2)从区外进入保税港区供保税港区行政管理机构和区内企业使用的国产基建物资、机器、装卸设备、管理设备、办公用品等，海关按照对出口货物的有关规定办理，除属于取消出口退税的基建物资外，签发出口货物报关单证明联；从区外进入保税港区的原进口货物、包装物料、设备、基建物资等，区外企业应当向海关提供上述货物或者物品的清单，按照出口货物的有关规定办理申报手续，海关不予签发出口货物报关单退税证明联，原已缴纳的关税、进口环节海关代征税不予退还。

(三)保税港区与其他海关特殊监管区域或者保税监管场所之间

海关对于保税港区与其他海关特殊监管区域或者保税监管场所之间往来的货物，实行保税监管，不予签发用于办理出口退税的出口货物报关单证明联。但货物从未实行国内货物入区(仓)环节出口退税制度的海关特殊监管区域或者保税监管场所转入保税港区的，视同货物实际离境，由转出地海关签发出口货物报关单退税证明联。

保税港区与其他海关特殊监管区域或者保税监管场所之间的流转货物，不征收进口环节的有关税收。

承运保税港区与其他海关特殊监管区域或者保税监管场所之间货物的运输工具，应当符合海关监管要求。

经验小谈 6－2

我司想要在当地综保区内设立一家企业从事维修业务，请问综保区内对于从事保税维修业务的企业有什么要求？

答：根据《海关保税港区管理暂行办法》第 32 条：申请在保税港区内开展维修业务的企业应当具有企业法人资格，并在保税港区主管海关登记备案。在保税港区内开展保税维修业务的企业，海关按照相关规定进行监管。

应知考核

一、单项选择题

1. 保税物流中心不能开展的业务是(　　)。

A. 保税存储进出口货物及其他未办结海关手续货物

B. 维修、翻新和拆解

C. 转口贸易和国际中转业务

D. 对所存货物开展流通性的简单加工和增值服务

2. 保税物流园区不可以开展的业务是(　　)。

A. 进出口贸易

B. 国际采购、分销和配送

C. 对所存货物开展流通性简单加工和增值服务

D. 加工制造、翻新和拆解

3. 下列哪一选项对从境外进口的货物照章征税?( )

A. 出口加工区从境外进口的区内企业自用的生产管理设备

B. 保税区企业从境外进口的仓储设备

C. 保税物流园区进口的仓储设备、管理设备

D. 出口加工区从境外进口的自用交通工具、生活消费品

4. 天津某加工贸易经营企业进口 12 590 美元的涤纶长丝,委托河北廊坊某加工企业加工袜子后返销出口。该异地加工贸易的银行保证金台账应( )。

A. 由经营企业到所在地银行设台账,半实转

B. 由加工企业到所在地银行设台账,空转

C. 由经营企业到加工企业所在地银行设台账,半实转

D. 由加工企业到经营企业所在地银行设台账,空转

5. 下列哪一选项从境外进口的自用物资(交通工具、消费品除外)可以享受特定减免税的优惠待遇?( )

A. 保税仓库　　　　B. 出口监管仓库

C. 保税物流中心　　　　D. 保税物流园区

6. 下列哪一选项的暂时进口货物,在办理进口报关手续时无须提交进口许可证件?( )

A. 易制毒化学品

B. 监控化学品

C. 消耗臭氧层物质

D. 除需要实施检验检疫的,或者为了公共卫生、公共安全等实施管制措施以外的其他货物

7. 下列哪一选项适用保税通关制度?( )

A. 展览品

B. 暂时进口的施工机械

C. 进料加工中外商免费提供的加工贸易设备

D. 来料加工中外商免费提供的加工贸易设备

8. 向海关报关时适用保税区进境货物备案清单的是( )。

A. 保税区从境外进口的加工贸易料件

B. 保税区销往国内非保税区的货物

C. 保税区区内企业从境外进口自用的机器设备

D. 保税区管理机构从境外进口的办公用品

9. 下列货物中,不得存入保税仓库的是( )。

A. 加工贸易出口货物　　　　B. 进境转口货物

C. 供应国际航行船舶的进口油料　　　　D. 外商进境暂存货物

10. 从境内区外进入( )的一般出口货物,可享受出口退税。

A. 保税区、保税物流中心　　　　B. 保税物流园区、保税区

C. 保税区、保税港区　　　　D. 保税物流园区、保税物流中心

二、多项选择题

1. 从境外进入保税区的货物,(　　)。

A. 进口自用的生产设备、物资免税　　B. 进口加工贸易货物全额保税

C. 转口货物保税　　D. 进口自用交通工具、生活物资征税

2. 下列选项中,表述不正确的是(　　)。

A. 进口保税仓库自用货架照章征税

B. 保税区仓储企业进口的自用货架照章征税

C. 保税物流中心进口的自用货架照章征税

D. 保税物流园区进口的自用货架照章征税

3. 从境外进入物流园区的货物,下列选项中表述正确的是(　　)。

A. 园区企业为开展业务所需货物及其包装材料进口保税

B. 园区加工贸易企业进口的料件保税

C. 储存的进口货物保税

D. 储存的未办结海关手续的进口货物保税

4. 从境外进入物流园区的货物,下列选项中表述正确的是(　　)。

A. 园区从境外进口的自用设备、物资免税

B. 园区企业为开展业务进口的自用设备、装卸设备、仓储设备、管理设备免税

C. 园区企业、行政机构及其经营主体进口的自用合理数量的办公用品免税

D. 园区企业、行政机构及其经营主体进口的自用交通工具和生活物资,照章征税

5. 物流中心、物流园区、出口加工区、保税区货物出区到境内区外,下列选项中表述正确的是(　　)。

A. 出区报进口。海关一律按照一般进口货物照章征税并办理其他相应报关手续

B. 出区报进口。如用于境内消费,海关按照一般进口货物报关程序照章征税,并办理相应的海关手续

C. 出区报进口。如用于境内消费,海关按照特定减免税报关程序办理海关手续

D. 出区报进口。如用于加工贸易,海关按照加工贸易报关程序办理海关手续

6. 境内区外货物进入物流中心、物流园区、出口加工区、保税区,下列选项中表述正确的是(　　)。

A. 进区报出口。对进入物流中心、物流园区、出口加工区货物在办理进区出口手续时,海关即可签发出口退税报关单证明联(自用交通工具、生活物资等除外)

B. 进区报出口。对进入保税区的货物,在办理进区出口手续时,海关不立即签发出口退税报关的证明联,待货物实际运输出境,经海关核实再签发出口退税报关单证明联

C. 进区报出口。对境内区外的国产设备进入物流中心、物流园区、出口加工区自用,在办理进区出口手续时,海关即可签发出口退税报关单证明联;对进入保税区自用的国产设备,应向海关备案,不填写报关单,不缴纳出口税,海关不签发出口退税报关单证明联

D. 对进入物流中心、物流园区、出口加工区、保税区自用的原进口设备,在办理进区手续时,海关不退还原进口时已征的进口税款,也不签发出口退税报关单证明联

7. 下列关于保税储存期限的表述中正确的是(　　)。

A. 保税仓库货物的储存期限为1年,可以申请延长,延长的期限最长不超过1年

B. 出口监管仓库货物储存期限为 6 个月，可以申请延长，延长期限不超过 6 个月

C. 保税物流中心 A 型保税储存期限为 1 年，可以申请延长，延长期限不超过 1 年；保税物流中心 B 型保税储存期限为 2 年，可以申请延长，延长期限不超过 1 年

D. 保税物流园区货物不设储存期限

8. 下列哪些选项由直属海关批准设立？（ ）

A. 保税仓库　　B. 出口监管仓库

C. 保税物流中心 A 型　　D. 保税物流中心 B 型

9. 下列哪些选项在进出海关特殊监管区域办理海关手续时不适用保税通关制度？（ ）

A. 物流园区货物出区运往境内区外用于消费的货物

B. 境内区外加工贸易货物进入物流园区

C. 出口加工区货物出区运往境内区外用于特定减免税的货物

D. 保税区货物出区运往境内区外用于加工产品出口

10. 保税物流中心可以开展的业务是（ ）。

A. 对所存货物开展流通性的简单加工和增值服务

B. 维修和拆解

C. 全球采购、国际分拨和配送

D. 转口贸易和国际中转业务

三、判断题

1. 物流园区与境外之间进出货物，除园区自用的免税进口货物、国际中转货物或者法律、行政法规另有规定的货物以外，海关实行备案制管理。（ ）

2. 出口监管仓库存放的货物，是办结出口海关手续的货物，所以只能装运出口，不可以出仓复进口。（ ）

3. 保税仓库可以存放未办结海关手续的进口货物，不能存放已办结出口海关手续的出口货物。（ ）

4. 某保税仓库进口仓库内部管理用计算机、堆放货物的货架及在保税仓库内使用搬运货物的叉车，按照规定，进口这些物资可以申请办理保税手续。（ ）

5. 某保税仓库进口仓库管理用计算机、堆放货物的货架及搬运货物的叉车，按照规定，进口这些物资可予以免税。（ ）

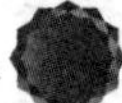

应会考核

■观念应用

【背景资料】

神力公司是一家设立在保税区的加工贸易企业。在企业建设过程中，从境外购进了供本企业使用的数控车床、小轿车、仓储式货架、办公计算机等一批物品。建成投产后，该企业向海关申报从境外购进汽车发动机引擎、钢板材等料件，用于加工生产机动旋转式割草机（割草机原料都购自境外）。由于生产工艺原因，企业向海关申请将割草机半成品外发至区外加工，后运回保税区内。此时，由于国际市场发生变化，企业向海关申请将部分割草机内销。

【实务要求】

根据上述背景资料，回答下列问题：

1. 该企业自境外进口的(　　)，海关予以免税。

A. 数控车床　　B. 小轿车　　C. 仓储式货架　　D. 办公计算机

2. 下列关于物品适用的报关制度表述中正确的是(　　)。

A. 数控机床采取备案制，填写进出境货物备案清单

B. 办公计算机采取报关制，填写进出境货物备案清单

C. 汽车发动机引擎采取备案制，填写进出境货物备案清单

D. 钢板材采取报关制，填写进出口货物报关单

3. 关于神力公司外发加工的期限，下列表述中正确的是(　　)。

A. 期限为 3 个月，经海关批准最多延长 3 个月

B. 期限为 6 个月，经海关批准最多延长 3 个月

C. 期限为 6 个月，经海关批准最多延长 6 个月

D. 期限为 1 年，经海关批准最多延长 6 个月

4. 割草机内销时，计征进口税应按照(　　)规定办理。

A. 按割草机的状态计征税款

B. 根据单耗关系折算耗用掉的汽车发动机引擎、钢板材等料件计征税款

C. 以割草机内销价格为基础，审查确定完税价格

D. 以接受割草机内销申报的同时或者大约同时进口的相同或者类似割草机的完税价格为基础，审查确定完税价格

■技能应用

某家纺织品加工贸易企业从境外进口纺织用棉花，储存于本企业的保税仓库中。2018 年 9 月因棉花自燃引起火灾烧毁库房的一批保税货物，且火灾原因已经公安部门认定。

问题：(1)加工贸易企业应当如何办理该批货物的海关手续？该批棉花的加工贸易手册是否可以办理免税核销手续？

(2)棉花自燃能否构成不可抗力？如果不构成不可抗力，什么条件下可免税核销？

■案例分析

1. 天津商业保税仓库存放一批冷压薄板，2018 年 4 月 5 日已经存放满 1 年，仍未转为进口或退运出口，企业要求延长该批保税货物的存放期限。海关批准延长期最长不能超过哪一天？

2. 中国香港 A 公司在宝安、东莞均设有工厂，国外的原材料到香港码头后，由福汉兴国际有限公司安排香港车辆提柜并经福田保税区一号通道拖运至福汉兴仓库存放。待内地工厂需要用料时，派内地厂家的理货员到福汉兴仓库指定需要的货品，填报好正确的报关文件后，由内地车辆经福田保税区二号通道直接报关进口或转关至东莞海关拆关。

项目实训

【实训项目】

保税物流货物报关程序。

【实训情境】

大连保税区某企业进料加工，生产激光光盘出口，其中部分料件为进区国产料件。因外商要求变更合同，减少光盘出口数量，部分产品未能如约出口而出区进入国内市场或出区移作他用，在加工过程中产生的残次品、边角料也运往区外。

任务一：办理国内料件进区，如何办理？

任务二：部分产品出境应如何办理？

任务三：部分产品、残次品、边角料出区内销如何办理？

【实训要求】

请对上述任务进行操作分析，并填写实训报告。

<table>
<tr><td colspan="3">《保税物流货物报关程序》实训报告</td></tr>
<tr><td>项目实训班级：</td><td>项目小组：</td><td>项目组成员：</td></tr>
<tr><td>实训时间：　年　月　日</td><td>实训地点：</td><td>实训成绩：</td></tr>
<tr><td colspan="3">实训目的：</td></tr>
<tr><td colspan="3">实训步骤：</td></tr>
<tr><td colspan="3">实训结果：</td></tr>
<tr><td colspan="3">实训感言：</td></tr>
<tr><td colspan="3">不足与今后改进：</td></tr>
<tr><td colspan="2">项目组长评定签字：</td><td>项目指导教师评定签字：</td></tr>
</table>

减免税货物报关程序

○ **知识目标：**

理解：关税减免的概念及分类。

熟知：减免税货物的管理。

掌握：减免税货物的报关程序。

○ **技能目标：**

能够对减免税货物进行规范操作，能进行进出口报关流程的设计。

○ **素质目标：**

能够运用所学的实务知识研究相关案例，培养和提高学生在特定业务情境中分析问题与决策设计的能力；能够结合报关行业规范或标准，分析报关行为的善恶，强化学生职业素养和职业操守道德。

○ **项目引例：**

山东爱美尔服装有限公司（属国家鼓励发展产业类）在其投资总额内，从境外购进了一批免税纺织机械。在海关查验该批进口设备时，收货单位的陪同查验人员因开拆包装不慎，将其中一台设备的某一部分损坏并在查验记录上注明。此后该企业又从同一供货处购进生产原料一批，其中30%的加工产品内销，50%的加工产品返销境外，20%的加工产品结转给另一直属关区的其他加工贸易企业继续加工产品后销往境外。料件进口前，该企业已向海关办妥加工贸易合同登记备案手续和深加工结转手续。在海关监管期内，该企业为调整产业结构，将该加工设备出售给某内资企业。

请问：(1)在海关查验时造成的加工设备损坏，应该怎么办？

(2)料件进口应以哪种方式办理进口申报手续？

○ **知识精讲：**

任务一　减免税货物概述

一、减免税货物的概念

减免税货物是指海关根据国家的政策规定准予减免税进境、使用于特定地区、特定企业、特定用途的货物。

二、减免税货物的范围

减免税货物的范围见表7－1。

表 7—1　　减免税货物的范围

货物类型	概　念	举　例
特定地区	我国关境内由行政法规规定的某一特别限定区域，享受减免税优惠的进口货物只能在这一特别限定的区域内使用	保税区、出口加工区等特定区域进口生产性的基础设施建设项目所需的机器、设备和其他基建物资等予以免税
特定企业	由国务院制定的行政法规专门规定的企业，享受减免税优惠的进口货物只能由这些专门规定的企业使用	外商投资企业进口减免税货物
特定用途	国家规定可以享受减免税优惠的进口货物只能用于行政法规专门规定的用途	外商投资项目投资额度内进口的自用设备；国内属国家重点鼓励发展产业的投资项目进口的自用设备；科研机构及学校进口的专用科研用品；残疾人专用品及残疾人组织和单位进口的货物

三、减免税货物的基本特征

基本特征包括：

(1)特定条件下减免关税。

(2)进口申报应当提交进口许可证件。外资企业和香港、澳门、台湾及华侨的投资企业，进口本企业自用的机器设备，免交许可证；外商投资企业在投资总额内进口，涉及机电产品自动进口许可管理的，免交许可证。

(3)进口后在特定的海关监管期限内接受海关监管。[①] 具体如下：①船舶、飞机：8 年。②机动车辆：6 年。③其他货物：3 年。减免税货物在海关监管年限内为海关监管货物。除自用外，未经海关允许，不得以任何形式转让、出售、出租或移作他用。

经验小谈 7—1

我司有一批减免税设备已经过了海关监管期限，请问是否需要到海关申请解除监管的证明？

答：根据《海关进出口货物减免税管理办法》第 42 条：减免税货物海关监管年限届满的，自动解除监管。减免税申请人需要海关出具解除监管证明的，可以自办结补缴税款和解除监管等相关手续之日或者自海关监管年限届满之日起 1 年内，向主管海关申请领取解除监管证明。海关审核同意后出具《海关进口减免税货物解除监管证明》。

四、减免税货物的海关监管要求

监管要求包括：

(1)减免税申请、审批、税款担保和后续管理业务等相关手续应当由进口货物减免税申请人或其代理人办理。进口货物减免税申请人包括具有独立法人资格的企事业单位、社会团体、国家机关，符合规定的非法人分支机构，经海关总署审查确定的其他组织。

(2)减免税申请人面临下列情形之一时，可以向海关申请凭税款担保先予办理货物放行手

---

① 海关总署公告 2017 年第 51 号(《关于调整进口减免税货物监管年限的公告》)，监管年限自货物进口放行之日起计算。

续:①主管海关按照规定已经受理减免税备案或者审批申请,尚未办理完毕的;②有关进口税收优惠政策已经国务院批准,具体实施措施尚未明确,海关总署已确认减免税申请人属于享受该政策范围的;③其他经海关总署核准的情况。但是应当提供许可证而不能提供的,以及法律、行政法规规定不得担保的其他情形,进出口地海关不得办理减免税货物凭税款担保放行手续。

经验小谈 7—2

我司已经准备好减免税备案证明,请问在通关环节还需要提交纸质减免税证明吗?

答:根据海关总署公告 2017 年第 58 号(《关于推广减免税申请无纸化及取消减免税备案的公告》)第 1 条:除海关总署有明确规定外,减免税申请人或者其代理人可通过中国电子口岸 QP 预录入客户端减免税申报系统向海关提交减免税申请表及随附单证资料电子数据,无须以纸质形式提交。

(3)在海关监管年限内,减免税申请人应当自进口减免税货物放行之日起,在每年的第一季度向主管海关递交"减免税货物使用状况报告书",报告减免税货物的使用状况。在海关监管年限及其后 3 年内,海关可以对减免税申请人进口和使用减免税货物情况实施稽查。

(4)减免税货物转让给进口同一货物享受同等减免税优惠待遇的其他单位的,不予恢复减免税货物转出申请人的减免税额度,减免税货物转入申请人的减免税额度按照海关审定的货物结转时的价格、数量或者应缴税款予以扣减。

减免税货物因品质或者规格原因原状退运出境,减免税申请人以无代价抵偿方式进口同一类型货物的,不予恢复其减免税额度;未以无代价抵偿方式进口同一类型货物的,减免税申请人自原减免税货物退运出境之日起 3 个月内向海关提出申请,经海关批准,可以恢复其减免税额度。

任务二　减免税货物的报关程序

一、减免税备案和审批(减免税申请)

(一)减免税备案

减免税申请人按照有关进出口税收优惠政策的规定申请减免税进出口相关货物,海关需要事先对减免税申请人的资格或者投资项目进行确认的,减免税申请人应当在申请办理减免税审批手续前,向主管海关申请办理减免税备案手续。

(二)减免税审批

减免税货物备案后,货物进口前,减免税申请人应当持以下单证向主管海关申领减免税证明:

(1)进出口货物征免税证明申请表;

(2)企业营业执照或者事业单位法人证书、国家机关设立文件、社团登记证书、民办非企业单位登记证书、基金会登记证书等证明材料;

(3)进出口合同、发票及相关货物的产品情况资料;

(4)相关政策规定的享受进出口税收优惠政策资格的证明材料;

(5)海关认为需要提供的其他材料。

减免税申请人按照本条例规定提交证明材料的，应当交验原件，同时提交加盖减免税申请人有效印章的复印件。

主管海关进行审核，确定其所申请货物的免税方式，依据其是否符合减免税政策要求决定签发“进出口货物征免税证明”。

“进出口货物征免税证明”的有效期一般为 6 个月，持证人应当在海关签发征免税证明的有效期内进口经批准的特定减免税货物。如有特殊情况，可以向海关申请延长，延长的最长期限为 6 个月。

“进出口货物征免税证明”使用一次有效，即一份征免税证明上的货物证明在一个进口口岸一次性进口；如果一批特定减免税货物需要分两个或两个以上口岸进口，或者分两次或两次以上进口的，应当事先声明，并按到货口岸、到货日期分别申领征免税证明。

（三）基本程序

减免税备案和审批阶段包括减免税备案和申领“进出口货物征免税证明”两个环节，基本程序为：

（1）减免税申请人应当向其所在地海关申请办理减免税备案、审批手续，特殊区域除外。

（2）投资项目所在地海关与减免税申请人所在地海关不是同一海关的，减免税申请人应当向投资项目所在地海关申请办理减免税备案、审批手续。

（3）投资项目所在地涉及多个海关的，减免税申请人可以向其所在地海关或者有关海关的共同上级海关申请办理减免税备案审批手续。有关海关的共同上级海关可以指定相关海关办理减免税备案、审批手续。

（4）投资项目由投资项目单位所属非法人分支机构具体实施的，在获得投资项目单位的授权并经投资项目所在地海关审核同意后，该非法人分支机构可以向投资项目所在地海关申请办理减免税备案、审批手续。

二、进口报关（进出境阶段）

政策性减免税货物进口报关时，可参照“一般进出口货物报关程序”中的有关内容。但是，政策性减免税货物进口报关有一些具体手续与一般进出口货物的报关有所不同。

（1）特定减免税货物进口报关时，进口货物收货人或其代理人除了向海关提交报关单及随附单证外，还应当向海关提交“进出口货物征免税证明”。海关在审单时从计算机查阅征免税证明的电子数据，核对纸质的“进出口货物征免税证明”。

（2）特定减免税货物进口，填制报关单时，报关员应当特别注意报关单上“备案号”栏目的填写。“备案号”栏内填写“进出口货物征免税证明”上的 12 位编号，12 位编号写错将不能通过海关计算机逻辑审核，或者在提交纸质报关单时无法顺利通过海关审核。

三、减免税货物的处置

（一）变更使用地点

在海关监管年限内，减免税货物应当在主管海关核准的地点使用。需要变更使用地点的，减免税申请人应当向主管海关提出申请并说明理由，经海关批准后方可变更使用地点。

（1）减免税申请人事先持有关单证及说明材料向主管海关申请；

（2）主管海关审核同意并通知转入地海关；

（3）减免税申请人将货物运至转入地海关管辖地，经转入地海关确认货物情况后进行异地监管；

(4)异地使用结束后，减免税申请人及时向转入地海关申请办结异地监管手续；

(5)转入地海关审核同意后通知主管海关后，可将减免税货物运回主管海关管辖地。

(二)结转

在海关监管年限内，减免税申请人将进口减免税货物转让给进口同一货物享受同等减免税优惠待遇的其他单位，按照下列规定办理减免税货物结转手续：

(1)转出申请人向转出地主管海关提出申请，转出地主管海关审核通知转入地主管海关。

(2)转入申请人向转入地主管海关办理审批手续，海关签发"征免税证明"。

(3)转出、转入申请人分别向各自主管海关办理减免税货物出口、进口报关手续。

(4)转出地主管海关办理转出减免税货物的解除监管手续。转入地海关在剩余监管年限内继续实施后续监管。

(5)转入地海关和转出地海关为同一海关的，按照本条第一款规定办理。

(三)转让

在海关监管年限内，减免税申请人将进口减免税货物转让给不享受进口税收优惠政策或者进口同一货物不享受同等减免税优惠待遇的其他单位的，应当事先向减免税申请人主管海关申请办理减免税货物补缴税款和解除监管手续。

(四)移作他用的三种情况

(1)将减免税货物交给减免税申请人以外的其他单位使用；

(2)未按照原定用途、地区使用减免税货物；

(3)未按照特定地区、特定企业或者特定用途使用减免税货物的其他情形。

将减免税货物移作他用，减免税申请人应当按照移作他用的时间补缴相应税款；移作他用时间不能确定的，应当提交相应的税款担保，税款担保不得低于剩余监管年限应补缴税款总额。

【职场指南 7－1】　　减免税货物的补征税款

减免税货物因转让或者其他原因需要补征税款的，补税的完税价格以海关审定的货物原进口时的价格为基础，按照减免税货物已进口时间与监管年限的比率进行折旧，其计算公式如下：

$$补税的完税价格=海关审定的货物原进口时的价格\times\left(1-\frac{减免税货物已进口时间}{监管年限\times 12}\right)$$

减免税货物以进口时间自减免税货物的放行之日起按月计算。不足 1 个月但超过 15 天的按 1 个月计算；不超过 15 天的，不予计算。

减免税货物补征税款的，以进口时间的截止日期按以下规定确定：

(1)转让减免税货物的，应当以海关接受减免税申请人申请办理补税手续之日作为计算其已进口时间的截止之日。

(2)减免税申请人未经海关批准，擅自转让减免税货物的，应当以货物实际转让之日作为计算其已进口时间的截止之日；转让之日不能确定的，应当以海关发现之日作为截止之日。

(3)在海关监管年限内，减免税申请人发生破产、撤销、解散或者其他依法终止经营情形的，已进口时间的截止日期应当为减免税申请人破产清算之日或者被依法认定终止生产经营活动的日期。

减免税申请人将减免税货物移作他用，应当补缴税款的，税款的计算公式如下：

$$补缴税款=海关审定的货物原进口时的价格\times税率\times\frac{需补缴税款的时间}{监管年限\times12\times30}$$

上述计算公式中的税率，应当按照《进出口关税条例》的有关规定，采用相应的适用税率；需补缴税款的时间是指减免税货物移作他用的实际时间，按天计算，每日实际生产不满8小时或者超过8小时的均按1天计算。

海关在办理减免税货物异地监管、结转、主体变更、退运出口、解除监管、贷款抵押等后续管理事务时，应当自受理申请之日起10个工作日内做出是否同意的决定。

因特殊情形不能在10个工作日内做出决定的，海关应当书面向申请人说明理由。

海关总署对重大减免税事项实施备案管理。

（五）变更、终止

1. 变更

(1)变更的情形：减免税申请人发生分立、合并、股东变更、改制等情形。

(2)变更的期限：自营业执照颁发之日起30天内，向原减免税申请人的主管海关报告主体变更情况及原减免税申请人进口减免税货物的情况。

2. 终止

(1)终止的情形：破产、改制或其他情形导致减免税申请人终止。

(2)期限：自资产清算之日起30天内向主管海关申请办理补缴税款和解除监管手续。

(3)注意：如终止后，没有承受人的，由原减免税申请人或者其他依法应当承担关税及进口环节代征税缴纳义务的主体办理。

（六）退运、出口

在海关监管年限内，减免税申请人要求将进口减免税货物退运出境或者出口的，应当报主管海关核准。减免税货物退运出境或者出口后，减免税申请人应当持出口货物报关单向主管海关办理原进口减免税货物的解除监管手续。减免税货物退运出境或者出口的，海关不再对退运出境或者出口的减免税货物补征相关税款。

（七）贷款抵押

在海关监管年限内，减免税申请人要求以减免税货物向金融机构办理贷款抵押的，应当向主管海关提出书面申请。经审核符合有关规定的，主管海关可以批准其办理贷款抵押手续。减免税申请人不得以减免税货物向金融机构以外的公民、法人或者其他组织办理贷款抵押。减免税申请人以减免税货物向境内金融机构办理贷款抵押的，应当向海关提供下列形式的担保：①与货物应缴税款等值的保证金；②境内金融机构提供的相当于货物应缴税款的保函。

减免税申请人、境内金融机构共同向海关提交“进口减免税货物贷款抵押承诺保证书”，书面承诺当减免税申请人抵押贷款无法清偿需要以抵押物抵偿时，抵押人或者抵押权人先补缴海关税款，或者从抵押物的折(变)价款中优先偿付海关税款。

减免税申请人以减免税货物向境外金融机构办理贷款抵押的，应当向海关提交与货物应缴税款等值的保证金或者境内金融机构提供的相当于货物应缴税款的保函。

（八）解除监管

1. 自动解除监管

监管期届满时，减免税申请人不必向海关申请领取“减免税进口货物解除监管证明”，自动解除监管，可以自行处置。需要海关出具证明的，可以自办结补缴税款和解除监管等相关手续之日起或者自海关监管年限届满之日起1年内，向主管海关申请解除监管证明。海关审核以后出具“海关进口减免税货物解除监管证明”。

2. 期内申请解除监管

监管期内，因特殊原因出售、转让、放弃，或者企业破产清算的，原“进出口货物征免税证明”的申请人在办理有关进口货物的结关手续后，按照国家有关规定在进口时免予提交许可证件的进口减免税货物，减免税申请人还应当补交有关许可证件。

【做中学 7－1】

苏州工业园区某企业是中外合资企业，是属于国家鼓励发展的产业，2018年9月从境外购进生产设备与原料一批用于加工产品外销。

讨论：该公司的进口料件能享受减免税待遇吗？

【同步案例 7－1】

案例精析

南开大学邀请一境外学术代表团来华进行学术交流，通过货运渠道从天津机场口岸运进一批讲学所需的设备，其中有一个先进的智能机器人是国内没有的。货物进口时，天津大学作为收货人委托天津某报关企业在机场海关办理该批设备的进口手续。交流结束后，天津大学与外国代表团协商决定留购该机器人以备研究，并以科教用品的名义办妥减免税手续，其余测试设备在规定期限内经北京国际机场复运出口。

经验小谈 7－3

我司是纺织类生产型企业，有一批减免税设备还在海关监管年限内，现想将这批设备抵押给银行贷款，请问是否需经海关同意？

答：根据《海关进出口货物减免税管理办法》第31条：在海关监管年限内，减免税申请人要求以减免税货物向金融机构办理贷款抵押的，应当向主管海关提出书面申请。经审核符合有关规定的，主管海关可以批准其办理贷款抵押手续。减免税申请人不得以减免税货物向金融机构以外的公民、法人或者其他组织办理贷款抵押。

应知考核

一、单项选择题

1. 作为减免税货物的机动车辆，海关的监管年限为(　　)年。

A. 1　　B. 5　　C. 6　　D. 8

2. 进出口货物征免税证明的有效期为(　　)。

A. 3个月　　B. 6个月　　C. 9个月　　D. 1年

3. 减免税货物在海关监管期内销售、转让的，企业应向海关办理(　　)。

A. 缴纳进口税费的手续　　B. 缴纳出口税费的手续

C. 不需要办理纳税手续　　D. 以上答案都不对

4. 享受特定减免税优惠进口的钢材，必须按照规定用途使用，未经海关批准不得擅自出售、转让、移作他用，按照现行规定，海关对其的监管年限为(　　)年。

A. 8　　B. 6　　C. 5　　D. 3

5. 北京某外企从美国购进大型机器成套设备，分三批运输进口，其中一批从天津进口，一批从青岛进口，另一批从北京进口。该企业在向海关申请办理该套设备的减免税手续时，下列做法中正确的是(　　)。

A. 向北京海关分别申领两份征免税证明

B. 向北京海关分别申领三份征免税证明

C. 向天津海关申领一份征免税证明，向青岛海关申领一份征免税证明

D. 向天津海关申领一份征免税证明，向青岛海关申领一份征免税证明，向北京海关申领一份征免税证明

二、多项选择题

1. 下列特定减免税对象中，海关的监管年限为 8 年的是(　　)。

A. 船舶　　B. 飞机　　C. 机动车辆　　D. 机器设备

2. 下列关于特定减免税货物管理的表述中正确的是(　　)。

A. 应按实际去向办理相应的报关和纳税手续

B. 在特定条件和规定范围内使用可减免进口税费

C. 原则上免予交验进出口许可证件

D. 货物进口验放后仍需受海关监管

3. 在海关监管年限内，减免税申请人将进口减免税货物转让给进口同一货物享受同等减免税优惠待遇的其他单位。下列关于减免税货物结转手续的说法中正确的是(　　)。

A. 转出申请人向转出地主管海关提出申请，转出地主管海关审核通知转入地主管海关

B. 转入申请人向转入地主管海关办理审批手续，海关签发“征免税证明”

C. 转出、转入申请人分别向各自主管海关办理减免税货物出口、进口报关手续

D. 转出地主管海关办理转出减免税货物的解除监管手续。转入地海关在剩余监管年限内继续实施后续监管

4. 减免税货物的处置移作他用的情况有(　　)。

A. 将减免税货物交给减免税申请人以外的其他单位使用

B. 未按照原定用途、地区使用减免税货物

C. 未按照特定地区、特定企业或者特定用途使用减免税货物的其他情形

D. 移作他用时间不能确定的，应当提交相应的税款担保，税款担保不得低于剩余监管年限应补缴税款总额

5. 下列(　　)情形，减免税申请人可以向海关申请凭税款担保先予办理货物放行手续。

A. 主管海关按照规定已经受理减免税备案或者审批申请，尚未办理完毕的

B. 有关进口税收优惠政策已经国务院批准，具体实施措施尚未明确，海关总署已确认减免税申请人属于享受该政策范围的

C. 其他经海关总署核准的情况

D. 国家对进出口货物有限制性规定，应当提供许可证件而不能担保，以及法律、行政法规规定不得担保的其他情形，不得办理减免税货物凭税款担保放行手续的

三、判断题

1. 减免税货物一般不豁免进口许可证，另有规定的除外。（ ）

2. 保税区企业进口免税的机器设备填制"进口备案清单"。（ ）

3. 出口加工区企业在进口特定减免税货物以前，向出口加工区海关提交发票、装箱单等，海关在电子账册中进行登记，核发"进出口货物征免税证明"。（ ）

4. 企业要求放弃特定减免税货物的，以口头方式向主管海关提出放弃货物的申请。（ ）

5."进出口货物征免税证明"的有效期为6个月，一份证明上只能验放一批货物。（ ）

应会考核

■观念应用

大连某合资企业用自有资金进口企业自用的专用设备1台，CIF10万元人民币，属进口许可证件管理，企业向主管海关办理了减免税备案登记，申领了"征免税证明"，并向海关申报进口。设备进口后使用了2年6个月，因产品调整，企业将设备转售给国内另一家企业，价格为3万元人民币。

根据业务背景资料，结合本项目和以前学过的内容，请对下列选项做出选择。

1. 外商投资企业向主管海关办理减免税备案登记应提交（ ）。

A. 商务主管部门的批准文件　　B. 营业执照

C. 企业合同及章程　　D. 外商投资企业征免税登记手册

2. 设备进口货物报关单的有关栏目的填制错误的是（ ）。

A. 贸易方式填报：合资合作设备　　B. 征免性质填报：中外合资

C. 用途栏目填报：企业自用　　D. 征免栏目填报：全免

3. 下述不符合"进出口货物征免税证明"使用有关规定的是（ ）。

A. 有效期为6个月，特殊情况可申请延长6个月

B. 规定口岸海关使用

C. 实行一份证明只能验收一批货物的原则

D. 年内使用有效

4. 本案例减免税货物在海关监管期内销售，符合规定的是（ ）。

A. 企业应当向海关办理缴纳进口税费的手续

B. 海关按照原进口货物成交价格为基础确定完税价格

C. 属进口许可证件管理的，免予交验许可证件

D. 海关签发解除监管证明，企业即可将原减免税货物在国内销售

5. 本案例减免税货物内销，其完税价格应为（ ）万元。

A. 10　　B. 5　　C. 4.83　　D. 3

■技能应用

2018年9月，大连经济技术开发区某外商投资企业终止合同或宣告破产，清算企业对仍在监管年限内的减免税进口物资决定留给合营中方继续使用。该外商投资企业的处理是否符合海关规定？为什么？

■案例分析

1. 某外商投资企业享受特定减免税优惠进口的机器设备自进口之日起超过5年，可否向

海关申请解除监管？

2. 外商投资企业因故宣告破产，在清算过程中该企业决定将仍在监管年限内的减免税进口机动车辆转给合营中方所有。该企业的处理方式是否符合海关监管规定？为什么？

项目实训

【实训项目】

减免税货物报关程序。

【实训情境】

中国长春市B公司与俄罗斯C公司签署协议，进口光学玻璃材料。进口该产品是为了完成国家某科技项目，所以可以享受减免税的优惠，货物从莫斯科直接空运至北京。作为B公司的报关代理，如何对这票货物进行操作？

任务一：申请办理征免税证明，如何办理？

任务二：办理转关运输。

任务三：正式报关，提取货物。

任务四：办理后续手续。

【实训要求】

请对上述任务进行分析，并填写实训报告。

<table>
<tr><td colspan="3">《减免税货物报关程序》实训报告</td></tr>
<tr><td>项目实训班级：</td><td>项目小组：</td><td>项目组成员：</td></tr>
<tr><td>实训时间：　　年　　月　　日</td><td>实训地点：</td><td>实训成绩：</td></tr>
<tr><td colspan="3">实训目的：</td></tr>
<tr><td colspan="3">实训步骤：</td></tr>
<tr><td colspan="3">实训结果：</td></tr>
<tr><td colspan="3">实训感言：</td></tr>
<tr><td colspan="3">不足与今后改进：</td></tr>
<tr><td colspan="2">项目组长评定签字：</td><td>项目指导教师评定签字：</td></tr>
</table>

暂准进出境货物报关程序

○ **知识目标：**

理解：暂准进出境货物的概念及特征。

熟知：暂准进出境货物的范围。

掌握：暂准进出境货物的报关程序。

○ **技能目标：**

能够对暂准进出境货物进行报关规范操作，能够进行进出口报关流程的设计。

○ **素质目标：**

能够运用所学的实务知识研究相关案例，培养和提高学生在特定业务情境中分析问题与决策设计的能力；能够结合报关行业规范或标准，分析报关行为的善恶，强化学生职业素养和职业操守道德。

○ **项目引例：**

国外某影视公司到中国来采拍外景，某年9月1日办理了暂准进口通关手续，期限为6个月，摄影器材以ATA单证为担保免税通关。6个月后，采拍任务未完成，所以申请延期2个月，得到了海关的批准。该批摄影器材仍可在境内使用，并享受暂准进口货物的“担保免税”待遇。这种说法是否合理？为什么？

○ **知识精讲：**

任务一　暂准进出境货物概述

一、暂准进出境货物的概念

暂准进出境货物是暂准进境货物和暂准出境货物的合称。暂准进境货物是指为了特定目的，经海关批准暂时进境，并在规定的期限内复运出境的货物。暂准出境货物是指为了特定目的，经海关批准暂时出境，并在规定的期限内复运进境的货物。

二、暂准进出境货物的特征

（一）有条件的暂免进出口税费（须向海关提供担保）

暂准进出境货物在向海关申报进出境时，不必缴纳进出口税费，但收发货人需向海关提供担保。

（二）免于提交进出口许可证件

暂准进出境货物不是实际进出口货物，只要按照暂准进出境货物的有关法律、行政法规办理进出境手续,可免予交验进出口许可证件。但是,涉及公共道德、公共安全、公共卫生所实施的进出境管制制度的暂准进出境货物应当凭许可证件进出境。

(三)货物在规定的期限内应原状复运进出境

暂准进出境货物应当自进境或出境之日起 6 个月内复运出境或复运进境,经收发货人申请,海关可以根据规定延长复运出境或复运进境的期限。

(四)按货物实际使用情况办结海关手续

暂准进出境货物都必须在规定期限内,由货物的收发货人根据货物不同的情况向海关办理核销结关手续。

三、暂准进出境货物的范围

暂准进出境货物分为两类:

第一类:经海关批准暂时进境或者出境,在进出境时向海关缴纳相当于应纳税款的保证金或通过其他担保可以暂不缴纳税款,在规定的期限内,复运出境或者复运进境的货物。包括以下 12 项:①在展览会、交易会、会议及类似活动中展示或者使用的货物;②文化、体育交流活动中使用的表演、比赛用品;③进行新闻报道或者摄制电影、电视节目使用的仪器、设备和用品;④开展科研、教学、医疗活动使用的仪器、设备和用品;⑤上述 4 项所列活动中使用的交通工具及特种车辆;⑥货样;⑦慈善、海关使用的仪器、设备及用品;⑧供安装、调试、检测、修理设备时使用的仪器及工具;⑨盛装货物的容器;⑩旅游用自驾交通工具及其用品;⑪工程施工中使用的设备、仪器及用品;⑫海关批准的其他暂准进出境货物。

第二类:第一类以外的暂准进出境货物。按货物的完税价格和其在境内、境外滞留时间与折旧时间的比例,按月缴纳进、出口税。

【职场指南 8－1】　暂准进出境货物的关税税额计算

暂准进出境货物在规定期限届满后不再复运出境或复运进境的,纳税义务人应当在规定期限届满前向海关申报进出口及纳税手续,缴纳剩余税款。

计征税款的期限为 60 个月,不足 1 个月但超过 15 天的,按 1 个月计征;不超过 15 天的,免予计征。计算公式为:

每个月关税税额＝关税总额×(1÷60)

每个月进口环节代征税税额＝进口环节代征税总额×(1÷60)

【做中学 8－1】

有这样四种货物:

(1)上海世博会期间伊朗馆展出的地毯。

(2)某公司经批准以易货贸易方式进口一批货物在境内出售。

(3)张家港保税区批准出售一批橡胶给青岛汽车轮胎厂。

(4)某境外商人免费提供一套机器设备给境内某企业用以来料加工。

讨论:上述哪种货物适用暂准进出境通关制度?为什么?

任务二 暂准进出境货物的报关程序

一、使用 ATA 单证册报关的暂准进出境货物

(一)ATA 单证册概述

1. ATA 单证册的概念

ATA 单证册是暂准进口单证册的简称。《暂准进口单证册》是世界海关组织通过的《货物暂准进口公约》及其附约 A 和《关于货物暂准进口的 ATA 单证册海关公约》(以下简称《ATA 公约》)中规定使用的,用于替代各缔约方海关暂准进出口货物报关单和税费担保的国际性通关文件。

2. ATA 单证册的格式

ATA 单证册一般由 8 页 ATA 单证组成:1 页绿色封面单证、1 页黄色出口单证、1 页白色进口单证、1 页白色复出口单证、2 页蓝色过境单证、1 页黄色复进口单证、1 页绿色封底。

我国海关只接受中文或者英文填写的 ATA 单证册。

【拓展阅读 8-1】 ATA 单证册制度简介

ATA 单证册是一份国际通用的海关文件,它是世界海关组织为暂准进口货物而专门创设的。世界海关组织于 1961 年通过了《关于货物暂准进口的 ATA 单证册海关公约》,其后,又于 1990 年通过了《货物暂准进口公约》,从而建立并完善了 ATA 单证册制度。当前,已有 62 个国家和地区实施了 ATA 单证册制度,75 个国家和地区接受 ATA 单证册,每年凭 ATA 单证册通关的货物总值超过了 120 亿美元。ATA 单证册已经成为暂准进口货物使用的最重要的海关文件。

ATA 单证册制度为暂准进出口货物建立了世界统一的通关手续,使暂准进口货物可以凭 ATA 单证册,在各国海关享受免税进口和免予填写国内报关文件等通关便利,因此,ATA 单证册又被国际经贸界称为货物护照和货物免税通关证。ATA 单证册制度的确立,有助于促进产业专门化、工业现代化,加快国际信息和技术交流,加强世界各民族间文化的认知和融合,促进各国政府和民间的交往与合作。在国际商务活动中,凭借便利的货物临时进出口手续,外贸公司、企业可以建立和巩固与外国商业伙伴的合作,增强产品在国际市场上的影响,以利于在全球贸易竞争中占据主动地位。

ATA 由法文 Admission Temporaire 与英文 Temporary Admission 的首字母组成,表示暂准进口。从其字面可知,使用 ATA 单证册的货物有别于普通进出口货物。这类货物在国际上流转时,其所有权不发生转移。

ATA 单证册的签发和担保由各国担保商会负责,每个国家只能有一个担保商会,担保商会有权指定多个国内出证机构,并对下属出证机构签发的 ATA 单证册承担担保责任。国际商会国际局负责对世界范围内 ATA 单证册制度进行日常管理。

我国于 1993 年加入《关于货物暂准进口的 ATA 单证册海关公约》《货物暂准进口公约》《展览会和交易会公约》。自 1998 年 1 月起,我国开始实施 ATA 单证册制度。经国务院批准、海关总署授权,中国国际贸易促进委员会和中国国际商会是我国 ATA 单证册的出证和担

保商会，负责我国 ATA 单证册的签发和担保工作。

3. ATA 单证册的适用

在我国，使用 ATA 单证册仅限于展览会、交易会、会议及类似活动的货物。除此之外，我国不接受持 ATA 单证册办理进出口申报手续。

4. ATA 单证册的管理

(1)出证担保机构。中国国际商会是我国 ATA 单证的出证和担保机构。

(2)管理机构。海关总署在北京海关设立 ATA 核销中心。

(3)延期审批。自货物进出境之日起 6 个月内复运出境或复运进境，超过 6 个月的，向海关申请延期，延期最多不超过 3 次，每次延长期限不超过 6 个月。

在规定期限届满 30 个工作日前向货物暂时进出境申请核准地海关提出延期申请，直属海关受理延期申请的，于受理申请之日起 20 个工作日内制发“海关货物暂时进/出境延期申请批准决定书”(或不批准决定书)。

参展期在 24 个月以上的，在 18 个月的延长期届满后仍需要延期的，由主管地直属海关报海关总署审批。

(4)追索。ATA 单证册下暂时进境货物未能按规定复运出境或过境的，ATA 核销中心向中国国际商会提出追索。在 9 个月内，中国国际商会提供货物已经复运出境或者已经办理进口手续证明的，ATA 核销中心可撤销追索；在 9 个月期满后，未能提供证明的，中国国际商会向海关支付关税和罚款。

(二)报关程序

1. 进出口申报

持 ATA 单证册向海关申报进出境货物，不需要向海关提交进出口许可证件，也不需要再提供担保。

(1)进境申报。进境货物收货人或其代理人持 ATA单证册向海关申报进境展览品时，先在海关核准的出证协会中国国际商会及其他商会，将 ATA单证册上的内容预录入海关与商会联网的 ATA单证册电子核销系统，然后向展览会主管机关提交纸质 ATA单证册、提货单等单证。

海关在白色进口单证上签注，并留存白色进口单证(正联)，将存根联和 ATA 单证册其他各联退还给货物收货人或其代理人。

(2)出境申报。出境货物发货人或其代理人持 ATA 单证册向海关申报出境展览品时，向出境地海关提交国家主管部门的批准文件、纸质 ATA 的单证册、装货单等单证。

海关在绿色封面和黄色出口单证上签注，并留存黄色出口单证(正联)，将存根联和 ATA 单证册其他各联退还给出境货物发货人或其代理人。

(3)异地复运出境、进境申报。使用 ATA 单证册进出境的货物异地复运出境、进境申报，ATA 的单证册持证人应当持主管海关签章的海关单证向复运出境、进境地海关办理手续。货物复运出境、进境后，主管地海关凭复运出境、进境地海关签章的海关单证办理核销结案手续。

(4)过境申报。关境货物承运人或其代理人持 ATA 单证册向海关申报将货物通过我国转运至第三国参加展览会的，不必填制过境货物报关单。海关在两份蓝色过境单证上分别签注后，留存蓝色过境单证(正联)，将存根联和 ATA 单证册其他各联退还给运输工具承运人或其代理人。

2. 结关

(1)正常结关。持证人在规定期限内将进境展览品和出境展览品复运出境或进境,海关在白色复出口单证和黄色复进口单证上分别签注,留存单证(正联),将存根和ATA的单证册其他各联退还给持证人,正式核销结关。

(2)非正常结关。未正常使用一般可能有两种情况:一是货物未在规定期限内复运出境,产生了暂时进境国(地区)海关对货物征税的问题;二是ATA单证册持证人未遵守暂时进境国(地区)海关的有关规定,产生了暂时进口国(地区)海关对持证人罚款的问题。在这两种情况下,暂时进境国(地区)海关可以向本国担保协会提出索赔。ATA单证册未正常使用的流程如图8—1所示。

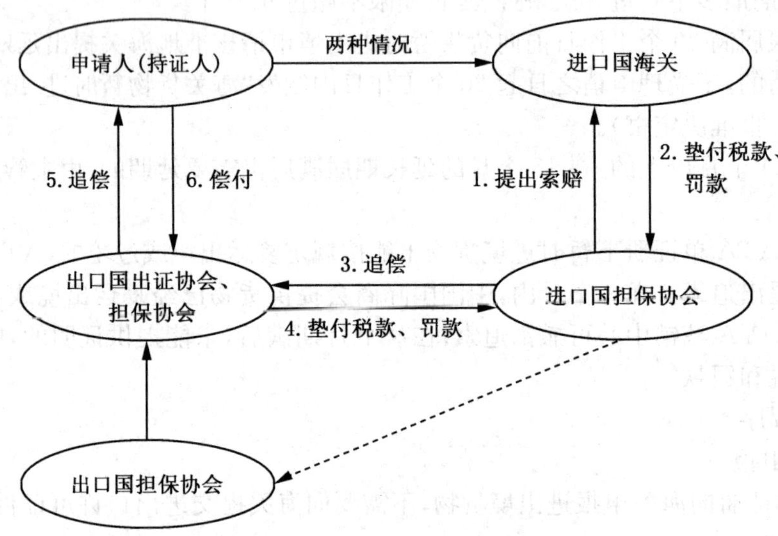

注:担保协会和出证协会是两家不同单位的情况,先向担保协会追偿。

图8—1 ATA单证册未正常使用

ATA单证册项下暂时进境货物复运出境时,因故未经我国海关核销、签注的,ATA单证中心凭由另一缔约国海关在ATA单证上签注的该批货物从该国进境或复运进境的证明,或者我国海关认可的能够证明该批货物已经实际离开我国境内的其他文件,作为已经从我国复运出境的证明,对ATA单证册予以核销。

发生上述情形的,ATA单证册持证人应当按照规定向海关缴纳调整费,在我国海关尚未发出“ATA单证册追索通知书”前,如果持证人凭其他国家海关出具的货物已经运离我国关境的证明要求予以核销单证册的,免予收取调整费。

使用ATA单证册暂准进出境货物因不可抗力的原因受损,无法原状复运出境、进境的,ATA单证册持证人应当及时向主管地海关报告,可以凭有关部门出具的证明材料办理复运出境、进境手续;因不可抗力的原因灭失或者受损的,经海关核实后可以视为该货物已经复运出境、进境。

使用ATA单证册暂准进出境货物因不可抗力以外的原因灭失或者受损的,ATA的单证册持证人应当按照货物进出口有关规定办理海关手续。

不能按规定复运进出境的,我国海关向担保协会——中国国际商会提出追索。

【做中学 8－2】

中国政府已部分加入《ATA 公约》和《货物暂准进口公约》，按照现行规定，请判断以下货物是否属于我国 ATA 单证册适用范围的货物，并说明理由。

(1)上海世博会期间进口展览品；

(2)广州商品交易会上的暂准进口货物；

(3)财富论坛年会暂准进口的陈列品；

(4)美国政府代表团访华随身携带的物品。

二、不使用 ATA 单证册报关的展览品

(一)进出境展览品的范围

1. 进境展览品的范围

进境展览品包含在展览会中展示或示范用的货物、物品，为示范展出的机器或器具所需用的物品、展览者设置临时展台的建筑材料及装饰材料，供展览品做示范宣传用的电影片、幻灯片、录像带、录音带、说明书、广告、光盘、显示器材等。

下列在境内展览会期间供消耗、散发的用品(以下简称"展览用品")由海关根据展览会性质、参展商规模、观众人数等情况，对其数量和总值进行核定，在合理范围内的，按照有关规定免征进口关税和进口环节海关代征税。

(1)在展览会活动中的小件样品，包括原装进口的或者在展览会期间用进口的散装原料制成的食品或者饮料的样品；

(2)为展出的机器或者器件进行操作示范被消耗或者损坏的物料；

(3)布置、装饰临时展台消耗的低值货物；

(4)展览期间免费向观众散发的有关宣传品；

(5)供展览会使用的档案、表格及其他文件。

上述货物、物品应当符合下列条件：

(1)由参展人免费提供并在展览期间专供免费分送给观众使用或者消费的；

(2)单价较低，作广告样品用的；

(3)不适用于商业用途，并且单位容量明显小于零售包装容量的；

(4)食品及饮料的样品虽未包装分发，但确实在活动中消耗掉的。

特殊规定有：

(1)展览会期间出售的小卖品，属于一般进口货物范围，进口时应当缴纳进口关税和进口环节海关代征税；属于许可证件管理的商品，应当交验许可证。

(2)展览会期间使用的含酒精的饮料、烟叶制品、燃料，虽然不按一般进出口货物管理，但是海关对这些商品一律征收关税。

2. 出境展览品的范围

出境展览品包括国内单位赴国外举办展览会或参加外国博览会、展览会而运出的展览品，以及与展览活动有关的宣传品、布置品、招待品及其他办公用物品。

与展览活动有关的小卖品、展卖品，可以按展览品报关出境；不按规定期限复运进境的，办理一般出口手续，交验许可证件，缴纳出口关税。

(二)展览品的暂准进出境期限

自展览品进出境之日起 6 个月内复运出境或复运进境，超过 6 个月的，向海关申请延期，

延期最多不超过3次,每次延长期限不超过6个月。

在规定期限届满30个工作日前向货物暂时进出境申请核准地海关提出延期申请,直属海关受理延期申请的,直属海关受理的,于受理申请之日起20个工作日内制发"海关货物暂时进/出境延期申请批准决定书"(或不批准决定书)。

参展期在24个月以上的,在18个月的延长期届满后仍需要延期的,由主管地直属海关报海关总署审批。

(三)展览品的进出境申报

1. 进境申报

(1)境内展览会的办展人或者参加展览会的办展人、参展人应在展览品进境20个工作日前,向主管地海关提交有关部门备案证明或批准文件及展览品清单等相关单证办理备案手续。

(2)展览会主办单位或其代理人向海关提供担保。在海关指定场所或海关派专人监管的场所举办展览会的,经主管地直属海关批准,参展的展览品可免予向海关提供担保。

(3)展览品中涉及检验检疫等管制的,还应当向海关提交有关许可证件。

(4)海关一般在展览会举办地对展览品进行开箱查验。展览品开箱前,展览会主办单位或其代理人应当通知海关。海关查验时,展览品所有人或其代理人应当到场,并负责搬移、开拆、封装货物。

(5)展览会展出或使用的印刷品、音像制品及其他需要审查的物品,还要经过海关的审查,才能展出或使用。对我国政治、经济、文化、道德有害的,以及侵犯知识产权的印刷品、音像制品,不得展出,由海关没收、退运出境或责令更改后使用。

2. 出境申报

(1)境内出境举办或者参加展览会的办展人、参展人应在展览品出境20个工作日前,向主管地海关提交有关部门备案证明或批准文件及展览品清单等相关单证办理备案手续。

(2)展览会不属于有关部门行政许可项目的,办展人、参展人应当向主管海关提交展览会邀请函、展位确认书等其他证明文件及展览品清单办理备案手续。

(3)展览品出境申报手续应当在出境地海关办理。在境外举办展览会或者参加国外展览会的企业应当向海关提交国家主管部门的批准文件、报关单、展览品清单(一式两份)等单证。

(4)展览品属于应当缴纳出口关税的,向海关缴纳相当于税款的保证金;属于核两用品及相关技术的出口管制的商品,应当提交许可证件。

(5)海关对展览品进行开箱查验,核对展览品清单。查验完毕,海关留存一份清单,另一份封入关封交换给发货人或其代理人,凭以办理展览品进境申报手续。

(四)进出境展览品的核销结关

1. 复运进出境

进境展览品按规定期限复运出境,出境展览品按规定期限复运进境后,海关分别签发报关单证明联,展览品所有人或其代理人凭以向主管海关办理核销结关手续。

异地复运出境、进境的展览品,进出境展览品的收发货人应当持主管地海关签章的海关单证向复运出境、进境地海关办理手续。货物复运出境、进境后,主管地海关凭复运出境、进境地海关签章的海关单证办理核销结案手续。

展览品未能按规定期限复运进境、出境的,展览会主办单位或国外举办展览会的单位应当向主管海关申请延期,在延长期内办理复运进境、出境手续。

2. 转为正式进出口

进境展览品在展览期间被人购买的，由展览会的主办单位或其代理人向海关办理进出口申报、纳税手续，其中属于许可证件管理的，还应当提交进出口许可证件。

出境展览品在境外参加展览会后被销售的，由海关核对展览品清单后要求企业补办有关正式出口手续。

3. 展览品放弃或赠送

展览会结束后，进口展览品的所有人决定将展览品放弃交由海关处理的，由海关依法变卖后将款项上缴国库。

展览品的所有人决定将展览品赠送的，受赠人应当向海关办理进口手续，海关根据进口礼品或经贸往来赠送品的规定办理。

4. 展览品损坏、丢失、被窃

进境展览品因损坏、丢失、被窃等原因不能复运出境的，展览会主办单位或其代理人应当向海关报告。对于损坏的展览品，海关根据毁坏程度估价征税；对于丢失或被盗的展览品，海关按照进口同类货物征收进口税。

进出境展览品因不可抗力的原因受损，无法原状出境、进境的，进出境展览品的收发货人应当及时向主管海关报告，可以凭有关部门出具的证明材料办理复运出境、进境手续；因不可抗力的原因灭失或者失去使用价值的，经海关核实后可以视为该货物已经复运出境、进境。

进出境展览品因不可抗力以外的其他原因灭失或者受损的，进出境展览品的收发货人应当按照货物进出口的有关规定办理海关手续。

三、其他暂准进出境货物

（一）概述

1. 其他暂准进出境货物的范围

可以暂不缴纳税款的12项暂准进出境货物，除不使用ATA单证册报关的货物、不使用ATA单证册报关的展览品、集装箱箱体按各自的监管要求由海关进行监管外，其余的均按其他暂准进出境货物进行监管，均属于其他暂准进出境货物的范围。

2. 其他暂准进出境货物的期限

其他暂准进出境货物自进出境之日起6个月内复运出境或复运进境，超过6个月的，向海关申请延期，延期最多不超过3次，每次延长期限不超过6个月。

在规定期限届满30个工作日前向货物暂时进出境申请核准地海关提出延期申请，直属海关受理延期申请的，直属海关受理的，于受理申请之日起20个工作日内制发“海关货物暂时进/出境延期申请批准决定书”（或不批准决定书）。

参展期在24个月以上的，在18个月的延长期届满后仍需要延期的，由主管地直属海关报海关总署审批。

3. 其他暂准进出境货物的管理

其他暂准进出境货物核准属于海关行政许可事项，应当按照海关行政许可的程序办理。

(1)暂准进出境申请和审批。暂准进出境货物收发货人向海关提出货物暂准进出境申请时，应当按照海关要求提交“货物暂时进/出境申请书”、暂准进出境货物清单、发票、合同或者协议、其他相关单据。

海关就暂准进出境货物的暂准进出境申请做出是否批准的决定后，应当按照海关要求提交"海关货物暂时进/出境批准决定书"或者"海关货物暂时进/出境申请不予批准决定书"。

(2)延期申请和审批。暂准进出境货物申请延长复运出境、进境期限的，收发货人应当在规定期限届满30个工作日前向货物暂准进出境申请核准地海关提出延期申请，并提交"货物暂时进/出境延期申请书"及相关申请材料。直属海关做出决定并制发相应的决定书。申请延长超过18个月的，由海关总署做出决定。

(二)报关程序

1. 进出境申报

(1)进境申报。其他暂准进境货物进境时，收货人或其代理人应当向海关提交主管部门允许货物为特定目的而暂时进境的批准文件、进口货物报关单、商业及货运单据等，向海关办理暂时进境申报手续。

其他暂准进境货物不必提交进口货物许可证件，但国家规定需要实施检验检疫的，或者为公共安全、公共卫生等实施管制措施的，仍应当提交有关许可证件。

其他暂准进境货物在进境时，收货人或其代理人免予缴纳进口税，但必须向海关提供担保。

(2)出境申报。其他暂准出境货物出境，发货人或其代理人应当向海关提交主管部门允许货物为特定目的而暂时出境的批准文件、出口货物报关单、货运和商业单据等，向海关办理暂时出境申报手续。

其他暂准出境货物，除易制毒化学品、监控化学品、消耗臭氧层物质、有关核两用品及相关技术的出口管制条例管制的商品及其他国际公约管制的商品外，不需交验许可证件。

(3)异地复运出境、进境申报。异地复运出境、进境的其他暂准进出境货物，收发货人应当持主管海关签章的海关单证向复运出境、进境地海关办理手续。货物复运出境、进境后，主管海关凭复运出境、进境地海关签章的海关单证办理核销结案手续。

2. 结关

(1)复运进出境。其他暂准进境货物复运出境，暂准出境货物复运进境，进出口货物收发货人或其代理人必须留存由海关签章的复运出境的报关单，准备报核。

(2)转为正式进出口。其他暂准进出境货物因特殊情况，改变特定的暂准进出境目的转为正式进出口，收发货人应当在货物复运出境、进境期限届满30个工作日前向主管地海关申请，经主管地直属海关批准后，按照规定提交有关许可证件，办理货物正式进口或者出口的报关纳税手续。

(3)放弃。其他暂准进出境货物在境内完成暂时进境的特定目的后，若货物所有人不准备将货物复运出境的，可以向海关声明将货物放弃，海关按放弃货物的有关规定处理。

(4)不可抗力。因不可抗力的原因受损，无法原状复运出境、进境的，收发货人应当及时向主管地海关报告，可以凭有关部门出具的证明材料办理复运出境、进境手续；因不可抗力的原因灭失或者失去使用价值的，经海关核实后可以视为该货物已经复运出境、进境。因不可抗力以外其他原因灭失或者受损的，收发货人应当按照货物进出口的有关规定办理海关手续。

其他暂准进出境货物复运出境或进境，或者转为正式进口或出口，或者放弃后，收发货人向海关提交经海关签注的进出口货物报关单，或者处理放弃货物的有关单据，以及其他有关单证，申请报核。海关经审核，情况正常的，退还保证金或办理其他担保销案手续并予以结关。

应知考核

一、单项选择题

1. 请指出下列哪一项货物或物品不适用暂准进出口通关制度？(　　)

A. 展览会期间出售的小卖品

B. 在展览会中展示或示范用的进口货物、物品

C. 承装一般进口货物进境的外国集装箱

D. 进行新闻报道使用的设备、仪器

2. 我国ATA单证册的签发机构是(　　)。

A. 海关总署　　B. 中国国际商会　　C. 国务院　　D. 商务部

3. 我国规定暂准进出境货物应当自进境或者出境之日起(　　)内，复运出境或复运进境。

A. 6个月　　B. 1年内　　C. 3个月　　D. 1个月

4. 在我国ATA单证册项下货物暂时进出境期限为货物进出境之日起(　　)，如果有特殊情况超过需要延期的，延期最多不超过(　　)，每次延长的期限不超过(　　)。

A. 6个月　3次　6个月　　B. 1年　1次　1年

C. 1年　1次　6个月　　D. 1年　3次　1年

5. 参展期在24个月以上展览会的展览品，在18个月延长期届满后仍需要延期的，由(　　)审批。

A. 隶属海关　　B. 直属海关　　C. 海关总署　　D. 直属海关关长

二、多项选择题

1. 下列选项中属于暂准进出境货物范围的是(　　)。

A. 在展览会、交易会、会议及类似活动展示的货物

B. 文化、体育交流活动中使用的表演、比赛用品

C. 货样

D. 盛装货物的容器

2. 下列关于ATA单证册的说法中正确的是(　　)。

A. 海关总署在北京海关设立的ATA核销中心是我国ATA单证的担保协会和出证协会

B. ATA单证册下暂时进境货物未能按规定复运出境或过境的，ATA核销中心向中国国际商会提出追索

C. 我国海关只接受中文或英文填写的ATA单证册

D. 一般情况下，持ATA单证向海关申报进出境展览品，需要向海关提交进出口许可证件，并向海关提供担保金

3. 下列哪个选项货物与展出活动有关，但不是展览品，不按展览品申报进境？(　　)

A. 展览会期间出售的小卖品

B. 展览会期间使用的含酒精的饮料、烟叶制品、燃料

C. 参展商随身携带进境的含酒精饮料、烟叶制品

D. 供各种国际会议使用或与其有关的档案、记录、表格及其他文件

4. 下列暂准进出境货物应当按“暂时进出口货物”申报的是(　　)。

A. 体育比赛用的比赛用品

B. 安装设备时使用的工具

C. 集装箱箱体

D. 来华进行文艺演出而暂时运进的器材、道具、服装等

5. 下列关于海关对进出境货物监管期限的表述中错误的是(　　)。

A. 进口展览品的暂准进境期限是6个月，超过6个月的，经海关批准后可以延期，延长的期限最长不得超过3个月

B. 我国营运人购买的集装箱应当于进境之日起6个月内复运出境，经海关批准后可以延期，延长的期限最长不得超过3个月

C. 过境货物的过境期限为6个月，经海关批准后可以延期，最长可延期3个月

D. 转运货物必须在6个月之内办理海关有关手续并转运出境

三、判断题

1. 在我国，目前ATA单证册的适用范围仅限于展览会、交易会会议及类似活动项下的货物。(　　)

2. 持ATA单证册向海关申报进出境展览品，不需要向海关提交进出口许可证，也不需要另外再提供担保。(　　)

3. 展览会期间使用的含酒精的饮料、烟叶制品、燃料，海关对这些商品不征收关税。(　　)

4. 展览会期间出售的小卖品，属于一般进出口货物范围。(　　)

5. 境内生产的集装箱及我国营运人购买进口的集装箱投入国际运输前，营运人应当向其所在地海关办理登记手续。(　　)

应会考核

■观念应用

【背景资料】

经批准某地举行国际商品博览会。展品及与展出活动有关的其他物品，使用境外集装箱装载进境，经黄埔海关验放，由主办单位向展出地海关申报进口。展出期间，部分展品被境内单位购买。展出结束后，上述展览品，除复运出境及已被留购的以外，因修建、布置展台等进口的一次性廉价物品被展览品所有人放弃；部分展品被展览品所有人赠送给境内与其有经贸往来的单位。

【实务要求】

请根据上述背景资料，回答下列问题：

1. 下列哪些物品可按展览品申报进境？(　　)

A. 参展商免费提供并在展出中免费散发的与展出活动有关的宣传印刷品、说明书、价目表等

B. 为配合展出，将在展览会上出售的小卖品

C. 为展出的机器或器具进行操作示范，并在示范过程中被消耗的物品

D. 展览会期间招待使用的含酒精饮料

2. 进境展览品在办理进境海关手续时，主办单位应(　　)。

A. 使用ATA单证册作为报关单据

B. 在展览品进口前,向海关提出暂时进境申请

C. 向海关提供担保

D. 在展出地海关申报进境

3. 关于展览品和展览用品的进境许可证件管理,下列表述中正确的是(　　)。

A. 因不属实际进口,免予提交进口许可证件

B. 属于国家实行许可证件管理的,应当向海关交验相关证件,办理进口手续

C. 展览品,除另有规定外,免予提交进口许可证件;展览用品,属于国家实行许可证件管理的,应当向海关交验相关证件

D. 海关派员进驻展览场所执行监管的,进境展览品、展览用品免予提交进口许可证件,否则应当向海关交验相关证件

4. 下列展览用品中在海关核定的合理范围内,免征进口关税和进口环节税的是(　　)。

A. 在展览活动中的小件样品,包括原装进口的或者在展览期间用进口的散装原料制成的食品或者饮料的样品

B. 为展出的机器或者器件进行操作示范被消耗或者损坏的物料

C. 布置、装饰临时展台消耗的低值货物

D. 展览用品中的酒精饮料、烟草制品及燃料

5. 在展览期间和展览结束后,展览品的各种处置应符合下列海关规定:(　　)。

A. 在展览期间,部分展品被境内单位购买的,由主办单位或其代理人向海关办理进口申报、纳税手续

B. 展览品所有人已申明放弃的一次性廉价物品,由海关变卖后将款项上缴国库。有境内单位接受的,应当向海关办理进口申报纳税手续

C. 展览品被其所有人赠送的,受赠人应当向海关办理进口手续,海关根据进口礼品或经贸往来的赠送品的规定办理

D. 展览品的各种处置如符合海关规定的,还需由主办单位向海关办理核销结关手续

■技能应用

A 企业参加在国内举办的国际糖酒博览会,从境外进口供散发的纪念品,在展览会期间使用的烟、酒及为布置展台所使用的壁纸。这些商品中哪些可以免税?哪些不能免税?

■案例分析

1. 大连星海广场会展中心举办机电产品展览会,美国某公司参展,展品在展览会结束后复运出境。美国某公司委托大连佳通报关公司办理有关展览事宜。

佳通报关公司应该怎样办理有关手续?请结合 ATA 单证册的相关内容作答。

2. 有下列四种货物:①参加莱比锡博览会的出口展览品;②来华参加国际科技展览会而运进需要展示或示范用的货物、物品;③俄罗斯马戏团来华进行表演运进器材、服装、车辆等;④香港地区某影视公司来内地拍摄电影而运进的摄影器材。

请问哪些货物可以按暂准进出口通关制度办理海关手续?

项目实训

【实训项目】

暂准进出境货物报关程序。

【实训情境】

上海市公安局邀请境外一家无线电设备生产厂商到上海展览馆展出其价值100万美元的无线电设备，并委托上海某展览报关行A办理一切手续。上海展出后厂商决定把其中价值40万美元的设备运到杭州展出，设备从杭州返回后，上海公安局决定购买其中的20万美元设备。境外厂商为了感谢上海公安局，赠送了5万美元的设备给上海公安局，其余设备退运境外。作为A公司的报关员需要进行的任务如下：

任务一：办理上海展出手续。

任务二：办理杭州展出手续。

任务三：办理展品闭馆出境前的仓储手续。

任务四：办理留购和赠送手续。

任务五：办理销案手续。

【实训要求】

请对上述任务进行任务分析，并填写实训报告。

<table>
<tr><td colspan="3">《暂准进出境货物报关程序》实训报告</td></tr>
<tr><td>项目实训班级：</td><td>项目小组：</td><td>项目组成员：</td></tr>
<tr><td>实训时间：　　年　　月　　日</td><td>实训地点：</td><td>实训成绩：</td></tr>
<tr><td colspan="3">实训目的：</td></tr>
<tr><td colspan="3">实训步骤：</td></tr>
<tr><td colspan="3">实训结果：</td></tr>
<tr><td colspan="3">实训感言：</td></tr>
<tr><td colspan="3">不足与今后改进：</td></tr>
<tr><td colspan="2">项目组长评定签字：</td><td>项目指导教师评定签字：</td></tr>
</table>

项目九

其他进出境货物报关程序

○ **知识目标：**

理解：其他进出境货物的概念及分类。

熟知：金融租赁货物与融资租赁货物报关程序不同之处，能对无代价抵偿货物、退运货物、退关货物进行区分。

掌握：其他进出境货物报关的基本程序，能区分过境、转运、通运货物。

○ **技能目标：**

能够对其他进出境货物进行规范操作，能够进行进出口报关流程的设计。

○ **素质目标：**

能够运用所学的实务知识研究相关案例，培养和提高学生在特定业务情境中分析问题与决策设计的能力；能够结合报关行业规范或标准，分析报关行为的善恶，强化学生职业素养和职业操守道德。

○ **项目引例：**

2019 年 2 月，江西爱尔玛机械设备有限公司(海关注册代码 3601930045)向意大利出口了一批切割机。客户在销售过程中发现部分切割机不合格，经双方协商同意将不合格货物退回国内。

请问：(1)这种货物在进口时如何报关？

(2)进口报关时如何处理税款？

○ **知识精讲：**

任务一　过境、转运、通运货物

一、过境货物

(一)过境货物的概念

过境货物是指从境外启运，在我国境内不论是否换装运输工具，通过陆路运输，继续运往境外的货物。

(二)过境货物的管理

1. 过境货物的目的

海关对过境货物监管的目的是为了防止过境货物在我国境内运输过程中滞留在国内，或将我国货物混入过境货物随运出境；防止禁止过境货物从我国过境。

2. 过境货物的范围

允许过境的货物有：

(1)与我国签有过境货物协定的国家过境货物；

(2)在与我国签有铁路联运协定的国家收、发货的过境货物；

(3)未与我国签有过境货物协定但经国家商务、运输主管部门批准，并向入境地海关备案后准予过境的货物。

禁止过境的货物有：

(1)来自或运往我国停止或禁止贸易的国家或地区的货物；

(2)各种武器、弹药、爆炸品及军需品(通过军事途径运输的除外)；

(3)各种烈性毒药、麻醉品和鸦片、吗啡、海洛因、可卡因等毒品；

(4)我国法律、法规禁止过境的其他货物、物品。

其他规定：

(1)民用爆炸品、医用麻醉品等的过境运输，应经海关总署有关部门批准后，方可过境；

(2)有伪报货名和国别，借以运输我国禁止过境货物的，以及其他违反我国法律、行政法规的，海关可依法将货物扣留处理；

(3)海关可以对过境货物实施查验，海关在查验过境货物时，经营人或承运人应当到场，负责搬移货物，开拆、封装货物；

(4)过境货物在境内发生损毁或者灭失的(除不可抗力原因造成的外)，经营人应当负责向出境地海关补办进口纳税手续。

3. 过境货物经营人开展相关业务应符合的要求

(1)过境货物经营人应当持主管部门的批准文件和工商行政管理部门颁发的营业执照，向海关主管部门申请办理注册登记手续；

(2)装载过境货物的运输工具，应当具有海关认可的加封条件或装置，海关认为必要时，可以对过境货物及其装载装置进行加封；

(3)运输部门和过境货物经营人应当负责保护海关封志的完整，任何人不得擅自开启或损毁。

(三)报关程序

1. 进境报关

过境货物进境时，过境货物经营人或报关企业应当向海关递交“过境货物报关单”和运单、转载清单，以及发票、装箱清单等，办理过境手续。

过境货物经营人或承运人应当负责将上述单证及时交出境地海关验核。

过境货物经进境地海关审核无误后，进境地海关在提运单上加盖“海关监管货物”戳记，并将过境货物报关单和过境货物清单制作“关封”后加盖“海关监管货物”专用章，连同上述提运单一并交经营人或报关企业。

2. 境内暂存和运输

(1)过境货物进境后因换装运输工具等原因需卸下储存时，应当经海关批准并在海关监管下存入海关指定或同意的仓库或场所；

(2)过境货物在进境以后、出境以前，应当按照运输主管部门规定的路线运输，运输部门没有规定的，由海关指定；

(3)海关可根据情况派员押运过境货物运输。

3. 过境期限

过境货物的过境期限为 6 个月，因特殊原因，可以向海关申请延期，经海关同意后，最长可延期 3 个月。

过境货物超过规定期限 3 个月仍未过境的，海关按规定依法提取变卖，变卖后的货款按有关规定处理。

4. 出境报关

过境货物出境时，过境货物经营人或报关企业应当及时向出境地海关申报，并递交进境地海关签发的"关封"和其他单证。

出境地海关审核有关单证、"关封"和货物，确认无误后，加盖放行章，监管货物出境。

二、转运货物

（一）转运货物的概念

转运货物是指由境外启运，通过我国境内设立海关的地点换装运输工具，不通过境内陆路运输，继续运往境外的货物。

（二）转运货物的管理

1. 转运货物的目的

海关对转运货物监管的目的是为了防止货物在口岸换装过程中误进口或误出口。

2. 转运货物的范围

具备下列条件之一的货物，可以办理转运手续：

(1)持有转运或联运提货单的；

(2)进口载货清单上注明是转运货物的；

(3)持有普通提货单，但在卸货前向海关声明转运的；

(4)误卸下的进口货物，经运输工具经理人提供确实证件的；

(5)因特殊原因申请转运，获海关批准的。

（三）海关对转运货物的监管规定

(1)外国转运货物在中国口岸存放期间，不得开拆、改换包装或进行加工；

(2)转运货物必须在 3 个月之内办理海关有关手续并转运出境，超出规定期限 3 个月仍未转运出境或办理其他海关手续的，海关将提取依法变卖处理；

(3)海关对转运的外国货物有权进行查验。

（四）报关程序

(1)载有转运货物的运输工具进境后，承运人应当在进口载货清单上列明转运货物的名称、数量、启运地和到达地，并向主管海关申报进境。

(2)申报经海关同意后，在海关指定的地点换装运输工具。

(3)在规定时间内运送出境。

三、通运货物

（一）通运货物的概念

通运货物是指由境外启运，不通过境内陆路运输，运进境后由原运输工具载运出境的货物。

（二）报关程序

（1）运输工具进境时，运输工具的负责人应凭注明通运货物名称和数量的“船舶进口报告书”或国际民航机使用的“进口载货舱单”向进境地海关申报；

（2）进境地海关在接受申报后，在运输工具抵、离境时对申报的货物予以核查，并监管货物实际离境。

运输工具因装卸货物需搬运或倒装货物时，应向海关申请并在海关的监管下进行。

【拓展阅读 9－1】 过境、转运、通运三类货物的异同点

比较项目 货物类型	是否通过境内陆路运输	是否换装运输工具	启运地	目的地
过境货物	通过陆路运输	可换装运输工具，也可不换装运输工具	我国境外	我国境外
转运货物	不通过境内陆路运输	换装运输工具		
通运货物	不通过境内陆路运输	不换装运输工具		

任务二　货样、广告品

一、货样、广告品的概念

货样是指专供订货参考的进出口货物样品；广告品是指用以宣传有关商品的进出口广告宣传品。

二、货样、广告品的类型

有进出口经营权的企业价购或售出货样、广告品为货样广告品 A；没有进出口经营权的企业（单位）进出口及免费提供进出口的货样、广告品为货样广告品 B。

三、报关程序

除暂准进出境的货样、广告品外，货样、广告品的进出口报关程序同一般进出口货物一样只有进出口报关阶段的四个环节：申报、配合查验、缴纳税费、提取或装运货物。其要点有：

（一）证件管理

（1）有进出口经营权的企业，在其经营范围内进口非许可证件管理的货样、广告品（不论价购、售出或免费提供），凭经营权，向海关申报（非许可证件管理角度）。

没有进出口经营权的单位进口数量合理且价值在人民币 1 000 元以下的非许可证件管理的货样、广告品，凭其主管司局级以上单位证明向海关申报。数量不合理或价值在人民币 1 000 元以上的，凭省级商务主管部门的审批证件向海关申报（非许可证件管理角度）。

（2）进口属于许可证管理的货样、广告品，凭进口许可证向海关申报（许可证管理角度）。

（3）进口货样、广告品属自动进口许可管理的机电产品和一般商品，每批次价值人民币 5 000 元以下免领自动进口许可证（自动进口许可管理角度）。进口的货样、广告品属旧机电产品，需按程序审批并按有关旧机电产品进口的规定申报。

(4)出口货样每批次货值人民币 3 万元以下免领出口许可证(免领情形)。运出境外的两用物项和技术的货样或实验用样品中,按规定办理两用物项和技术出口许可证,凭两用物项和技术出口向海关申报(领取情形)。

(5)列入《法检目录》范围内的进出口货样、广告品,凭出入境检验检疫部门签发的出入境货物通关单向海关申报。

(二)税收管理

进出口货样、广告品经海关审核数量合理且每次总值在人民币 400 元及以下的,免征关税和进口环节海关代征税。每次总值在人民币 400 元以上的,征收超出部分的关税和进口环节海关代征税。

任务三　租赁货物

一、租赁的概念

租赁是指所有权和使用权之间的一种借贷关系,即由资产所有者(出租人)按契约规定,将租赁物件给使用人(承租人),使用人在规定期限内支付租金并享有租赁物件使用权的一种经济行为。跨越国(地区)境的租赁就是国际租赁。以国际租赁方式进出境的货物,即为租赁进出口货物。

以下主要介绍租赁进口货物。

二、租赁的分类

国际租赁大体上有两种:一种是带有融资性质的金融租赁;另一种是带有服务性质的经营租赁。因此,租赁进口货物就对应的来说包括金融租赁进口货物和经营租赁进口货物两类。

金融租赁进口货物一般是不复运出境的,租赁期满,以很低的名义价格转让给承租人,承租人按合同规定分期支付租金,租金的总额一般大于货价;经营租赁进口的货物一般是暂时性质的,按合同规定的期限复运出境,承租人按合同规定支付租金,租金总额一般小于货价。

三、报关程序

根据《进出口关税条例》的规定,租赁进口货物的纳税义务人对租赁进口货物应当按照海关审查确定的租金作为完税价格缴纳进口税款,租金分期支付的可以选择一次性缴纳税款或者分期缴纳税款。选择一次性缴纳税款的可以按照海关审查确定的货物的价格作为完税价格,也可以按照海关审查确定的租金总额作为完税价格。

根据纳税义务人对缴纳税款的完税价格的选择不同,租赁进口货物的报关程序可以分为如下两类:

(一)金融租赁进口货物的报关程序

由于金融租赁进口货物的租金总额大于货价,纳税义务人会理性选择一次性按货价作为完税价格缴纳税款或者选择按分期租金作为完税价格缴纳税款,而不太可能选择一次性按租金的总额作为完税价格缴纳税款。因而,金融租赁进口货物的报关就可能出现下面两种情况:

1. 按货物的完税价格缴纳税款

收货人或其代理人在租赁货物进口时应当向海关提供租赁合同、相关的进口许可证件和其他单证，向海关申报进口货物的实际价格，按海关审查确定货物完税价格计算税款数额，缴纳进口关税和进口环节海关代征税。

海关现场放行后，不再对货物进行监管。

2. 按分期租金作为完税价格缴纳税款

收货人或其代理人在租赁货物进口时应当向海关提供租赁合同、相关的进口许可证件和其他单证，按照第一期应当支付的租金和货物的实际价格分别填制报关单向海关申报，按海关审查确定的第一期租金的完税价格计算税款数额，缴纳进口关税和进口环节海关代征税，海关按照货物的实际价格进行统计。

海关现场放行后，要对货物继续进行监管。纳税义务人在每次支付租金后的 15 天内（含第 15 天）按支付租金金额向海关申报，并缴纳相应的进口关税和进口环节海关代征税，直到最后一期租金支付完毕。

需要后续监管的金融租赁进口货物租期届满之日起 30 天内，纳税义务人应当申请办结海关手续，将租赁进口货物退运出境，如不退运出境，以残值转让，则应当按照转让的价格审查确定完税价格计征进口关税和进口环节海关代征税。

（二）经营租赁进口货物的报关程序

由于经营租赁进口货物租金总额小于货价，货物在租赁期满应当返还出境，纳税义务人一般会理性选择按租金总额或选择按租金分期缴纳税款，不会选择按货物的实际价格缴纳税款。因此，收货人或其代理人在租赁货物进口时应当向海关提供租赁合同、相关的进口许可证件和其他报关单证，按照第一期应当支付的租金或者租金总额和货物的实际价格分别填制报关单向海关申报，按海关审查确定的第一期租金或租金总额的完税价格计算税款数额，缴纳进口关税和进口环节海关代征税，海关按照货物的实际价格统计。

海关现场放行后，对货物继续进行监管。

分期缴纳税款的，纳税义务人在每次支付租金后的 15 天内（含第 15 天）按支付租金金额向海关申报，提供报关单证，并缴纳相应的进口关税和进口环节海关代征税，直到最后一期租金支付完毕。

经营租赁进口货物租期届满之日起 30 天内，纳税义务人应当申请办结海关手续，将租赁进口货物复运出境或者办理留购、续租的申报纳税手续。

任务四　加工贸易不作价设备

一、加工贸易不作价设备的概念

加工贸易不作价设备是指与加工贸易经营企业开展加工贸易（包括来料加工、进料加工及外商投资企业履行产品出口合同）的境外厂商，免费（不需境内加工贸易经营企业付汇，也不需用加工费或差价偿还）向经营单位提供的加工生产所需设备。

二、加工贸易不作价设备的范围

加工贸易境外厂商免费提供的不作价设备，如果属于国家禁止进口商品和《外商投资项目不予免税的进口商品目录》的，海关不予受理。除此以外的其他商品，加工贸易企业可以向海关提出加工贸易不作价设备免税进口申请。

三、加工贸易不作价设备的特征

加工贸易不作价设备是加工贸易生产设备，进境后使用时一般不改变形态，国家政策不强调复运出境。属于免税进境的生产设备，但按保税货物管理。

四、报关程序

加工贸易不作价设备的报关程序与保税货物、特定减免税货物的报关程序一样，包括备案、进口、核销三个阶段。

(一)备案

加工贸易不作价的备案合同应当是订有加工贸易不作价设备条款的加工贸易合同或者加工贸易协议，单独的进口设备合同不能办理加工贸易不作价设备的合同备案。

(1)加工贸易设备备案的加工贸易经营企业应当符合下列条件之一：①设立独立专门从事加工贸易(不从事内销产品加工生产)的工厂或车间，并且不作价设备仅限在该工厂或车间使用。②对未设立独立专门从事加工贸易的工厂或车间、以现有加工能力为基础开展加工贸易的项目，使用不作价设备的加工生产企业，在加工贸易合同(协议)期限内，其每年加工产品必须是70%以上属于出口产品。

(2)加工贸易不作价设备备案手续：①凭商务主管部门批准的加工贸易合同(协议)和批准件及“加工贸易不作价设备申请备案清单”到加工贸易和备案地主管海关办理合同备案申请手续。②主管海关根据加工贸易合同(协议)、批准件和“加工贸易不作价设备申请备案清单”及其他有关单证，对照《外商投资项目不予免税进口商品目录》，审核准予备案后，合法登记手册。

海关核发的加工贸易登记手册有效期一般为1年，1年到期前，加工贸易经营企业向海关提出延期申请，延长期一般为1年，可以申请延长4次。

加工贸易不作价设备不纳入加工贸易银行保证金台账管理的范围，海关可以根据情况对加工贸易不作价设备收取相当于进口设备应纳进口关税和进口环节海关代征税税款金额的保证金或者银行或非银行金融机构的保证函。

(二)进口

加工贸易不作价设备，企业凭登记手册向海关办理进口报关手续，口岸海关凭登记手册验放。除国家另有规定外，进境时免进口关税，不免进口增值税，如有涉及进口许可证件管理的，可免交进口许可证件。

(三)核销

加工贸易不作价设备自进口之日起至按海关规定解除监管止，属海关监管货物，企业应按海关的规定保管、使用。加工贸易不作价设备的海关监管期限是根据特定减免税货物的海关监管期限来规定的。加工贸易不作价设备海关监管期限一般是5年。

申请解除海关监管有两种情况：

1. 监管期内

(1)结转。结转(卖)在享受同等待遇不同企业间，或转为减免税设备，转入转出企业分别填进出口货物报关单，报关单贸易方式栏根据企业所持加工贸易登记手册或征免税证明分别填报“加工贸易设备结转”“减免税设备结转”，备案号填手册号或征免证号或为空。

(2)转让。转让(卖)不享受减免税优惠待遇的企业或不能进口加工贸易不作价设备的企业,商务部审批,填进口报关单,缴税交证,按以下公式计算确定完税价格缴纳进口关税。

应缴税额=转让设备进口完税价格(CIF)×{1-[按加工贸易不作价设备规定条件使用月数÷(5×12)]}

不足15天的,不计月数;超过15天的,按1个月计算。

(3)留用。监管期满本企业移作他用或者虽未满监管期但加工贸易合同已经履约本企业留用的,必须有原备案加工贸易合同或者协议的商务主管部门审批,按规定办理进口海关手续,缴税交证。

(4)修理替换。进境加工贸易不作价设备需要出境修理或者由于质量或者规格不符,需要出境替换的,可以使用加工贸易不作价设备登记手册申请出境和进境,也可以按照出境修理货物或者无代价抵偿货物办理海关进出境手续。

(5)退运。监管期内退运应当由原备案加工贸易合同或协议的商务主管部门审批,凭批准件和加工贸易不作价设备登记手册到海关办理退运出境的海关手续。

2. 监管期满

加工贸易不作价设备5年监管期满,若不退运出境,可以留用,也可以向海关申请放弃。

(1)留用。监管期限已满的不作价设备,要求留在境内继续使用,企业可以向海关申请解除监管,也可以自动解除海关监管。

(2)放弃。监管期满不退运也不留用的加工贸易不作价设备,可以向海关申请放弃,海关比照放弃货物办理有关手续。放弃货物要填制进口货物报关单。

任务五　无代价抵偿货物

一、无代价抵偿货物的概念

无代价抵偿货物是指进出口货物在海关放行后,因残损、短少、品质不良或者规格不符,由进出口货物的发货人、承运人或者保险公司免费补偿或者更换的与原货物相同或者与合同规定相符的货物。

收发货人申报进出口的无代价抵偿货物,与退运出境或者退运进境的原货物不完全相同或者与合同规定不完全相符的,经收发货人说明理由,海关审核认为理由正当且税则号列未发生改变的,仍属于无代价抵偿货物范围。

收发货人申报进出口的免费补偿或者更换的货物,其税则号列与原进出口货物的税则号列不一致的,不属于无代价抵偿货物范围,而应属于一般进出口货物范围。

二、无代价抵偿货物的特征

(1)进出口无代价抵偿货物免交验进出口许可证件(因为无代价抵偿货物属于非实际进出口货物)。

(2)进口无代价抵偿货物,不征收进口关税和进口环节海关代征税;出口无代价抵偿货物,不征收出口关税。但是,进出口与原货物或合同规定不完全相符的无代价抵偿货物,应当按规定计算与原进出口货物的税款差额,高出原征收税款数额的应当征收超出部分的税款,低于原征收税款,原进出口货物的发货人、承运人或者保险公司同时补偿货款的,应当退还补偿货款部分的税款，未补偿货款的，不予退还。

(3)现场放行后，海关不再进行监管。

三、报关程序

无代价抵偿可以分为短少抵偿(数量方面)和残损、品质不良或规格不符抵偿(质量方面)两种。两类无代价抵偿货物报关程序有所不同，以下主要介绍因残损、品质不良或规格不符抵偿的报关程序。

(一)残损、品质不良或规格不符引起的无代价抵偿货物进出口海关手续

1. 原进口货物退运出境，以及原出口货物退运进境

原进口货物的收货人或其代理人应当办理被更换的原进口货物中残损、品质不良或规格不符货物的退运出境的报关手续。被更换的原进口货物退运出境时不征收出口关税。

原出口货物的发货人或其代理人应当办理被更换的原出口货物中残损、品质不良或规格不符货物的退运进境的报关手续。被更换的原出口货物退运进境时不征收进口关税和进口环节海关代征税。

2. 原进口货物不退运出境，放弃交由海关处理

被更换的原进口货物中残损、品质不良或规格不符货物不退运出境。但原进口货物的收货人愿意放弃，交由海关处理的，海关应当依法处理并向收货人提供依据，凭以申报进口无代价抵偿货物。

3. 原进口货物不退运出境也不放弃，以及原出口货物不退运进境

被更换的原进口货物中残损、品质不良或规格不符货物不退运出境且不放弃交由海关处理的，原进口货物的收货人应当按照海关接受无代价抵偿货物申报进口之日适用的有关规定申报进口，并按照海关对原进口货物重新估定的价格计算的税额缴纳进口关税和进口环节海关代征税，属于许可证件管理的商品还应当交验相应的许可证件。

被更换的原出口货物中残损、品质不良或规格不符的货物不退运进境，原出口货物的发货人应当按照海关接受无代价抵偿货物申报出口之日适用的有关规定申报出口，并按照海关对原出口货物重新估定的价格计算的税额缴纳出口关税，属于许可证件管理的商品还应当交验相应的许可证件。

(二)无代价抵偿货物报关应当提供的单证

收发货人向海关申报无代价抵偿货物进出口时除应当填制报关单和提供基本单证外，还应当提供其他特殊单证。

1. 进口申报需要提交的特殊单证

(1)原进口货物报关单；

(2)原进口货物退运出境的出口货物报关单，或者原进口货物交由海关处理的货物放弃处理证明，或者已经办理纳税手续的单证(短少抵偿的除外)；

(3)原进口货物税款缴纳书或者“进出口货物征免税证明”；

(4)买卖双方签订的索赔协议。

海关认为需要时，纳税义务人还应当提交具有资质的商品检验机构出具的原进口货物残损、短少、品质不良或者规格不符的检验证明书或者其他有关证明文件。

2. 出口申报需要提交的特殊单证

(1)原出口货物报关单；

(2)原出口货物退运进境的进口货物报关单,或者已经办理纳税手续的单证(短少抵偿的除外);

(3)原出口货物税款缴纳书;

(4)买卖双方签订的索赔协议。

海关认为需要时,纳税义务人还应当提交具有资质的商品检验机构出具的原出口货物残损、短少、品质不良或者规格不符的检验证明书或者其他有关证明文件。

(三)向海关申报办理无代价抵偿货物进出口手续的期限

向海关申报进出口无代价抵偿货物应当在原进出口合同规定的索赔期内,而且不超过原货物进出口之日起3年。

【做中学9-1】

某公司进口一台设备已完税后发现工厂发错了货,现需要把这台发错的设备退回国外工厂,再由工厂补发一台型号正确的设备。

讨论:请问要怎么操作?发错的设备退运出口的时候要申请出口的外汇核销单吗?如果不涉及收汇,应如何核销?

【同步案例9-1】

天术进出口集团从新加坡某公司以CIF广州USD30/台的条件进口1 000台简易型电动可调气泵。该批货物于2018年7月11日载运进境,天术公司当日向海关申报进口。海关验放后,天术公司发现其中有450台损坏,于是与新加坡公司交涉。新加坡公司统一免费补偿同数量、同规格的货物。补偿货物于7月27日运达。

案例精析

任务六　进出境修理货物

一、进出境修理货物的概念

进出境修理货物包括进境修理货物和出境修理货物。

进境修理货物是指运进境进行维护后复运出境的机械器具、运输工具或者其他货物,以及为维修这些货物需要进口的原材料、零部件。进境修理包括原出口货物运进境修理和其他货物运进境修理两大类。

出境修理货物是指运出境进行维护修理后复运进境的机械器具、运输工具或者其他货物,以及为维修这些货物需要出口的原材料、零部件。出境修理包括原进口货物运出境修理和其他货物运出境修理两大类。其中,原进口货物出境修理包括原进口货物在保修期内运出境修理和原进口货物在保修期外运出境修理两种情况。

二、进出境修理货物的特征

特征具体包括:

(1)进境维修修理货物免予缴纳进口关税和进口环节海关代征税,但要向海关提供担保,并接受海关后续监管。对于一些进境维修的货物,也可以申请按照保税货物办理进境手续。

(2)出境修理货物进境时,在保修期内并由境外免费维修的,可以免征进口关税和进口环节海关代征税;在保修期内境外收取维修费用或者在保修期外的,应当按照境外修理费和材料费审定完税价格计征进口关税和进口环节海关代征税。

(3)进出境修理货物免予交验许可证件(因为进出境修理货物也属于非实际进出口货物)。

三、报关程序

(一)进境修理货物

货物进境后,收货人或其代理人应持维修合同或者含有保修条款的原出口合同及申报进口需要的所有单证办理货物进口申报手续,并提供进口税款担保。

货物进口后在境内维修的期限为进口之日起 6 个月,可以申请延长,延长的期限最长不超过 6 个月。在境内维修期间受海关监管。

修理货物复运出境申报时应当提供原修理货物进口申报时的报关单(留存联或复印件)。修理货物复运出境后应当申请销案,正常销案的,海关应当退还保证金或撤销担保。未复运出境部分货物应当办理进口申报纳税手续。

(二)出境修理货物

发货人在货物出境时,应向海关提交维修合同或者含有保修条款的原进口合同,以及申报出口需要的所有单证,办理出境申报手续。

货物出境后,在境外维修的期限为出境之日起 6 个月,可以申请延长,延长的期限最长不超过 6 个月。

货物复运进境时应当向海关申报在境外实际支付的修理费和材料费,由海关审查确定完税价格,计征进口关税和进口环节海关代征税。

超过海关规定期限复运进境的,海关按一般进口货物计征进口关税和进口环节海关代征税。

任务七　集装箱箱体

一、集装箱箱体的分类

集装箱既是一种运输设备,又是一种货物。当货物用集装箱装载进出口时,集装箱箱体就作为一种运输设备;当一家企业购买进口或销售出口集装箱时,集装箱箱体就是普通的进出口货物。

集装箱箱体作为货物进出口是一次性的,而在通常情况下,是作为运输设备暂准进出境的。这里介绍的是后一种情况。

二、报关程序

暂准进出境的集装箱箱体报关有以下两种情况:

(1)境内生产的集装箱及我国营运人购买进口的集装箱在投入国际运输前,营运人应当向其所在地海关办理登记手续。经海关准予登记并符合规定的集装箱箱体,无论是否装载货物,海关准予暂时进境和异地出境,营运人或其代理人无需对箱体单独向海关办理报关手续,进出境时也不受规定的期限限制。

(2)境外集装箱箱体暂准进境,无论是否装载货物,承运人或其代理人应当向海关申报,并应当于入境之日起6个月内复运出境。如因特殊情况不能按期复运出境的,营运人应当向暂准进境地海关提出延期申请,经海关核准后可以延期,但延长期最长不得超过3个月,逾期应按规定向海关办理进口报关纳税手续。

任务八 出料加工货物

一、出料加工货物的概念

出料加工货物是指我国境内企业运到境外进行技术加工后复运进境的货物。

二、出料加工货物的原则

出料加工货物的目的是为了借助国外先进的加工技术提高产品的质量和档次,因此只有在国内现有的技术手段无法或难以达到产品质量要求而必须运到境外进行某项工序加工的情况下,才可开展出料加工业务。

出料加工货物原则上不能改变原出口货物的物理形态。对完全改变原出口货物物理形态的出境加工,属于一般出口。

三、出料加工货物的管理

出料加工货物自运出境之日起6个月内应当复运进境;因正当理由不能在海关规定期限内将出料货物复运进境的,应当在到期之前书面向海关说明情况,申请延期。经海关批准可以延期,延长的期限最长不得超过3个月。

四、报关程序

出料加工货物的报关程序同保税加工货物的报关程序比较相似,只不过两类货物在报关程序方面立足的角度不一样。但都需要经历备案、进出口报关、核销三大阶段。

(一)备案

开展出料加工的经营企业应当到主管海关办理出料加工合同的备案申请手续。海关应根据出料加工的有关规定审核决定是否受理备案,受理备案的将核发“出料加工手册”。

(二)进出口报关

1. 出境申报

出料加工货物出境,发货人或其代理人应当向海关提交手册、出口货物报关单、货运单据及其他海关需要的单证申报出口,属许可证件管理的商品,免交许可证件;属应征出口税的,应提供担保。

为实现有效监管,海关可以对出料加工出口货物附加标志、标记或留取货样。

2. 进境申报

出料加工货物复运进口,收货人或其代理人应当向海关提交手册、进口报关单、货运单据及其他海关需要的单证申报进口。海关对出料加工复进口货物以境外加工费、材料费、复运进境的运输及其相关费用和保险费审查确定完税价格征收进口关税和进口环节海关代征税。

(三)核销

出料加工货物全部复运进境后，经营人应当向海关报核，海关进行核销；提供担保的，应当退还保证金或者撤销担保。

出料加工货物未按海关允许期限复运进境的，海关按照一般进出口货物办理，将货物出境时收取的税款担保金转为税款，货物进境时按一般进口货物征收进口关税和进口环节海关代征税。

任务九　溢卸货物和误卸货物

一、溢卸货物和误卸货物的概念

溢卸货物是指未列入进口载货清单、提单或运单的货物，或者多于进口载货清单、提单或运单所列数量的货物。

这里需要强调的是，溢卸货物概念中的未列入进口载货清单、提单或运单的货物这层概念中，是属于溢卸货物而不属于误卸货物。

误卸货物是指将指运境外港口、车站或境内其他港口、车站而在本港(站)卸下的货物。

二、溢卸货物和误卸货物的管理

经海关核实的溢卸货物和误卸货物，由载运该货物的原运输工具负责人，自运输工具卸货之日起3个月内，向海关申请办理退运出境手续；或者由该货物的收发货人，自运输工具卸货之日起3个月内，向海关申请办理退运或者申报进口手续。

经载运该货物的原运输工具负责人，或者该货物的收发货人申请，海关批准，可以延期3个月办理退运出境或申报进口手续。

超出上述规定的期限，未向海关办理退运或者申报进口手续的，由海关提取依法变卖处理。

溢卸货物和误卸货物属于危险品或者鲜活、易腐、易烂、易失效、易变质、易贬值等不易长期保存的货物的，海关可以根据实际情况，提前提取依法变卖处理，变卖所得价款按有关规定处理。

三、报关程序

溢卸货物和误卸货物报关程序的适用是根据该货物的处置来决定的，有以下几种情况：

1. 退运境外

属于溢卸或误卸货物，能够提供发货人或者承运人书面证明文书的，当事人可以向海关申请办理直接退运手续。

2. 溢短相补

运输工具负责人或其代理人要求将溢卸货物抵补短卸货物的，应与短卸货物原收货人协商同意，并限于同一运输工具、同一品种的货物。

非同一运输工具或同一运输工具非同一航次之间抵补的，只限于同一运输公司、同一发货人、同一品种的进口货物。

上述两种情况都应由短卸货物原收货人或其代理人按照无代价抵偿货物的报关程序办理

进口手续。

3. 物归“原主”

指运境外港口、车站的误卸货物，运输工具负责人或其代理人要求运往境外时，经海关核实后按照转运货物的报关程序办理海关手续，转运至境外。

指运境内其他港口、车站的误卸货物，可由原收货人或其代理人向进境地海关办理进口申报手续，也可以经进境地海关同意办理转关运输手续。

4. 就地进口

溢卸货物由原收货人接收的，原收货人或其代理人应按一般进口货物报关程序办理进口手续，填写进口货物报关单向进境地海关申报，并提供相关的溢卸货物证明，如属于许可证件管理商品的，应提供有关的许可证件。海关征收进口关税和进口环节海关代征税后，放行货物。

5. 境内转售

原收货人不接受溢卸货物和误卸货物，或不办理溢卸货物和误卸货物的退运手续的，运输工具负责人或其代理人可以要求在国内进行销售，由购货单位向海关办理相应的进口手续。

任务十　退运货物

一、退运货物的概念

退运货物是指原出口货物或进口货物因各种原因造成退运进口或者退运出口的货物。

二、退运货物的类型

退运货物包括一般退运货物和直接退运货物。

（一）一般退运货物

一般退运货物是指已办理申报手续且海关已放行出口或进口，因各种原因造成退运进口或退运出口的货物。

（二）直接退运货物

直接退运货物是指在进境后、办结海关放行手续前，进口货物收货人、原运输工具负责人或者其代理人申请直接退运境外，或者海关根据国家有关规定责令直接退运境外的全部或者部分货物。

三、报关程序

（一）一般退运货物报关程序

1. 一般退运进口货物的海关手续

(1)报关。一般退运进口货物的报关分为以下两种情况：

①原出口货物已收汇。原出口货物退运进境时，若该批出口货物已收汇、已核销，原发货人或其代理人应填写进口货物报关单向进境地海关申报，并提供原货物出口时的出口货物报关单，现场海关应凭加盖有已核销专用章的“外汇核销单出口退税专用联”(正本)，或税务部门出具的“出口商品退运已补税证明”，保险公司证明或承运人溢装、漏卸的证明等有关资料办理

退运进口手续，同时签发一份进口货物报关单。

②原出口货物未收汇。原出口货物退运进口时，若出口未收汇，原发货人或其代理人在办理退运手续时，提交原出口货物报关单、出口收汇核销单、报关单退税证明联向进口地海关申报退运进口，同时填制一份进口货物报关单；若出口货物部分退运进口，海关应在原出口货物报关单上批注退运的实际数量、金额后退回企业并留存复印件，海关核实无误后，验放有关货物进境。

(2)税收。因品质或者规格原因，出口货物自出口之日起 1 年内原状退货复运进境的，经海关核实后不予征收进口税，原出口时已经征收出口关税的，只要重新缴纳因出口而退还的国内环节税，自缴纳出口税款之日起 1 年内准予退还。

2. 一般退运出口货物的海关手续

(1)报关。因故退运出口的进口货物，原收货人或其代理人应填写出口货物报关单申报出境，并提供原货物进口时的进口货物报关单、保险公司证明或承运人溢装、漏卸的证明等有关资料，经海关核实无误后，验放有关货物出境。

(2)税收。因品质或者规格原因，进口货物自进口之日起 1 年内原状退货复运出境的，经海关核实后可以免征出口关税，已征收的进口关税和进口环节海关代征税，自缴纳进口税款之日起 1 年内准予退还。

(二)直接退运货物报关程序

直接退运货物报关程序包括当事人申请直接退运的货物与海关责令直接退运的货物两类：

1. 当事人申请直接退运的货物

(1)范围。在货物进境后、办结海关放行手续前，有下列情形之一的，当事人可以向海关申请办理直接退运手续：①因国家贸易管理政策调整，收货人无法提供相关证件的；②属于错发、误卸或者溢卸货物，能够提供发货人或者承运人书面证明文书的；③收发货人双方协商一致同意退运，能够提供双方同意退运的书面证明文书的；④有关贸易发生纠纷，能够提供法院判决书、仲裁机构仲裁决定书或者无争议的有效货物所有权凭证的；⑤货物残损或者检验检疫不合格，能够提供检验检疫部门根据收货人申请而出具的相关检验证明文书的。

对在当事人申请直接退运前，海关已经确定查验或者认为有走私违规嫌疑的货物，不予办理直接退运，待查验或者案件处理完毕后，按照海关有关规定处理。

(2)报关程序。当事人向海关申请直接退运，应当按照海关要求提交"进口货物直接退运申请书"，证明进口实际情况的合同、发票、装箱清单、已报关货物的原报关单、提运单或者载货清单等相关单证，符合申请条件的相关证明文书及海关要求当事人提供的其他文件。海关按行政许可程序受理或者不予受理，受理并批准直接退运的，制发"准予直接退运决定书"。

办理进口货物直接退运手续，应当按照报关单填制规范填制进出口货物报关单，并符合下列要求：①"标记唛码及备注"栏填写"准予直接退运决定书"编号；②"贸易方式"栏填写"直接退运"(代码 4500)。

当事人办理进口货物直接退运的申报手续时，应当先填写出口货物报关单向海关申报，再填写进口货物报关单，并在进口货物报关单的"标记唛码及备注"栏填报关联报关单(出口报关单)号。

因进口货物收发货人或者承运人的责任造成货物错发、误卸或者溢卸，经海关批准直接退运的，当事人免予填制报关单，凭"准予直接退运决定书"向海关办理直接退运手续。

经海关批准直接退运的货物不需要交验进出口许可证或者其他监管证件，免予征收各种税费及滞报金，不列入海关统计。

对货物进境申报后经海关批准直接退运的，在办理进口货物直接退运出境申报手续前，海关应当将原进口货物报关单或者转关单数据予以撤销。

进口货物直接退运应当从原进境地口岸退运出境。对因运输原因需要改变运输方式或者由另一口岸退运出境的，应当经由原进境地海关批准后，以转关运输方式出境。

2. 海关责令直接退运的货物

(1)范围。在货物进境后、办结海关放行手续前，有下列情形之一，依法应当退运的，由海关责令当事人将进口货物直接退运境外：①进口国家禁止进口的货物，经海关依法处理后的；②违反国家检验检疫政策法规，经国家检验检疫部门处理并且出具“检验检疫处理通知书”或者其他证明文书后的；③未经许可擅自进口属于限制进口的固体废物用作原料，经海关依法处理后的。

对需要责令进口货物直接退运的，由海关根据相关政府行政主管部门出具的证明文书，向当事人制发“海关责令进口货物直接退运通知书”。

(2)报关程序。办理进口货物直接退运手续，应当按照报关单填制规范填制进出口货物报关单，并符合下列要求：①“标记唛码及备注”栏填写“责令直接退运通知书”编号；②“贸易方式”栏填写“直接退运”(代码 4500)。

当事人办理进口货物直接退运的申报手续时，应当先填写出口货物报关单向海关申报，再填写进口货物报关单，并在进口货物报关单的“标记唛码及备注”栏填报关联报关单(出口报关单)号。

因进口货物收发货人或者承运人的责任造成货物错发、误卸或者溢卸，经海关责令直接退运的，当事人免予填制报关单，凭“责令直接退运通知书”向海关办理直接退运手续。

经海关责令直接退运的货物不需要交验进出口许可证或者其他监管证件，免予征收各种税费及滞报金，不列入海关统计。

进口货物直接退运应当从进境地口岸退运出境。对因运输原因需要改变运输方式或者由另一口岸退运出境的，应当经由进境地海关批准后，以转关运输方式出境。

【职场指南 9－1】　　进口货物直接退运审批

一、申请条件

进口货物直接退运在货物进境后、办结海关放行手续前。

(一)进口货物收发货人、原运输工具负责人或者其代理人(以下统称“当事人”)申请将全部或者部分货物直接退运境外的。

(二)海关根据国家有关规定责令直接退运的。

(三)进口转关货物在进境地海关放行后，指运地海关根据国家有关规定须责令直接退运的。

进口转关货物在进境地海关放行后，当事人申请办理退运手续的，不属于直接退运范围，应当按照转关运输退运手续办理。直接退运货物的审批范围仅为进境货物，而进境物品、邮件物品等的直接退运不在报批之列。

二、申请材料

包括进口货物直接退运申请书和进口货物直接退运申请表，证明进口实际情况的合同、发票、装箱清单、已报关货物的原报关单、提运单或者载货清单等相关单证，符合申请条件的相关证明文书以及海关要求当事人提供的其他文件。

经验小谈 9－1

我司从国外进口了一批铁粉，货物到港后海关要查验，并且已经取样了。我司觉得很麻烦，想申请直接退运，请问可以吗？

答：根据《海关进口货物直接退运管理办法》第五条第三款：对海关已经确定布控、查验或者认为有走私违规嫌疑的货物，不予办理直接退运。布控、查验或者案件处理完毕后，按照海关有关规定处理。

任务十一　退关货物

一、退关货物的概念

退关货物又称出口退关货物，是指向海关申报出口并获准放行，但因故未能装上运输工具，经发货单位请求，退运出海关监管区域不再出口的货物。

二、海关手续

(1)出口货物的发货人及其代理人应当在得知出口货物未装上运输工具，并决定不再出口之日起 3 天内，向海关申请退关；

(2)经海关核准且撤销出口申报后方能将货物运出海关监管场所；

(3)已缴纳出口关税的退关货物，可以在缴纳税款之日起 1 年内，提出书面申请，向海关申请退税；

(4)出口货物的发货人及其代理人办理出口货物退关手续后，海关应对所有单证予以注销，并删除有关报关电子数据。

任务十二　放弃货物

一、放弃货物的概念

放弃货物又称放弃进口货物，是指进口货物的收货人或其所有人声明放弃，由海关提取依法变卖处理的货物。

二、放弃货物的范围

放弃交由海关处理的货物的范围如下：

(1)没有办结海关手续的一般进口货物；

(2)保税货物；

(3)在监管期内的特定减免税货物；

(4)暂准进境货物；

(5)其他没有办结海关手续的进境货物。

国家禁止或限制进口的废物、对环境造成污染的货物不得声明放弃。

三、放弃货物的处理

放弃进口货物由海关提取依法变卖处理。

由海关提取依法变卖处理的放弃进口货物的所得价款，优先拨付变卖处理实际支出的费用后，再扣除运输、装卸、储存等费用。所得价款不足以支付运输、装卸、储存等费用的，按比例支付。

变卖价款扣除相关费用后尚有余款的，上缴国库。

任务十三　超期未报关货物

一、超期未报关货物的概念

超期未报关货物是指在规定的期限内未办结海关手续的海关监管货物。

二、超期未报关货物的范围

超期未报关货物的范围如下：

(1)自运输工具申报进境之日起，超过3个月未向海关申报的进口货物；

(2)在海关批准的延长期满仍未办结海关手续的溢卸货物、误卸货物；

(3)超过规定期限3个月未向海关办理复出境或者其他海关手续的保税货物；

(4)超过规定期限3个月未向海关办理复出境或者其他海关手续的暂准进境货物；

(5)超过规定期限3个月未运输出境的过境、转运和通运货物。

三、超期未报关货物的处理

超期未报关进口货物由海关提取依法变卖处理。

(1)被决定变卖处理的货物如属于《法检目录》范围的，由海关在变卖前进行检验检疫。超期未报关进口货物、误卸或者溢卸的进境货物和放弃进口货物属于海关实施检验检疫的进出境商品目录范围的，海关应当在变卖前进行检验、检疫，检验、检疫的费用与其他变卖处理实际支出的费用从变卖款中支付。

(2)变卖所得价款，在优先拨付变卖处理实际支出的费用后，按照以下顺序扣除相关费用和税款，所得价款不足以支付同一顺序的相关费用的，按照比例支付：①运输、装卸、储存等费用；②进口关税；③进口环节海关代征税；④滞报金。

(3)申请发还余款的，申请人应当提供证明其为该进口货物收货人的相关资料。经海关审核同意后，申请人应当按照海关对进口货物的申报规定，取得有关进口许可证件，凭有关单证补办进口申报手续。海关对有关进口许可证件电子数据进行系统自动比对验核。申报时没有有效进口许可证件的，由海关按照《海关行政处罚实施条例》的规定处理。

应知考核

一、单项选择题

1. 下列(　　)不属于无代价抵偿进出口货物。

A. 进出口海关放行后，因残损、短少、品质不良或规格不符，由进出口货物的收发货人、承运人或保险公司免费补偿或者更换的与原货物相同或者与合同相符的货物

B. 收发货人申报进出口的无代价抵偿货物，与退运出境或者退运进境的原货物不完全相同或者与合同规定不完全相符的，只要"税则号列"未发生改变的货物

C. 收发货物人申报进出口的免费补偿或更换的货物，如"税则号列"与原进出口货物的"税则号列"不一致，但其价格相同的货物

D. 收发货物人申报进出口的无代价抵偿货物，与退运出境或者退运进境的原货物不完全相同或者与合同规定不完全相符的，"税则号列"未发生改变，但价格不同的货物

2. 下列关于出境修理货物的表述中，(　　)是不正确的。

A. 出境修理货物复运进境时，在保修期内免费维修的，可以免征进口关税和进口代征税

B. 出境修理货物复运进境时，在保修期外维修的，应当征收进口关税和进口代征税

C. 出境修理货物复运进境时，在保修期内维修收取费用的，应当免征进口关税和进口代征税

D. 对出境修理货物复运进境时，需要征收进口税和进口代征税，应当按照境外修理费和材料费审定完税价格计征进口关税和进口代征税

3. 天津某航运公司完税进口一批驳船，使用不久后发现大部分油漆剥落，向境外供应商提出索赔。供应商同意减价60万美元，并应进口方的要求以等值的驳船用润滑油补偿。该批润滑油进口时应当办理的海关手续是(　　)。

A. 按一般贸易进口报关，缴纳进口税　　B. 按一般贸易进口报关，免纳进口税

C. 按无代价抵偿货物报关，缴纳进口税　　D. 按无代价抵偿货物报关，免纳进口税

4. 出料加工货物(　　)应当复运进境。

A. 自运输出境之日起1年内

B. 自运输出境之日起6个月内，经申请海关批准延长的期限不超过3个月

C. 自运输出境之日起6个月内，经申请海关批准延长的期限不超过6个月

D. 自运输出境之日起3个月内，经申请海关批准延长的期限不超过3个月

5. 下列(　　)的货物不得向海关申请放弃。

A. 保税货物　　B. 在海关监管期内的特定减免税货物

C. 捐赠进口的医疗废物　　D. 暂准进境货物

6. 深圳某进出口贸易企业，于2019年1月12日向海关申报进口，由外商免费提供的货物样品及该货物的广告宣传品一批。其进口货物报关单上的"贸易方式"应填报为(　　)。

A. 货样广告品A(代码3010)　　B. 货样广告品B(代码3039)

C. 其他(代码9900)　　D. 其他贸易(代码9739)

7. 下列关于租赁进出口货物的表述中错误的是(　　)。

A. 租赁形式主要包括金融租赁和经营租赁

B. 租赁进口货物，以租金为完税价格，如果纳税义务人要求一次性缴纳税款的，可以从两种计税方式中选择一种，即按货价计税或按租金计税

C. 租赁方式进口货物，不管是按货价计税还是按租金计税，都应当填写两份报关单，另一份按货物的实际价格填写，作为统计用，另一份按货物的实际支付租金填写，作为海关征收关税用

D. 租赁方式进口的货物，海关有两种监管方式：一种需要后续阶段的监管，另一种不需要后续阶段的监管

8. 进口货物的收货人自运输工具申报进境之日起超过3个月未向海关申报的，其进口货物由海关提取依法变卖处理。变卖所得价款在优先拨付变卖处理实际支出的费用后，其他费用和税款的扣除顺序是（　　）。

A. 运输、装卸、储存等费用—进口关税—进口环节税—滞报金

B. 进口关税—进口环节税—滞报金—运输、装卸、储存等费用

C. 滞报金—进口关税—进口环节税—运输、装卸、储存等费用

D. 运输、装卸、储存等费用—滞报金—进口关税—进口环节税

9. 关于无代价抵偿货物的税、证管理规定，下列表述中错误的是（　　）。

A. 如属国家限制进口商品，与原货品名、数量、价值、贸易方式一样，无论原货是否退运境外，均可免予另办许可证件

B. 对外商同意因残损而削价并补偿进口的同品名、同规格货物，如价格未超过削价金额的，可免税

C. 对于车辆、家电等无代价抵偿货物，进口时可免税，但其留在国内的原货应视其残损程度估价纳税

D. 抵偿货物进口申报时，除进口货物报关单外，应随附原进口货物报关单、税款缴纳证、商检证书或索赔协议书

10. 对进口误卸、溢卸、放弃及超期未报货物，海关均可依法变卖处理，但前提条件各不一样。下列表述中错误的是（　　）。

A. 误卸、溢卸货物经海关审定确实，当事人又未在规定的期限内向海关申报办理进口或退运手续的，由海关变卖处理

B. 因可能对环境造成污染，收货人申明放弃的货物由海关变卖处理

C. 进口货物自运输工具申报进境之日起超过3个月未向海关申报，即为超期未报货物，由海关变卖处理

D. 保税货物超过规定的期限3个月未向海关申请办理复运出境或其他海关手续的，由海关变卖处理

二、多项选择题

1. 关于进出境修理货物，下列说法中正确的是（　　）。

A. 进境维修货物免缴纳进口关税和进口代征税，但要向海关提供担保，并接受海关后续监管

B. 进出境修理货物免交许可证件

C. 出境修理货物进境时，在保修期内并由境外免费维修的，免征进口关税和进口代征税

D. 出境修理货物进境时，在保修期外或在保修期内但境外维修收费的，按境外修理费和料件费审定完税价格，计征进口关税和进口代征税

2. 无代价抵偿货物进口，在向海关申报时，应提供（　　）。

A. 原进口货物报关单

B. 买卖双方的索赔协议

C. 原进口货物税款缴纳书

D. 原进口货物退运出境的“出口货物报关单”

3. 出料加工货物按规定期限复进口，海关审定完税价格时，其价格因素包括(　　)。

A. 原出口料件成本价　　B. 境外加工费

C. 境外加工的材料费　　D. 复运进境的运输及其相关费用、保险费

4. 某企业申报进境的保税价格料件，经海关批准，在放行前全部退运出境。企业在填制出口货物报关单时，“贸易方式”栏填报错误的有(　　)。

A. 来料料件退换　　B. 进料料件退换　　C. 直接退运　　D. 退运货物

5. 原出口货物退运进口，若该批货物未收汇，原出口货物的收货人或其代理人在向海关办理退运进口报关手续时，应向海关提交的报关单证有(　　)

A. 进口货物报关单　　B. 原出口货物报关单

C. 原出口外汇核销单　　D. 原出口退税专用出口货物报关单

6. 在货物进境后、办结海关放行手续前，有下列情形之一的，当事人可以向海关申请办理直接退运手续：(　　)。

A. 因国家贸易管理政策调整，收货人无法提供相关证件的

B. 属于错发、误卸或者溢卸货物，能够提供发货人或者承运人书面证明文书的

C. 收发货人双方协商一致同意退运，能够提供双方同意退运的书面证明文书的

D. 货物残损或者国家检验检疫不合格，能够提供国家检验检疫部门根据收货人申请而出具的相关检验证明文书的

7. 租赁进口货物的纳税义务人可以海关审定的(　　)作为完税价格缴纳进口税款。

A. 租金　　B. 货物的价格　　C.“残值”价格　　D. 留购价格

8. 下列货物中需要海关后续管理的是(　　)。

A. 无代价抵偿货物

B. 出料加工货物

C. 一次性按货物实际价格缴纳税款的租赁进口货物

D. 进出境修理货物

9. 出境修理货物应按规定期限复运进口，海关审定完税价格时，其价格因素包括(　　)。

A. 在境外实际支付的修理费　　B. 在境外实际支付的材料费

C. 复运进境的运输费用　　D. 复运进境的相关费用、保险费

10. 超期未报货物由海关提取变卖，变卖所得价款处理正确的是(　　)。

A. 属于应出入境检验、检疫的，其费用由变卖款中支付

B. 变卖所得价款，优先拨付、变卖处理实际支出的费用后，按照运输、装卸、储存等费用，进口关税，进口环节税和滞报金的顺序扣除。所得价款不足以支付同一顺序相关费用的，按比例支付

C. 按照规定扣除后，尚有余款的，自变卖之日起1年内，可申请发还，补办进口手续属应交许可证件的，不能提供证件的，不予发还

D. 余款逾期无人申请发还的，上缴国库

三、判断题

1. 暂准进境或出境的集装箱箱体无论是否装载货物，承运人或其代理人应当就箱体单独向海关申报。（　　）

2. 租赁贸易货物，分期缴纳税款的纳税义务人，应在每次支付租金后的15天内（含15天）按照租金向海关申报，办理纳税手续，直到最后一期租金支付。（　　）

3. 进口无代价抵偿货物，不征收进口关税和进口代征税；被更换的原进口的残损、品质不良或规格不符货物，在办理退运出境报关手续时免征出口税。（　　）

4. 原出口货物因残损、品质不良或者规格不符，办理退运进境报关手续时，免征进口关税和代征税；出口无代价抵偿货物不征收出口税。（　　）

5. 办理无代价抵偿货物进出口货物的报关期限，是原进出口合同规定的索赔期内，不超过原进出口之日起3年。（　　）

应会考核

■观念应用

【背景资料】

广东中山日华电子有限公司（572124××××）向越南某公司出口5 000台抽油烟机。该批货物运抵中山海关监管现场后，向该海关录入出口货物报关单电子数据，并办理了相关转关手续，转关至广州黄埔口岸装运出境。日华电子有限公司在规定的期限内向银行提交了整套货运单据，收取了外汇，并办理了外汇核销手续。上述货物出口后，其中100台因在装运过程中装卸不当造成损坏，被越南公司拒收。双方经过协商达成一致意见，越南的公司将质量不合格的100台抽油烟机退回，日华公司免费补偿100台同品牌、同规格的货物。

【实务要求】

根据业务背景资料，结合本项目和之前学过的内容，请对下列问题做出选择：

1. 该批货物从中山运至广州黄埔口岸，在广州黄埔海关监管下装运出境，其转关运输采用的是（　　）。

A. 提前报关方式　　B. 直转方式　　C. 中转方式　　D. 直通方式

2. 在实例中，在向广州黄埔海关办理转关手续时，应提交的单证有（　　）。

A. 中山海关签发的“出口货物报关单”　　B. 汽车载货登记簿

C. 提货单　　D. 汽车载货清单

3. 该批出口货物报关单“贸易方式”与“征免性质”两栏目分别填报为（　　）。

A. 外资设备物品，鼓励项目　　B. 一般贸易，中外合资

C. 合资合作设备，一般征税　　D. 一般贸易，外资企业

4. 关于退运进口的100台抽油烟机，下列表述中符合海关规定的是（　　）。

A. 向进境地海关申报，并填写进口货物报关单

B. 提供原货物出口报关单、加盖有核销专用章的“外汇核销单出口退税专用联”、保险公司证明等有关资料

C. 1年内原状退运进口，经海关核实不予征税

D. 须向海关提供担保

5. 广东中山日华电子有限公司免费给越南公司补偿100台同品牌、同规格的货物在出口

时，除应当填制报关单和提供“基本单证”外，还应提供(　　)。

A. 原“出口货物报关单”　　B. 原出口货物退运进境“进口货物报关单”

C. 原“出口货物税款缴纳单”　　D. 买卖双方签订的索赔协议

■技能应用

天津某船运公司完税进口一批集装箱，使用不久后发现大部分集装箱油漆剥落，于是向境外供应商提出索赔。供应商同意减价 50 万美元，并应进口方的要求以等值的油漆补偿。该批油漆进口时应当办理的海关手续有哪些？

■案例分析

2018 年 3 月 21 日，黑龙江省某进出口公司以 FOB 价格向海关申报进口某国生产的“心电图综合分析记录仪”两台。根据国家有关规定，该记录仪属于自动许可证管理及法定检验检疫商品，但不属于倾销商品。海关放行后，收货人发现其中一台出现技术指标偏差问题，经该公司与供货人协商，同意另外免费补偿一台同型号的心电图综合分析记录仪。该补偿货物于 2018 年 4 月 15 日向海关申报进口。在正常使用 8 个月后，其中一台出现故障，运到境外修理后，于 2019 年 3 月 1 日向海关申报复运进口。该批货物的销售合同中免费保修期为一年。

结合本项目的内容及其他知识回答：两台心电图综合分析记录仪进口报关时，应向海关提供哪些单证？免费补偿的心电图综合分析记录仪在申报进口时，贸易方式应怎样填报？

项目实训

报关员小赵负责为华夏进出口贸易公司办理一年以上进口租赁货物报关手续。由于小赵之前这类业务接触较少，为了办理好此次报关手续，他向有多年报关员经验的老吕请教。假如你是老吕，你会怎样告知小赵填写实训报告？

《其他进出境货物报关程序》实训报告		
项目实训班级：	项目小组：	项目组成员：
实训时间：　年　月　日	实训地点：	实训成绩：
实训目的：		
实训步骤：		
实训结果：		
实训感言：		
不足与今后改进：		
项目组长评定签字：		项目指导教师评定签字：

项目十

海关监管货物特殊申报程序

○ **知识目标：**

理解：进出境货物集中申报的概念及程序。

熟知：海关监管货物转关申报的概念、类型及申报程序。

掌握：海关监管货物特殊申报程序的类型；进出境快件的概念、分类及报关程序。

○ **技能目标：**

能够对海关监管货物进行规范操作，能够进行进出口报关程序的设计。

○ **素质目标：**

能够运用所学的实务知识研究相关案例，培养和提高学生在特定业务情境中分析问题与决策设计的能力；能够结合报关行业规范或标准，分析报关行为的善恶，强化学生职业素养和职业操守道德。

○ **项目引例：**

番禺对外经济贸易集团有限公司进口加工贸易合同项下的白板纸材料一批，货物进口时由深圳皇岗海关转关至广州番禺海关办理该批货物的报关纳税手续。

请问：作为报关员，该如何办理该批货物的报关纳税手续？

○ **知识精讲：**

任务一　进出境快件申报程序

一、进出境快件的概念

进出境快件是指进出境快件运营人，以向客户承诺的快速商业动作方式承揽、承运的进出境的货物、物品。

进出境快件运营人（以下简称“运营人”）是指在中华人民共和国境内依法注册、在海关登记备案的从事进出境快件运营业务的国际货物运输代理企业。

二、进出境快件的分类

进出境快件分为文件、个人物品和货物三类。

（1）文件类进出境快件是指法律、行政法规规定予以免税且无商业价值的文件、单证、单据及资料。

（2）个人物品类进出境快件是指海关法规规定自用、合理数量范围内的进出境的旅客分离运输行李物品、亲友间相互馈赠物品和其他个人物品。

(3)货物类进出境快件是指文件类、个人物品类进出境快件以外的进出境快件。

三、申报程序

(一)申报

1. 申报时间

进出境快件通关应当在海关正常办公时间内进行，如需在海关正常办公时间以外进行的，需事先征得所在当地海关同意。

2. 申报方式

运营人应当按照海关的要求采用纸质文件方式或电子数据交换方式向海关办理进出境快件的报关手续。

3. 申报期限

进境快件应当自运输工具申报进境之日起 14 天内，出境快件在运输工具离境内 3 小时之前，向海关申报。

4. 申报单证

不同的进出境快件申报时需要提供不同的单证。

(1)文件类进出境快件报关时，运营人应当向海关提交“海关进出境快件 KJ1 报关单”(以下简称“KJ1 报关单”)、总运单副本和海关需要的其他单证。

(2)个人物品类进出境快件报关时，运营人应当向海关提交“海关进出境快件个人物品报关单”，每一进出境快件的分运单、进境快件收件人或出境快件发件人身份证件影印件和海关需要的其他单证。

(3)进境的货物类快件报关时，运营人应当按下列情形分别向海关提交申报单证：对关税税额在人民币 50 元以下的货物和海关规定准予免税的货样、广告品，应提交“海关进出境快件 KJ2 报关单”(以下简称“KJ2 报关单”)，每一进境快件的分运单、发票和海关需要的其他单证。

对应予征税的货样、广告品(法律、行政法规规定实行许可证管理的，需进口付汇的除外)，应提交“海关进出境快件 KJ3 报关单”(以下简称“KJ3 报关单”)，每一进境快件的分运单、发票和海关需要的其他单证。

其他进境的货物类快件，一律按进口货物相应的报关程序提交申报单证。

(4)出境的货物类快件报关时，运营人应当按下列情形分别向海关提交申报单证：对货样、广告品(法律、行政法规规定实行许可证管理的，应征出口关税的，需出口收汇的和需出口退税的除外)，应提交 KJ2 报关单、每一出境快件的分运单、发票和海关需要的其他单证。

其他出境的货物类快件，一律按出口货物相应的报关程序提交申报单证。

进出境快件申报单证适用情况如表 10－1 所示。

表 10－1　　**进出境快件申报单证适用情况**

单证 方向 / 类型	进　境	出　境
文件类进出境快件	KJ1 报关单、总运单副本和海关需要的其他单证	海关进出境快件 KJ1 报关单、总运单副本和海关需要的其他单证

续表

单证 方向 类型	进 境	出 境
个人物品类进出境快件	“海关进出境快件个人物品报关单”，每一进出境快件的分运单、进境快件收件人或出境快件发件人身份证件影印件和海关需要的其他单证	“海关进出境快件个人物品报关单”，每一进出境快件的分运单、进境快件收件人或出境快件发件人身份证件复印件和海关需要的其他单证
货物类进出境快件	1. 关税税额在人民币 50 元以下的货物和海关规定准予免税的货样、广告品，应提交 KJ2 报关单，每一进境快件的分运单、发票和海关需要的其他单证 2. 应予征税的货样、广告品(法律、行政法规规定实行许可证管理的，需进口付汇的除外)，应提交 KJ3 报关单，每一进境快件的分运单、发票和海关需要的其他单证 3. 其他进境的货物类快件，一律按进口货物相应的报关程序提交申报单证	1. 货样、广告品(法律、行政法规规定实行许可证管理的，应征出口关税的，需出口收汇的，需出口退税的除外)，应提交 KJ2 报关单，每一出境快件的分运单、发票和海关需要的其他单证 2. 其他出境的货物类快件，一律按出口货物相应的报关程序提交申报单证

(二)查验

海关查验进出境快件时，运营人应派员到场，并负责进出境快件的搬移、开拆、封装。

海关对进出境快件中的个人物品实施开拆查验时，运营人应通知进境快件的收件人或出境快件的发件人到场，收件人或发件人不能到场的，运营人应向海关提交其委托书，代理其履行义务，并承担相应的法律责任。海关认为必要时，可对进出境快件径行开验、复验或者提取货样。

任务二 进出境货物集中申报程序

一、进出境货物集中申报的概念

进出境货物集中申报是指经海关备案，进出口货物收发货人在同一口岸多批次进出口规定范围内货物，可以采用先以集中申报清单申报货物进出口，再以报关单集中办理海关手续的特殊通关方式。

二、进出境货物集中申报的范围

(一)适用集中申报方式的货物

适用集中申报方式的仅限于以下货物：

(1)图书、报纸、期刊类出版物等时效性较强的货物；

(2)危险品或者鲜活、易腐、易失效等不宜长期保存的货物；

(3)公路口岸进出境的保税货物。

(二)不适用集中申报方式的情形

以下情形不适用集中申报方式：

(1)涉嫌走私或者违规，正在被海关立案调查的收发货人进出口货物；

(2)因进出口侵犯知识产权货物被海关依法给予行政处罚的收发货人进出口货物；

(3)适用C类或者D类管理类别的收发货人进出口货物。

(三)停止适用集中申报方式的情形

以下情形停止适用集中申报方式：

(1)担保情况发生变更，不能继续提供有效担保的；

(2)涉嫌走私或违规，正在被海关立案调查的；

(3)进出口侵犯知识产权货物，被海关依法给予行政处罚的；

(4)海关分类管理类别被降为C类或者D类的；

(5)收发货人在备案有效期内主动申请终止适用集中申报通关方式的。

三、管理

(一)备案管理

1. 备案地点

收发货人应当在货物所在地海关办理集中申报备案手续。

加工贸易企业应当在主管地海关办理集中申报备案手续。

2. 备案单证

收发货人申请办理集中申报备案手续的，应当向海关提交“适用集中申报通关方式备案表”。

3. 备案担保

收发货人申请办理集中申报备案手续的，应当提供符合海关要求的担保，担保有效期最短不得少于3个月。

4. 备案有效期

备案有效期限按照收发货人提交的担保有效期核定。

在备案有效期内，收发货人可以适用集中申报通关方式。

5. 备案备更、延期和终止

申请适用集中申报通关方式的货物、担保情况等发生变更时，收发货人应当向原备案地海关书面申请变更。

备案有效期届满可以延续。收发货人需要继续适用集中申报方式办理通关手续的，应当在备案有效期届满前10日向原备案地海关书面申请延期。

收发货人在备案有效期届满前未向原备案地海关申请延期的，备案表效力终止。收发货人需要继续按照集中申报方式办理通关手续的，应当重新申请备案。

(二)报关管理

进出口货物收发货人可以委托B类以上管理类别(含B类)的报关企业办理集中申报有关手续。

四、申报程序

(一)清单申报

1. 申报时间

(1)进口。载运进口货物的运输工具申报进境之日起14天内。

收货人在运输工具申报进境之日起14天后向海关申报进口的，不适用集中申报通关方式。收货人应当以报关单向海关申报。

(2)出口。运抵海关监管区后、装货的 24 小时前。

2. 申报单证

(1)进口。根据货运单据填制“海关进口货物集中申报清单”,按清单格式录入电子数据向海关申报。

(2)出口。根据货运单据填制“海关出口货物集中申报清单”,按清单格式录入电子数据向海关申报。

3. 退单

海关审核集中申报清单电子数据,对保税货物核扣加工贸易手册(账册)或电子账册数据;对一般贸易货物核对集中申报备案数据。经审核,海关发现集中申报清单电子数据与集中申报备案数据不一致的,应当予以退单。

凡被退单的,收发货人应当以报关单方式向海关申报。

4. 提交集中申报清单及随附单证

(1)提交纸质单证的期限。收发货人应当自海关审结集中申报清单电子数据之日起 3 天内,持集中申报清单及随附单证到货物所在地海关办理交单验放手续。属于许可证件管理的,收发货人还应当提交相应的许可证件,海关应当在相关证件上批注并留存复印件。

收发货人未在规定期限办理相关海关手续的,海关删除集中申报清单电子数据,收发货人应当重新向海关申报。重新申报日期超过运输工具申报进境之日起 14 天的,应当以报关单申报。

(2)修改或撤销集中申报清单。收发货人在清单申报后申请修改或者撤销集中申请清单的,按报关单修改和撤销的规定办理。

(二)报关单集中申报

1. 集中申报的期限

收发货人应当对 1 个月内以集中申报清单申报的数据进行归并,填制进出口货物报关单,一般贸易货物在次月 10 天之前、保税货物在次月底之前到海关办理集中申报手续。

一般贸易货物集中申报手续不得跨年度办理。

2. 报关单填制要求

集中申报清单归并为同一份报关单的,各清单中的进出境口岸、经营单位、境内收发货人、贸易方式(监管方式)、启运国(地区)、装货港、运抵国(地区)、运输方式栏目及适用税率、汇率必须一致。

各清单中规定项目不一致的,收发货人应当分别归并为不同的报关单进行申报。对确实不能归并的,应当填写单独的报关单进行申报。

各清单归并为同一份报关单时,各清单中载明的商品项在商品编号、商品名称、规格型号、单位、原产国(地区)、单价和币制均一致的情况下可以进行数量和总价的合并。

3. 办理相应的手续

收发货人对集中申报清单申报的货物以报关单方式办理海关手续时,应当按照海关规定对涉税的货物办理税款缴纳手续。涉及许可证件管理的,应当提交海关批注过的相应许可证件。

对适用集中申报通关方式的货物,海关按照接受清单申报之日实施的税率、汇率计征税费。

4. 申领报关单证明联

收发货人办结集中申报海关手续后，海关按集中申报进出口货物报关单签发报关单证明联。“进出口日期”以海关接受报关单申报的日期为准。

任务三　管道运输货物申报程序

一、管道运输货物概述

（一）管道运输货物的概念

管道运输货物是指通过跨境管道运输方式进口的原油、天然气。

（二）管道运输货物的管理

（1）管道运输货物在办结申报、纳税及其他海关手续前，属于海关监管货物，未经海关许可，不得进行销售、抵押、质押或者进行其他处置。

（2）管道运输货物施行定期申报制度。收货人申请定期申报应当向海关提供有效担保，也可以申请总担保。

（3）跨境运输管道境内计量站是海关监管场所，应当接受海关监管。计量站的计量仪表、设备、软件等应当符合海关监管要求。

（4）管道经营单位接受和复运出境清管器等设备的，应当按照暂准进出口货物的管理规定办理海关手续，接受海关监管。

二、程序

（一）申报

1. 申报的期限

管道运输货物的收货人应当在每月 1 日至 14 日期间向海关定期申报上月进口的货物，并按照海关接受该货物申报进口之日适用的税率、汇率缴纳相应税款。超过规定期限向海关申报的，海关依法征收滞报金。

2. 申报的单证

管道运输货物的收货人向海关办理申报手续时应当提供以下单证：

（1）进口货物报关单；

（2）入境计量报告；

（3）相应的许可证件；

（4）海关要求的其他单证，如原产地证明或者其他足以证明原产地的材料。

不同国别的原产地混合运输的货物，收货人应当按照定期申报时间段内不同国别的原产地货物进口数量分别向海关申报。

（二）查验及其他海关监管手续

（1）海关可以对跨境管道的管线设施和计量设备的通道出口、流量器、流量计算机柜及其他关键部门施加封志。

管道经营单位需要开启海关施加的封志，应向海关提出书面申请，经审核同意后，由海关派员实施开启，开启原因消失后，由海关再次施加封志。

（2）管道经营单位应当向海关传输计量站计量电子数据，并向海关报送相应时段的纸质入境计量报告，海关根据计量数据进行现场查核时，经营单位应当到场并提供必要的协助。

任务四 海关监管货物转关申报程序

一、转关概念

转关包括进口转关和出口转关。进口转关是指从进境地入境，向海关申请转关，运往另一个设关地点进口报关。出口转关是指货物在启运地出口报关运往出境地，由出境地海关监管出境。

二、海关办理转关运输的新规定

2018 年 1 月 1 日起，除以下 4 种情况外，海关不再接受办理转关运输：

(1)多式联运货物，以及具有全程提(运)单需要在境内换装运输工具的进出口货物；

(2)满足相关条件的进口固体废物；

(3)易受温度、静电、粉尘等自然因素影响或者其他特殊原因，不宜在口岸海关监管区实施查验，且满足相关条件的进出口货物；

(4)邮件、快件、暂时进出口货物(含 ATA 单证册项下货物)、过境货物、中欧班列载运货物、市场采购方式出口货物、跨境电子商务零售进出口商品、免税品以及外交常驻机构和人员公用或自用物品。

三、转关运输的方式

转关运输的方式包括提前报关转关、直转、中转，见表 10－2。

表 10－2 转关运输的方式

转关方式	流向	申报地	办报关手续地
提前报关转关	进口	指运地先申报	再到进境地办理转关
	出口	货未到启运地先申报	货到监管场所后再办理转关
直转	进口	进境地办理转关	指运地办理报关
	出口	启运地报关	启运地办理转关
中转	进口	指运地办理报关	进境地办理转关
	出口	启运地办理报关	启运地办理转关

四、转关管理

(一)转关运输的期限

(1)直转方式转关的期限。以直转方式转关的进口货物应当自运输工具申报进境之日起 14 天内向进境地海关办理转关手续，在海关限定期限内自运抵指运地之日起 14 天内，向指运地海关办理报关手续，逾期按规定征收滞报金。

(2)提前报关方式转关的期限。包括：①提前报关的进口转关货应自电子数据申报之日起 5 日内，向进境地海关办理转关手续，超过期限仍未到进境地海关办理转关手续的，指运地海关撤销提前报关的电子数据。②出口转关货物应于电子数据申报之日起 5 日内，运抵启运地海关监管场所，办理转关和验放等手续，超过期限的，启运地海关撤销提前报关的电子数据。

（二）转关申报单证的法律效力

转关货物申报的电子数据与书面单证具有同等的法律效力，对确实因为填报或传输错误的数据，有正当的理由并经海关同意，可作适当的修改或者撤销。对海关已决定查验的转关货物，则不再允许修改或撤销申报内容。

五、报关程序

（一）进出口口岸

进口口岸，填货物实际进入我国关境的口岸海关的名称及代码。出口口岸，填货物实际运出我国关境的口岸海关的名称及代码。

（二）运输方式

进口转关运输货物，按载运货物抵达进境地的运输工具填报。出口转关运输货物，按载运货物驶离出境地的运输工具填报。

（三）运输工具名称

(1)进口转关货物运输工具名称。具体见表 10－3。

表 10－3　　进口转关货物运输工具名称和填制方法

运输方式		运输工具名称	航次号
水路运输	①直转、提前报关	“@”＋16 位转关申报单预录入号（或 13 位载货清单号）	免予填报
	②中转	进境英文船名	“@”＋进境干线船舶航次
航空运输	①直转、提前报关	同水路运输①	免予填报
	②中转	“@”	免予填报
铁路运输	①直转、提前报关	“@”＋16 位转关申报单预录入号	“@”＋进出境日期[8 位数字：顺序为年(4 位数)、月(2 位)、日(2 位)]
	②中转	车厢编号	同上
公路及其他运输		同水路运输①	免予填报
以上各种运输方式		如使用广东地区载货清单转关的提前报关货物，填报“@”＋13 位载货清单号	免予填报
		其他地区提前报关货物免予填报	免予填报

【做中学 10－1】

武汉某中外合资企业专营玻璃加工生产，该公司与香港某公司签约购买平板玻璃深加工设备一套，由华阳运输公司的“HUADONG VOY. 302”轮载运进口。该合资企业委托上海某报关行向上海海关办理转关申请手续，后设备由“长江号”轮船运抵武汉。在向海关递交的进口货物报关单“运输工具名称”一栏正确的填报应为（　　）。

A. HUADONG/302　　　　B. @＋16 位转关申报单预录入号

C. HUADONG/@/302　　　　D. 长江号

答案:B。

分析:直转、提前报关转关填报“@+16位转关申报单预录入号”。本题属于直转。

(2)出口转关货物报关单运输工具名称。具体见表10-4。

表10-4　　出口转关货物运输工具名称和填制方法

<table>
<tr><th colspan="3">运输方式</th><th>运输工具名称</th><th>航次号</th></tr>
<tr><td rowspan="4">水路运输</td><td colspan="2">①非中转的</td><td>“@”+16位转关申报单预录入号(或13位载货清单号)
注:多张报关单需要通过一张转关单转关的,运输工具名称字段填报“@”。</td><td>免予填报</td></tr>
<tr><td rowspan="3">②中转</td><td>境内水路运输</td><td>填报驳船船名</td><td>填报驳船航次号</td></tr>
<tr><td>境内铁路运输</td><td>填报车名(主管海关4位关别代码+“TRAIN”)</td><td rowspan="2">填报6位启运日期,顺序为年、月、日各2位</td></tr>
<tr><td>境内公路运输</td><td>填报车名(主管海关4位关别代码+“TRUCK”)</td></tr>
<tr><td colspan="3">铁路运输</td><td>同水路运输①的填报情况</td><td>铁路拼车拼箱捆绑出口:免予填报</td></tr>
<tr><td colspan="3">航空运输</td><td>同水路运输①的填报情况</td><td>免予填报</td></tr>
<tr><td colspan="3">其他</td><td>“@”+16位转关申报单预录入号(或13位载货清单号)</td><td>免予填报</td></tr>
</table>

上述规定以外无实际进出境的,免予填报。

(四)提运单号

第一,进口报关单“提运单号”栏应填报为:①水路运输:直转、中转填报提单号,提前报关免予填报。②铁路运输:直转、中转填报铁路运单号,提前报关免予填报。③航空运输:直转、中转填报总运单号+“_”(下划线)+分运单号,提前报关免予填报。④其他运输方式,本栏为空。以上各种运输方式进境货物,在广东省内用公路运输转关的,填报车牌号。

第二,出口报关单“提运单号”栏应填报为:①水路运输:中转货物填报运单号;非中转免予填报;广东省内提前报关的转关货物填报车牌号。②其他运输方式:广东省内提前报关的转关货物填报车牌号;其他地区免予填报。

六、进口货物的转关

(一)提前报关的转关(先在指运地报关后在进境地转关)

其包括:①进口货物收货人或其代理人(货主)在进境地海关办理进口货物转关手续前,向指运地海关传送进口货物报关单电子数据;②指运地海关提前受理电子申报,接受申报后,计算机自动生成进口转关货物申报单,传输至进境地海关;③收货人或其代理人在进行电子数据申报后,5日内向进境地海关申请办理转关手续,提交进口转关货物申报单编号。

提交单证:进口转关货物核放单[在广东省内公路运输的,提交“海关进境汽车载货清单”(见样例10-1)]、汽车载货登记簿或船舶监管簿、提货单。

样例 10－1　　**中华人民共和国海关进境汽车载货清单**

（编号条形码）进境日期：　　　　清单编号：1000000000013

第一联　指运地海关存

<table>
<tr><td colspan="3">发货人：（盖章）</td><td colspan="4">贸易性质：</td></tr>
<tr><td colspan="3">收货人：</td><td colspan="4">贸易国别（地区）：</td></tr>
<tr><td colspan="3">合同（协议）号：</td><td colspan="4">原产国别（地区）：</td></tr>
<tr><td colspan="2" rowspan="2">货名及规格</td><td rowspan="2">件数</td><td rowspan="2">重量</td><td colspan="2">成交价格</td><td rowspan="2">进境地/指运地</td></tr>
<tr><td>单价</td><td>价值</td></tr>
<tr><td colspan="2"></td><td></td><td></td><td></td><td></td><td></td></tr>
<tr><td colspan="2"></td><td></td><td></td><td></td><td></td><td></td></tr>
<tr><td rowspan="2">车辆牌号</td><td colspan="2">境内：</td><td colspan="4" rowspan="3">海关关锁号（条形码）NO.：</td></tr>
<tr><td colspan="2">境外：</td></tr>
<tr><td colspan="3">货柜箱体号 NO.：</td></tr>
<tr><td colspan="3">上列货物总计＿＿＿＿件＿＿＿＿千克，由＿＿＿＿＿＿公司委托我公司承运，保证无误。
此致
＿＿＿＿海关
驾驶员：　　运输公司（盖章）
海关编号＿＿＿＿</td><td colspan="4">海关批注：

关员签名：
海关签章：
年　月　日</td></tr>
</table>

（二）直转方式转关（先在进境地办转关后在指运地办报关）

其包括：①货物的收货人或其代理人自运输工具申报进境之日起 14 天内在进境地海关录入转关申报数据，持有关单证直接办理转关手续。提交的单证有：进口转关运输货物申报单（在广东省内公路运输的，提交进境汽车载货清单）和汽车载货登记簿或船舶监管簿。②在海关指定的时间内运抵指运地，自货物到达指运地之日起 14 天内，进口货物的收货人或代理人向指运地海关办理申报。

（三）中转转关

其包括：①具有全程提运单、需换装境内运输工具的中转转关货物，其收货人或其代理人向指运地海关办理进口报关手续；②5 日内由承运人向进境地海关提交进口转关货物申报单、"进口货物中转通知书"、按指运地目的港分列的纸质舱单（空运方式提交联程运单）等单证办理货物转关手续。

七、出口货物的转关

（一）提前报关

其包括：①发货人或其代理人在货物运抵启运地海关监管场所前，先向启运地海关传送出口货物报关单电子数据，由启运地海关提前受理电子申报，生成出口转关货物申报单数据，传输至出境地海关。②货物自电子申报之日起 5 日内，运抵启运地海关的监管场所并办理转关手续。提交的单证包括：出口货物报关单、汽车载货登记簿或船舶监管簿，在广东省内公路运输的，提交出境汽车载货清单。③货物运抵出境地，办理出境手续。提交的单证包括启运地海关签发的出口货物报关单、出口转关货物申报单、汽车载货登记簿或船舶监管簿。

（二）直转方式转关

其包括：①发货人或其代理人在货物运抵启运地海关监管场所后，向启运地海关申报录入出口货物报关单电子数据，由启运地海关提前受理电子申报，生成出口转关货物申报单数据，传送到出境地海关。②在启运地办理转关手续。提交的单证有出口货物报关单、汽车载货登记簿或船舶监管簿，在广东省内公路运输的，提交出境汽车载货清单。③货物到达出境地时，办理出境手续。提交的单证有出口货物报关单、出口转关货物申报单、汽车载货登记簿或船舶监管簿。

(三)中转方式转关

其包括：①具有全程提运单、需换装境内运输工具的出口中转转关货物，其发货人或代理人向启运地海关办理出口报关手续；②由承运人或其代理人向启运地海关传送并提交出口转关货物申报单及其他单证，办理货物出口转关手续；③启运地海关核准后，签发“出口货物中转通知书”，承运人或其代理人凭以办理出境手续。

八、境内监管货物的转关

(一)提前申报转关

其包括：①由转入地货物收货人向转入地海关提前传送进口货物报关单电子数据报关；②转入地海关提前接受电子申报，并生成“进口转关货物申报单”，向转出地海关传输；③收货人向转出地海关办理转关手续，提交进口转关货物核放单、汽车载货登记簿或船舶监管簿，并提供进口转关货物申报单编号。

(二)直接转关

其包括：①转入地货物收货人在转出地海关录入转关申报数据，直接向转出地海关办理转关手续，并提交进口转关货物申报单、汽车载货登记簿或船舶监管簿；②货物运抵转入地后，转入地货物收货人向转入地海关办理货物的报关手续。

【做中学 10－2】

济南某企业向香港地区出口服装一批。该批货物运抵济南海关监管现场前。该企业先向济南海关录入出口货物报关电子数据。货物运至海关监管现场后，转至青岛口岸装运出境。

讨论：这属于转关运输的哪种方式？为什么？

【同步案例 10－1】

北京广发进出口公司从韩国进口了一批电子设备，货物于 2018 年 5 月 1 日从釜山由“DAQINGHEVOY302”船启运，5 月 20 日货物抵达天津海关。当日，广发贸易公司委托大坤报关行以广发公司的名义向北京海关录入了该货物的电子数据申报，5 月 22 日申报后生成的“进口转关货物申报单”被传输到天津海关。次日，天津海关为该批货物办理了转关手续。由朝阳口岸申报进京。通过该案例描述进口转关申报程序的要点。

案例精析

【职场指南 10－1】 有关进出口货物(物品)特别通关制度的实际做法

1. 过境货物的通关手续：①过境货物进境手续。过境货物进境时，经营人应当向进境地海关如实申报，并递交海关过境货物报关单以及海关规定的其他单证，办理进境手续。②过境货物复出境手续。过境货物出境时，经营人应当向出境地海关申报，并递交进境地海关签发的关封和海关需要的其他单证经出境地海关审核有关单证、关封和货物无误后，由海关在运单上加盖放行章，在海关监管下出境。

2. 转运货物的通关手续：载有转运货物的运输工具进境后，承运人应当在进口载货清单上列明转运货物的名称、数量、启运地和到达地，并向海关申报。经海关核准后，转运货物在海关监管下换装运输工具，并在规定时间内出境。

3. 通运货物的通关手续：运输工具进境时，运输工具负责人应在船舶进口报告书或在国际民航飞机的进口载货舱单上注明通运货物的名称和数量。海关对申报内容核实后，监管有关通运货物出境。

应知考核

一、单项选择题

1. 经海关批准允许集中申报的进口货物，在规定期限录入(　　)电子数据向海关申报，海关审结之日起(　　)现场交单。在次月10日对(　　)以内以对申报的数据进行归并，填制进出口货物报关单到海关办理集中申报手续。

A. 集中申报清单　3天内　1个月　　B. 电子数据报关单　3天内　1个月

C. 集中申报清单　10天内　1个月　　D. 电子数据报关单　10天内　6个月

2. 进境快件应当自运输工具申报进境之日起(　　)向海关申报，出境快件在运输工具离境(　　)之前，向海关申报。

A. 14天内　7天内　　B. 14天内　3小时

C. 7天内　15天内　　D. 7天内　3小时

3. 兰州某公司从天津新港进口一批货物，在天津新港海关办理进口转关手续，货物由转关运输货物承运人按照海关要求运至兰州并在兰州海关报关进口。在转关通关制度中，天津新港被称为(　　)。

A. 进境地　　B. 启运地　　C. 指运地　　D. 转关地

4. 提前报关的进口转关货物应在电子数据申报之日起(　　)内向进境地海关办理转关手续。

A. 14天　　B. 7天　　C. 5天　　D. 15天

5. 郑州市某企业使用进口料件加工的成品，在郑州海关办妥出口手续，经天津海关复核放行后装船运往美国。此项加工成品复出口业务，除按规定需办理的出口手续外，同时要办理的手续是(　　)。

A. 境内转关运输手续　　B. 货物过境手续

C. 货物登记备案手续　　D. 出口转关运输手续

6. 北京某公司进口一批货物，货物从天津进境，经海关批准，该外贸公司在运输工具申报进境18天后向天津海关交转关运输手续，并于货物运抵北京海关后第6天向北京海关正式申报。因下列哪种原因申报人必须缴付滞报金？(　　)

A. 未在规定期限向货物指运地北京海关正式报关

B. 未在规定期限向天津海关办理转关运输手续

C. 未在规定期限向天津海关正式报关

D. 既未在规定期限办理转关运输手续，又未在规定期间正式报关

7. 下列进口的废物中，可以申请转关运输的是(　　)。

A. 木制品废料　　B. 废纸

C. 废电机、电器产品　　D. 旧服装

8. 下列关于进出境快件的申报，其中文件类快件须提交(　　)，进境准予免税的货样、广告品应提交(　　)。

A. KJ1 报关单　KJ3 报关单　　B. KJ2 报关单　KJ3 报关单

C. KJ3 报关单　KJ1 报关单　　D. KJ1 报关单　KJ2 报关单

9. 下列不适用集中申报方式的情形有(　　)。

A. 不宜长期保存的货物　　B. 时效性强的货物

C. B类管理类别收发货人进出口货物　　D. C类管理类别收发货人进出口货物

10. 下列关于进口直转转关的叙述中正确的是(　　)。

A. 进口货物在指运地先申报，再到进境地办理进口转关手续

B. 进口货物在进境地先申报，再到指运地办理转关手续

C. 进口货物在指运地先办理转关手续，货物再在进境地办理申报手续

D. 进口货物在进境地直接办理转关手续，货物运抵指运地再在指运地办理申报手续

二、多项选择题

1. 下列关于进境快件适用报关单证的表述中正确的是(　　)。

A. 文件类应当适用文件类报关单

B. 个人物品类应当适用快件个人物品报关单

C. 海关对应予征税的货样、广告品应提交 KJ3 报关单

D. 对关税税额人民币 50 元以下的货物和海关规定准予免税的货样、广告品应当适用 KJ2 报关单

2. 申请转关运输应符合的条件要求是(　　)。

A. 指运地和启运地设有海关机构

B. 转关的指运地和启运地应当设有经海关批准的监管场所

C. 承运转关运输货物的企业是经海关核准的运输企业

D. 按海关对转关路线范围和途中运输时间所作的限定，将货物运往指定的场所

3. 下列货物中不得申请转关运输的是(　　)。

A. 易制毒化学品　　B. 监控化学品

C. 消耗臭氧层物质　　D. 汽车类，包括成套散件和二类底盘

4. 北京某企业将一批机械设备销往南非，该批货物采用出口直转的方式，已向北京海关办理了相关转关手续，并将货物用汽车运至天津口岸。在天津口岸出境时，报关员应该向天津海关出具下列哪些单证资料？(　　)

A. 北京海关签发的出口货物报关单　　B. 出口转关货物申报单

C. 出境汽车载货清单　　D. 汽车载货登记簿

5. 北京 A 企业从美国进口一批大豆，货物从天津进境。A 企业在天津海关办理进口货物转关手续前，向北京海关录入“进口货物报关单”电子数据，北京海关受理后，向天津海关传输有关数据。A 企业在向天津海关办理转关手续时要提供(　　)。

A. 进口转关货物申报单编号　　　　B. 提货单
C. 进口转关货物核放单　　　　D. 汽车载货登记簿

6. 下列关于集中申报的叙述中正确的是(　　)。
A. 集中申报的备案收发货人应向所在地海关办理,加工贸易企业向主管地海关办理
B. 集中申报提供的担保应符合海关要求,且有效期最短不得少于3个月
C. 集中申报备案有效期届满,应当在有效期届满前30天提出书面申请
D. 集中申报适用于C类以上管理类别(含C类)的报关企业

7. 下列属于停止适用集中申报方式的情形包括(　　)。
A. 不能继续提供有效担保的　　　　B. 涉嫌走私违规
C. 侵犯知识产权货物　　　　D. 收发货人有效期内主动申请终止的

8. 下列关于进境快件适用报关单证的表述中正确的是(　　)。
A. 文件类应当适用KJ1报关单
B. 个人物品类应当适用快件个人物品报关单
C. 海关规定准予免税的货样、广告品应当适用KJ2报关单
D. 其他货物类应当适用KJ3报关单

三、判断题

1. 对货物类快件中海关规定准予免税的货样、广告品,报关时应提交进出境快件KJ1报关单。(　　)

2. 转关运输概念中的"进境地"和"出境地"是指办理货物报关纳税手续的海关所在地。(　　)

3. 转关运输中的"指运地"是指出口货物办理报关发运手续的地点。(　　)

4. 提前报关转关方式是指进口货物在指运地先申报,再到进境地办理进口转关手续;出口货物在货物未运抵启运地监管场所前先申报,货物运抵监管场所后再办理出口转关手续的方式。(　　)

5. 进出境快件申报的期限,进境快件应当自运输工具申报进境之日起14天内向海关申报;出境快件应当在货物运抵海关监管区后,装货24小时前,向海关申报。(　　)

应会考核

■观念应用

【背景资料】

武汉恒康进出口公司受国内某企业委托从德国进口20辆汽车参加汽车展,该货物通过轮船"FLOW STOW"号装运到上海海关。该公司向上海吴淞海关申请转关,该批货物换装"龙祥"号船舶运输到武汉,向武汉海关办理了申报手续。在展会期间经海关批准,其中一辆汽车由武汉某公司购买。

【实务要求】

根据以上背景资料,回答1～5题。

1. 该批货物的转关运输方式为(　　)。
A. 提前报关方式　　B. 直转方式　　C. 中转方式　　D. 其他方式

2. 该批货物的申报期限为(　　)。

A. 自装载货物的轮船申报进境之日起14天内,向上海海关办理转关手续

B. 货物运抵海关监管区后24小时之前

C. 货物转关运输到武汉海关之日起14天内,向武汉海关办理报关手续

D. 货物转关运输到武汉后24小时之前,向武汉海关办理报关手续

3. 该批货物在进口报关时需提交的单证为(　　)。

A. 报关单　　B. 代理报关授权委托书

C. 展览品清单　　D. 提货单、发票

4. 关于该批参展的汽车,下列说法中正确的是(　　)。

A. 境内展览会的办展人或参加展览会的办展人、参展人应在展览品进境20个工作日前,向主管海关办理备案手续

B. 展览会主办单位或其代理人应当向海关提供担保

C. 海关一般在展览会举办地对展览品进行开箱查验

D. 进境展览品的暂准进境期限是6个月,超过6个月的可以向海关申请延期,延期最多不超过3次,每次延长期限不超过6个月,如特殊情况,在18个月延长期后仍需延期的,由海关总署审批

5. 关于留购的该辆汽车,下列说法中正确的是(　　)。

A. 该辆汽车由于已经在我国境内,可以直接销售,无需向海关办理任何手续

B. 该辆汽车应再次填写报关单向进境地海关办理申报手续

C. 该辆汽车需缴纳税款,适用海关接受纳税义务人再次填写报关单申报办理纳税手续之日实施的税率

D. 该辆汽车的完税价格,以海关审查确定的留购价格作为完税价格

■技能应用

北京宏茂进出口贸易公司从美国以海运方式进口设备一批,由天津新港海关(关区代码0202)转关至北京海关朝阳口岸办事处(关区代码0118)办理报关手续。该船入境后曾停靠上海港一次。该转关运输货物的进口报关单上“进口口岸”应填报什么?

■案例分析

江苏某港口机械制造股份有限公司(320193××××)向香港飞翼船务有限公司出口集装箱半挂车5辆,总价608 000港元。经海关批准,该批货物运抵启运地海关监管现场前,先向该海关录入出口货物报关单电子数据,货物运至海关监管现场后,转关至上海吴淞口岸装运出境。上述货物出口后,其中1辆因质量不佳被香港飞翼船务有限公司拒收而退运进口,整批货物因此未能收汇。根据上述案例,该批货物出口申报应符合海关的哪些规定?该批货物从启运地运至上海吴淞口岸,在上海吴淞海关监管下装运出境,其转关运输采用的是哪种方式?该批货物申报时,除出口货物报关单以外还应向海关提交哪些随附单证?

项目实训

沈阳新兴制衣有限公司出口一批童装,计划做出口转关,在沈阳海关转关申报,于2018年8月12日在大连大窑湾海关直接装船。这样可以节省时间,也可以顺利出口。该批货物委托大连嘉宏报关行报关员赵昂代理出口转关手续。

任务一：怎样取得核发的代理报关资格？

任务二：应取得哪些报关材料？

任务三：出口申报。

任务四：出口转关。

任务五：办理转关货物出境。

任务六：填写实训报告。

《海关监管货物特殊申报程序》实训报告		
项目实训班级：	项目小组：	项目组成员：
实训时间：　　年　　月　　日	实训地点：	实训成绩：
实训目的：		
实训步骤：		
实训结果：		
实训感言：		
不足与今后改进：		
项目组长评定签字：	项目指导教师评定签字：	

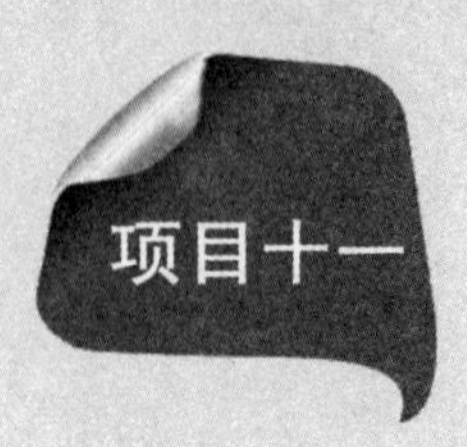

进出口税费

○ **知识目标：**

理解：船舶吨税的概念、征收范围、征收标准及其计算。

熟知：进出口货物原产地的确定。

掌握：进出口关税、进口环节的海关代征税的概念和种类，税费的征收范围、征收标准及计算；进出口货物完税价格的审定原则和估价方法；关税税率适用原则和时间规定。

○ **技能目标：**

能够具有计算进出口税费的能力；能够根据进出口货物减免税的种类和范围，对进出口货物的税费进行缴纳和退补。

○ **素质目标：**

能够运用所学的实务知识研究相关案例，培养和提高学生在特定业务情境中分析问题与决策设计的能力；能够结合报关行业规范或标准，分析报关行为的善恶，强化学生职业素养和职业操守道德。

○ **项目引例：**

世界贸易组织成员方A从非成员方B(假设B与我国未签订任何贸易协定)进口可可豆加工制成可可粉向我国出口，含糖可可粉税目税号为1806，进口关税最惠国税率为10%，普通税率为50%，若A国出口我国的货物含糖可可粉能确定原产于A国，则我国海关按最惠国税率10%征收进口关税。我国进口的含糖可可粉是否可以按10%最惠国税率征收进口关税？为什么？

○ **知识精讲：**

任务一　进出口税费概述

一、关税

(一)关税的概念

关税是由海关代表国家，按照国家制定的关税政策和公布实施的税法及进出口税则，对进出关境的货物和物品征收的一种流转税。

(二)关税的因素

1. 关税征税主体

关税征税主体也称为关税征收主体。根据《海关法》的规定，行使征收关税职能的国家机关是中华人民共和国海关，征收关税是海关的一项主要任务。未经法律的授权，其他任何单位和个人均无权征收关税。

2. 关税征收对象

关税征收对象也称为关税征收客体，是法律规定作为征收关税的标的物，是进出一国关境的货物或物品。它是区别关税和其他税种的重要标志。

3. 关税纳税义务人

关税纳税义务人也称为关税纳税人或关税纳税主体，是指依法负有直接向国家缴纳关税义务的法人或自然人。我国关税的纳税义务人是进口货物的收货人、出口货物的发货人、进出境物品的所有人。

有以下情形的，相关责任人应承担缴纳税款的责任：

(1)报关企业接受纳税义务人的委托，以纳税义务人的名义办理报关纳税手续，因报关企业违反规定而造成海关少征、漏征税款的，报关企业对少征或漏征税款、滞纳金与纳税义务人承担纳税连带责任。

(2)报关企业接受纳税义务人的委托，以报关企业的名义办理报关纳税手续的，报关企业与纳税义务人承担纳税的连带责任。

(3)除不可抗力外，在保管海关监管货物期间，海关监管货物损毁或者灭失的，对海关监管货物负有保管义务的人应当承担相应的纳税责任。

(4)欠税的纳税义务人，有合并、分立情形的，在合并、分立前，应当向海关报告，依法缴清税款。纳税义务人合并时未缴清税款的，由合并后的法人或者其他组织继续履行未履行的纳税义务；纳税义务人分立时未缴清税款的，分立后的法人或者其他组织对未履行的纳税义务承担连带责任。

(5)纳税义务人在减免税货物、保税货物监管期间，有合并、分立或者其他资产重组情形的，应当向海关报告。按照规定需要缴税的，应当依法缴清税款；按照规定可以继续享受减免税、保税待遇的，应当到海关办理变更纳税义务人的手续。

(6)纳税义务人在减免税货物、保税货物监管期间，有撤销、解散、破产或者其他依法终止经营情形的，应当在清算前向海关报关。海关应当依法对纳税义务人的应缴税款予以清缴。

(三)关税的分类

1. 按照货物的流向，可分为进口关税、出口关税和过境关税

(1)进口关税是指对国外转入本国的货物所征收的一种关税。一般是在货物进入国境(关境)时征收，或在货物从海关保税仓库转出，投入国内市场时征收。进口关税是当前世界各国征收关税的最主要的一种，在许多国家已不征收出口关税与过境关税的情况下，它成为唯一的关税。

(2)出口关税是指对本国出口货物在运出国境时征收的一种关税。由于征收出口关税会增加出口货物的成本，不利于本国货物在国际市场的竞争，目前西方发达国家都取消了出口税。还在征收的主要是发展中国家，目的是取得财政收入与调节市场供求关系。我国目前对少数货物还在征收出口关税。

(3)过境关税是指对外国经过一国国境(关境)运往另一国的货物所征收的关税。由于过境货物对本国工农业生产和市场不产生影响，而且可以从交通运输、港口使用、仓储保管等方面获得收入，因此目前绝大多数国家不征收过境关税，仍在征收的只有伊朗、委内瑞拉等少数国家。

2. 按照计征标准或计税方法，可分为从价税、从量税、复合税和滑准税

(1)从价税是以进口货物的完税价格作为计税依据，以应征税额占货物完税价格的百分比作为税率，货物进口时，以此税率和实际进口货物完税价格来计算应征税额。这种计税方法的优点是能合理分担税赋，做到质优价高税高、质劣价低税低；缺点是计征关税的手续较为复杂。目前，我国关税的计征方法主要是采用从价税。

(2)从量税是以进口商品的数量、重量、体积等计量单位作为计税基准的一种计征关税的方法。计税时以货物的计量单位乘以每单位应纳税金额来计算应纳关税税额。这种计税方法的优点是计征方法简便，每一种进口商品的单位应税额固定；缺点是由于应税额固定，物价涨落时应税额不能相应变化，关税的调控作用相对减弱。我国目前对冻鸡、啤酒、石油原油和胶卷试行从量关税。

(3)复合税是对某种进口商品混合使用从价税和从量税的一种计征关税的方法。这种采用复合税的计征方法具有较大的灵活性，对某种商品可以同时征收一定数额的从价税和从量税，或对低于某一价格进口的商品只按从价税计征关税，高于这一价格，则混合使用从价税和从量税等。复合税具有既可发挥从量税抑制低价进口商品的特点，又可发挥从价税税负合理、稳定的特点。我国目前采用此税率的货物包括摄像机、非家用型摄录一体机、部分数码照相机等。

(4)滑准税是一种关税税率随进口商品价格由高至低或由低至高设置计征关税的方法。某一种商品的进口价格越高，则其进口关税税率就越低；反之则相反。采用滑准税计征方法纳税的商品，能保持其国内价格的相对稳定，使其不受国际市场价格波动的影响。我国目前对关税配额外进口一定数量的棉花(税号为 5201.0000)实行滑准关税。

3. 按照是否施惠，可分为普通关税和优惠关税

(1)普通关税又称一般关税，是指对与本国没有签署贸易或经济互惠等友好协定的国家或地区原产的货物征收的非优惠关税。目前，我国对少数与我国没有外交关系且不属于世界贸易组织成员的国家或地区进口货物适用普通关税；对无法判明原产地的货物适用普通税率。

(2)优惠关税是指对来自特定国家或地区的进口货物在关税方面给予优惠待遇，按照比普通关税税率低的税率征收关税。优惠关税一般有最惠国待遇关税、协定优惠关税、特定优惠关税、普通优惠关税四种。

4. 按照是否根据税则征税，可分为正税和附加税

(1)正税是指按《进出口税则》中进口税率征收的关税。正税具有规范性、相对稳定性的特点。

(2)附加税是指国家由于特定需要，对货物除征收关税正税之外另行征收的关税。进口附加税一般具有临时性，包括反倾销税、反补贴税、保障措施关税、报复性关税等。只有符合反倾销、反补贴条例规定的反倾销税、反补贴税才可以征收。

二、2019 年调整部分进出口关税

(一)自 2019 年 1 月 1 日起执行的政策

1. 对 706 项商品实施进口暂定税率。

2. 继续对小麦等 8 类商品实施关税配额管理，税率不变。其中，对尿素、复合肥、磷酸氢铵 3 种化肥的关税配额税率继续实施 1%的进口暂定税率。

3. 继续对配额外进口的一定数量棉花实施滑准税，并进行适当调整。

4. 对我国与新西兰、秘鲁、哥斯达黎加、瑞士、冰岛、韩国、澳大利亚、格鲁吉亚以及亚太贸易协定国家的协定税率进一步降低。

5. 对原产于香港、澳门地区的产品全面实施零关税。

6. 继续对铬铁等 108 项出口商品征收出口关税或实行出口暂定税率，税率维持不变，取消 94 项出口暂定税率。

（二）自 2019 年 7 月 1 日起执行的政策

1. 取消 14 项信息技术产品进口暂定税率，同时缩小 1 项进口暂定税率适用范围。

2. 对《中华人民共和国加入世界贸易组织关税减让表修正案》附表所列信息技术产品最惠国税率实施第四次降税。

为积极扩大进口，削减进口环节制度性成本，助力供给侧结构性改革，我国将对 700 余项商品实施进口暂定税率，包括：新增对杂粕和部分药品生产原料实施零关税；适当降低棉花滑准税和部分毛皮进口暂定税率；取消有关锰渣等 4 种固体废物的进口暂定税率；取消氯化亚砜、新能源汽车用锂离子电池单体的进口暂定税率，恢复执行最惠国税率。继续对国内发展亟需的航空发动机、汽车生产线焊接机器人等先进设备、天然饲草、天然铀等资源性产品实施较低的进口暂定税率。

此外，为适应出口管理制度的改革需要，促进能源资源产业的结构调整、提质增效，自 2019 年 1 月 1 日起，对化肥、磷灰石、铁矿砂、矿渣、煤焦油、木浆等 94 项商品不再征收出口关税。

为支持“一带一路”和自由贸易区建设，加快推进我国与相关国家的经济贸易合作，营造有利于经济长期健康稳定发展的外部条件，2019 年我国对原产于 23 个国家或地区的部分商品实施协定税率，其中进一步降税的有我国与新西兰、秘鲁、哥斯达黎加、瑞士、冰岛、澳大利亚、韩国、格鲁吉亚自贸协定以及亚太贸易协定。

根据内地与香港、澳门签署的货物贸易协议，对原产于香港、澳门的进口货物将全面实施零关税。随着最惠国税率的降低，相应调整亚太贸易协定项下的孟加拉国和老挝两国特惠税率。

2019 年 7 月 1 日起，我国还将对 298 项信息技术产品的最惠国税率实施第四步降税，同时对部分信息技术产品的暂定税率作相应调整。

（三）税率归纳

1. 调整进口关税税率

（1）最惠国税率。

①自 2019 年 1 月 1 日起对 706 项商品实施进口暂定税率；自 2019 年 7 月 1 日起，取消 14 项信息技术产品进口暂定税率，同时缩小 1 项进口暂定税率适用范围。

②对《中华人民共和国加入世界贸易组织关税减让表修正案》附表所列信息技术产品，最惠国税率自 2019 年 7 月 1 日起实施第四次降税。

（2）关税配额税率。

继续对小麦等 8 类商品实施关税配额管理，税率不变。其中，对尿素、复合肥、磷酸氢铵 3 种化肥的关税配额税率继续实施 1％的进口暂定税率。继续对配额外进口的一定数量棉花实施滑准税，并进行适当调整。

（3）协定税率。

①根据我国与有关国家或地区签署的贸易或关税优惠协定，除此前已报经国务院批准的

协定税率降税方案继续实施外，自 2019 年 1 月 1 日起，对我与新西兰、秘鲁、哥斯达黎加、瑞士、冰岛、韩国、澳大利亚、格鲁吉亚以及亚太贸易协定国家的协定税率进一步降低。根据内地与香港、澳门《关于建立更紧密经贸关系的安排》货物贸易协议（以下简称《协议》），自《协议》实施之日起，除内地在有关国际协议中作出特殊承诺的产品外，对原产于香港、澳门的产品全面实施零关税。

②当最惠国税率低于或等于协定税率时，按相关协定的规定执行。

(4)特惠税率。

根据亚太贸易协定规定，对亚太贸易协定项下的特惠税率进一步降低。

2. 调整出口关税税率

自 2019 年 1月 1 日起继续对铬铁等 108 项出口商品征收出口关税或实行出口暂定税率，税率维持不变，取消 94 项出口暂定税率。

经验小谈 11－1

听说进口汽车整车和零部件的关税降低了，请问具体是怎样的？

答：根据税委会公告〔2018〕3 号《国务院关税税则委员会关于降低汽车整车及零部件进口关税的公告》，将汽车整车税率为 25％的 135 个税号和税率为 20％的 4 个税号的税率降至 15％，将汽车零部件税率分别为 8％、10％、15％、20％、25％的共 79 个税号的税率降至 6％。

三、进口环节海关代征税

进口货物、物品海关放行后，进入国内流通领域，与国内货物同等对待，应征国内税。目前，由海关环节征收的国内税（即进口环节海关代征税）有增值税、消费税两种。

(一)增值税

1. 增值税的概念

增值税是以商品的生产、流通和劳务服务各个环节所创造的新增价值为课税对象的一种流转税。进口环节增值税是在货物、物品进口时，由海关依法向进口货物的法人或自然人征收的一种增值税。

2. 增值税的征纳

进口环节增值税由海关依法向进口货物的法人或自然人征收，其他环节的增值税由税务机关征收。

我国税法规定，纳税人进口货物，按照组成计税价格和规定的增值税税率计算应纳税额，不得抵扣任何税额（在计算进口环节的应纳增值税税额时，不得抵扣发生在我国境外的各种税金）。

需要注意的是，进口货物增值税的组成计税价格中包括已纳关税税额，如果进口货物属于消费税应税消费品，其组成计税价格中还要包括进口环节已纳消费税税额。

3. 增值税的征收范围和税率

(1)增值税的征收范围。

自 2016 年 5 月 1 日起，"营改增"试点在全国范围内全面推开，增值税的征税范围涵盖了生产、批发、零售各环节的销售货物、进口货物、提供加工和修理修配劳务，以及销售服务、无形资产和不动产。

①销售货物。货物是指有形动产,包括电力、热力和气体。销售货物是指有偿转让货物的所有权。有偿是指从购买方取得货币、货物或其他经济利益。

②进口货物。进口货物是指申报进入我国海关境内的货物。确定一项货物是否属于进口货物,必须看其是否办理了报关进口手续。

③提供加工和修理修配劳务。加工是指由委托方提供原料及主要材料,受托方按照委托方的要求加工货物并收取加工费的业务。修理修配是指受托方对损伤和丧失功能的货物进行修复,使其恢复原状和功能的业务。注意:上述所指加工和修理修配的对象是有形动产;单位或个体工商户聘用的员工为本单位或雇主提供加工、修理修配劳务不征增值税。

④销售服务。销售服务是指"营改增"应税服务,包括交通运输服务、邮政服务、电信服务、建筑服务、金融服务、现代服务、生活服务。

(2)增值税的税率。

①基本税率。增值税基本税率为16%,适用于一般纳税人除适用低税率和零税率之外的销售货物、进口货物、提供加工和修理修配劳务等。

②低税率。增值税低税率有10%和6%两档。

A. 纳税人销售或者进口下列货物,税率为10%:农产品(含粮食)、食用盐、食用植物油、自来水、暖气、石油液化气、天然气、冷气、热水、煤气、沼气、居民用煤炭制品、图书、报纸、杂志、化肥、农药、农机、农膜、饲料、音像制品、电子出版物、二甲醚。

B. 一般纳税人提供交通运输服务、邮政服务、建筑服务、基础电信服务、不动产租赁服务、销售不动产、转让土地使用权,适用10%税率。

C. 一般纳税人提供现代服务(租赁除外)、增值电信服务、金融服务、生活服务,除转让土地使用权以外的销售无形资产,适用6%税率。

增值税适用税率汇总见表11-1。

表11-1　　增值税适用税率汇总

税率类型	税率	适用范围
基本税率	16%	销售或进口货物、提供应税劳务、提供动产租赁服务
低税率	10%	销售或进口税法列举的货物
		提供交通运输服务、邮政服务、基础电信服务、建筑服务、不动产租赁服务、销售不动产、转让土地使用权
	6%	提供现代服务(租赁除外)、金融服务、生活服务、增值电信服务、销售无形资产(转让土地使用权除外)

(二)消费税

1. 消费税的概念

消费税是以消费品或消费行为的流转额作为课税对象而征收的一种流转税。其目的是为了调节我国的消费结构,引导消费方向,确保国家财政收入。

2. 消费税的征纳

消费税由税务机关征收,进口环节的消费税由海关征收。进口环节消费税除国务院另有规定外,一律不得给予减税或者免税。进口环节消费税的起征额为人民币50元,低于50元免征。在中华人民共和国境内生产/委托加工和进口《消费税暂行条例》规定的消费品(以下简称"应税消费品")的单位和个人,为消费税的纳税义务人。进口的应税消费品,由纳税义务人(进口人或者其代理人)向报关地海关申报纳税。进口环节消费税的征收管理适用关税征收管理的规定。我国消费税采用从价、从量或从价/从量的方法计征。

3. 消费税的征收范围及税率

消费税的征收范围及税率见右侧二维码。

消费税的征收范围及税率

四、船舶吨税

(一)船舶吨税的概念

船舶吨税是海关代为对进出中国港口的国际航行船舶征收的一种税。其征收税款主要用于港口建设维护及海上干线公用航标的建设维护。

(二)船舶吨税的征收依据

我国开征船舶吨税的基本法律依据是中国海关总署发布的《海关船舶吨税暂行办法》。凡征收了船舶吨税的船舶不再征收车船税,对已经征收车船税的船舶不再征收船舶吨税。

船舶吨税按船舶净吨位和吨税执照期限征收,分为普通税额标准和优惠税额标准。优惠税率适用于与中国签有条约或协定,规定对船舶税费相互给予优惠国待遇的国家或地区的船舶;对于没有与我国签订互惠条约或协定的国家或地区的船舶适用普通税率征税。中国香港、澳门籍船舶适用船舶吨税优惠税率。吨税税目税率如表 11—2 所示。

表 11—2　　吨税税目税率

税目 (按船舶净吨位划分)	税率(元/净吨)						备注
	普通税率 (按执照期限划分)			优惠税率 (按执照期限划分)			
	1 年	90 天	30 天	1 年	90 天	30 天	
不超过 2 000 净吨	12.6	4.2	2.1	9.0	3.0	1.5	拖船和非机动驳船分别按相同净吨位船舶税率的 50%计征税款
超过 2 000 净吨,但不超过 10 000 净吨	24.0	8.0	4.0	17.4	5.8	2.9	
超过 10 000 净吨,但不超过 50 000 净吨	27.6	9.2	4.6	19.8	6.6	3.3	
超过 50 000 净吨	31.8	10.6	5.3	22.8	7.6	3.8	

吨税分 1 年期缴纳、90 天缴纳和 30 天缴纳 3 种。缴纳期限由应税船舶负责人或其代理人自行选择。船舶吨税起征日为应税船舶进入港口当日。进境后驶达锚地的,以船舶抵达锚地之日计算;进境后直接靠泊的,以靠泊之日计算。应税船舶在吨税执照期满后尚未离开港口的,应当申领新的吨税执照,自上一次执照期满的次日起续缴吨税。

吨税的缴款期限为自海关填发海关船舶吨税专用缴款书之日起 15 天。缴款期限届满日遇星期六、星期日等休息日或者节假日的,顺延至休息日或者法定节假日之后的第一个工作日。国务院临时调整休息日与工作日的,按照调整后的情况计算缴款期限。未按期缴纳税款的,从滞纳税款之日起,按日加收滞纳税款 0.5‰的滞纳金。吨税税款、滞纳金、罚款以人民币计算。

(三)免征吨税的船舶

(1)应纳税额在人民币 50 元以下的船舶;

(2)自境外以购买、受赠、继承等方式取得船舶所有权的初次进口到港的空载船舶;

(3)吨税执照期满后24小时内不上下客货的船舶；

(4)非机动船舶(不包括非机动驳船)；

(5)捕捞、养殖渔船；

(6)避难、防疫隔离、修理、终止运营或者拆解，并不上下客货的船舶；

(7)军队、武装警察部队专用或者征用的船舶；

(8)依照法律规定应当予以免税的外国驻华使领馆、国际组织驻华代表机构及其有关人员的船舶；

(9)国务院规定的其他船舶。

符合第(2)至(4)项规定的船舶，船舶负责人或其代理人应当向海关提供书面申请和相关证明材料；符合第(5)至(8)项规定的船舶，船舶负责人或其代理人应当向海关提供海事部门、渔业船舶管理部门或者卫生检疫部门等部门、机构出具的具有法律效力的证明文件或者使用关系文件，说明免税的依据和理由。

(四)船舶吨税的计算公式

吨税按船舶吨位证明中净吨位计征。其计算公式如下：

应纳船舶吨税税额＝船舶净吨位×适用税率(元/净吨)

对申报为拖船的，应按照发动机功率每1千瓦折合净吨位0.67吨进行折算。

五、纳税期限及滞纳金

为保证海关做出的征税决定得到执行，保证税款及时入库，必须规定纳税义务人缴纳税款的时间限制，逾期缴纳即构成滞纳。

(一)法定滞纳期限

《关税条例》规定："进出口货物纳税义务人，应当自海关填发税款缴款书之日起15日内向指定银行缴纳税款。"

(二)延期纳税期限

纳税义务人因不可抗力或者国家税收政策调整不能按期缴纳税款的，应当在货物进出口前向海关办理进出口申报纳税手续所在地直属海关提出延期缴纳税款的书面申请并随附相关材料，同时还应当提供缴税计划，由海关总署审核批准。

货物实际进出口时，纳税义务人要求海关先放行货物的，应当向海关提供税款担保。延期缴纳税款的期限，自货物放行之日起最长不超过6个月。

(三)滞纳金征收范围和标准

1. 征收范围

按照规定，关税、进口环节增值税、进口环节消费税的纳税义务人或其代理人，应当自海关填发税款缴款书之日起15天内向指定银行缴纳税款，逾期缴纳的，海关在原应纳税款基础上，按日加收滞纳税款0.5‰的滞纳金。

纳税义务人在批准的延期缴纳税款期限内缴纳税款的，不征收滞纳金；逾期缴纳税款的，自延期缴纳税款期限届满之日起至缴清税款之日止按日加收滞纳税款0.5‰的滞纳金。如图11－1所示。

根据规定，海关对于逾期缴纳税款应征收滞纳金的，还有以下几种情况：

(1)进出口货物放行后，海关发现纳税义务人违反规定造成少征或者漏征税款的，可以自缴纳税款或货物放行之日起3年内追征税款，并从缴纳税款或货物放行之日起至海关发现之

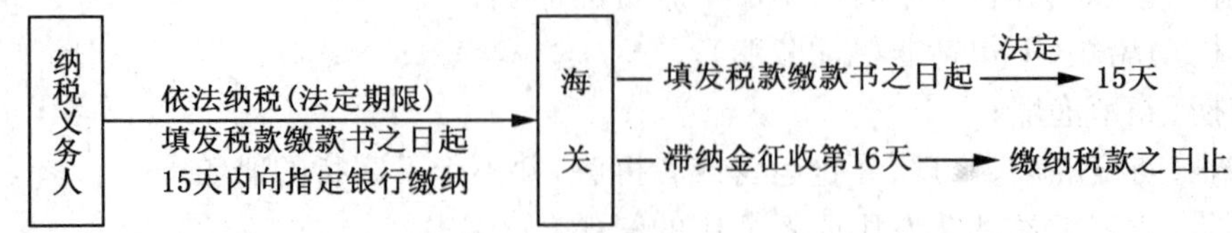

图 11—1 税款滞纳金的征收

日止，按日加收少征或者漏征税款 0.5‰的滞纳金。（注：放行即结关的货物。）

（2）因纳税义务人违反规定造成海关监管货物少征或者漏征税款的，海关应当自纳税义务人应缴纳税款之日起 3 年内追征税款，并自应缴纳税款之日起至海关发现违规行为之日止按日加收少征或者漏征税款 0.5‰的滞纳金。

这里所说的“应缴纳税款之日”，是指纳税义务人违反规定的行为发生之日；该行为发生之日不能确定的，应当以海关发现该行为之日作为应缴纳税款之日。

（3）对于租赁进口货物，分期支付租金的，纳税义务人应当在每次支付租金后的 15 天内纳税，逾期办理申报手续的，海关将在征收税款外加收滞纳金，滞纳时间为申报办理纳税手续期限届满（即第 16 天起至申报纳税止），每天征收应纳税款 0.5‰的滞纳金。

另外，对于租赁进口货物，租期届满之日起 30 天内，应办理结关手续，逾期未办结关的，海关除征收税款外将加收滞纳金，滞纳时间为租期届满后 30 天起至纳税义务人申报纳税之日止，每天征收应纳税款 0.5‰的滞纳金。

（4）暂时进出境货物未按规定期限复运进出境，且未在规定期限届满前办理纳税手续，除征收应纳税款外将加收滞纳金，滞纳时间为规定期限届满之日起至纳税义务人申报纳税之日止，每天征收金额为应纳税款的 0.5‰。

滞纳金相关规定

（5）海关采取强制措施时，对纳税义务人、担保人未缴纳的滞纳金应当同时强制执行。滞纳金应当从税款缴纳期限届满次日起至海关执行强制措施之日止，按日计算。

2. 征收标准

滞纳金按每票货物的关税、进口环节增值税、消费税单独计算，起征额为人民币 50 元，不足 50 元的免征。其计算公式为：

关税滞纳金金额＝滞纳关税税额×0.5‰×滞纳天数

进口环节海关代征税滞纳金金额＝滞纳进口环节海关代征税税额×0.5‰×滞纳天数

3. 滞纳金减免

海关对未履行税款给付义务的纳税义务人征收税款滞纳金，纳税义务人主动采取补救措施的，海关依法可以减免税款滞纳金。滞纳金减免事宜须经纳税义务人申请，并由海关总署审批。

任务二 进出口完税价格的确定

一、进口货物完税价格的审定

海关确定进口货物完税价格有六种估价方法：成交价格方法、相同货物成交价格方法、类似货物成交价格方法、倒扣价格方法、计算价格方法和合理方法。这六种估价方法必须依次使用。即只有在不能使用前一种估价方法的情况下，才可以顺延使用其他估价方法。如果进口货物收货人提出要求并提供相关资料，经海关同意，可以颠倒倒扣价格方法和计算价格方法的适用顺序。

（一）成交价格方法

成交价格方法是第一种估价方法，它建立在进口货物实际发票或合同价格的基础上，在海关估价实践中使用率最高。

1. 完税价格

《审价办法》规定：进口货物的完税价格，由海关以该货物的成交价格为基础审查确定，并应当包括货物运抵中华人民共和国境内输入地点起卸前的运输及其相关费用、保险费。运输及其相关费用中的“相关费用”主要是指与运输有关的费用，如装卸费、搬运费等属于广义的运费范畴的费用。成交价格需满足一定条件才能被海关接受。

经验小谈 11－2

向海关申请预裁定的进口货物完税价格相关要素主要包括哪些？

答：根据《海关预裁定管理暂行办法》第三条第二款“完税价格相关要素”，包括特许权使用费、佣金、运保费、特殊关系，以及其他与审定完税价格有关的要素。

2. 成交价格

进口货物的成交价格，是指卖方向中华人民共和国境内销售该货物时买方为进口该货物向卖方实付、应付的，并按有关规定调整后的价款总额，包括直接支付的价款和间接支付的价款。这里的“成交价格”有特定的概念，必须是调整后的实付或应付价格，并满足这一条件，它已经不完全等同于贸易中实际发生的发票或合同价格。贸易上的发票或合同价格取决于买卖双方的约定，它有可能是实付或应付价格，也有可能已经包括某些应调整的因素，还有可能已包括运保费，其定价是自由的。

实付或应付价格是买方为购买进口货物向卖方或为卖方的利益而已付或应付的支付总额。支付可以采用多种形式，可以是直接支付，也可以是间接支付。

3. 关于“调整因素”

调整因素包括计入因素和扣除因素。

（1）计入因素，即调整因素的加项，是指符合一定条件的必须计入实付或应付价格中的因素，主要包括由买方负担的以下费用：

①除购货佣金以外的佣金和经纪费。佣金主要是指买方或卖方向其代理人所支付的一种劳务费用，包括购货佣金和销售佣金。购货佣金主要是指买方向其采购代理人支付的佣金，委托人向自己的经纪人支付的从事贸易活动的劳务费用，根据《审价办法》第四条的规定也应该计入完税价格中。

②与进口货物视为一体的容器费用。此类容器主要是指与货物成为一个整体，并归入同一个税则号列的容器，如酒瓶、香水瓶等。如果其价格没有包括在酒、香水的实付或应付价格中的，应该计入。

③装材料和包装劳务费用。此类费用主要是指进口货物在包装过程中产生的一些成本和费用。

④协助的价值。可按适当比例分摊的，由买方直接或间接免费提供或以低于成本价的方式销售给卖方或有关方的，未包括在实付或应付价格之中的货物或服务的价值，具体包括：进口货物所包含的材料、部件、零件和类似货物的价值；在生产进口货物过程中使用的工具、模具和类似货物的价值；在生产进口货物过程中消耗的材料的价值；在境外进行的为生产该货物所必需的工程设计、技术研发、工艺及制图等工作的价值。

⑤特许权使用费。与该货物有关并作为卖方向中华人民共和国销售该货物的一项条件，应当由买方直接或间接支付的特许权使用费。不作为货物价格一部分的特许权使用费有商标使用费、专有/专利技术使用费等。与货物无关的不能计入，费用的支出与向我国销售无关的也不能计入。

⑥返回给卖方的转售收益。卖方直接或间接从买方对货物进口后转售、处置或使用所得中获得的收益。

上述所有应计入实付或应付价格中的调整因素的价值或费用，必须同时满足三个条件：由买方负担、未包括在进口货物的实付或应付的价格中、有客观量化的数据资料。如果没有客观量化的数据资料，海关可以不采用成交价格的方法而依次使用其他估价方法估价。

(2)扣除因素，价格调整因素的减项主要包括：

①厂房、机械、设备等货物进口后的基建、安装、装配、维修和技术服务的费用。这些费用实际上是一种对劳务的支付，而不是对进口货物本身的支付。

②货物运抵境内输入地点之后的运输费用。

③进口关税和国内税。

④为在境内复制进口货物而支付的费用。

⑤境内外技术培训及境外考察费用。

此外，同时符合下列条件的利息费用不计入完税价格：

①利息费是买方为购买进口货物而融资产生的。

②有书面融资协议的。

③利息费用单独列明的。

④利率不高于当地利率水平的。

码头装卸费(THC)属于货物运抵中华人民共和国境内输入地点起卸后的运输相关费用，因此不应计入货物的完税价格。

上述费用扣除的前提条件：必须是其能与进口货物的实付或应付价格相区分，否则不能扣除。

4. 成交价格本身须满足的条件

成交价格必须满足以下四个条件，否则不能适用成交价格方法：

(1)买方对进口货物的处置和使用不受限制，但国内法律、行政法规规定的限制，对货物转售地域的限制，对货物价格无实质影响的限制除外。

(2)货物的价格不应受到导致该货物成交价格无法确定的条件或因素的影响。

(3)卖方不得直接或间接从买方获得因转售、处置或使用进口货物而产生的任何收益，除非按照《审价办法》第四条的规定做出调整。

(4)买卖双方之间没有特殊关系，如果有特殊关系，应当符合《审价办法》第六条的规定。

有以下情形之一的，应当认定买卖双方有特殊关系：买卖双方为同一家族成员；买卖双方互为商业上的高级职员或董事；一方直接或间接地受另一方控制；买卖双方都直接或间接地受第三方控制；买卖双方共同直接或间接地控制第三方；一方直接或间接地拥有、控制或持有对方5%或以上公开发行的有表决权的股票或股份；一方是另一方的雇员、高级职员或董事；买卖双方是同一合伙的成员。

【同步案例 11－1】

在中国台湾地区纺成的纱线，运到日本织成棉织物，并进行加工。上述棉织物又被运往越南制成睡衣，后又经香港地区更换包装转销中国内地。问该货物的原产地是何处？

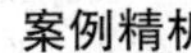
案例精析

经验小谈 11－3

我司以公式定价进口的货物因作价标准和折扣改动，在规定期限内确定不了结算价格，请问该如何处理？

答：根据海关总署公告2015年第15号(《关于修订公式定价进口货物审定完税价格有关规定的公告》)第九条：自货物申报进口之日起6个月内不能确定结算价格，海关根据《海关审定进出口货物完税价格办法》的相关规定审定完税价格。特殊情况经备案地海关同意，可延长结算期限至9个月。

(二)相同或类似货物成交价格方法

成交价格方法是海关估价中使用频率最高的一种估价方法，但由于种种原因，并不是所有的进口货物都能采用这一方法，如果不存在买卖关系的进口货物以及不符合成交价格条件的进口货物，就不能采用成交价格方法，而应按照顺序考虑采用相同或类似进口货物的成交价格方法。

相同或类似进口货物的成交价格方法，除了货物本身有区别以外，在其他方面的适用条件均与成交价格方法一样。据以比照的相同或类似货物应共同具备以下五个要素：一是须与进口货物相同或类似；二是须与进口货物在同一国家或地区生产；三是须与进口货物同时或大约同时进口；四是商业水平和进口数量须与进口货物相同或大致相同，如果没有相同商业水平和大致相同数量的相同或类似进口货物，可采用不同商业水平和不同数量销售的相同或类似进口货物，但必须对商业水平和数量、运输距离和方式的不同所产生的价格方面的差异做出调整，这种调整应建立在客观量化的数据资料的基础上；五是当存在两个或更多的价格时，选择最低的价格。

1. 相同货物和类似货物的概念

相同货物是指与进口货物在同一国家或地区生产的，在物理性质、质量和信誉等所有方面都相同的货物，但表面的微小差异允许存在。

类似货物是指与进口货物在同一国家或地区生产的，虽然不是在所有方面都相同，但却具有类似的特征、类似的组成材料、同样的功能，并且在商业中可以互换的货物。

2. 相同货物和类似货物的时间要素

时间要素是指相同或类似货物必须与进口货物同时或大约同时进口，其中"同时或大约同时"，为在进口货物接受申报之日的前后各45天以内。

3. 价格调整

采用相同或类似货物成交价格估价方法，必须使用与进口货物相同商业水平、大致相同数量的相同或类似货物。如果没有相同商业水平和大致相同数量，可以采用不同商业水平和不同数量销售的相同或类似进口货物，但必须因商业水平和数量、运输距离和方式的不同所产生的价格方面的差异做出调整，调整必须建立在客观量化的数据资料的基础上。

（三）倒扣价格方法

倒扣价格方法是以被估的进口货物、相同或类似进口货物在境内销售的价格为基础估定完税价格。

1. 按用于倒扣的价格销售的货物应同时符合的条件

（1）在被估货物进口时或大约同时销售；

（2）按照进口时的状态销售；

（3）在境内第一环节销售；

（4）合计的货物销售总量最大；

（5）向境内无特殊关系方销售。

2. 倒扣价格方法的核心要素

（1）按进口时的状态销售。

必须以进口货物、相同或类似进口货物按进口时的状态销售的价格为基础。如果没有按进口时的状态销售的价格，可以使用经过加工后在境内销售的价格作为倒扣的基础。

（2）时间要素。

必须是在被估货物进口时或大约同时转售给国内无特殊关系方的价格，其中“进口时或大约同时”，为在进口货物接受申报之日的前后各 45 天以内。这一时间范围与相同或类似货物成交价格方法的“同时或大约同时进口”的范围是一致的。如果找不到同时或大约同时的价格，可以采用被估货物进口后 90 天内的价格作为倒扣价格的基础。

（3）合计的货物销售总量最大。

必须使用被估的进口货物、相同或类似进口货物以最大总量单位售予境内无特殊关系方的价格为基础估定完税价格。

3. 倒扣价格方法应扣除的费用

（1）该货物的同等级或同种类货物在境内销售时的利润和一般费用及通常支付的佣金。

（2）货物运抵境内输入地点之后的运费、保险费、装卸费及其他相关费用。

（3）进口关税、进口环节税和其他与进口或销售该货物有关的国内税。

（4）加工增值额。加工增值额主要是指如果使用经过加工后在境内转售的价格作为倒扣的基础，必须扣除这部分价值。

（四）计算价格方法

计算价格方法与前四种相比有很大的区别，它既不是以成交价格，也不是以在境内的转售价格作为基础，而是以发生在生产国或地区的生产成本作为基础的价格。因此，使用这种方法必须依据境外的生产商提供的成本方面的资料。这种方法也是使用率最低的一种方法。

采用计算价格方法的进口货物的完税价格由下列各项目的总和构成：

（1）生产该货物所使用的原材料价值和进行装配或其他加工的费用；

（2）与向我国境内出口销售同级或同类货物相符的利润和一般费用；

（3）货物运抵中华人民共和国境内输入地点起卸前的运输及其相关费用、保险费。

（五）合理方法

合理的估价方法，实际上不是一种具体的估价方法，而是规定了使用方法的范围和原则，即运用合理方法，必须符合《审价办法》的公平、统一、客观的估价原则，必须以境内可以获得的数据资料为基础。合理方法应当是再次按顺序使用相同或类似货物成交价格方法、倒扣价格方法、计算价格方法，但采用这些方法时有合理的灵活性。

在使用合理方法估价时，禁止使用以下六种价格：

(1)境内生产的货物在境内销售的价格，也就是国内生产的商品在国内的价格；

(2)在备选价格中选择高的价格，也就是从高估价的方法；

(3)依据货物在出口地市场的销售价格，也就是出口地境内的市场价格；

(4)依据《审价办法》第十条规定之外的生产成本价格；

(5)依据出口到第三国或地区货物的销售价格；

(6)依据最低限价或武断、虚构的价格。

二、出口货物完税价格的审定

(一)出口货物的完税价格

我国《进出口关税条例》规定对出口货物完税价格的审定原则是：出口货物的完税价格由海关以该货物向境外销售的成交价格为基础审查确定，并应包括货物运至中华人民共和国境内输出地点装载前的运输及其相关费用、保险费，但其中包含的出口关税税额应当扣除。

(二)出口货物的成交价格

出口货物的成交价格是指该货物出口销售到中华人民共和国境外时买方向卖方实付或应付的价格。出口货物的成交价格中含有支付给境外的佣金的，如果单独列明，应当扣除。

(三)不计入出口货物完税价格的税收、费用

具体包括：

(1)出口关税；

(2)输出地点装载后的运费及相关费用、保险费；

(3)在货物价款中单独列明由卖方承担的佣金。

(四)出口货物其他估计方法

出口货物的成交价格不能确定时，完税价格由海关依次使用下列方法估定：

(1)同时或大约同时向同一国家(或地区)出口的相同或类似货物的成交价格；

(2)根据境内生产相同或类似货物的成本、利润和一般费用，境内发生的运输及其相关费用、保险费计算所得的价格；

(3)按照合理方法估定的价格。

三、海关估价中的价格质疑程序和价格磋商程序

(一)海关估价中的价格质疑程序

纳税义务人或者其代理人应自收到价格质疑通知书之日起5个工作日内，以书面形式提供相关资料或者其他证据，证明其申报价格真实、准确或者双方之间的特殊关系未影响成交价格。除特殊情况外，延期不得超过10个工作日。如图11－2所示。

(二)价格磋商程序

纳税义务人需自收到“中华人民共和国海关价格磋商通知书”之日起5个工作日内与海关进行价格磋商。如图11－3所示。

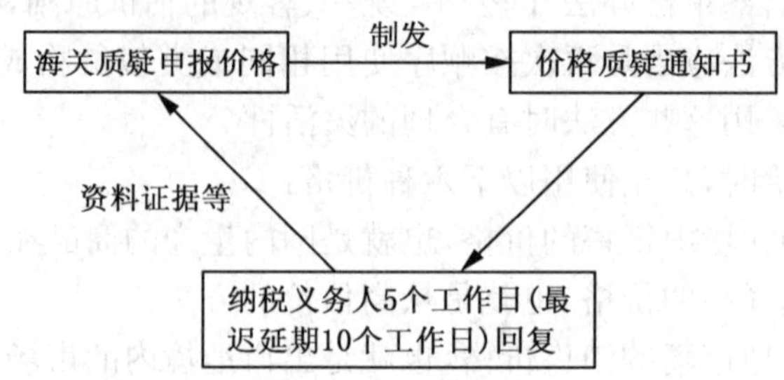

图 11－2　海关估价中的价格质疑程序

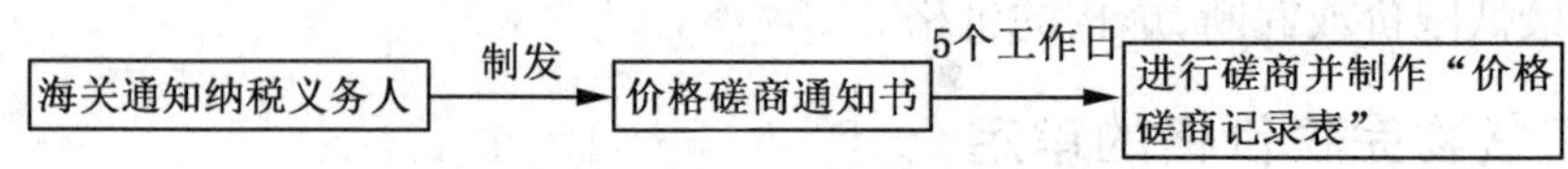

图 11－3　海关估价中的价格磋商程序

(三)海关不进行价格质疑程序和价格磋商的情形

具体包括：

(1)同一合同项下分批进出口的货物，海关对其中一批货物已经实施估价的；

(2)进出口货物的完税价格在人民币 10 万元以下或者关税及进口环节税总额在人民币 2 万元以下的；

(3)进出口货物属于危险品、鲜活品、易腐品、易失效品、废品、旧品等的。

四、完税价格审定程序中海关和进出口货物收发货人之间的权利和义务

在完税价格审定程序中，海关与进出口货物收发货人之间的权利和义务，如表 11－2 所示。

表 11－2　　完税价格审定程序中海关与进出口货物收发货人之间的权利和义务

海　关		收发货人	
权　利	义　务	权　利	义　务
查阅复制权	保密的义务	要求具保放行货物的权利	如实申报的义务
询问权	举证的责任	估价方法的选择权	
查验、送验权	书面告知的义务	知情权	
检查权	具保放行货物的义务	申诉权	举证的责任
查询权			
估价权			

【同步案例 11－2】

A 公司通过香港地区 X 公司从 G 国 H 公司进口一套设备，合同总价为 CIP 中国某内地城市 180 万美元，合同价包括 H 公司派人来华进行设备安装、调试和验收的费用，但在合同中未单列出来。该设备关税税率为 14%，设备 5 月份到货后缴纳关税约为：180×8.3×14%＝209 万元人民币。B 公司从 G 国 H 公司进口同样一套设备，合同总价为 CIF 中国某港口 160

万美元,其中包含16万美元来华进行设备安装、调试和验收的费用。同年6月份设备到货,B公司以160万美元的成交价格向海关申报。海关受理后对其申报价格产生怀疑,要求B公司予以解释,B公司只提供了一份简单的书面说明。海关认为该说明不足以支持B公司的申报价格,于是拒绝接受160万美元的申报价格,其依据是:该套设备同上个月A公司申报的设备属同一国家和同一生产商生产的相同货物,因而参照上个月A公司申报的180万美元作为完税价格,B公司同样应缴纳关税约为209万元人民币。B公司因不了解海关规定又急用该设备,无奈只好缴税提货。

案例精析

根据上述案例,请思考下列问题:

(1)A、B公司缴纳209万元关税是否合理?

(2)在实际工作中遇到类似B公司这样的问题时该如何操作?

(3)向海关解释和申诉的过程可能要花费一定的时间,在此期间,进口商急需进口货物怎么办?

任务三　进口货物原产地的确定与税率的适用

一、进口货物原产地的确定

(一)原产地规则的概念

各国为了适应国际贸易的需要,并为执行本国关税及非关税方面的国别歧视性贸易措施,必须对进出口商品的原产地进行认定。但是,货物原产地的认定需要以一定的标准为依据。为此,各国以本国立法形式制定出其鉴别货物"国籍"的标准,这就是原产地规则。

WTO的《原产地规则协议》将原产地规则定义为一国(地区)为确定货物的原产地而实施的普遍适用的法律、法规和行政决定。

(二)原产地规则的类别

我国现行的原产地规则有两种:一种是优惠原产地规则,另一种是非优惠原产地规则。我国现行优惠原产地规则主要是有关《亚太贸易协定》《中国—东盟合作框架协议》《港澳CEPA》等项下进口货物的原产地的规定,用于判断进口货物是否适用这些优惠贸易协定税率时的原产地认定。我国现行非优惠原产地规则适用于优惠贸易协定以外的其他进口商品的原产地认定,如判断进口货物是否适用最惠国税率、反倾销、反补贴税率、保障措施等非双边、多边优惠的贸易政策。

(三)原产地认定标准

1. 优惠原产地认定标准

(1)完全获得标准。

完全获得,即从优惠贸易协定成员国或者地区直接运输进口的货物是完全在该成员国或者地区获得或者生产的。这些货物是指:①在该成员国或者地区境内收获、采摘或者采集的植物产品;②在该成员国或者地区境内出生并饲养的活动物;③在该成员国或者地区领土或者领海开采、提取的矿产品;④其他符合相应优惠贸易协定项下完全获得标准的货物。

原产于优惠贸易协定某一成员国或者地区的货物或者材料在同一优惠贸易协定另一成员国或者地区境内用于生产另一货物,并构成另一货物组成部分的,该货物或者材料应当视为原产于另一成员国或者地区境内。

(2)税则归类改变标准。

税则归类改变标准是指原产于非成员国或者地区的材料在出口成员国或者地区境内进行制造、加工后，所得货物在《商品名称及编码协调制度》中税则归类发生了改变。

(3)区域价值成分标准。

区域价值成分标准是指出口货物船上交货价格(FOB)扣除该货物生产过程中该成员国或者地区非原产材料价格后，所余价款在出口货物船上交货价格(FOB)中所占的百分比。

①《亚太贸易协定》(成员国包括孟加拉国、印度、老挝、韩国、斯里兰卡、中国)规则要求：非成员国原产的材料、零件或产物的总价值不超过55%，即成员国的材料要达到45%及以上，则认定原产国为受惠国。

如原产于孟加拉国的货物，非成员国的材料、零件或产物的总价值不超过65%，即孟加拉国的材料的比例达到35%及以上，则认定原产国为孟加拉国。

②《中国—东盟合作框架协议》(成员国包括印度尼西亚、马来西亚、菲律宾、新加坡、泰国、文莱、越南、老挝、缅甸、柬埔寨)规则要求：非中国—东盟自由贸易区原产的材料、零件或产物的总价值不超过60%，即原产于东盟自由贸易区的产物的成分占40%及以上，并且最后的工序是在成员方境内完成的，则认定原产国为东盟成员国。

拓展阅读

优惠贸易协定

③《港澳CEPA》规则要求：港澳产品的增值标准为30%及以上，则原产地为香港、澳门地区。

④对最不发达国家特别优惠关税措施的原产地规则要求：受惠国对非该国原材料进行制造、加工后的增值部分不小于所得货物价值的40%。

(4)制造加工工序标准。

制造加工工序标准是指赋予加工后所得货物基本特征的主要工序。

(5)其他标准。

除上述标准外，成员国或地区一致同意采用的确定货物原产地的其他标准。

(6)直接运输规则。

直接运输是指优惠贸易协定下进口货物从该协定成员国或者地区直接运输至中国境内，途中未经过该协定成员国或者地区以外的其他国家或者地区。

原产于优惠贸易协定成员国或者地区的货物，经过其他国家或者地区运输至中国境内，不论在运输途中是否转换运输工具或者临时储存，同时符合下列条件的，视为“直接运输”：

①该货物在经过其他国家或者地区时，未做除了使货物保持良好状态所必须处理以外的其他处理；

②该货物在其他国家或者地区停留的时间未超过相应优惠贸易协定规定的期限；

③该货物在其他国家或者地区作临时储存时，处于该国家或者地区海关监管之下。

2. 非优惠原产地认定标准

(1)完全获得标准。

以下产品视为在一国“完全获得”：①该国(地区)出生并饲养的活动物；②该国(地区)野外捕捉、捕捞、收集的动物；③从该国(地区)的活动物获得的未经加工的物品；④该国(地区)收获的植物和植物产品；⑤在该国(地区)采掘的矿物；⑥在该国(地区)获得的上述①～⑤项范围之外的其他天然生成的物品；⑦在该国(地区)生产过程中产生的只能弃置或者回收用作材料的废碎料；⑧在该国(地区)收集的不能修复或者修理的物品，或者从该物品中回收的零件或者材料；⑨由合法悬挂该国旗帜的船舶从其领海以外海域获得的海洋捕捞物和其他物品；⑩由合法悬挂该国旗帜的加工船上加工上述第⑨项所列物品获得的产品；⑪从该国领海以外享有专有开采权的海床或者海床底土获得的物品；⑫在该国（地区）完全从上述①～⑪项所列物品中生产的产品。

(2)实质性改变标准。

实质性改变标准是指两个及两个以上国家（地区）参与生产或制造的货物，以最后完成实质性改变的国家（地区）为原产地。以税则归类改变为基本标准，税则归类不能反映实质性改变的，以从价百分比、制造或者加工工序等为补充标准。

①税则归类改变：产品经加工后，在《进出口税则》中 4 位数一级的税则归类已经改变。

②制造或者加工工序：在某一国家（地区）进行的赋予制造、加工后所得货物基本特征的主要工序。

③从价百分比：一个国家（地区）对非该国（地区）原产材料进行制造、加工后的增值部分，占所得货物价值的 30%及以上。

二、优惠原产地申报要求

（一）进口货物申报要求

货物申报进口时，进口货物收货人或者其代理人应当按照海关的申报规定填制进口货物报关单，申明适用特惠税率，并同时提交有效的原产地证书、货物的商业发票正本、运输单证等其他商业单证。

有下列情形之一的，进口货物不适用协定税率或者特惠税率：

(1)进口货物收货人或其代理人在货物申报进口时没有提交符合规定的原产地证书、原产地声明，也未就进口货物是否具备原产地资格进行补充申报的；

(2)进口货物收货人或其代理人未提供商业发票、运输单证等其他商业单证，也未提交其他证明符合《优惠原产地管理规定》第十四条规定的文件的；

(3)经查验或者核查，确认货物原产地与申报内容不符，或者无法确定货物真实原产地的；

(4)其他不符合《优惠原产地管理规定》及相应优惠贸易协定规定的情形。

（二）部分优惠贸易协定申报要求

1.《亚太贸易协定》

除了按照规定提交进口货物所需的单证外，还要提交受惠国政府指定机构签发的原产地证书正本作为报关的随附单证。

2.《中国—东盟合作框架协议》

进口时向申报地海关申明该货物适用“中国—东盟协定税率”，并提交政府指定机构签发的原产地证书正本作为报关的随附单证。

3.《港澳 CEPA》

纳税义务人应当主动向申报海关申明该货物适用零关税税率，并提交符合 CEPA 项下规定的有效原产地证书作为报关的随附单证。

4. 对最不发达国家“特别优惠关税措施”项下受惠进口货物

应当主动向进境地海关申明有关货物享受特别优惠关税，并提交出口受惠国原产地证书签发机构签发的由该国海关于出口时加盖印章的原产地证书。

（三）出口货物申报要求

出口货物申报时，出口货物发货人应当按照海关的申报规定填制出口货物报关单，并向海关提交原产地证书电子数据或者原产地证书正本的复印件。海关认为必要时，可以对优惠贸易协定项下出口货物原产地进行核查，以确定其原产地。应优惠贸易协定成员国或者地区要求，海关可以对出口货物原产地证书或者原产地进行核查，并应当在相应优惠贸易协定规定的期限内反馈核查结果。

（四）货物申报其他要求

优惠贸易协定项下进出口货物及其包装上标有原产地标记的，其原产地标记所标明的原产地应当与依照《优惠原产地管理规定》有关规定确定的货物原产地一致。

（五）原产地证明书

原产地证明书是证明产品原产于某地的书面文件。它是受惠国的原产品出口到给惠国时享受关税优惠的凭证，也是进口货物是否适用反倾销、反补贴税率、保障措施等贸易政策的凭证。

1. 适用优惠原产地规则的原产地证明书

（1）《亚太贸易协定》规则的原产地证明书。

原产地证书应当同时符合以下三个条件：

①由该成员国政府指定机构以手工或者电子形式签发；

②符合《中华人民共和国海关〈亚太贸易协定〉项下进出口货物原产地管理办法》附件所列格式，用国际标准 A4 纸印制，所用文字为英文；

③证书印章与该成员国通知中国海关的印章印模相符。

原产地证书自签发之日起 1 年内有效，不得涂改和叠印，所有未填空白之处应当予以划去，以防事后填写。

（2）《中国—东盟合作框架协议》规则的原产地证明书。

原产地证书应符合的条件：由东盟成员国签证机构签发；符合规定格式，以英文填制；原产地证书、流动证明的签证机构印章、签证人员签名，与东盟成员国通知中国海关的签证机构印章、签证人员签名样本相符；所列的一项或者多项货物为同一批次的进口货物；仅有一份正本，并且具有不重复的原产地证书编号；注明确定货物具有原产地资格的依据。

进口原产地证书应由出口成员国政府指定机构签发，自证书签发之日起 1 年内有效，该协议项下进口货物原产地证书应由东盟成员国签证机构在货物转运前或者装运时签发。因不可抗力未能在货物装运前或者装运时签发的，可以在货物装运后 3 天内签发。

（3）《港澳 CEPA》的原产地证明书。

原产地证书应同时符合下列条件：原产地证书具有唯一的编号；一份原产地证书只能对应同一批次输入内地的货物，列明指定的单一到货口岸，商品编码按照 8 位数级税号填写，计量单位按照实际成交计量单位填写，不得涂改及叠印，商定格式，以中文填写。

香港 CEPA 原产地证书签发机构为香港工贸署、香港总商会、香港印度商会、香港工业总会、香港中华厂商联合会、香港中华总商会。澳门 CEPA 原产地证书签发机构为澳门经济局。原产地证书有效期为签发之日起 120 天。

（4）对最不发达国家“特别优惠关税措施”原产地证明书。

拓展阅读

优惠贸易协定有效期

原产地证书应同时符合下列条件：由签证机构在货物出口前或者出口时签发；符合约定格式，以英文填制；与受惠国通知中国海关的印章样本相符；具有出口受惠国海关在出口时加盖的印章；所列的一项或者多项货物为同一批次的进口货物；具有不重复的原产地证书编号；注明确定货物具有原产地资格的依据；证书在有效期内。

进口原产地证书应由受惠国政府授权机构签发，证书自出口方签发之日起1年内有效。

2. 适用非优惠原产地规则的原产地证明书

(1)对适用反倾销反补贴措施的进口商品的要求。

①进口经营单位申报进口与实施反倾销措施的被诉倾销产品(以下简称“被诉倾销产品”)相同的货物时，应向海关提交原产地证明。

②对于进口经营单位确实无法提交原产地证明，经海关实际查验不能确定货物原产地的，海关按与该货物相同的被诉倾销产品的最高反倾销税率或保证金征收比率征收反倾销税或现金保证金。

③对于加工贸易保税进口与被诉倾销产品相同的货物，进口经营单位在有关货物实际进口申报时，也应向海关提交原产地证明。

④对于在反倾销措施实施之前已经申报进口的加工贸易和其他保税进口货物，因故申报内销是在反倾销措施实施期间的，进口经营单位应在申报内销时向海关提交原产地证明。对于无法提交原产地证明，不能确定货物原产地的，海关按与该货物相同的被诉倾销产品的最高反倾销税率或保证金征收比率征收反倾销税或保证金。

(2)对适用保障措施的进口商品的要求。

进口企业申报进口涉案产品时，不能提供不适用保障措施的国家(地区)的原产地证明或尚不应加征关税的适用保障措施的国家(地区)的原产地证明或者海关对其所提供的原产地证明的真实性有怀疑的，如经海关审核有关单证(包括合同、发票、提运单等)及对货物实际验估能够确定原产地的，应按照相关规定处理；如仍不能确定原产地，且进口企业不能进一步提供能够证明原产地的其他材料的，应在现行适用的关税税率基础上，按照相应涉案产品适用的加征关税税率加征关税。

在海关审核认定原产地期间，进口企业可在提供相当于全部税款的保证金担保后，要求先行验放货物。

原产地证明书并不是确定货物原产地的唯一标准。若海关通过查验货物或审核单证认为所提供的原产地证明书是不真实的，海关将根据原产地规则标准予以确认。

(六)对原产于台湾地区的进口农产品实施零关税

对原产于台湾地区的进口农产品实施零关税。

(七)原产地预确定制度

进出口货物收发货人有正当理由的，可以向直属海关申请对其将要进口的货物的原产地进行预确定。提交申请书时一并提交以下材料：

(1)申请人的身份证明文件；

(2)能说明将要进口货物情况的有关文件资料；

(3)说明该项交易情况的文件材料；

(4)海关要求提供的其他文件资料。

海关应在收到原产地预确定书面申请及全部资料之日起150天内做出原产地预确定决定。

已做出原产地预确定决定的货物，自预确定决定做出之日起3年内实际进口时，与预确定决定货物相符且原产地确定标准未发生变化的，海关不再重新确定该进口货物的原产地。

三、税率适用及汇率适用

税率适用是指进出口货物在征税、补税或退税时选择适用的各种税率。

(一)税率适用原则

我国关税税则实行新的进口税则税率栏目。进口关税税则分设最惠国税率、协定税率、特惠税率、关税配额税率和普通税率等栏目。出口关税税则按进口税则列目方式确定出口税则税目,对部分出口商品实行暂定出口税率。对于原产地是中国香港、澳门和台、澎、金、马关税区的进境货物和经批准我国国货复进口需征税的,按最惠国税率征税。具体如表11—3所示。

(二)关税税率适用的时间

《进出口关税条例》规定,进出口货物应当按照收发货人或者其代理人申报进口之日实施的税率征税。在实际运用时应区分以下不同情况:

(1)进口货物到达前,经海关核准先行申报的,适用装载该货物的运输工具申报进境之日实施的税率。

(2)进口转关运输货物应当适用指运地海关接受该货物申报进口之日实施的税率。货物运抵指运地前,经海关核准先行申报的,应当适用装载该货物运输工具抵达指运地之日实施的税率。

表11—3 同时有两种及以上税率可适用的进出口货物最终适用的税率汇总

适用货物	可选用的税率	最终适用的税率
进口货物	最惠国、进口暂定税率	暂定税率
	协定、特惠、进口暂定税率	从低适用税率
	同时适用国家优惠政策、进口暂定税率	按国家优惠政策进口暂定税率商品时,以优惠政策计算确定的税率与暂定税率两者取低计征关税,但不得在暂定税率基础上再进行减免
	普通、进口暂定税率	普通税率
	ITA税率、其他税率	ITA税率
	关税配额税率、其他税率	关税配额内适用关税配额税率,关税配额外适用其他税率
	反倾销、反补贴、保障措施、报复性关税税率	适用反倾销、反补贴、保障措施、报复性关税税率,除按《进出口税则》的税率征收关税外,另外加征的关税
出口货物	出口暂定税率、出口税率	出口暂定税率

(3)出口转关运输货物,应当适用启运地海关接受该货物申报出口之日实施的税率。

(4)因超过规定期限未申报而由海关依法变卖的进口货物,其税款计征应当适用装载该货物的运输工具申报进境之日实施的税率。

(5)经海关批准,实行集中申报的进出口货物,应当适用每次货物进出口时海关接受该货物申报之日实施的税率。

(6)因纳税义务人违反规定需要追征税款的进出口货物,应当适用违反规定的行为发生之日实施的税率;行为发生之日不能确定的,适用海关发现该行为之日实施的税率。

(7)已上报进境并放行的保税货物、减免税货物、租赁货物或者已上报进出境并放行的暂准进出境货物,有下列情形之一需缴纳税款的,应当适用海关接受纳税义务人再次填写报关单申报办理纳税及有关手续之日实施的税率:①保税货物经批准不复运出境;②保税仓储货物转入国内市场销售;③减免税货物经批准转让或移作他用;④可暂不缴纳税款的暂准进出境货物,经批准不复运出境或者进境的;⑤租赁进口货物,分期缴纳税款的。进出口货物关税的补征和退还,按照上述规定确定适用的税率。

(三)汇率适用

进出口货物的成交价格及其有关费用以外币计价的,海关按照该货物适用税率之日所适用的计征汇率折合为人民币计算完税价格。完税价格采用四舍五入法计算到分。

海关每月使用的计征汇率为上个月第三个星期三(第三个星期三为法定节假日的,顺延采用第四个星期三)中国人民银行公布的外币对人民币的基准汇率;以基准汇率币种以外的外币计价的,采用同一时间中国银行公布的现汇买入价和现汇卖出价的中间值(人民币元后采用四舍五入法保留4位小数)。如果上述汇率发生重大波动,海关总署认为必要时,可另行规定计征汇率,并对外公布。

任务四　进出口税费的计算

转关作业无纸化

进出口关税、进口环节代征税、滞纳金、船舶吨税一律以人民币计征,采用四舍五入法计算至分。起征点均为人民币50元,不足50元的免于征收。

一、进出口关税的计算

(一)进口关税税款的计算

1. 从价关税

(1)从价关税的概念。

从价关税是以进口货物的完税价格作为计税依据,以应征税额占货物完税价格的百分比作为税率,货物进口时,以此税率和实际完税价格相乘计算应征税额。

(2)从价关税的计算公式。

进口关税税额=完税价格×法定进口关税税率

(3)从价关税的计算程序。

①按照归类原则确定税则归类,将应税货物归入恰当的税目税号;

②根据原产地规则,确定应税货物所适用的税率;

③根据完税价格审定办法和规定,确定应税货物的完税价格;

④根据实际汇率,将外币折算成人民币;

⑤按照计算公式正确计算应征税款。

【做中学11-1】

厦门进出口汽车有限公司向日本购进丰田某款轿车10辆,成交价格共为FOB大阪120 000.00美元,实际支付运费5 000美元,保险费800美元。已知汽车的规格为5座位,汽缸容量2 000cc,外汇折算率为1美元=6.119 7元人民币,确定税则归类,汽缸容量2 000cc的小轿车归入税目税号8703.2314;原产国日本适用最惠国税率43.8%。要求计算进口关税。

计算方法:

审定完税价格为125 800美元(120 000.00+5 000+800);

将外币价格折算成人民币为769 858.26元;

正常征收的进口关税税额=完税价格×法定进口关税税率

=769 858.26×43.8%

$$=337\ 197.917(元)$$

2. 从量关税

(1)从量关税的概念。

从量关税是以进口商品的数量、体积、重量等计量单位计征关税的方法。计税时以货物的计量单位乘以每单位应纳税金额即可得出该货物的关税税额。

(2)从量关税的计算公式。

进口关税税额＝商品进口数量×从量关税税额

(3)从量关税的计算程序。

①按照归类原则确定税则归类，将应税货物归入恰当的税目税号；

②根据原产地规则，确定应税货物所适用的税率；

③确定其实际进口量；

④根据完税价格审定办法、规定，确定应税货物的完税价格(计征增值税需要)；

⑤根据实际汇率，将外币折算成人民币；

⑥按照计算公式正确计算应征税款。

**【做中学 11－2】**

柯达(厦门)有限公司从香港地区购进柯达彩色胶卷 50 400 卷(规格 135/36)，成交价格为 CIF 境内某口岸 10.00 元港币/每卷，已知外币折算率为 1 港币＝1.1 元人民币，确定税则归类，彩色胶卷归入税目税号 3702.5410；原产地香港地区适用最惠国税率 155 元/m^2。要求计算进口关税。

计算方法：

确定其实际进口量 50 400 卷×0.057 75m^2/卷(以规定单位换算表折算)，规格“135/3”1 卷＝2 910.6m^2；

将外币总价格折算成人民币为 554 400 元(计征增值税需要)；

进口关税税额＝商品进口数量×从量关税税率

＝2 910.6m^2×155 元/m^2

＝451 143(元)

3. 复合关税

(1)复合关税的概念。

复合关税是对某种进口商品混合使用从价税和从量税计征关税。

(2)复合关税的计算公式。

进口关税税额＝商品进口数量×从量关税税额＋完税价格×关税税率

(3)复合关税的计算程序。

①按照归类原则确定税则归类，将应税货物归入恰当的税目税号；

②根据原产地规则，确定应税货物所适用的税率；

③确定其实际进口量；

④根据完税价格审定办法、规定，确定应税货物的完税价格；

⑤根据汇率使用原则，将外币折算成人民币；

⑥按照计算公式正确计算应征税款。

【做中学 11－3】

上海某公司从日本购进电视摄像机 20 台，其中有 10 台成交价格为 CIF 境内某口岸 5 000 美元/台，其余 10 台成交价格为 CIF 境内某口岸 10 000 美元/台。已知外币折算率为 1 美元＝6.119 7 元人民币，确定税则归类，该批摄像机归入税目税号 8525.3099；原产国日本适用最惠国税率，其中 CIF 境内某口岸 5 000 美元/台的关税税率为单一从价税 35%；CIF 境内某口岸 10 000 美元/台的关税税额为 13 280 元人民币再加 3%的从价关税。要求计算进口关税。

计算方法：

审定后完税价格分别为 50 000 美元和 100 000 美元；

将外币价格折算成人民币分别为 305 985.00 元和 611 970.00 元；

从价进口关税税额＝完税价格×进口关税税率

＝305 985×35%

＝107 094.75(元)

复合进口关税税额＝商品进口数量×从量关税税额＋完税价格×关税税率

＝10 台×13 280 元/台＋611 970×3%

＝132 800＋18 359.1

＝151 159.1(元)

合计进口关税税额＝从价进口关税税额＋复合进口关税税额

＝107 094.75＋151 159.1

＝258 253.85(元)

(二)出口关税税款的计算

1. 计算公式

出口关税税额＝出口货物完税价格×出口关税税率

出口关税税额＝离岸价格÷(1＋出口关税税率)×出口关税税率

＝FOB(中国境内口岸)÷(1＋出口关税税率)×出口关税税率

2. 计算程序

(1)按照归类原则确定税则归类，将应税货物归入恰当的税目税号；

(2)根据完税价格审定办法、规定，确定应税货物的完税价格；

(3)根据汇率使用原则，将外币折算成人民币；

(4)按照计算公式正确计算应征税款。

【做中学 11－4】

国内某企业从广州出口去新加坡的合金生铁一批，申报出口量 86 吨，每吨价格为 FOB 广州 98 美元。已知外汇折算率为 1 美元＝6.119 7 元人民币，确定税则归类，该批合金生铁归入税目税号 7201.5000，税率为 20%。要求计算出口关税。

计算方法：

审定离岸价格为 8 428 美元；

将外币价格折算成人民币为 51 576.831 元；

出口关税税额＝离岸价格÷(1＋出口关税税率)×出口关税税率

=51 576.831÷(1+20%)×20%

=429 806.692×20%

=8 596.138 4(元)

二、进口环节海关代征税的计算

(一)消费税税款的计算

我国消费税采用从价/从量的方法计征:

(1) 从价征收的消费税按照组成的计税价格计算,其计算公式为:

消费税组成计税价格=进口关税完税价格+进口关税税额/(1-消费税税率)

应纳消费税税额=消费税组成计税价格×消费税税率

(2)从量征收的消费税的计算公式为:

应纳消费税税额=应征消费税消费品数量×消费税单位税额

(3)同时实行从量/从价征收的消费税是上述两种征税方法之和,其计算公式为:

应纳消费税税额=应征消费税消费品数量×消费税单位税额+消费税组成计税价格×消费税税率

【做中学 11-5】

福州某进出口有限公司进口货物一批,经海关审核其成交价格为 CIF 福州 USD 12 800.00,按外币折算率 1 美元=6.119 7 元人民币,折合人民币为 78 332.16 元。已知该批货物的关税税率为 20%,消费税税率为 15%。要求计算应征消费税税额。

计算方法:

首先计算关税税额,然后再计算消费税税额。

关税税额计算公式为:

应征关税税额=完税价格×关税税率

=78 332.16×20%

=15 666.432(元)

消费税税额计算公式为:

应征消费税税额=(完税价格+关税税额)÷(1-消费税税率)×消费税税率

=(78 332.16+15 666.432)÷(1-15%)×15%

=110 586.58×15%

=16 587.987(元)

【做中学 11-6】

某进出口公司进口啤酒 3 800 升,经海关审核其成交价格总值为 CIF 境内某口岸 USD 1 672.00。已知啤酒的关税税率为 3 元/升;消费税税率为进口完税价格≥360 美元/吨的 250 元/吨,进口完税价格<360 美元/吨的 220 元/吨。外币折算率为 1 美元=6.119 7 元人民币。要求计算应征消费税额。

计算方法:

首先计算关税税额，然后再计算消费税税额。

从量关税税额计算公式为：

应征关税税额＝商品进口数量×从量关税税率

＝3 800 升×3 元/升

＝11 400(元)

完税价格计算：USD1 672×6.119 7＝10 232.138(元)

进口啤酒数量：3 800 升÷988 升/吨＝3.846(吨)

计算完税价格单价：USD1 672÷3.846 吨＝USD434.74/吨

(进口完税价格≥360 美元/吨)

消费税税率为：250(元/吨)

从量消费税税额计算公式为：

应纳消费税税额＝应征消费税消费品数量×单位税额

＝3.846 吨×250 元/吨

＝961.50(元)

(二)增值税税款的计算

我国增值税采用从价的方法计征：

增值税组成价格＝进口关税完税价格＋进口关税税额＋消费税税额应纳增值税税额

＝增值税组成价格×增值税税率

【做中学 11－7】

某公司进口货物一批，经海关审核其成交价格为 USD1 200.00，按外币折算率 1 美元＝6.119 7 元人民币，折合人民币为 7 342.92 元。已知该批货物的关税税率为 12%，消费税税率为 10%，增值税税率为 16%。要求计算应征增值税税额。

计算方法：

先计算关税税额，再计算消费税税额，最后计算增值税税额。

关税税额计算公式为：

应征关税税额＝完税价格×关税税率

＝7 342.92×12%

＝881.150(元)

消费税税额计算公式为：

应征消费税税额＝(完税价格＋关税税额)÷(1－消费税税率)×消费税税率

＝(7 342.92＋881.150)÷ (1－10%)×10%

＝9 137.856×10%

＝913.786(元)

增值税税额计算公式为：

应征增值税税额＝(关税完税价格＋关税税额＋消费税税额)×增值税税率

＝(7 342.92＋881.150＋913.786)×16%

＝9 137.856×16%

＝1 462.057(元)

(三)消费税与增值税的异同

具体异同见表 11－4。

表 11－4　　消费税与增值税的异同

不同		相同
征收范围	消费税征税范围目前为 15 种应税消费品;而增值税为所有的资产和应税劳务、应税行为	对于应税消费品既要缴纳增值税,也要缴纳消费税,在某一指定的环节两个税同时征收时,从价定率方法下两者的计税依据相同
征税环节	消费税(一般)是一次性征收;而增值税在货物的每一个流转环节全部征收	
计税方法	消费税是从价征收、从量征收和复合征收,根据应税消费品选择一种计税方法;而增值税是根据纳税人选择计税方法	

(四)关税滞纳金的计算

关税滞纳金金额＝滞纳的关税税额×0.5‰×滞纳天数

进口环节税滞纳金金额＝滞纳的进口环节税税额×0.5‰×滞纳天数

**【做中学 11－8】**

广州某进出口公司进口一批货物,经海关审核其成交价格总值为 CIF 广州 USD 8 000.00。已知该批货物应征关税税额为 23 240.00 元,应征增值税税额为人民币 15 238.80 元。海关于 2018 年 10 月 15 日填发《海关专用缴款书》,该公司于 2018 年 11 月 10 日缴纳税款。计算应征的滞纳金。

计算方法:

首先确定滞纳天数,然后计算应缴纳的关税和增值税的滞纳金金额。

税款缴款期限为 2018 年 10 月 29 日,10 月 29 日～11 月 10 日为滞纳期,共滞纳 12 天。

滞纳金计算公式为:

关税滞纳金金额＝滞纳关税税额×0.5‰×滞纳天数

＝23 240.00×0.5‰×12＝139.44(元)

代征税滞纳金金额＝滞纳代征税税额×0.5‰×滞纳天数

＝15 238.80×0.5‰×12＝91.43(元)

应缴纳滞纳金总金额＝139.44＋91.43＝230.87(元)

任务五　进出口税费的征收以及进出口关税的减免

一、税费征收方式

(一)根据专业程序不同,分为申报纳税和稽征纳税方式

申报纳税方式,是指海关根据纳税义务人对其进出口货物的申报,在审核、查验确认后做出征税决定,也称申报纳税制。世界各国海关一般以申报纳税方式作为征收税款的基本程序。

凡未向海关申报,而由海关查获的违规进出境货物,海关不必要求其收发货人向海关申报,而直接根据货物进出口事实做出征税决定,该征税程序称为稽征纳税方式或稽征纳税制。

(二)以进出口货物通关程序中税款征纳的时间为标准，分为税款先纳和税款后纳方式

税款先纳方式，是指纳税义务人按照海关确定的数额履行纳税义务后，海关才予办理货物接管放行手续。

税款后纳方式，是指海关允许纳税义务人先行办理货物放行手续，然后再确定应纳税额和办理纳税手续。

(三)以海关征收税款和纳税义务人纳税的地点为标准，分为口岸纳税和属地纳税方式

口岸纳税方式，是指由办理货物进出口申报验放手续的口岸海关做出征税决定，纳税义务人在口岸海关办理税款缴纳手续。

属地纳税方式，是指由口岸海关办理转关或验放手续，纳税义务人在属地海关办理税款缴纳手续。

(四)以纳税义务人缴纳税款的支付方式为标准，分为柜台支付和电子支付方式

柜台支付方式，即传统的税款缴纳方式，是指由海关做出征税决定，纳税义务人在指定银行通过柜台缴纳税款。

电子支付方式，是指借助电子支付系统(由海关业务系统、中国电子口岸系统、商业银行系统和第三方支付系统组成)实现进出口环节税费缴纳。

海关专用缴款书如图 11－4 所示。

海关　　　　专用缴款书（格式）

收入系统：　　　　填发日期：　　年　　月　　日　　　　号码 No.

收款单位	收入机关				缴款单位(人)	名称	
	科目		预算级次			账号	
	收款国库					开户银行	

税号	货物名称	数量	单位	完税价格（¥）	税率（%）	税款金额（¥）
金额人民币（大写）					合计（¥）	

申请单位编号		报关单编号		填制单位	收款国库（银行）
合同（批文）号		运输工具（号）			
缴款期限		提/装货单号			
备注				制单人 复核人	

自填发缴款书之日起 15 日内缴纳税款（期末遇星期六、星期日或法定节假日顺延），逾期缴纳按日加收税款总额万分之五的滞纳金。

注：海关专用缴款书一式六联，其中

第一联：（收据）银行收款签章后交缴款单位或缴纳人

第二联：（付款凭证）由缴款单位开户银行作为付出凭证

第三联：（收款凭证）由收款国库作为收入凭证

第四联：（回执）由国库盖章后退回海关财务部门

第五联：（报查）国库收款后，关税专用缴款书退回海关，海关代征税专用缴款书送当地税务机关

第六联：（存根）由填发单位存查

图 11－4　海关专用缴款书

拓展阅读

新一代电子支付系统

二、进出口关税的减免

我国关税减免政策由法定减免、特定减免和临时减免三部分组成。

(一)法定减免税

法定减免税是指根据《海关法》和《进出口关税条例》列明予以减免的，如国际组织、外国政府无偿赠送的物资、中华人民共和国缔结或者参加的国际条约规定减征、免征的货物、物品，来料加工、补偿贸易进口的原材料等。

法定减免税的范围如下：

(1)关税税额50元以下的一票货物；

(2)无商业价值的广告品和货样；

(3)外国政府、国际组织无偿赠送的物资；

(4)海关放行前损坏或者损失的货物；

(5)进出境运输工具装载的途中必需的燃料、物料和饮食用品；

(6)我国缔结或者参加的国际条约规定的减免货物和物品；

(7)法律规定减征、免征关税的其他货物、物品。

进口环节增值税或消费税税额在人民币50元以下的一票货物也应免税。

(二)特定减免税

特定减免税是指按照《海关法》和《进出口关税条例》的规定，对特定地区、特定用途、特定企业给予的减免关税的优惠，也称为政策性减免税。

特定减免税的范围主要为外商投资企业进口物资、国内投资项目进口物资、科教用品、科技开发用品、残疾人专用品、救灾捐赠物资、扶贫慈善捐赠物资。

减免税范围和办法由国务院规定。企业或单位进口前申请，海关审理，核发减免税证明。货抵证未到可以担保放行。放行后的货物不得补办减免税审批。

目前，实施特定减免税的项目主要有：

(1)外商投资项目投资额度内进口自用设备，免关税，进口环节增值税照章征收；

(2)外商投资企业自用资金项目，属国家鼓励发展产业的外商投资企业，外商投资比例≥25%，免关税，进口环节增值税照章征收；

(3)国内投资项目进口自用设备，属国家重点鼓励发展产业的国内投资项目，免关税，进口环节增值税照章征收；

(4)贷款项目进口物资，项目额度或投资总额内进口的自用设备，以及随合同进口技术及配套件，免进口关税，对贷款项目进口自用设备，经确认按有关规定增值税进项税款无法抵扣的，同时免征进口环节增值税；

(5)重大技术装备，免关税和进口环节增值税；

(6)特定区域物资(保税区、出口加工区)可以免税；

(7)科教用品，国际惯例，免关税、进口环节增值税、消费税；

(8)科技开发用品，国际惯例，免关税、进口环节增值税、消费税；

(9)救灾捐赠物资，主体民间组织，企业、友好人士，免关税、进口环节增值税、消费税；

(10)扶贫慈善捐赠物资，免关税、进口环节增值税；

(11)残疾人用品，国际惯例，免关税、进口环节增值税、消费税；

(12)集成电路项目进口物资，政策性扶持，发展资助知识产权，免关税，进口环节增值税照章征收；

(13)海上石油、陆上石油项目进口物资、能源，免关税、进口环节增值税；

(14)远洋渔业项目进口自捕水产品，境外捕捞，境外获得应缴税，但用自己的船出去作业，并且符合国际公法，优惠、不征关税和进口环节增值税；

(15)无偿援助项目进口物资，按照我国缔结或者参加的国际条约规定减征、免征关税的货物、物品，无偿援助项目进口物资，性质上属于法定减免税范畴，但是按照特定减免税货物管理。

(三)临时减免税

临时减免税是指法定减免税和特定减免税以外的其他减免税，是由国务院根据某个单位、某类商品、某个时期或某批货物的特殊情况，按规定给予特别的临时性的减免税优惠。

临时性减免税具有集权性、临时性、局限性、特殊性的特点，一般是一案一批。

任务六　税款退还、追征与后续补税

一、税款退还

纳税义务人按照规定缴纳税款后，因误征、溢征及其他国家政策调整原因应予以退还的税款可由海关依法退还。进出口税收的起退点为0元。

(一)多征税款退税

(1)海关发现多征税款的，应立即通知纳税义务人办理退税手续。纳税义务人应当自收到海关通知之日起3个月内办理退税手续。

(2)纳税义务人发现多征税款的，自缴纳税款之日起1年内，可以向海关申请退还多缴的税款并加算银行同期活期存款利息。

"多征税款"一般是指由于某种差错或工作失误，造成海关所征收的税款大于应征税款，不包括由于政策调整导致的征税差异。

(二)品质或者规格原因退税

(1)已缴纳税款的进口货物，因品质或规格原因原状退货复运出境的，纳税义务人自缴纳税款之日起1年内，可以向海关申请退税。

(2)已缴纳出口关税出口货物，因品质或规格原因原状退货复运进境并已重新缴纳因出口而退还的国内环节有关税收的，纳税义务人自缴纳税款之日起1年内，可以向海关申请退税。

经验小谈 11－4

我司从越南进口大米，其中一部分不符合规格，越南出口商退了我们一部分货款。请问这种情况可以向海关申请退还部分税款吗?

答：根据海关总署令第124号(《海关进出口货物征税管理办法》)第63条：进出口货物因残损、品质不良、规格不符原因，或者发生本办法第62条规定以外的货物短少的情形，由进出口货物的发货人、承运人或者保险公司赔偿相应货款的，纳税义务人自缴纳税款之日起1年内，可以向海关申请退还赔偿货款部分的相应税款。

(三)退关退税

已缴纳出口关税的货物，因故未装运出口申请退关的，纳税义务人自缴纳税款之日起1年内，可以申请退税。

（四）短装退税

散装进口货物发生短装并已征税放行的，如发货人、承运人或保险公司对短装部分退换或赔偿相应款项，纳税义务人自缴纳税款之日起1年内，可以申请退还短装部分相应税款。

（五）赔偿退税

因进出口货物残损、品质不良、规格不符等原因，由进出口货物发货人、承运人或保险公司赔偿相应货款的，纳税义务人自缴纳税款之日起1年内，可申请退还赔偿货款部分的相应税款。

海关应当自受理退税申请之日起30天内查实并通知纳税义务人办理退还手续；纳税义务人自收到通知之日起3个月内办理退税手续。

退税率是当初征税日的税率。

退税必须在原征税海关办理。办理退税时，纳税义务人应填写"退税申请表"并持原进口或出口货物报关单、原盖有银行印章的税款缴纳书正本及其他必要单证（如合同、发票协议、商检机构证明等）送海关审核。海关同意后，应按原征税或者补税之日所实施的税率计算退税额。

进口环节增值税已予抵缴的，除国家另有规定外不予退还，已征收的滞纳金不予退还。

退税申请书样本见图11－5、11－6。

转账退税申请书（格式一）

编号：

________海关：

根据你关签发的税款专用缴款书（编号：________），本纳税人已按规定缴纳税款。按照有关规定，现申请退税（及由此产生的银行利息），请予核准。

1. 已缴税款金额：

关税______元，增值税______元，消费税______元，……

2. 申请退税理由：

3. 申请退还金额：

关税______元，增值税______元，消费税______元，……

4. 申请人名称：

5. 开户银行：

6. 开户银行账号：

申请人签章：

年　月　日

申请人联系地址：　　　　　　　　邮政编码：

联系人：　　　　　　　　　　　　电话：

注：《转账退税申请书》一式二联，第一联随原缴款书复印件送国库，第二联海关留存。

说明：1. 此申请书适用于以银行划转方式退还税款的情况。

2. "申请退还金额"中所涉及的税种应与原税款专用缴款书上所列关税、增值税、消费税或其他实际项目一致。

3. 按照《中华人民共和国进出口关税条例》第52条第2款规定，纳税义务人发现多缴税款的，可自缴纳税款之日起1年内要求退还多缴的税款并加算同期活期存款利息。

4. 此申请书需附原税款专用缴款书复印件各一份。

5. 此申请书需申请人签字并加盖单位公章。

图11－5　转账退税申请书

现金退税申请书（格式二）

编号：

__________海关：

根据你关签发的税款专用缴款书（编号：____________），本纳税人已按规定缴纳税款，按照有关规定现申请退税（及由此产生的银行利息），请予核准。

1. 已缴税款金额：

关税_______元，增值税_______元，消费税_______元，……

2. 申请退税理由：

3. 申请退还金额：

关税_______元，增值税_______元，消费税_______元，……

4. 取款人姓名：

5. 取款人单位：

6. 取款人有效身份证明号码：

申请人签章：

年　月　日

申请单位联系地址：　　　　　　　　邮政编码：

联系人：　　　　　　　　　　　　　电话：

注：《现金退税申请书》一式二联，第一联随原缴款书复印件送国库，第二联海关留存。

说明：1. 此申请书适用于纳税人以现金方式缴款，现要求直接退付现金的情况。

2. "申请退还金额"中所涉及的税种应与原税款专用缴款书上所列关税、增值税、消费税或其他实际项目一致。

3. 按照《中华人民共和国进出口关税条例》第52条第2款规定，纳税义务人发现多缴税款的，可自缴纳税款之日起1年内要求退还多缴的税款并加算同期活期存款利息。

4. 此申请书需附原税款专用缴款书复印件各一份。

5. 此申请书需申请人签字并加盖单位公章。

图 11－6　现金退税申请书

【同步案例 11－3】

案例精析

大连佳鸿机械有限公司向德国蓝海公司出口10台建筑工程机械。该批货物运抵德国汉堡港后，蓝海公司发现有2台机械操作系统存在严重缺陷，于是拒收。2台机械被退运进口，佳鸿公司能够退回2台机械的出口税吗？

经验小谈 11－5

听说最近出台了政策，对于出口企业办理退免税手续时做简化处理。请问预申报取消了吗？

答：根据国家税务总局公告2018年第16号(《国家税务总局关于出口退(免)税申报问题的公告》)第二条：出口企业和其他单位申报出口退(免)税时，不再进行退(免)税预申报。主管税务机关确认申报凭证的内容与对应的管理部门电子信息无误后方可受理出口退(免)税申报。

二、税款追征

(一)补征

1. 少征税款补税

进出口货物放行后,海关发现少征税款,即海关对该进出口货物实际征收的税款少于应当缴纳的税款的,应当自纳税义务人缴纳税款之日起1年内,由海关补征。

2. 漏征税款补征

海关发现漏征税款,即海关对该进出口货物应征收但未征收的税款,应当自货物放行之日起1年内,向纳税义务人补征漏征的税款。

海关补征税款告知书见图11-7所示。

海关补征税款告知书(格式)

编号:

(纳税义务人):

经审核,你单位于　　年　月　日申报进(出)口的______货物(报关单编号:______),因____(原因)____,少(漏)缴关税　　元、增值税　　元、消费税　　元、其他税　　元。根据《中华人民共和国进出口关税条例》第五十一条的规定,现决定对上述税款予以补征。请自收到本告知书之日起15日内来我关办理有关补缴税款的手续。

由于少(漏)征税款是因你单位违反______规定所致,根据《中华人民共和国进出口关税条例》第五十一条规定,你单位补缴税款时,还应同时补缴自缴纳税款(货物放行、应缴纳税款)之日起至海关发现违规行为之日止的滞纳金。

如你单位未在上述规定期限内办理补税手续,我关将于规定限期届满之日填发税款缴款书。如你单位未按期自海关填发税款缴款书之日起15日内补缴税款,由此产生的税款滞纳金由你单位一并缴纳。

______海关(章)

年　月　日

注:《海关补征税款告知书》一式二份,一份送达纳税义务人,一份海关留存。

说明:带下划线的内容应根据具体情况选择填写。其中,少(漏)缴税款中的"其他税"是指反倾销税、反补贴税、保障措施关税、报复性关税等。

图11-7　海关补征税款告知书

(二)追征

1. 少征税款追征

因纳税人违规导致海关对进出口货物或海关监管货物少征税款的,海关应当自纳税义务人缴纳税款之日起3年内,追征少征税款。

2. 漏征税款追征

因纳税人违规导致海关对进出口货物或海关监管货物漏征税款的,海关应当自该货物放行之日起3年内,追征漏征税款。

少征或漏征税款部分涉及滞纳金的应一并征收。补征关税、进口环节代征税、滞纳金起征点均为人民币 50 元。

三、减免税货物后续补税

（一）移作他用后续补税

减免税申请人经主管海关批准将减免税货物移作他用，应当补缴税款的，税款的计算公式为：

补缴税款＝海关审定的货物原进口时完税价格×税率×(需补缴税款的时间/监管年限×12×30)

式中，税率为海关接受纳税义务人再次填写报关单申报办理纳税及有关手续之日实施的税率；需补缴税款的时间是指减免税货物移作他用的实际时间，按天计算，每日实际生产不满 8 小时或者超过 8 小时的均按 1 天计算。

（二）转让及其他原因后续补税

减免税货物因转让或者其他原因需要补征税款的，补税的完税价格以海关审定的货物原进口时的价格为基础，按照减免税货物已进口时间与监管年限的比例进行折旧，其计算公式为：

补税的完税价格＝海关审定的货物原进口时完税价格×[1－(减免税货物已进口时间/监管年限×12)]

式中，“减免税货物已进口时间”自减免税货物放行之日起按月计算，不足 1 个月但超过 15 天的，按照 1 个月计算；不超过 15 天的，不予计算。已进口时间的截止日期按以下规定确定：

(1)转让减免税货物的，应当以海关接受减免税申请人申请办理补税手续之口作为计算其已进口时间的截止之日。

(2)减免税申请人未经海关批准，擅自转让减免税货物的，应当以货物实际转让之日作为计算其已进口时间的截止之日；转让之日不能确定的，应当以海关发现之日作为截止之日。

(3)在海关监管年限内，减免税申请人破产、撤销、解散或者其他依法终止经营情形的，已进口时间的截止日期应当为减免税申请人破产清算之日或者被依法认定终止生产经营活动的日期。

四、加工贸易保税货物缓税利息

加工贸易保税货物在规定期限(包括延长期)内全部出口的，退保证金及利息；内销的，加征缓税利息。

（一）征收规定

(1)缓税利息的利率为中国人民银行公布的活期存款利率。

(2)银行保证金台账实转(包括税款保付保函)管理的加工贸易手册项下保税货物在办理内销征税手续时，如海关征收的缓税利息大于保证金的利息，中国银行在海关税款缴款书上签注后退单。由海关重新开具两份缴款书：一份是将台账保证金利息全部转为缓税利息，另一份是将台账保证金利息不足部分单开海关税款缴款书，企业另行缴纳。

（二）计息期限

(1)加工贸易保税料件或制成品经批准内销：缓税利息计息期限的起止日期为内销料件或制成品所对应的加工贸易合同项下首批料件进口之日至海关填发缴款书之日；加工贸易 E 账册项下的料件、制成品内销时，起止日期为内销料件或制成品所对应电子账册最近一次核销日

(若没有核销日期的,则为电子账册首批料件进口之日)至海关填发缴款书之日。

(2)加工贸易保税料件或制成品未经批准擅自内销,或加工贸易保税货物需要后续补税但海关未按违规处理的,缓税利息计息期限的起止日期为内销料件或制成品所对应的加工贸易合同项下首批料件进口之日至保税料件或制成品内销之日;若内销涉及多本合同,且内销料件或制成品与合同无法一一对应的,则计息起止日期为最近一般合同项下首批料件进口之日至保税料件或制成品内销之日(内销之日无法确定终止日期为海关发现之日)。若加工贸易E账册项下的料件、制成品擅自内销时,则计息的起止日期为内销料件或制成品所对应电子账册最近一次核销日(若没有核销日期的,则为电子账册首批料件进口之日)至保税料件或制成品内销之日(内销之日无法确定的,终止日期为海关发现之日)。

按上述方法仍无法确定计息起止日期的,则不再征收缓税利息。

加工贸易保税料件或制成品等违规内销的,还应根据规定征收滞纳金。滞纳金是从应纳税款之日起至海关发现之日止按天计算,滞纳金征收比例为少征或漏征税款的0.5‰。

(3)加工贸易剩余料件、残次品、副产品和受灾保税货物等内销需征收缓税利息的,也应比照上述规定办理。

(三)计算公式

缓税利息的计算公式为:

缓税利息=补征税款×计息期限×银行存款活期年率÷360

经验小谈 11-6

我司是一家加工企业,因生产转型,近期准备办理内销业务。请问内销货物的缓税利息利率应如何确定?

答:根据海关总署公告2009年第14号第二条第(一)项:缓税利息的利率参照中国人民银行公布的活期存款利率执行,海关将根据中国人民银行公布的活期存款利率即时调整并执行。

(四)办理程序

(1)海关审核准予内销后向经营企业签发“加工贸易货物内销征税联系单”。

(2)经营企业持该“加工贸易货物内销征税联系单”办理通关申报手续。在填制内销报关单时,经营企业需在备注栏注明“活期”字样。

(3)海关核对确认无误后,按规定办理内销货物审单、征税、放行等海关手续。

五、暂准进出境货物税款征收

(一)第一类暂准进出境货物

在海关规定期限内,可以暂不缴纳税款。在规定期限届满后不再复运出境或者复运进境的,纳税义务人应当在规定期限届满前向海关申报办理进出口及纳税手续。经海关批准留购的暂准进境货物,以海关审查确定的留购价格作为完税价格,并适用海关接受纳税义务人再次填写报关单申报办理纳税及有关手续之日实施的税率、汇率。

(二)第二类暂准进出境货物

海关按照设定的进出口货物完税价格的有关规定和海关接受该货物申报进出境之日适用的计征汇率、税率,审核确定其完税价格,按月征收税款,或者在规定期限内货物复运出境或者复运进境时征收税款。暂准进出境货物在规定期限届满不再复运出境或复运进境的，纳税义务人应当在规定期限届满前向海关申报办理进出口及纳税手续，缴纳剩余税款。

计征税款的期限为60个月。不足1个月但超过15天的，按1个月计征；不超过15天的，免于计征。计征税款期限自货物放行之日起计算。

按月征收税款的计算公式为：

$$每月关税税额=关税总额\times 1\div 60$$

$$每月进口环节代征税税额=进口环节代征税总额\times 1\div 60$$

上述(一)和(二)中的暂准进出境货物未在规定期限内复运出境或复运进境的，且纳税义务人未在规定期限届满前向海关申报办理进出及纳税手续的，海关除按照规定征收应缴纳的税款外，还应当自规定期限届满之日起至纳税义务人申报纳税之日止按日加征应缴纳税款5‰的滞纳金。

上述规定期限均包括经海关批准的暂准进出境货物延长复运出境或者复运进境的期限。

六、税款担保

税款担保是海关事务担保的一种，是指纳税义务人以法定形式向海关承诺在一定期限内履行纳税义务的行为。

七、税收保全和强制执行

(一)保全措施

进出口货物的纳税义务人在规定的纳税限期内发现有明显的转移、隐匿其应纳税的商品、货物，以及其他财产迹象的，海关应责令其提供纳税担保。如果纳税人不能提供纳税担保，经直属海关关长或其授权的隶属海关关长的批准，海关可以采取税收保全措施。

1. 暂停支付存款

海关书面通知纳税义务人开户银行或者其他金融机构暂停支付纳税义务人相当于应纳税款的存款。

纳税义务人在规定的纳税期限内缴纳税款的，海关书面通知金融机构解除对纳税义务人相应存款实施的暂停支付措施。

纳税义务人在规定的纳税期限内未缴纳税款的，海关书面通知金融机构对纳税义务人暂停支付的款项中扣缴相应税款。

2. 暂扣货物或财产

因无法查明纳税义务人账户、存款数额等情形不能实施暂停支付措施的，书面通知(随附扣留清单)纳税义务人扣留其价值相当于应纳税款的货物或者其他财产。货物或者其他财产本身不可分割，又没有其他财产可以扣留的，被扣留货物或者其他财产的价值可以高于应纳税款。

纳税义务人在规定的纳税期限内缴纳税款的，海关书面通知纳税义务人解除扣留措施，随附发还清单，办理确认手续后将有关货物、财产发还纳税义务人。

纳税义务人在规定的纳税期限内未缴纳税款的，海关书面通知纳税义务人依法变卖被扣留的货物或者财产，以变卖所得抵缴税款；变卖所得不足以抵缴税款的，海关继续采取强制措施抵缴税款的差额部分；变卖所得抵缴税款及扣除相关费用后仍有余款的，发还纳税义务人。

(二)强制措施

超过缴税期限3个月，强制扣缴和变价抵扣：

(1)海关书面通知金融机构从其存款中扣缴税款；

(2)将应税货物依法变卖，以变卖所得抵缴税款；

(3)扣留并依法变卖其价值相当于应纳税款的货物或者其他财产，以变卖所得抵缴税款。

实施强制措施的，对纳税义务人未缴纳的滞纳金同时强制执行。

任务七　跨境电商货物出口退税

一、跨境电商货物申报操作指引

由于海关重新明确出口报关单贸易方式为"9610"和"1210"的使用范围，明确从前海关保税港区等特殊区域出口跨境电商货物时，贸易方式为"一般贸易(0110)"。由于出口非跨境电商货物的贸易方式也为"0110"，现将跨境电商"0110"贸易方式的出口退(免)税申报要求明确如下：

(1)使用贸易方式为"9610"和"1210"出口的跨境电商货物，按原办法进行申报。

(2)企业向主管税务机关办理增值税免退税申报，应将申报时须提供的原始凭证，按明细申报表载明的申报顺序装订成册：

①申报审核表(一式两联)；

②《外贸企业出口退税汇总申报表》2 份；

③《外贸企业出口退税进货明细申报表》2 份；

④《外贸企业出口退税出口明细申报表》2 份；

⑤《函调情况分析表》2 份(申报退税额不超过 10 万元无须提供)；

⑥出口货物退(免)税正式申报电子数据；

⑦出口货物报关单(企业留存联复印件)；

⑧入区集报清单；

⑨增值税专用发票抵扣联、出口退税进货分批申报单、海关进口增值税专用缴款书。

(3)跨境电商出口企业使用贸易方式为"0110"的出口报关单申报出口退(免)税时，需在出口退税申报系统的"进货明细申报数据录入"和"出口明细申报录入"的备注栏中填入"跨境电商"(见图 11－8)。

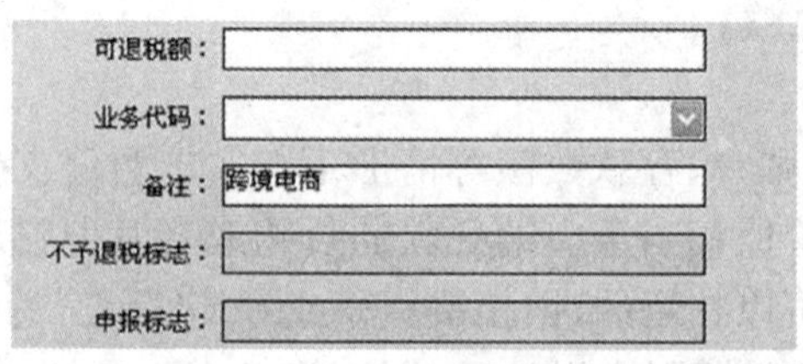

图 11－8　明细申报数据录入

二、新版《外贸企业出口退税申报审核表》及《函调情况分析表》

(一)新版《外贸企业出口退税申报审核表》

(1)"分类管理类别"一栏应根据自身管理类别填写一类/二类/三类/四类。管理类别为一类、四类的外贸企业可通过查询《国家税务局关于公布 2016 年出口企业管理类别为一类、四类出口企业名单的通知》确认;管理类别为二类、三类的外贸企业可到直属税务分局办税服务厅或各审核科、调查科处查询本企业的管理类别;

(2)"社会信用代码"一栏应填写统一社会信用代码,未作三证合一变更、没有社会信用代码的外贸企业可不填写。

(二)新版《函调情况分析表》

(1)外贸企业应填写本表第2行中外贸企业基础信息部分(包括"海关代码""纳税人识别号""纳税人名称""申报年月""申报批次")及本表第1栏至第11栏中的申报数据部分,其余栏次由主管税务机关填写。

(2)《函调情况分析表》应一式两联,装订于封皮前。

(3)当期申报退税额小于10万的外贸企业可不填写《函调情况分析表》。

新版《外贸企业出口退税申报审核表》及《函调情况分析表》见表11－5、表11－6。

表11－5 **外贸企业出口退税申报审核表** 申报日期: 年 月 日

海关代码:		分类管理类别:	
申报年月:	年 月	申报批次:	
纳税人识别号:		社会信用代码:	
纳税人名称:			
企业联系人:		联系电话:	
外贸企业汇总申报数据			
本次申报退税额:	元	其中:增值税	元
		消费税	元
进料应抵扣税额:	元		
主管退税机关审核情况			
申报受理岗:		收单日期:	年 月 日
本次核退增值税:	元	本次核退增值税:	元
本次核退消费税:	元	本次核退消费税:	元
待处理退税额:	元	待处理退税额:	元
审核岗:	年 月 日	调查评估岗:	年 月 日
本次核退增值税:	元		
本次核退消费税:	元		
复审岗:	年 月 日	核准岗:	年 月 日

注:本表一式两联,审结后一联随单归档,另一联送收入核算科打单退库。建议使用无碳复写纸打印、填报本表。

表 11－6　　函调情况分析表

<table>
<tr><td colspan="2">海关代码</td><td colspan="2">纳税人识别号</td><td colspan="5">纳税人名称</td><td colspan="3">申报年月</td><td colspan="2">申报批次</td><td colspan="2" rowspan="2">单位:元</td><td rowspan="2"></td></tr>
<tr><td colspan="2"></td><td colspan="2"></td><td colspan="5"></td><td colspan="3"></td><td colspan="2"></td></tr>
<tr><td rowspan="2">序号</td><td rowspan="2">供应商名称</td><td rowspan="2">供应商所在省市县</td><td rowspan="2">供应商纳税人识别号</td><td rowspan="2">供应商一般纳税人认定时间</td><td rowspan="2">货物属自产/外购/委托加工</td><td rowspan="2">商品名称</td><td rowspan="2">商品代码</td><td rowspan="2">供应商本次退税总额</td><td rowspan="2">货物出口目的地</td><td rowspan="2">12个月内该供应商累计申报退税金额</td><td colspan="5">最近一次函调情况</td><td>本期审核情况</td></tr>
<tr><td>发函日期</td><td>发函退税额</td><td>发函商品名称</td><td>回函日期</td><td>回函结果</td><td>发函/函调在途暂扣/关联暂扣</td></tr>
<tr><td>(1)</td><td>(2)</td><td>(3)</td><td>(4)</td><td>(5)</td><td>(6)</td><td>(7)</td><td>(8)</td><td>(9)</td><td>(10)</td><td>(11)</td><td>(12)</td><td>(13)</td><td>(14)</td><td>(15)</td><td>(16)</td><td>(17)</td></tr>
<tr><td></td><td></td><td></td><td></td><td></td><td></td><td></td><td></td><td></td><td></td><td></td><td></td><td></td><td></td><td></td><td></td><td></td></tr>
<tr><td></td><td></td><td></td><td></td><td></td><td></td><td></td><td></td><td></td><td></td><td></td><td></td><td></td><td></td><td></td><td></td><td></td></tr>
</table>

填表说明

1. 本表第 2 行填写外贸企业基础信息，由企业自行填报。
2. 本表第 2 栏至第 10 栏为本次申报的数据，第 11 栏为该供应商 12 个月内累计申报的数据，一行只填一个供应商，由企业自行填报，其内容的真实性和完整性由企业负责。
3. 本表第 12 栏至第 16 栏为最近一次对该供应商发函调查的相关信息。
4. 本表第 17 栏为对本批次单证各供应商的审核情况，若正常审核通过可不填，若本次需发函或暂扣则须填写。
5. 本表第 6 栏是指供货企业销售给外贸企业的货物是属于供货企业自产、外购或委托加工。

三、海关进口增值税专用缴款书申报退税

出口企业如需使用海关进口增值税专用缴款书申报退税，相关申报程序明确如下：

(1)用于出口退税的海关进口增值税专用缴款书无须在征收部门进行比对，并尽快到退税部门进行信息查询。

①申请出口退税的海关进口增值税专用缴款书无须进行比对，否则将影响后期退税审核。

②如出口企业的海关进口增值税专用缴款书前期已进行比对，企业提交出口退(免)税正式申报数据后需向直属税务分局各审核科(含调查科)提供《已参加比对的海关进口增值税专用缴款书号码清单》(纸质与电子档详见附件)，由直属税务分局向出口企业所属的征收部门核实抵扣情况。

(2)海关进口增值税专用缴款书申请退税前必须通过信息查询程序。

目前必须通过信息查询程序方能从国家税务总局取得用于审核的海关进口增值税专用缴款书电子信息。出口企业拿到海关进口增值税专用缴款书后应尽快到直属税务分局进行信息查询，具体信息查询请步骤如下：

①在出口退税申报系统中点击“基础数据采集”中的“出口信息查询申请录入”，见图 11－9。

②点击“增加”并录入所有海关进口增值税专用缴款书的号码及相关信息，“保存”，见图 11－10。

③录入所有的海关缴款书信息并保存后，点击“退税正式申报”—“生成信息申报数据”，见图 11－11。

④录入单证的所属期及批次(如果是 2017 年的出口货物所属期为“201712”，如果申请的

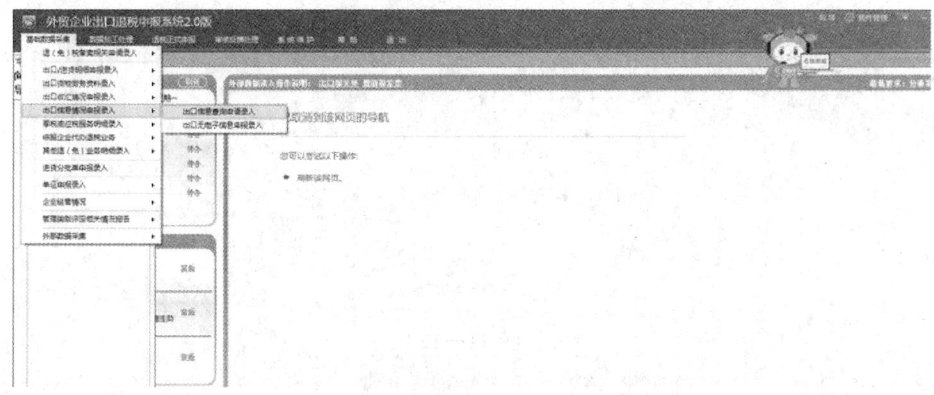

图 11—9

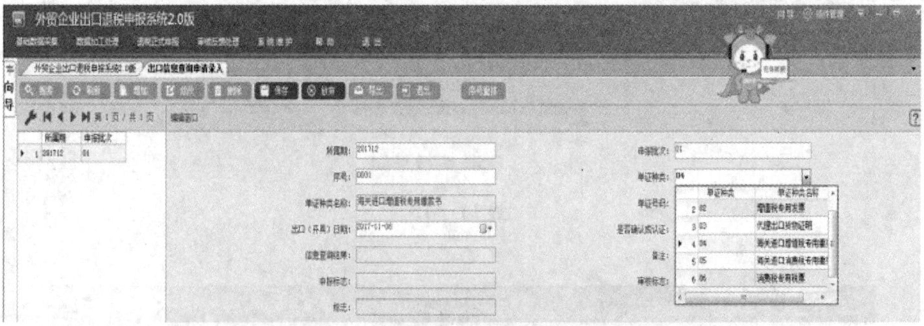

图 11—10

图 11—11

是当年的出口货物，所属期为“当年＋当月”），见图 11—12、图 11—13、图 11—14。

⑤企业在生成信息查询申报数据后到出口退税综合服务平台提交信息查询申请。企业提交信息查询申请 15 个工作日后再到出口退税综合服务平台进行出口退（免）税的正式申报。如 15 个工作日后企业仍无海关缴款书信息，请到直属税务分局进行查询，见图 11—15。

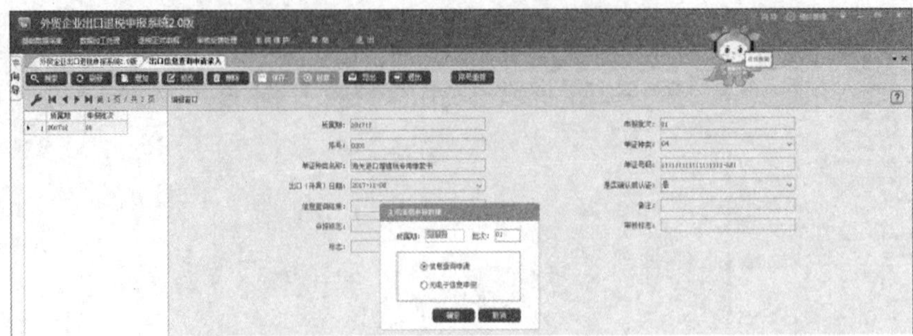

图 11—12

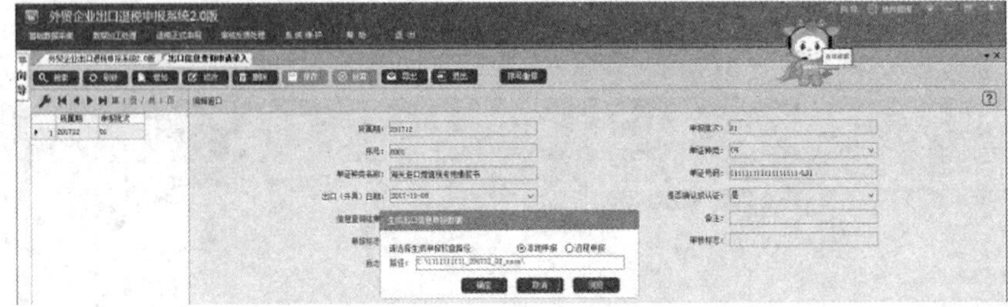

图 11—13

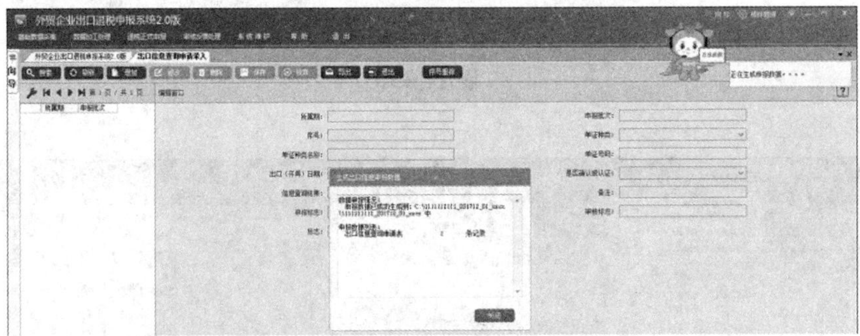

图 11—14

图 11—15

(3)出口企业进行出口退(免)税申报时,进货明细申报数据录入中,供货方纳税号录入15个“1”或18个“1”。进货凭证号与专用税票号都需录入22位的海关缴款书号码,见图11—16。

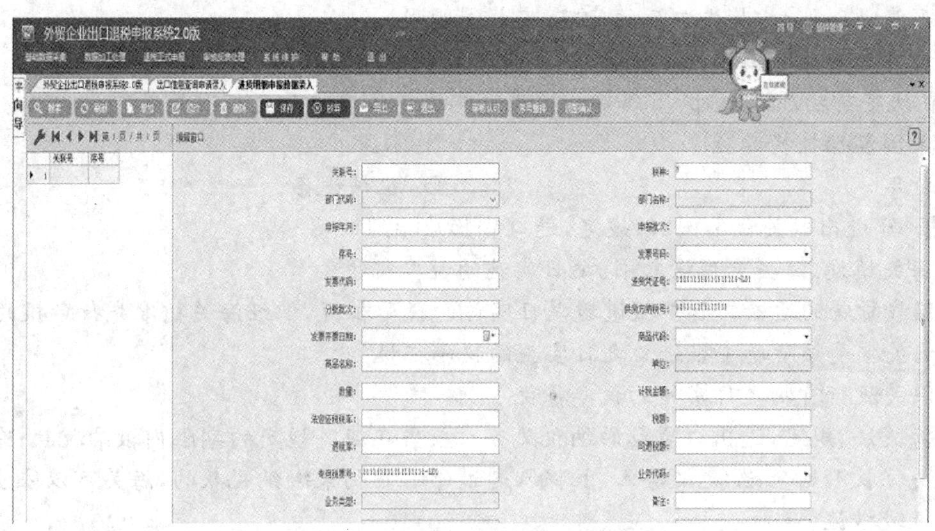

图11—16

(4)其他申报程序与使用增值税专用发票申请出口退(免)税一致。

应知考核

一、单项选择题

1. 进口环节增值税的组成计税价格为(　　)。

A. 进口关税完税价格+进口关税税额+增值税税额

B. 进口关税完税价格+增值税税额

C. 进口关税完税价格+进口关税税额+消费税税额

D. 进口关税完税价格+进口关税税额

2. 因纳税义务人违反规定造成少征或漏征税款的,海关可以自缴纳税款或自货物放行之日起(　　)年内追征税款,并从缴纳税款或货物放行之日起到海关发现之日止,按日加收少征或漏征税款(　　)的滞纳金。

A. 1　0.5‰　　B. 3　0.5‰　　C. 3　1‰　　D. 1　1‰

3. 某公司从美国购买进口一套机械设备,发票列明如下:CIF上海300 000美元。此外,该公司还支付了设备进口后的安装及技术服务费用10 000美元,支付给其采购代理人的购货佣金1 500美元,并支付给卖方代理人的销售佣金1 500美元。根据海关成交价格估价方式,该货物的成交价格应为(　　)美元。

A. 313 000　　B. 301 500　　C. 303 000　　D. 310 000

4. 海关于2018年7月6日(星期五)填发税款缴款书,纳税义务人最迟应于(　　)缴纳税款,才可避免滞纳。

A. 7月20日　　B. 7月21日　　C. 7月22日　　D. 7月23日

5. 在确定进口货物的完税价格时，下列(　　)费用或价值不应计入。

A. 买方负担的除购货佣金以外的佣金和经纪费

B. 作为销售条件，由买方直接或间接支付的特许权使用费

C. 厂房、机械等货物进口后的基建、安装等费用。

D. 卖方直接或间接从买方转售、处置或使用中获得的收益

6. 在认定货物原产地时，下列货物中不可能适用实质性改变标准的是(　　)。

A. 某国渔船捕捞的鱼　　B. 服装

C. 食品　　D. 机械设备

7. 根据《进出口关税条例》的规定，进口货物应按照(　　)。

A. 海关填发《海关专用缴款书》之日实施的税率征税

B. 装载货物的运输工具申报进境之日实施的税率征税，但经海关核准先行申报的除外

C. 海关接受该货物申报进口之日实施的税率征税

D. 海关放行货物之日实施的税率征税

8.《海关法》规定，进出口货物的纳税义务人应当在海关规定的期限内缴纳税款；逾期缴纳的，由海关征收滞纳金；纳税义务人、担保人超过(　　)仍未缴纳税款的，海关可以依法采取强制扣缴、抵缴措施。

A. 1 个月　　B. 3 个月　　C. 6 个月　　D. 9 个月

9.(　　)不属于进出口税费缴纳、退补凭证。

A. 海关专用缴款书　　B. 收入退还书(海关专用)

C. 海关行政事业性收费专用票据　　D. 全国税务统一专用发票

10. 经批准转让或移作他用的减免税货物需缴纳税款的，应当适用(　　)之日实施的税率。

A. 海关接受纳税义务人再次申报办理纳税手续

B. 货物申报进口

C. 货物进境

D. 海关批准

二、多项选择题

1. 关税的征税主体是国家，其征税对象是(　　)。

A. 进出关境的货物　　B. 进出关境的物品

C. 进口货物收货人　　D. 出口货物发货人

2. 下列关于我国进口环节增值税和消费税的表述中，正确的是(　　)。

A. 进口环节的增值税、消费税由海关征收

B. 进口环节增值税、消费税均从价计征

C. 对于进口货物税、费的计算，一般的计算过程为：先计算进口关税额，再计算消费税额，最后计算增值税额

D. 消费税组成计税价格=(关税完税价格+关税税额)÷(1－消费税率)

3. 下列(　　)情况下，海关可以拒绝接受申报价格而另行估价。

A. 买方对进口货物的处置受到了卖方的限制，具体表现为买方必须将进口货物转售给卖方指定的第三方

B. 买卖双方达成的销售价格是以买方同时向卖方购买一定数量的其他货物为前提的

C. 进口方在国内销售进口货物所产生的收益中有一部分返还给出口方，然后这一部分收益的具体金额尚不能被确定

D. 进口方和出口方是母子公司，但上述关系并未对成交价格产生影响

4. 关于税率适用时间，下列表述中正确的是(　　)。

A. 减免税货物经批准转让或者移作他用的，应当适用海关接受纳税义务人再次填写报关单申报办理纳税及有关手续之日实施的税率征税

B. 因纳税义务人违反规定需要追征税款的，应当适用海关发现该行为之日实施的税率

C. 因超过规定期限未申报而由海关依法变卖的进口货物，应当适用装载该货物的运输工具申报进境之日实施的税率

D. 进口货物到达前，经海关核准先行申报的，应当适用装载该货物的运输工具申报进境之日实施的税率

5. 关于进出口税费的计算，下列表述中正确的是(　　)。

A. 税款的起征点为人民币 50 元

B. 完税价格计算至元，元以下四舍五入

C. 税额计算至分，分以下四舍五入

D. 进出口货物的成交价格及有关费用以外币计价的，海关应当按照填发税款缴款书之日公布的汇率中间价折合成人民币

6. 下列关于进口税率适用的表述中正确的是(　　)。

A. 按照普通税率征税的进口货物，不适用进口货物暂定税率

B. 对于无法确定原产国别的货物，按普通税率征税

C. 配额内税率只适用于最惠国待遇的国家和地区

D. 适用最惠国税率、协定税率、特惠税率的进口货物，暂定税率确定以后，按暂定税率征税

7. 经海关核准可予办理退税手续的情况有(　　)。

A. 已缴纳进口关税和进口环节税税款的进口货物，因品质或者规格原因原状退货复运出境的

B. 已缴纳出口税的货物，因故未装运出口申请退关的

C. 进出口货物因残损、品质不良、规格不符的原因，由进出口货物的发货人、承运人或者保险公司赔偿相应货款的

D. 因海关误征，致使纳税义务人多缴税款的

8. 海关可以追征和补征税款的范围包括(　　)。

A. 进出口货物放行后，海关发现少征或者漏征税款的

B. 因纳税义务人违反海关规定而造成少征或者漏征税款的

C. 海关监管货物在海关监管期内因故改变用途按照规定需要补征税款的

D. 因税率重大调整原因，造成货物放行之日与货物申报之日产生的较大税额差额的

9.《进出口货物原产地条例》适用以下情况的原产地确定(　　)。

A. 实施最惠国待遇措施　　B. 实施反倾销和反补贴措施

C. 实施保障措施　　D. 实施优惠性贸易措施

10. 下列关于进口货物完税价格中的运输及相关费用、保险费的表述中正确的是(　　)。

A. 进口货物的运费，按照实际支付的费用计算。如果进口货物的运费无法确定的，海关按照该货物的实际运输成本或者该货物进口同期运输行业公布的运费率(额) 计算运费

B. 进口货物的保险费,应当按照实际支付的费用计算。如果进口货物的保险费无法确定或者未实际发生,海关应当按照"货价加运费"两者总额的3‰计算保险费

C. 邮运进口的货物,应当以邮费作为运输及其相关费用、保险费

D. 以境外边境口岸价格条件成交的铁路或者公路运输进口货物,海关应当按照境外边境口岸价格的1%计算运输及其相关费用、保险费

三、判断题

1. 关税由海关代表国家向纳税义务人征收,因此关税的征税对象是关税的纳税义务人。( )

2. 因纳税义务人违反规定造成少征或者漏征税款的,海关除追征税款外,还应加收滞纳金。( )

3. 在买卖双方没有特殊关系时,进口货物的申报价格才能被海关所接受,作为完税价格的基础。( )

4. 以进口货物相同货物的成交价格来确定进口货物的完税价格时,相同货物的销售必须与被估货物处于同一商业水平,数量基本一致,否则上述相同货物的成交价格不能被采用。( )

5. 运往境外修理的货物,应当以该出境货物在境外修理时支付的修理费和料件费,加上该货物复运进境的运输及其相关费用、保险费审查确定完税价格。( )

6. 对于租赁进口货物,租期届满之日起15天内,应办理结关手续。( )

7. 滞纳金按每票货物的关税、进口环节增值税、消费税单独计算,起征额为人民币50元,不足50元的免征。( )

8. 相同或类似货物必须与进口货物同时或大约同时进口,其中的"同时或大约同时"为在进口货物接受申报之日的前后各15天以内。( )

9. 以海关征收税款和纳税义务人纳税的地点为标准,分为口岸纳税方式和属地纳税方式。( )

10. 进口环节增值税或消费税税额在人民币50元以下的一票货物免税。( )

四、计算题

1. 福州某公司从德国购进一批轿车,成交价格为FOB100 000.00美元,另付港商佣金FOB 3%(非买方佣金),运费6 000.00美元,保险费率3‰。经查,该汽车的税则号列应归8703.2314,适用税率为50%。要求计算进口关税(外汇中间价折合率为1美元=6.119 7元人民币)。

2. 厦门某进出口公司从日本进口硫酸镁1 000吨,进口申报价格FOB横滨USD500 000,运费总价为USD10 000,保险费率3‰,当时的外汇牌价为USD100=¥627。经查,硫酸镁的税则号列为2833.2100,税率为10%。要求计算应纳关税额。

3. 深圳某单位委托香港地区某公司从英国进口柚木木材,运费计44 200元人民币,保险费率3‰,佣金(非购货佣金)为到岸价格(香港)的3%,进口申报价格为:到岸价格香港为USD580 000,当时的外汇牌价为USD100=¥627。经查,柚木木材的税则号列为4407.2910,税率为9%。要求计算应纳关税额。

4. 大连某进口货物成交价格为每千克FOB首尔100美元,总运费为5 500美元,净重

1 000 千克，保险费率为 3‰，汇率为 1 美元＝6.119 7 元人民币，关税税率为 15%。分别计算关税完税价格和关税税额。

5. 某出口货物成交价格为总价 CIF 新加坡 30 000 美元，运费总价为 800 美元，净重 100 千克，毛重 110 千克，保险费率为 3‰，汇率为 1 美元＝6.27 元人民币，关税税率为 10%。分别计算关税完税价格和关税税额。

6. 厦门某汽车贸易公司从日本进口汽车一辆，成交价格为 CIF 上海 2 000 000 日元/辆，且经上海海关审定。经查，该汽车的适用关税税率为 50%，增值税税率为 17%，消费税税率为 10%，外汇牌价为 100 日元＝6.853 1 元人民币。分别计算应纳进口关税额和应纳进口环节消费税额。

7. 某贸易公司从日本进口了 1 000 箱啤酒，规格为 24 支×330 毫升/箱，申报价格为 FOB 神户 USD 10/箱，发票列明：运费为 USD 5 000，保险费率为 0.3%，经海关审查属实。该啤酒的最惠国税率为 3.5 元/升，消费税税额为 220 元/吨（1 吨＝988 升），增值税税率为 17%，外汇牌价为 1 美元＝6.119 7 元人民币。分别计算该批啤酒的应纳关税、消费税和增值税额。

应会考核

■观念应用

【背景资料】

国内某公司于香港地区购进日本某款轿车 10 辆，已知该批货物应征关税税额为 352 793.52 元人民币，应征进口环节消费税为 72 860.70 元人民币，进口环节增值税税额为 247 726.38 元人民币。海关于 2018 年 3 月 3 日填发海关专用缴款书，该公司于 2018 年 4 月 5 日缴纳税款。

【实务要求】

计算应征收的滞纳金。

■技能应用

1. 我国从 A 国（假设 A 国未与我国签订任何贸易协定）进口某货物。该货物在 A 国的工厂交货价（即 A 国生产厂商的出厂价）为每单位 100 美元，该生产厂商制造每单位该产品使用了从他国进口的原辅材料 70 美元。该产品的原产地是否为 A 国？为什么？

2. 我国从 A 国进口的去壳去皮的腰果实际上是 A 国从 B 国输入的带壳带皮的腰果，但 A 国对其进行了“去壳去皮”加工。该批腰果的原产国是 A 国还是 B 国？为什么？

■案例分析

1. 有以下四种船舶：(1)在青岛港口形式的日本油轮；(2)在大连港口航行的中国货轮；(3)航行于大连港口被日本商人以期租方式租用的中国籍船舶；(4)航行于国外兼营国内沿海贸易的被中国商人租用的韩国籍船舶。哪一种船舶应征船舶吨税？为什么？

2. 某工厂从日本某企业购买一批机械设备，成交条件为 CIF 大连，该批货物的发票列示如下：机械设备 USD500 000，运保费 USD5 000，卖方佣金 USD25 000，培训费 USD2 000，设备调试费 USD2 000。该批进口货物的完税价格是多少？

项目实训

【实训项目】

进出口税费。

【实训情境】

广东天宇贸易有限公司从新加坡进口一批“SONY”牌显示器，该产品采用日本牌号和商标，其中显像管为新加坡生产，集成电路板为中国香港生产，机壳由马来西亚生产，最后在新加坡组装成整机。经查海关进口税则获知，该产品最惠国税率为30%，中国—东盟协定税率为12%，普通税率为130%。

【实训要求】

假如你是天宇贸易公司的报关员，工作任务如下：

1. 向海关申报时，该显示器的原产地应填报为哪个国家(地区)？
2. 该进口货物在申报时，应适用什么税率？
3. 应如何向海关进行申报？
4. 填写实训报告。

《进出口税费》实训报告		
项目实训班级：	项目小组：	项目组成员：
实训时间： 年 月 日	实训地点：	实训成绩：
实训目的：		
实训步骤：		
实训结果：		
实训感言：		
不足与今后改进：		
项目组长评定签字：	项目指导教师评定签字：	

关检融合、单一窗口

○ **知识目标：**

理解：进出口货物报关单的概念、种类。

熟知：关检融合、统一申报业务准备工作。

掌握：关检融合、单一窗口报关单填制规范。

○ **技能目标：**

能够独立完成关检融合、统一申报业务准备工作；关检融合、单一窗口报关单填制规范的基本操作技能。

○ **素质目标：**

能够运用所学的实务知识研究相关案例，培养和提高学生在特定业务情境中分析问题与决策设计的能力；能够结合报关行业规范或标准，分析报关行为的善恶，强化学生职业素养和职业操守道德。

○ **项目引例：**

厦门某公司进口一批货物需向厦门东渡海关申报进境，该公司必须持相关单据向海关申报。作为一名报关从业人员应如何填写报关单呢？应该注意哪些问题呢？填制过程中哪些栏目是容易出错的呢？

○ **知识精讲：**

任务一　进出口货物报关单认知

一、进出口货物报关单概述

（一）进出口货物报关单的概念

进出口货物报关单是指进出口货物的收发货人或其代理人，按照海关规定的格式对进出口货物的实际情况做出书面声明，以此要求海关对其货物按适用的海关制度办理通关手续的法律文书。

（二）进出口货物报关单的类别

按进出口状态、表现形式、海关监管方式和用途不同，进出口货物报关可分为以下类型：

（1）按进出口状态，可分为进口货物报关单和出口货物报关单。

（2）按表现形式，可分为纸质报关单和电子数据报关单。

（3）按海关监管方式，可分为进料加工进（出）口货物报关单、来料加工及补偿贸易进（出）

口货物报关单、一般贸易及其他贸易进(出)口货物报关单。

(4)按用途,可分为报关单录入凭单、预录入报关单和报关单证明联。

(三)关检融合报关单

1. 出口货物报关单

出口货物报关单的系统操作界面见图 12—1。

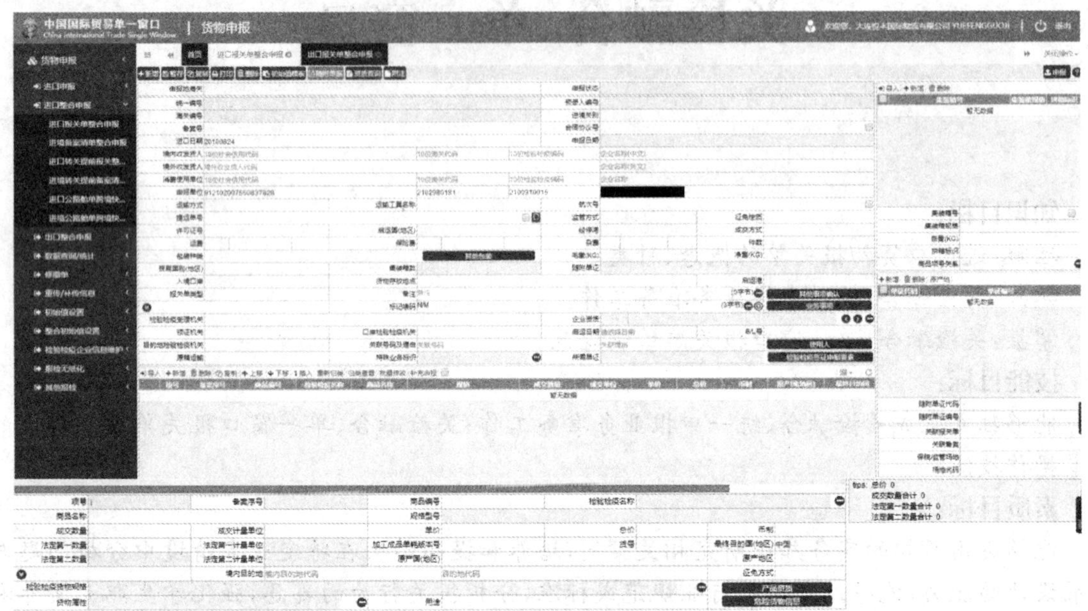

图 12—1

2. 进口货物报关单

进口货物报关单的系统操作界面见图 12—2。

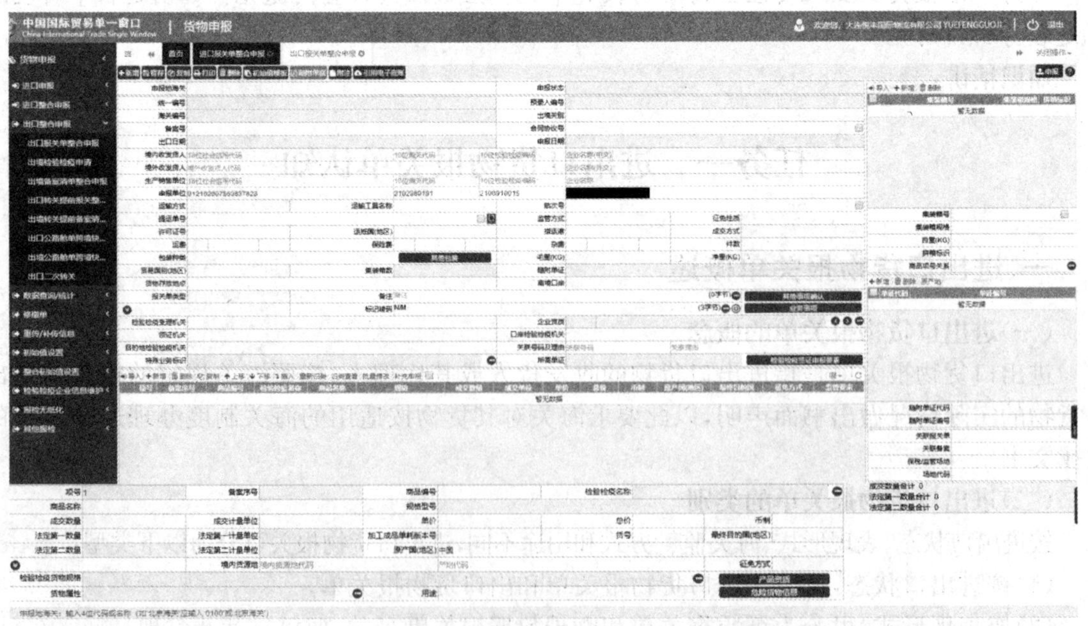

图 12—2

(四)进出口货物报关单的法律效力

进出口货物报关单及其他进出境报关单(证)在对外经济贸易活动中具有十分重要的法律效力,是货物的收发货人向海关报告其进出口货物实际情况及适用海关业务制度、申请海关审查并放行货物的必备法律文书。

二、海关对进出口货物报关单填制的一般要求

申报人在填制报关单时,应当依法如实向海关申报,对申报内容的真实性、准确性、完整性和规范性承担相应的法律责任。

(1)报关人必须按照《海关法》《货物申报管理制度》《报关单填制规范》的有关规定和要求,向海关如实填报。

(2)报关单的填报必须真实,做到"两个相符":一是单证相符,二是单货相符。

(3)报关单的填报要准确、齐全、完整、清楚,报关单各栏目内容要逐项详细准确填报(打印),字迹清楚、整洁、端正,不得用铅笔或红色复写纸填写;若有更正,必须在更正项目上加盖校对章。

(4)不同批文或合同的货物、同一货物中不同贸易方式的货物、不同备案号的货物、不同提运单的货物、不同征免性质的货物、不同运输方式或相同运输方式但不同航次的货物等,均应分单填报。一份原产地证书只能对应一份报关单。同一份报关单上的商品不能同时享受协定税率和减免税。在一批货物中,对于实行原产地证书联网管理的,如涉及多份原产地证书或含非原产地证书商品,也分单填报。

(5)在反映进出口商品情况的项目中,须分项填报的主要有下列几种情况:商品编码不同的、商品名称不同的、原产国(地区)/最终目的国(地区)不同的。

(6)已向海关申报的进出口货物报关单,如原填报内容与实际进出口货物不一致而又有正当理由的,申报人应向海关递交书面更正申请,经海关核准后,对原填报的内容进行更改或撤销。

三、关检融合"整合申报项目"介绍

按照海关总署统一部署,从 2018 年 8 月 1 日起,海关进出口货物将实行整合申报,报关单、报检单合并为一张报关单。此次整合申报项目是关检业务融合标志性的改革举措,将改变企业原有报关流程和作业模式,实现报关报检"一张大表"货物申报。

以下是有关该项目的进一步介绍。

(一)项目主要内容

整合申报项目主要是对海关原报关单申报项目和检验检疫原报检单申报项目进行梳理,报关报检面向企业端整合形成"四个一",即"一张报关单、一套随附单证、一组参数代码、一个申报系统"。同步编写并对外发布《进出口货物报关单填制规范》(2018 年第 60 号)、《进出口货物报关单和进出境货物备案清单格式》(2018 年第 61 号)、《进出口货物报关单申报电子报文格式》(2018 年第 67 号)等公告。

1. 整合原报关、报检申报数据项

在前期征求各部委、报关协会、部分报关企业意见的基础上,按照"依法依规、去繁就简"的原则,对海关原报关单和检验检疫原报检单申报项目进行梳理整合,通过合并共有项、删除极少使用项,将原报关、报检单合计 229 个货物申报数据项精简到 105 个,大幅减少企业申报项目。

2. 原报关报检单整合成为一张报关单

整合后的新版报关单以原报关单48个项目为基础，增加部分原报检内容形成了具有56个项目的新报关单打印格式。此次整合对进口、出口货物报关单和进境、出境货物备案清单布局结构进行了优化，版式由竖版改为横版，与国际推荐的报关单样式更加接近，纸质单证全部采用普通打印方式，取消套打，不再印制空白格式单证。修改后的进口、出口货物报关单和进境、出境货物备案清单格式自2018年8月1日起启用，原报关单、备案清单同时废止，原入境、出境货物报检单同时停止使用。

3. 原报关报检单据单证整合为一套随附单证

整合简化申报随附单证，对企业原报关、报检所需随附单证进行梳理，整理随附单证类别代码及申报要求，整合原报关、报检重复提交的随附单据和相关单证，形成统一的随附单证申报规范。

4. 原报关报检参数整合为一组参数代码

对原报关、报检项目涉及的参数代码进行梳理，参照国际标准，实现现有参数代码的标准化。梳理整合后，统一了8个原报关、报检共有项的代码，包括国别(地区)代码、港口代码、币制代码、运输方式代码、监管方式代码、计量单位代码、包装种类代码、集装箱规格代码等。具体参数代码详见：海关总署门户网站→在线服务→通关参数→关检融合部分通关参数查询及下载。

5. 原报关报检申报系统整合为一个申报系统

在申报项目整合的基础上，将原报关报检的申报系统进行整合，形成一个统一的申报系统。用户由"互联网＋海关"、国际贸易"单一窗口"接入。新系统按照整合申报内容对原有报关、报检的申报数据项、参数、随附单据等都进行了调整。

(二)整合原则

海关总署按照在全国通关一体化框架下实现关检业务全面融合的要求，遵循全面融合与平稳过渡相结合、强化监管与简化手续相结合、维护安全与促进便利相结合、防范风险与提升获得感相结合的原则，在企业申报环节以流程整合优化为主线，以信息系统一体化为支撑，以便利企业为目的进一步精简申报项目，参照国际标准，尊重惯例，实现单证统一、代码规范、申报系统整合。

任务二　关检融合、统一申报业务准备

一、"单一窗口"的概念

按照联合国的相关标准，将单一窗口定义为：使贸易和运输相关各方在单一登记点递交满足全部进口、出口和转口相关监管规定的标准资料和单证的一项措施。单一窗口充分吸取现有数据格式规范、实现数据的简化与便利。(参见联合国第33号建议书：建立国际贸易单一窗口。)

二、"单一窗口"系统

(1)"单一窗口"系统采用网页版的B/S架构模式，无需安装客户端。企业可以随时随地通过网页进行申报操作；

(2)系统环境。①操作系统:Windows 7 或 10(32 位或 64 位操作系统);不推荐使用 Windows XP 系统。②浏览器:Chrome20 及以上版本;Internet Explorer 9 及以上版本,推荐使用 IE10 或 11 版本;若用户使用 Windows 7 及以上操作系统,推荐使用 Chrome50 及以上版本;若用户使用 Windows XP 系统,推荐使用 Chrome26 版本的浏览器。

三、"单一窗口"注册前准备工作

注册前准备工作见表 12—1。

表 12—1　　单一窗口注册前准备

企业中文名称	货物申报企业(报关)
统一信用代码号	海关注册编码(海关 10 位编码)
企业法人姓名	企业法人卡或 UKEY
法人身份证号	报关员卡或 UKEY
操作员姓名	货物申报企业(报检)
操作员身份证号	报检注册号
读卡器	原产地证注册号

四、用户注册

第一步:登录网站,选择所在区域(见图 12—3)。

(1)登录"单一窗口":https://www.singlewindow.cn。

(2)选择"我要办事",之后选择用户所在地,例如:辽宁。

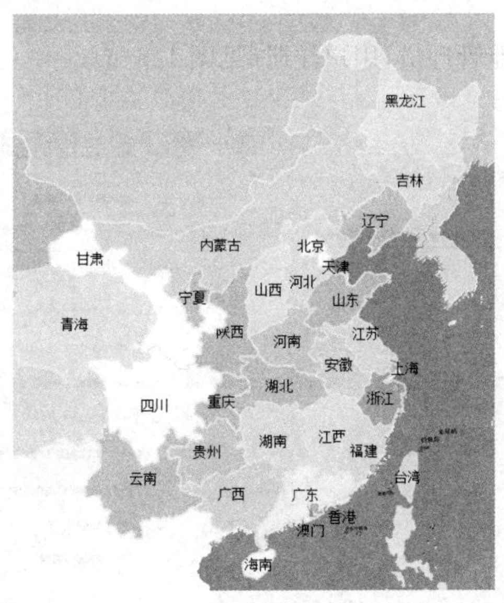

图 12—3

第二步:用户注册(见图 12—4)。

第三步:企业注册(见图 12—5)。

图 12—4

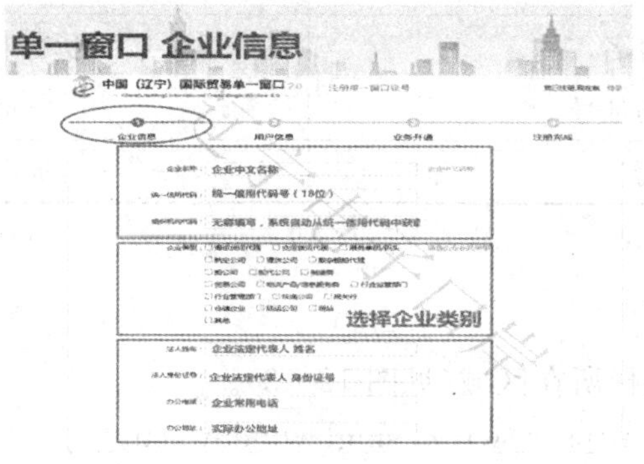

图 12—5

第四步:单一窗口,企业管理员,用户注册(见图 12—6)。

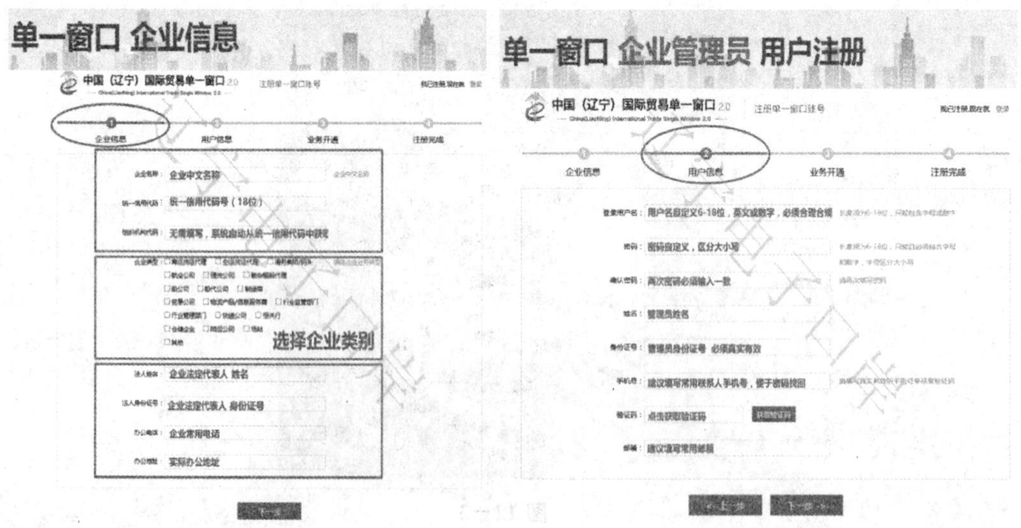

图 12—6

第五步:单一窗口,业务开通(见图 12—7)。

单一窗口 业务开通

选择 货物申报，会弹出相关资质代码，填写资质代码。

图 12—7

第六步:单一窗口,企业管理员,注册完成(见图 12—8)。

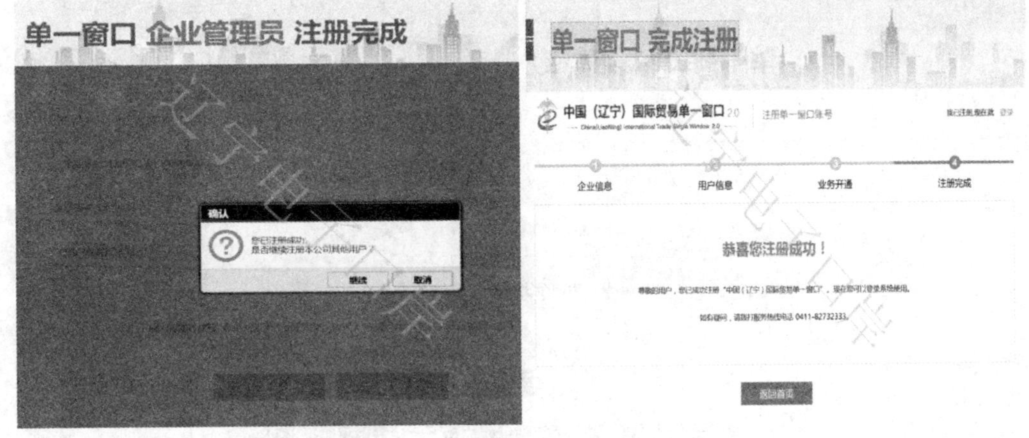

图 12—8

五、辽宁国际贸易“单一窗口”,货物申报

第一步:选择“货物申报”(见图 12—9)。

图 12—9

第二步：单一窗口，用户登录（见图 12－10）。

图 12－10

第三步：单一窗口，首次登录认证（见图 12－11）。

（1）首次登录标准版，需验证企业用户信息。

（2）点击获取验证码、输入验证码，点击验证。

（3）验证通过后，登录系统。

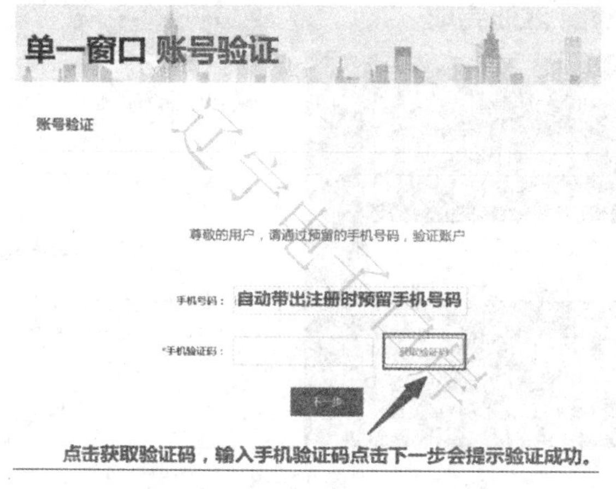

图 12－11

第四步：单一窗口，操作员账号信息管理，见图 12－12。

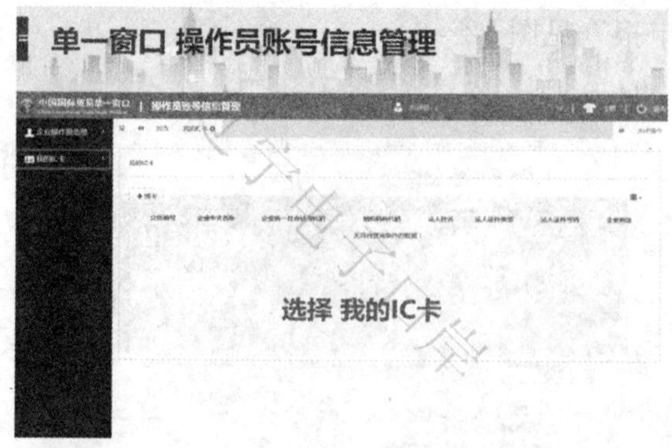

图 12－12

第五步：单一窗口，报关员卡绑定(一)(见图 12－13)。

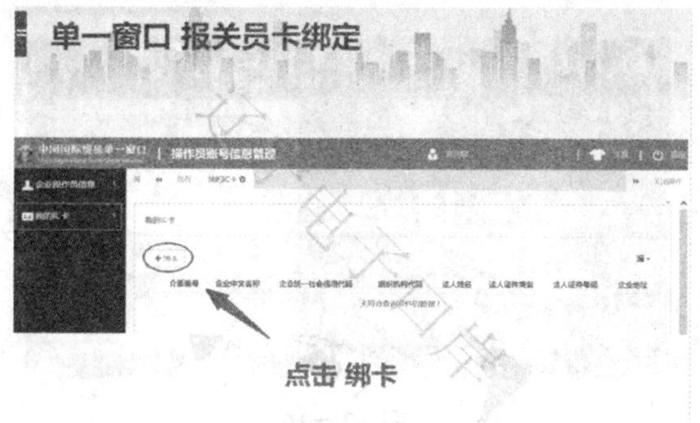

图 12－13

第六步：单一窗口，报关员卡绑定(二)(见图 12－14)。

图 12－14

第七步：单一窗口，报关员卡绑定(三)(见图 12－15)。

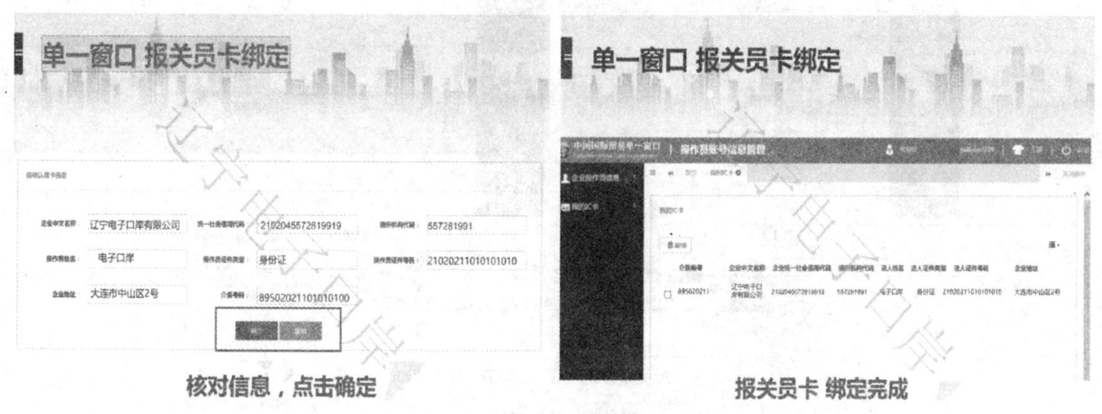

图 12－15

第八步：单一窗口，企业资质绑定(见图 12－16)。

图 12—16

第九步:单一窗口,货物申报(见图 12—17)。

图 12—17

第十步:单一窗口,企业资质绑定(见图 12—18)。

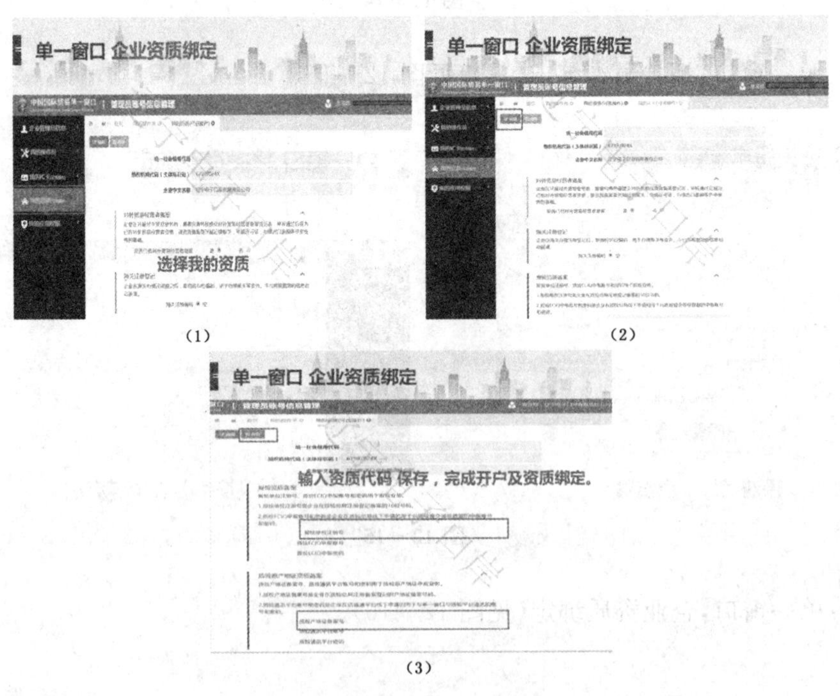

图 12—18

六、综合查询

最后是综合查询(见图 12—19)。

单一窗口 首次登录认证

1.首次登录标准版，需验证企业用户信息。

2.点击获取验证码、输入验证码。点击验证。

3.验证通过后，登录系统。

图 12—19

七、"单一窗口"标准版用户手册

"单一窗户"标准版用户手册

"单一窗口"标准版用户手册请扫描右侧二维码。

任务三　关检融合、单一窗口报关单填制规范

本任务涉及的代码参数表

一、申报地海关

(一)项目类型

该申报项目为必填项。

该项目数据类型为 4 位字符型。

(二)录入要求

根据报关人员在货物进出口时的自主选择，填报海关规定的《关区代码表》中相应海关的名称及代码。例如：选择"广州机场"为申报地海关时，应录入"5141"。

注意：申报地海关的关别代码后两位不能为"00"。

(三)编码规则

《关区代码表》由三部分组成，即关区代码、关区名称和关区简称。

(1)关区代码：由 4 位数字组成，前两位采用直属海关关别代码，后两位为隶属海关或海关监管场所的代码。

(2)关区名称：直属海关、隶属海关或海关监管场所的中文名称。

(3)关区简称：关区的中文简称，一般为 4 个汉字。

参数表：《关区代码表》。

(四)其他说明

(1)项目沿革。该项目为原报关项目的"申报地海关"，录入要求无变化。

(2)其他。无。

二、进出境关别

(一)项目类型

该申报项目为必填项。

该项目数据类型为 4 位字符型。

(二)录入要求

根据货物实际进出境的口岸海关,填报海关规定的《关区代码表》中相应口岸海关的名称及代码。例如:货物实际进出境的口岸海关为“广州机场”时,则录入“5141”。

(三)编码规则

《关区代码表》由三部分组成,即关区代码、关区名称和关区简称。

(1)关区代码:由 4 位数字组成,前两位采用直属海关关别代码,后两位为隶属海关或海关监管场所的代码。

(2)关区名称:直属海关、隶属海关或海关监管场所的中文名称。

(3)关区简称:关区的中文简称,一般为 4 个汉字。

参数表:《关区代码表》。

(四)其他说明

(1)项目沿革。该项目为原报关项目的“进/出口岸”,现更名为“进出境关别”,录入要求无变化。

(2)其他。无。

【同步案例 12-1】

案例精析

丹东某机械公司进口一批塑料垫圈,进口货物空运到大连机场。已知丹东海关的关区代码为 0930,大连海关的关区代码为 0900,大连机场的关区代码为 0902。请问这批货物的进口口岸应怎样填写?

三、备案号

(一)项目类型

该申报项目为选填项。

该项目数据类型为 12 位字符型。

(二)录入要求

填报进出口货物收发货人、消费使用单位、生产销售单位在海关办理加工贸易合同备案或征、减、免税审核确认等手续时,海关核发的《加工贸易手册》、海关特殊监管区域和保税监管场所保税账册、《征免税证明》或其他备案审批文件的编号。

(三)编码规则

备案号为 12 位字符,结构如下:

(1)第 1 位为备案或审批文件的标记。A 为外商投资企业为生产内销产品进口料件。B 为来料加工进出口货物。C 为进料加工进出口货物。D 为加工贸易不作价进口设备。E 为加工贸易电子账册。G 为加工贸易深加工结转异地报关手册。F 为加工贸易异地报关手册。H 为出口加工区电子账册。J 为保税仓库记账式电子账册。K 为保税仓库备案式电子账册。

Y 为原产地证书。Z 为《征免税证明》。Q 为汽车零部件电子账册。

(2)第 2～5 位为核发《加工贸易手册》《征免税证明》等海关关区代码。

(3)第 6 位为年份最后一位，出口加工区设备电子账册第 6 位为“D”。

(4)第 7 位区分不同类型分别定义：①保税仓库电子账册(K、J)第 7 位为保税仓库类型代码。②《加工贸易手册》第 7 位为企业经济类别代码。③深加工结转分册第 7 位为“H”，用于出口加工区深加工结转分册。④《征免税证明》第 7 位为归档标志。

(5)第 8～12 位数为顺序码。

(四)其他说明

(1)项目沿革。该项目为原报关项目的“备案号”。

(2)其他。无。

【同步案例 12－2】

中国矿产钢铁有限公司(110891××××)订购进口一批热拔合金钢无缝锅炉管(属法定检验检疫和自动进口许可管理商品，法定计量单位为千克)，委托辽宁抚顺辽抚锅炉厂有限责任公司(210491××××)制造出口锅炉。载货运输工具于 2019 年 4 月 10 日申报进境，次日辽宁龙信国际货运公司(210298××××)持经营单位登记手册和相关单证向大连大窑湾海关申报货物进口，保险费率为 3‰。

案例精析

四、征免性质

(一)项目类型

该申报项目为选填项。

该项目数据类型为 3 位字符型。

(二)录入要求

根据实际情况，按海关规定的《征免性质代码表》选择填报相应的征免性质简称及代码，持有海关核发的《征免税证明》的，按照《征免税证明》中批注的征免性质填报。

录入时可根据下拉菜单选择征免性质或按海关规定的《征免性质代码表》录入相应的征免性质代码。例如：一般征税的货物，下拉菜单时可选择“101－－一般征税”或录入“101”，栏目自动生成“一般征税”。

一份报关单只允许填报一种征免性质。

(三)编码规则

无。

参数表：《征免性质代码表》。

(四)其他说明

(1)项目沿革。该项目为原报关项目的“征免性质”。

(2)其他。无。

五、许可证号

(一)项目类型

该申报项目为选填项。

该项目数据类型字符型，最多支持录入20位。

（二）录入要求

填报进（出）口许可证、两用物项和技术进（出）口许可证、两用物项和技术出口许可证（定向）、纺织品临时出口许可证、出口许可证（加工贸易）、出口许可证（边境小额贸易）的编号。

注意：一份报关单只允许填报一个许可证号。

（三）编码规则

无。

（四）其他说明

（1）项目沿革。该项目为原报关项目的“许可证号”，录入要求无变化。

（2）其他。无。

六、件数

（一）项目类型

该申报项目为必填项。

该项目数据类型为数字型，最多支持录入9位。

（二）录入要求

填报进出口货物运输包装的件数（按运输包装计），不得填报为“0”，裸装货物填报为“1”。运输包装是指提运单所列货物件数单位对应的包装。

注意：①舱单件数为集装箱的，填报集装箱个数；②舱单件数为托盘的，填报托盘数。

（三）编码规则

无。

（四）其他说明

（1）项目沿革。该项目为原报关项目的“件数”，录入要求无变化。

（2）其他。无。

七、毛重

（一）项目类型

该申报项目为必填项。

该项目数据类型为数字型，最多支持录入19位，19位中小数点后最多支持录入5位。

（二）录入要求

填报进出口货物及其包装材料的重量之和，计量单位为千克，不足1千克的填报为“1”。

注意：报关单毛重栏目不得为空，毛重应大于或等于1，不得为“0”。

（三）编码规则

无。

（四）其他说明

（1）项目沿革。该项目为原报关项目的“毛重”，录入要求无变化。

（2）其他。无。

八、净重

(一)项目类型

该申报项目为必填项。

该项目数据类型为数字型,最多支持录入 19 位,19 位中小数点后最多支持录入 5 位。

(二)录入要求

填报进出口货物的毛重减去外包装材料后的重量,即货物本身的实际重量,计量单位为千克,不足 1 千克的填报为“1”。

注意:报关单净重栏目不得为空,净重应大于或等于 1,不得为“0”。

(三)编码规则

无。

(四)其他说明

(1)项目沿革。该项目为原报关项目的“净重”,录入要求无变化。

(2)其他。无。

九、成交方式

(一)项目类型

该申报项目为必填项。

该项目数据类型为 1 位字符型。

(二)录入要求

根据进出口货物实际成交价格条款,按海关规定的《成交方式代码表》选择填报相应的成交方式代码。例如:该货物的成交方式为 CIF,下拉菜单时可选择“1－CIF”或录入“1”,栏目自动生成“CIF”。

注意:无实际进出境的货物,进口录入 CIF,出口录入 FOB。

(三)编码规则

参数表:《成交方式代码表》。

(四)其他说明

(1)项目沿革。该项目为原报关项目的“成交方式”,录入要求无变化。

(2)其他。无。

十、运费标记

(一)项目类型

该申报项目为选填项。

该项目数据类型为 1 位字符型。

(二)录入要求

运费为进口货物运抵我国境内输入地点起卸前的运输费用,出口货物运至我国境内输出地点装载后的运输费用。运费可按运费单价、总价或运费率三种方式之一填报。

“运费”项下第一栏为“运费标记”栏。

当按照运费率申报时,“运费标记”栏选择填报“1－率”;当按照每吨货物的运费单价申报时,“运费标记”栏选择填报“2－单价”;当按照运费总价申报时,“运费标记”栏选择填报“3－总价”。

(三)编码规则

参数表:《运费标记代码表》。

(四)其他说明

(1)项目沿革。该项目为原报关项目的“运费标记”,录入要求无变化。

(2)其他。无。

十一、运费/率

(一)项目类型

该申报项目为选填项。

该项目数据类型为数字型,最多支持录入 19 位,19 位中小数点后最多支持录入 5 位。

(二)录入要求

运费为进口货物运抵我国境内输入地点起卸前的运输费用,出口货物运至我国境内输出地点装载后的运输费用。运费可按运费单价、总价或运费率三种方式之一填报。

“运费”项下第二栏为“运费/率”栏。

当“运费/率”为“1－率”时,在本栏填报运费率;当“运费/率”为“2－单价”时,在本栏填报运费单价;当“运费/率”为“3－总价”时,在本栏填报运费总价。

(三)编码规则

无。

(四)其他说明

(1)项目沿革。该项目为原报关项目的“运费/率”,录入要求无变化。

(2)其他。无。

十二、运费币制

(一)项目类型

该申报项目为选填项。

该项目数据类型为 3 位字符型。

(二)录入要求

填报进口货物运抵我国境内输入地点起卸前的运输费用,出口货物运至我国境内输出地点装载后的运输费用。运费可按运费单价、总价或运费率三种方式之一填报。

“运费”项下第三栏为“运费币制”栏。

当“运费币制”栏为 “1－率”时,本栏免予录入;当“运费币制”为“2－单价”或“3－总价”时,本栏按海关规定的《货币代码表》录入相应的币种代码。

(三)编码规则

具体规则:《GBT 12406－2008》(表示货币和资金的代码)。

注意:原海关《货币代码表》和原检验检疫《货币代码表》采用 3 位数字,新修订的《货币代码表》采用 3 位字母。例如:运费币制为美元,“运费币制”应录入“USD”而非原海关代码“502”或原检验检疫代码“840”。

参数表:《货币代码表》。

(四)其他说明

(1)项目沿革。该项目为原报关项目的“运费币制”。

(2)其他。无。

十三、保险费标记

(一)项目类型

该申报项目为选填项。

该项目数据类型为1位字符型。

(二)录入要求

保险费为进口货物运抵我国境内输入地点起卸前的保险费用,出口货物运至我国境内输出地点装载后的保险费用。保险费可按保险费总价或保险费率两种方式之一填报。

“保险费”项下第一栏为“保险费标记”栏。

当按照保险费率申报时,“保险费标记”栏选择填报“1－率”;当按照保险费总价申报时,“保险费标记”栏选择填报“3－总价”。

(三)编码规则

参数表:《保费标记代码表》。

(四)其他说明

(1)项目沿革。该项目为原报关项目的“保险费标记”,录入要求无变化。

(2)其他。无。

十四、保险费/率

(一)项目类型

该申报项目为选填项。

该项目数据类型为数字型,最多支持录入19位,19位中小数点后最多支持录入5位。

(二)录入要求

进口货物运抵我国境内输入地点起卸前的保险费用,出口货物运至我国境内输出地点装载后的保险费用。保险费可按保险费总价或保险费率两种方式之一填报。

“保险费”项下第二栏为“保险费/率”栏。

当“保险费/率”为“1－率”时,在本栏填报保险费率;当“保险费/率”为“3－总价”时,在本栏填报保险费总价。

(三)编码规则

无。

(四)其他说明

(1)项目沿革。该项目为原报关项目的“保险费/率”,录入要求无变化。

(2)其他。无。

十五、保险费币制

(一)项目类型

该申报项目为选填项。

该项目数据类型为3位字符型。

(二)录入要求

填报进口货物运抵我国境内输入地点起卸前的保险费用,出口货物运至我国境内输出地点装载后的保险费用。保险费可按保险费总价或保险费率两种方式之一填报。

“保险费”项下第三栏为“保险费币制”栏。

当“保险费币制”栏为“3－总价”时，本栏按海关规定的《货币代码表》录入相应的币种代码；当“保险费币制”栏为“1－率”时，本栏无须填报。

(三)编码规则

具体规则:《GBT 12406－2008》(表示货币和资金的代码)。

参数表:《货币代码表》。

(四)其他说明

(1)项目沿革。该项目为原报关项目的“保险费币制”。

(2)其他。无。

十六、杂费标记

(一)项目类型

该申报项目为选填项。

该项目数据类型为1位字符型。

(二)录入要求

杂费为成交价格以外的、按照《进出口关税条例》相关规定应计入完税价格或应从完税价格中扣除的费用。杂费可按杂费总价或杂费率两种方式之一填报。

“杂费”项下第一栏为“杂费标记”栏。

当按照杂费率申报时，“杂费标记”栏选择填报“1－率”；当按照杂费总价申报时，“杂费标记”栏选择填报“3－杂费总价”。

(三)编码规则

参数表:《杂费标记代码表》。

(四)其他说明

(1)项目沿革。该项目为原报关项目的“杂费标记”，录入要求无变化。

(2)其他。无。

十七、杂费/率

(一)项目类型

该申报项目为选填项。

该项目数据类型为数字型，最多支持录入19位，19位中小数点后最多支持录入5位。

(二)录入要求

杂费为成交价格以外的、按照《进出口关税条例》相关规定应计入完税价格或应从完税价格中扣除的费用。杂费可按杂费总价或杂费率两种方式之一填报。

“杂费”项下第二栏为“杂费/率”栏。

当“杂费/率”为“1－率”时，在本栏填报杂费率；当“杂费/率”为“3－杂费总价”时，在本栏填报杂费总价。

(三)编码规则

无。

(四)其他说明

(1)项目沿革。该项目为原报关项目的“杂费/率”,录入要求无变化。

(2)其他。无。

十八、杂费币制

(一)项目类型

该申报项目为选填项。

该项目数据类型为3位字符型。

(二)录入要求

填报成交价格以外的、按照《进出口关税条例》相关规定应计入完税价格或应从完税价格中扣除的费用。杂费可按杂费总价或杂费率两种方式之一填报。

“杂费”项下第三栏为“杂费币制”栏。

当“杂费币制”栏为“3－杂费总价”时,本栏按海关规定的《货币代码表》录入相应的币种代码;当“杂费币制”栏为“1－率”时,本栏无须填报。

(三)编码规则

具体规则:《GBT 12406－2008》(表示货币和资金的代码)。

参数表:《货币代码表》。

(四)其他说明

(1)项目沿革。该项目为原报关项目的“杂费币制”。

(2)其他。无。

十九、随附单证代码

(一)项目类型

该申报项目为选填项。

该项目数据类型为1位字符型。

(二)录入要求

除进(出)口许可证、两用物项和技术进(出)口许可证、两用物项和技术出口许可证(定向)、纺织品临时出口许可证、出口许可证(加工贸易)、出口许可证(边境小额贸易)以外的其他进出口许可证件或监管证件,按海关规定的《监管证件代码表》选择填报相应证件代码。

(三)编码规则

参数表:《监管证件代码表》。

(四)其他说明

(1)项目沿革。该项目为原报关项目的“随附单证代码”,录入要求无变化。

(2)其他。无。

二十、随附单证编号

(一)项目类型

该申报项目为选填项。

该项目数据类型为字符型,最多支持录入32位。

（二）录入要求

除进（出）口许可证、两用物项和技术进（出）口许可证、两用物项和技术出口许可证（定向）、纺织品临时出口许可证、出口许可证（加工贸易）、出口许可证（边境小额贸易）以外的其他进出口许可证件或监管证件，填报证件编号。

（三）编码规则

参数表：《监管证件代码表》。

（四）其他说明

（1）项目沿革。该项目为原报关项目的“随附单证编号”，录入要求无变化。

（2）其他。无。

二十一、随附单据

（一）项目类型

该申报项目为选填项。

该项目数据类型为8位字符型。

（二）录入要求

“报关单类型”为“通关无纸化”的报关单需根据海关各类监管要求，上传相关随附单据。

上传随附单据时，需按海关规定的《随附单据表》录入相应的随附单据编号。例如，上传合同时，“随附单据”需录入“00000004”。

（三）编码规则

参数表：《随附单据表》。

（四）其他说明

（1）项目沿革。该项目为原报关项目的“随附单据”与原报检项目的“随附单据编号”“随附单据名称”“随附单据类别代码”。

（2）其他。无。

二十二、关联报关单

（一）项目类型

该申报项目为选填项。

该项目数据类型为18位字符型。

（二）录入要求

与本报关单有关联关系的，同时在业务管理规范方面又要求填报的报关单号，填报在电子数据报关单中“关联报关单”栏。

（三）编码规则

无。

（四）其他说明

（1）项目沿革。该项目为原报关项目的“关联报关单”，录入要求无变化。

（2）其他。无。

二十三、关联备案

(一)项目类型

该申报项目为选填项。

该项目数据类型为12位字符型。

(二)录入要求

与本报关单有关联关系的,同时在业务管理规范方面又要求填报的备案号,填报在电子数据报关单中"关联备案"栏。

(三)编码规则

无。

(四)其他说明

(1)项目沿革。该项目为原报关项目的"关联备案",录入要求无变化。

(2)其他。无。

二十四、备案序号

(一)项目类型

该申报项目为选填项。

该项目数据类型为数字型,最多支持录入19位。

(二)录入要求

"项号"第二行填报"备案序号",专用于加工贸易、减免税等已备案、审批的货物,填报和打印该项货物在《加工贸易手册》或《征免税证明》等备案、审批单证中的顺序编号。

(三)编码规则

无。

(四)其他说明

(1)项目沿革。该项目为原报关项目的"备案序号",录入要求无变化。

(2)其他。无。

二十五、规格型号

(一)项目类型

该申报项目为必填项。

该项目数据类型为字符型,最多支持录入255位。

(二)录入要求

具体填报要求如下:

(1)规格型号应据实填报,并与进出口货物收发货人或受委托的报关企业所提交的合同、发票等相关单证相符。

(2)规格型号应当足够详细,以能满足海关归类、审价及许可证件管理要求为准,可参照《中华人民共和国海关进出口商品规范申报目录》中对规格型号的要求进行填报。

(3)对需要海关签发《货物进口证明书》的车辆,商品名称栏填报"车辆品牌+排气量(注明cc)+车型(如越野车、小轿车等)"。进口汽车底盘不填报排气量。车辆品牌按照《进口机动车辆制造厂名称和车辆品牌中英文对照表》中"签注名称"一栏的要求填报。规格型号栏可填报

“汽油型”等。

(4)由同一运输工具同时运抵同一口岸并且属于同一收货人、使用同一提单的多种进口货物，按照商品归类规则应当归入同一商品编号的，应当将有关商品一并归入该商品编号。规格型号填报一并归类后商品的规格型号。

(5)加工贸易边角料和副产品内销，边角料复出口，填报其报验状态的规格型号。

(6)进口货物收货人以一般贸易方式申报进口属于《需要详细列名申报的汽车零部件清单》(海关总署 2006 年第 64 号公告)范围内的汽车生产件的，规格型号填报汽车零部件的完整编号。在零部件编号前应当加注“S”字样，并与零部件编号之间用“/”相隔，零部件编号之后应当依次加注该零部件适用的汽车品牌和车型。汽车零部件属于可以适用于多种汽车车型的通用零部件的，零部件编号后应当加注“TY”字样，并用“/”与零部件编号相隔。与进口汽车零部件规格型号相关的其他需要申报的要素，或者海关规定的其他需要申报的要素，如“功率”“排气量”等，应当在车型或“TY”之后填报，并用“/”与之相隔。

(7)进口货物收货人以一般贸易方式申报进口属于《需要详细列名申报的汽车零部件清单》(海关总署 2006 年第 64 号公告)范围内的汽车维修件的，填报规格型号时，应当在零部件编号前加注“W”，并与零部件编号之间用“/”相隔；进口维修件的品牌与该零部件适用的整车厂牌不一致的，应当在零部件编号前加注“WF”，并与零部件编号之间用“/”相隔。其余申报要求同上条执行。

(8)品牌类型。品牌类型为必填项目。可选择“无品牌”“境内自主品牌”“境内收购品牌”“境外品牌(贴牌生产)”“境外品牌(其他)”如实填报。其中，“境内自主品牌”是指由境内企业自主开发、拥有自主知识产权的品牌；“境内收购品牌”是指境内企业收购的原境外品牌；“境外品牌(贴牌生产)”是指境内企业代工贴牌生产中使用的境外品牌；“境外品牌(其他)”是指除代工贴牌生产以外使用的境外品牌。

(9)出口享惠情况。出口享惠情况为出口报关单必填项目。可选择“出口货物在最终目的国(地区)不享受优惠关税”“出口货物在最终目的国(地区)享受优惠关税”“出口货物不能确定在最终目的国(地区)享受优惠关税”如实填报。进口货物报关单不填报该申报项。

(三)编码规则

无。

(四)其他说明

(1)项目沿革。该项目为原报关项目的“规格型号”。

(2)其他。无。

二十六、成交数量

(一)项目类型

该申报项目为必填项。

该项目数据类型为数字型，最多支持录入 19 位，19 位中小数点后最多支持录入 5 位。

(二)录入要求

填报货物实际成交的数量。

(三)编码规则

无。

(四)其他说明

(1)项目沿革。该项目为原报关项目的“申报数量”,现改名为“成交数量”,录入要求无变化。

(2)其他。无。

二十七、成交计量单位

(一)项目类型

该申报项目为必填项。

该项目数据类型为3位字符型。

(二)录入要求

通过下拉菜单选择货物实际成交所用的计量单位。例如,成交单位为“台”,则通过下拉菜单选择“001－台”。

注意:①已备案的加工贸易及保税货物,成交计量单位必须与《加工贸易手册》中同项号下货物的计量单位一致,加工贸易边角料和副产品内销、边角料复出口,填报其报验状态的计量单位。②优惠贸易协定项下进出口商品的成交计量单位必须与原产地证书上对应商品的计量单位一致。

(三)编码规则

参数表:《计量单位代码表》。

(四)其他说明

(1)项目沿革。该项目为原报关项目的“成交单位”,现改名为“成交计量单位”,录入要求无变化。

(2)其他。无。

二十八、法定第二数量

(一)项目类型

该申报项目为选填项。

该项目数据类型为数字型,最多支持录入19位,19位中小数点后最多支持录入5位。

(二)录入要求

凡列明有法定第二计量单位的,按照法定第二计量单位填报对应的数量。无法定第二计量单位的,无须录入。

(三)编码规则

无。

(四)其他说明

(1)项目沿革。该项目为原报关项目的“法定第二数量”,录入要求无变化。

(2)其他。无。

二十九、最终目的国(地区)

(一)项目类型

该申报项目为必填项。

该项目数据类型为3位字符型。

(二)录入要求

最终目的国(地区)按海关规定的《国别(地区)代码表》选择填报已知的进出口货物的最终实际消费、使用或进一步加工制造国别(地区)。

(三)编码规则

海关根据国家标准修订的《国别(地区)代码表》由3位英文构成。

注意:原海关和原检验检疫《国别(地区)代码表》均由3位数字构成,修订后的代码由3位英文字母构成。例如,原海关《国别(地区)代码表》中美国代码为“502”,原检验检疫《国别(地区)代码表》中美国代码为“840”,修订后《国别(地区)代码表》中美国代码为“USA”。

参数表:《国别(地区)代码表》。

(四)其他说明

(1)项目沿革。该项目为原报关项目的“最终目的国(地区)”,录入要求无变化。

(2)其他。无。

三十、征免方式

(一)项目类型

该申报项目为必填项。

该项目数据类型为1位字符型。

(二)录入要求

按照海关核发的《征免税证明》或有关政策规定,对报关单所列每项商品选择海关规定的《征减免税方式代码表》中相应的征减免税方式填报。

(三)编码规则

参数表:《征减免税方式代码表》。

(四)其他说明

(1)项目沿革。该项目为原报关项目的“征免方式”,录入要求无变化。

(2)其他。无。

三十一、特殊关系确认

(一)项目类型

该申报项目为选填项。

该项目数据类型为1位字符型。

(二)录入要求

根据《中华人民共和国海关审定进出口货物完税价格办法》(以下简称《审价办法》)第16条,填报确认进出口行为中买卖双方是否存在特殊关系,有下列情形之一的,应当认为买卖双方存在特殊关系,应在下拉菜单中选择“1—是”,反之则选择“0—否”:

(1)买卖双方为同一家族成员的。

(2)买卖双方互为商业上的高级职员或者董事的。

(3)一方直接或者间接地受另一方控制的。

(4)买卖双方都直接或者间接地受第三方控制的。

(5)买卖双方共同直接或者间接地控制第三方的。

(6)一方直接或者间接地拥有、控制或者持有对方5%以上(含5%)公开发行的有表决权的股票或者股份的。

(7)一方是另一方的雇员、高级职员或者董事的。

(8)买卖双方是同一合伙的成员的。

买卖双方在经营上相互有联系,一方是另一方的独家代理、独家经销或者独家受让人,如果符合前款的规定,也应当视为存在特殊关系。

(三)编码规则

无。

(四)其他说明

(1)项目沿革。该项目为原报关项目的"特殊关系确认",录入要求无变化。

(2)其他。无。

三十二、价格影响确认

(一)项目类型

该申报项目为选填项。

该项目数据类型为1位字符型。

(二)录入要求

根据《审价办法》第17条,填报确认纳税义务人是否可以证明特殊关系未对进口货物的成交价格产生影响,纳税义务人能证明其成交价格与同时或者大约同时发生的下列任何一款价格相近的,应当视为特殊关系未对成交价格产生影响,在下拉菜单中选择"0—否",反之则选择"1—是":

(1)向境内无特殊关系的买方出售的相同或者类似进口货物的成交价格。

(2)按照《审价办法》第23条的规定所确定的相同或者类似进口货物的完税价格。

(3)按照《审价办法》第25条的规定所确定的相同或者类似进口货物的完税价格。

注意:出口货物免予填报,加工贸易及保税监管货物(内销保税货物除外)免予填报。

(三)编码规则

无。

(四)其他说明

(1)项目沿革。该项目为原报关项目的"价格影响确认",录入要求无变化。

(2)其他。无。

三十三、与货物有关的特许权使用费支付确认

(一)项目类型

该申报项目为选填项。

该项目数据类型为1位字符型。

(二)录入要求

根据《审价办法》第11条和第13条,填报确认买方是否存在向卖方或者有关方直接或者间接支付与进口货物有关的特许权使用费,且未包括在进口货物的实付、应付价格中。通过下拉菜单方式选择填报。

买方存在需向卖方或者有关方直接或者间接支付特许权使用费,且未包含在进口货物实付、应付价格中,并且符合《审价办法》第13条的,选择"1—是"。

买方存在需向卖方或者有关方直接或者间接支付特许权使用费，且未包含在进口货物实付、应付价格中，但纳税义务人无法确认是否符合《审价办法》第13条的，选择“1—是”。

买方存在需向卖方或者有关方直接或者间接支付特许权使用费且未包含在实付、应付价格中，纳税义务人根据《审价办法》第13条，可以确认需支付的特许权使用费与进口货物无关的，选择“0—否”。

买方不存在向卖方或者有关方直接或者间接支付特许权使用费的，或者特许权使用费已经包含在进口货物实付、应付价格中的，选择“0—否”。

（三）编码规则

无。

（四）其他说明

(1)项目沿革。该项目为原报关项目的“支付特许权使用费确认”，录入要求无变化。

(2)其他。无。

三十四、报关单类型

（一）项目类型

该申报项目为必填项。

该项目数据类型为1位字符型。

（二）录入要求

有纸报关通过下拉菜单选择“0—有纸报关”，有纸带清单报关选择“L—有纸带清单报关”，无纸带清单报关选择“D—无纸带清单报”，通关无纸化选择“M—通关无纸化”。

（三）编码规则

无。

（四）其他说明

(1)项目沿革。该项目为原报关项目的“报关单类型”，录入要求无变化。

(2)其他。无。

三十五、自报自缴

（一）项目类型

该申报项目为选填项。

该项目数据类型为1位字符型。

（二）录入要求

进出口企业、单位采用“自主申报、自行缴税”(自报自缴)模式向海关申报时，勾选本项目；反之则不勾选。

（三）编码规则

无。

（四）其他说明

(1)项目沿革。该项目为原报关项目的“自报自缴”，录入要求无变化。

(2)其他。无。

三十六、自主报税

(一)项目类型

该申报项目为选填项。

该项目数据类型为1位字符型。

(二)录入要求

进出口企业、单位采用“自主申报、自行缴税”(自报自缴)模式向海关申报时,勾选本栏目;反之则不勾选。

(三)编码规则

无。

(四)其他说明

(1)项目沿革。该项目为原报关项目的“自主报税”,录入要求无变化。

(2)其他。无。

三十七、担保验放

(一)项目类型

该申报项目为选填项。

该项目数据类型为1位字符型。

(二)录入要求

进出口企业、单位采用“担保验放”模式向海关申请通关放行,勾选本栏目;反之则不勾选。

(三)编码规则

无。

(四)其他说明

(1)项目沿革。该项目为原报关项目的“担保验放”,录入要求无变化。

(2)其他。无。

三十八、税单无纸化

(一)项目类型

该申报项目为选填项。

该项目数据类型为1位字符型。

(二)录入要求

进出口企业、单位采用“税单无纸化”模式向海关申报时,勾选本栏目;反之则不勾选。

(三)编码规则

无。

(四)其他说明

(1)项目沿革。该项目为原报关项目的“税单无纸化”,录入要求无变化。

(2)其他。无。

三十九、保税监管场所

(一)项目类型

该申报项目为选填项。

该项目数据类型为字符型,最长支持录入10位。

(二)录入要求

保税监管场所进出货物,在“保税监管场所”栏目填报本保税监管场所编码[保税物流中心(B型)填报本中心的国内地区代码],其中涉及货物在保税监管场所间流转的,在本栏目填报对方保税监管场所代码。

(三)编码规则

无。

(四)其他说明

(1)项目沿革。该项目为原报关项目的“保税/监管场所”,录入要求无变化。

(2)其他。无。

四十、货场代码

(一)项目类型

该申报项目为选填项。

该项目数据类型为4位字符型。

(二)录入要求

按照进出口货物海关实际监管点,根据海关规定的《海关货场代码表》准确填报本栏目。黄埔海关专用。

(三)编码规则

参数表:《海关货场代码表》。

(四)其他说明

(1)项目沿革。该项目为原申报项目的“货场代码”,录入要求无变化。

(2)其他。无。

四十一、货号

(一)项目类型

该申报项目为选填项。

该项目数据类型为字符型,最长支持录入30位。

(二)录入要求

申报加工贸易货物进出口报关单时,根据《加工贸易手册》中备案的料件、成品货号填报本栏目。

(三)编码规则

无。

(四)其他说明

(1)项目沿革。该项目为原报关项目的“货号”,录入要求无变化。

(2)其他。无。

四十二、加工成品单耗版本号

(一)项目类型

该申报项目为选填项。

该项目数据类型为8位字符型。

(二)录入要求

申报加工贸易货物出口报关单时,系统自动返填与《加工贸易手册》中备案成品单耗一致的版本号。

(三)编码规则

无。

(四)其他说明

(1)项目沿革。该项目为原报关项目的“加工成品单耗版本号”,录入要求无变化。

(2)其他。无。

四十三、境内收发货人

(一)项目类型

该申报项目为必填项。

该项目数据类型18位字符型。

(二)录入要求

填报在海关备案的对外签订并执行进出口贸易合同的中国境内法人、其他组织名称及编码。编码填报18位法人和其他组织统一社会信用代码,没有统一社会信用代码的,填报其在海关的备案编码。进口填“境内收货人”,出口填“境内发货人”。人工录入企业代码后,系统自动返填企业中文名名称。

(三)编码规则

无。

(四)其他说明

(1)项目沿革。该项目为原海关与原报检项目的“收发货人”,现改名为“境内收发货人”。

(2)其他。无。

经验小谈12－1　　如何填写境内收发货人编码

我司还没有办理社会统一信用代码,请问在填报关单时应如何填写境内收发货人编码?

答:根据海关总署公告2018年第60号(《关于修订〈中华人民共和国海关进出口货物报关单填制规范〉的公告》)附件——《海关进出口货物报关单填制规范》第三条:境内收发货人。填报在海关备案的对外签订并执行进出口贸易合同的中国境内法人、其他组织名称及编码。编码填报18位法人和其他组织统一社会信用代码,没有统一社会信用代码的,填报其在海关的备案编码。

特殊情况下填报要求如下:(1)进出口货物合同的签订者和执行者非同一企业的,填报执行合同的企业。(2)外商投资企业委托进出口企业进口投资设备、物品的,填报外商投资企业,并在标记唛码及备注栏注明“委托某进出口企业进口”,同时注明被委托企业的18位法人和其他组织统一社会信用代码。(3)有代理报关资格的报关企业代理其他进出口企业办理进出口报关手续时，填报委托的进出口企业。(4)海关特殊监管区域收发货人填报该货物的实际经营单位或海关特殊监管区域内经营企业。

四十四、进出口日期

(一)项目类型

该申报项目为必填项。

该项目数据类型为8位字符型。

(二)录入要求

进口日期填报运载进口货物的运输工具申报进境的日期。出口日期是指运载出口货物的运输工具办结出境手续的日期，在申报时免予填报。无实际进出境的货物，填报海关接受申报的日期。

进口日期为人工录入，入库后系统自动返填；出口日期在申报时免予填报，入库后系统自动返填。

本栏目为8位数字，顺序为年(4位)、月(2位)、日(2位)，格式为“YYYYMMDD”。

(三)编码规则

无。

(四)其他说明

(1)项目沿革。该项目为原报关项目的“进出口日期”和原报检项目的“到货发货日期”，现合并为“进出口日期”。录入要求无变化。

(2)其他。无。

四十五、运输方式

(一)项目类型

该申报项目为必填项。

该项目数据类型为1位字符型。

(二)录入要求

运输方式包括实际运输方式和海关规定的特殊运输方式，前者是指货物实际进出境的运输方式，按进出境所使用的运输工具分类；后者是指货物无实际进出境的运输方式，按货物在境内的流向分类。

根据货物实际进出境的运输方式或货物在境内流向的类别，按照海关规定的《运输方式代码表》选择填报相应的运输方式。

(三)编码规则

参数表：《运输方式代码表》。

(四)其他说明

(1)项目沿革。该项目为原报关和原报检项目的“运输方式”，现合并为“运输方式”。

(2)其他。进出境旅客随身携带的货物，填报“旅客携带”(代码L)和以固定设施(包括输油、输水管道和输电网等)运输货物的，填报“固定设施运输”(代码G)为新增运输方式。

四十六、运输工具名称

（一）项目类型

该申报项目为有条件必填项。

该项目数据类型为字符型，最多支持录入 32 位。

（二）录入要求

填报载运货物进出境的运输工具名称或编号。填报内容应与运输部门向海关申报的舱单（载货清单）所列相应内容一致。

（三）编码规则

无。

（四）其他说明

（1）项目沿革。该项目为原报关和原报检项目的“运输工具名称”，合并为“运输工具名称”。

（2）其他。无。

四十七、航次号

（一）项目类型

该申报项目为有条件必填项，在货物实际进出境触发必填项。

该项目数据类型为字符型，最多支持录入 32 位。

（二）录入要求

填报载运货物进出境的航次号。填报内容应与运输部门向海关申报的舱单（载货清单）所列相应内容一致。

（三）编码规则

无。

（四）其他说明

（1）项目沿革。该项目为原报关“航次号”与原报检项目的“运输工具号码”，现合并为“航次号”。

（2）其他。无。

四十八、提运单号

（一）项目类型

该申报项目为有条件必填项，在货物实际进出境触发必填项。

该项目数据类型为 32 位字符型。

（二）录入要求

填报进出口货物提单或运单的编号。一份报关单只允许填报一个提单或运单号，一票货物对应多个提单或运单时，应分单填报。

（三）编码规则

无。

运输方式的填报原则

（四）其他说明

（1）项目沿革。该项目为原报关项目的“提运单号”和原报检项目的“提货单号”，现合并为“提运单号”，录入要求无变化。

(2)其他。无。

四十九、消费使用/生产销售单位代码

(一)项目类型

该申报项目为必填项。

该项目数据类型为18位字符型。

(二)录入要求

填报18位法人和其他组织统一社会信用代码,无18位统一社会信用代码的,填报"NO"。进口填报消费使用单位,出口填报生产销售单位。人工录入企业代码后,系统自动返填企业中文名称。

(三)编码规则

无。

(四)其他说明

(1)项目沿革。该项目为原报关项目的"消费使用/生产销售单位代码"和原报检项目的"使用人/生产加工单位代码",现合并为"消费使用/生产销售单位代码"。

(2)其他。无。

五十、监管方式

(一)项目类型

该申报项目为必填项。

该项目数据类型为4位字符型。

(二)录入要求

根据实际对外贸易情况按海关规定的《监管方式代码表》选择填报相应的监管方式简称及代码。一份报关单只允许填报一种监管方式。

(三)编码规则

监管方式是以国际贸易中进出口货物的交易方式为基础,结合海关对进出口货物的征税、统计及监管条件综合设定的海关对进出口货物的管理方式。其代码由4位数字构成,前两位是按照海关监管要求和计算机管理需要划分的分类代码,后两位是参照国际标准编制的贸易方式代码。

参数表:《监管方式代码表》。

(四)其他说明

(1)项目沿革。该项目为原报关项目的"监管方式"和原报检项目的"贸易方式",现合并为"监管方式",录入要求无变化。

(2)其他。无。

五十一、合同协议号

(一)项目类型

该申报项目为必填项。

该项目数据类型为字符型,最多支持录入32位。

(二)录入要求

填报进出口货物合同(包括协议或订单)编号。未发生商业性交易的免予填报。

(三)编码规则

无。

(四)其他说明

(1)项目沿革。该项目为原报关项目的“合同协议号”和原报检项目的“合同号”,现合并为“合同协议号”,录入要求无变化。

(2)其他。无。

五十二、贸易国别(地区)

(一)项目类型

该申报项目为必填项。

该项目数据类型为3位字符型。

(二)录入要求

发生商业性交易按海关规定的《国别(地区)代码表》选择填报相应的贸易国别(地区)中文名称及代码。进口填报购自国(地区),出口填报售予国(地区)。

注意:未发生商业性交易的填报货物所有权拥有者所属的国别(地区)。

(三)编码规则

海关根据国家标准修订的《国别(地区)代码表》由3位英文构成。

参数表:《国别(地区)代码表》。

(四)其他说明

(1)项目沿革。该项目为原报关项目的“贸易国别(地区)”和原报检项目的“贸易国别(地区)”,现合并为“贸易国别(地区)”。

(2)其他。无。

五十三、启运国/运抵国(地区)

(一)项目类型

该申报项目为必填项。

该项目数据类型为3位字符型。

(二)录入要求

启运国(地区)按海关规定的《国别(地区)代码表》填报进口货物启始发出直接运抵我国或者在运输中转国(地区)未发生任何商业性交易的情况下运抵我国的国家(地区)。例如,申报进口货物的启运国为美国时,根据下拉菜单选择填报“USA-美国”,也可在本栏录入中文“美国”。

运抵国(地区)按海关规定的《国别(地区)代码表》填报出口货物离开我国关境直接运抵或者在运输中转国(地区)未发生任何商业性交易的情况下最后运抵的国家(地区)。例如,申报出口货物的运抵国为马来西亚时,根据下拉菜单选择填报代码为“MYS-马来西亚”,也可在本栏录入中文“马来西亚”。

(三)编码规则

海关根据国家标准修订的《国别(地区)代码表》由3位英文构成。

参数表:《国别(地区)代码表》。

(四)其他说明

(1)项目沿革。该项目为原报关项目的“启运国/运抵国(地区)”和原报检项目的“启运/输往国家(地区)”,现合并为“启运国/运抵国(地区)”。

(2)其他。无。

五十四、经停/指运港

(一)项目类型

该申报项目为必填项。

该项目数据类型为6位字符型。

(二)录入要求

经停港按海关规定的《港口代码表》选择填报进口货物在运抵我国关境前的最后一个境外装运港。

指运港按海关规定的《港口代码表》选择填报出口货物运往境外的最终目的港。

(三)编码规则

根据实际情况,修订后的《港口代码表》由3位英文和3位数据组成。例如,缅甸仰光的港口代码为“MMR018”。

参数表:《港口代码表》。

(四)其他说明

(1)项目沿革。该项目为原报关项目的“装货/指运港”和原报检项目的“经停/到达口岸”,现合并为“经停/指运港”。

(2)其他。无。

五十五、包装种类

(一)项目类型

该申报项目为必填项。

该项目数据类型为2位字符型。

(二)录入要求

按照海关规定的《包装种类代码表》选择填报进出口货物的所有包装材料,包括运输包装和其他包装。

其中,运输包装即提运单所列货物件数单位对应的包装,按照海关规定的《包装种类代码表》,填报运输包装对应的2位包装种类代码。例如,使用再生木托作为运输包装的,在本栏填报中文“再生木托”或代码“92”。

若还有其他包装,包括货物的各类包装、植物性铺垫材料等,则在“其他包装”栏目的“包装材料种类”中,按照海关规定的《包装种类代码表》填报2位包装种类代码,在“包装件数”栏目中填报对应件数数字。例如,其他包装中含有纸制或纤维板制盒(箱)包装的,在本栏填报中文“纸制或纤维板制盒(箱)”或代码“22”。

(三)编码规则

《包装种类代码表》根据原报关和原报检的《包装种类代码表》修订而成。

参数表:《包装种类代码表》。

(四)其他说明

(1)项目沿革。该项目为原报关项目的“包装种类”和原报检项目的“包装种类(含辅助包装种类)”,现合并为“包装种类”。

(2)其他。无。

五十六、标记唛码

(一)项目类型

该申报项目为选填项。

该项目数据类型为字符型,最多支持录入400位。

(二)录入要求

填报标记唛码中除图形以外的文字、数字,无标记唛码的填报“N/M”。

(三)编码规则

无。

(四)其他说明

(1)项目沿革。该项目为原报关项目的“标记唛码及备注”和原报检项目的“标记唛码”,现合并为“标记唛码”。

(2)其他。无。

五十七、备注

(一)项目类型

该申报项目为选填项。

该项目数据类型为字符型,最多支持录入70位。

(二)录入要求

有以下情况的需按照填制规范的要求录入相关信息:

(1)受外商投资企业委托代理其进口投资设备、物品的,在本栏填报进出口企业名称。

(2)办理进口货物直接退运手续的,在本栏填报“<ZT”+“海关审核联系单号或者《海关责令进口货物直接退运通知书》编号”+“>”。

(3)保税监管场所进出货物,在“保税/监管场所”栏填报本保税监管场所编码[保税物流中心(B型)填报本中心的国内地区代码],若涉及货物在保税监管场所间流转的,在本栏填报对方保税监管场所代码。

(4)涉及加工贸易货物销毁处置的,在本栏填报海关加工贸易货物销毁处置申报表编号。

(5)当监管方式为“暂时进出货物”(2600)和“展览品”(2700)时,填报要求按相应规定进行。

(6)跨境电子商务进出口货物,在本栏填报“跨境电子商务”。

(7)加工贸易副产品内销,在本栏填报“加工贸易副产品内销”。

(8)服务外包货物进口,在本栏填报“国际服务外包进口货物”。

(9)公式定价进口货物,在本栏填报公式定价备案号,格式为:“公式定价”+备案编号+“@”。对于同一报关单下有多项商品的,如某项或某几项商品为公式定价备案的,则在本栏填报为:“公式定价”+备案编号+“#”+商品序号+“@”。

(10)进出口与《预裁定决定书》列明情形相同的货物时,按照《预裁定决定书》在本栏填报,格式为:“预裁定+《预裁定决定书》编号”。例如,某份预裁定决定书编号为 R－2－0100－2018－0001,则填报为“预裁定 R－2－0100－2018－0001”。

(11)含归类行政裁定报关单,在本栏填报归类行政裁定编号,格式为:“c”+4 位数字编号。例如,c0001。

(12)已经在进入特殊监管区时完成检验的货物,在出区入境申报时,在本栏填报“预检验”字样,同时在“关联报检单”栏填报实施预检验的报关单号。

(13)进口直接退运的货物,在本栏填报“直接退运”字样。

(14)企业提供 ATA 单证册的货物,在本栏填报“ATA 单证册”字样。

(15)进出口不含动物源性低风险的生物制品,在本栏填报“不含动物源性”字样。

(16)货物自境外进入境内特殊监管区或者保税仓库的,在本栏填报“保税入库”或者“境外入区”字样。

(17)海关特殊监管区域与境内区外之间采用分送集报方式进出的货物,在本栏填报“分送集报”字样。

(18)军事装备出入境的,在本栏填报“军品”或“军事装备”字样。

(19)申报商品的 HS 编码为 3821000000、3002300000 的,填报要求为:属于培养基的,在本栏填报“培养基”字样;属于化学试剂的,在本栏填报“化学试剂”字样;不含动物源性成分的,在本栏填报“不含动物源性”字样。

(20)属于修理物品的,在本栏填报“修理物品”字样。

(21)属于下列情况的,在本栏填报“压力容器”“成套设备”“食品添加剂”“成品退换”“旧机电产品”等字样。

(22)HS 编码为 2903890020(入境六溴环十二烷),用途为“其他(99)”的,在本栏填报具体用途。

(23)申报时其他必须说明的事项。

(三)编码规则

无。

(四)其他说明

(1)项目沿革。该项目为原报关项目的“标记唛码及备注”和原报检项目的“特殊检验检疫要求”,现合并为“备注”。

(2)其他。无。

五十八、集装箱号

(一)项目类型

该申报项目为选填项。

该项目数据类型为 11 位字符型。

(二)录入要求

使用集装箱装载进出口商品的,根据集装箱体上标示的全球唯一编号填报集装箱号。一份报关单有多个集装箱的,则在本栏分别录入集装箱号。

(三)编码规则

无。

(四)其他说明

(1)项目沿革。该项目为原报关和原报检项目的“集装箱号”,现合并为“集装箱号”,录入要求无变化。

(2)其他。无。

五十九、集装箱规格

(一)项目类型

该申报项目为选填项。

该项目数据类型为4位字符型。

(二)录入要求

使用集装箱装载进出口商品的,在填报集装箱号后,在本栏按照《集装箱规格代码表》选择填报集装箱规格。例如,装载商品的集装箱规格为“普通2＊标准箱(L)”,在本栏下拉菜单选择“11—普通2＊标准箱(L)”。

(三)编码规则

原报关《集装箱规格代码表》为1位英文,原报检《集装箱规格代码表》为3位数字,现行《集装箱规格代码表》采用2位数字代码。

参数表:《集装箱规格代码表》。

(四)其他说明

(1)项目沿革。该项目为原报关项目的“集装箱规格”和原报检项目的“集装箱号码(含集装箱规格)”,现合并为“集装箱规格”。

(2)其他。无。

六十、商品编号

(一)项目类型

该申报项目为必填项。

该项目数据类型为13位字符型。

(二)录入要求

填报由13位数字组成的商品编号。前8位为《进出口税则》和《海关统计商品目录》确定的编码;9、10位为监管附加编号,11～13位为检验检疫附加编号。

例如,申报进口商品“活龙虾”,需先在“商品编号”栏录入“0306329000”10位数编号,再在“检验检疫编码”栏下拉菜单的“101活虾”“102鲜活或冷的带壳或去壳的龙虾(养殖)”“103鲜活或冷的带壳或去壳的龙虾(野生的)”中,选择“101活虾”检验检疫附加编号。

(三)编码规则

无。

(四)其他说明

(1)项目沿革。该项目为原报关项目“商品编号”和原报检项目的“货物HS编码”,原报关项目“商品编号”填报10位数字,原报检项目“货物HS编码”填报13位数字,现合并为13位“商品编号”。

(2)其他。无。

六十一、商品名称

(一)项目类型

该申报项目为必填项。

该项目数据类型为字符型，最多支持录入 255 位。

(二)录入要求

填报要求如下：

(1)商品名称应据实填报，并与进出口货物收发货人或受委托的报关企业所提交的合同、发票等相关单证相符。

(2)商品名称应当规范，以能满足海关归类、审价及许可证件管理要求为准，可参照《海关进出口商品规范申报目录》中对商品名称的要求进行填报。

(3)已备案的加工贸易及保税货物，填报的内容必须与备案登记中同项号下货物的商品名称一致。

(4)对需要海关签发《货物进口证明书》的车辆，商品名称栏填报“车辆品牌＋排气量(注明cc)＋车型(如越野车、小轿车等)”。

(5)由同一运输工具同时运抵同一口岸并且属于同一收货人、使用同一提单的多种进口货物，按照商品归类规则应当归入同一商品编号的，应当将有关商品一并归入该商品编号。商品名称填报一并归类后的商品名称。

(6)加工贸易边角料和副产品内销，边角料复出口，填报其报验状态的名称。

(7)进口货物收货人以一般贸易方式申报进口属于《需要详细列名申报的汽车零部件清单》(海关总署 2006 年第 64 号公告)范围内的汽车生产件的，商品名称填报进口汽车零部件的详细中文商品名称和品牌，中文商品名称与品牌之间用“/”相隔，必要时可加注英文商业名称。

(8)出口享惠情况。出口享惠情况为出口报关单必填项目。可选择“出口货物在最终目的国(地区)不享受优惠关税”“出口货物在最终目的国(地区)享受优惠关税”“出口货物不能确定在最终目的国(地区)享受优惠关税”如实填报。进口货物报关单不填报该申报项。

(三)编码规则

无。

(四)其他说明

(1)项目沿革。该项目为原报关项目“商品名称”和原报检项目的“货物名称”，现合并为“商品名称”。

(2)其他。无。

六十二、法定第一数量

(一)项目类型

该申报项目为必填项。

该项目数据类型为数字型，最多支持录入 19 位，19 位中小数点后最多支持录入 5 位。

(二)录入要求

进出口货物按《海关统计商品目录》中确定的法定第一计量单位，填报对应的法定第一数量。

(1)法定计量单位为“千克”的按数量填报，特殊情况下填报要求如下：①装入可重复使用的包装容器的货物，应按货物扣除包装容器后的重量填报，如罐装同位素、罐装氧气及类似品等；②使用不可分割包装材料和包装容器的货物，按货物的净重填报（即包括内层直接包装的净重重量），如采用供零售包装的罐头、药品及类似品等；③按照商业惯例以公量重计价的商品，应按公量重填报，如未脱脂羊毛、羊毛条等；④采用以毛重作为净重计价的货物，可按毛重填报，如粮食、饲料等大宗散装货物；⑤采用零售包装的酒类、饮料、化妆品，按照液体部分的重量填报。

（2）成套设备、减免税货物如需分批进口，货物实际进口时，应按照实际报验状态确定数量。

（3）具有完整品或制成品基本特征的不完整品、未制成品，根据《商品名称及编码协调制度》归类规则应按完整品归类的，按照构成完整品的实际数量填报。

（4）法定计量单位为立方米的气体货物，折算成标准状况（即摄氏零度及1个标准大气压）下的体积进行填报。

（三）编码规则

无。

（四）其他说明

（1）项目沿革。该项目为原报关项目“法定第一数量”和原报检项目的“HS标准量”，现合并为“法定第一数量”，录入要求无变化。

（2）其他。无。

六十三、总价

（一）项目类型

该申报项目为必填项。

该项目数据类型为数字型，最多支持录入19位，19位中小数点后最多支持录入5位。

（二）录入要求

填报同一项号下进出口货物实际成交的商品总价格。无实际成交价格的，填报货值。

录入成交数量、成交单位、单价后，总价会自动生成。例如，某进口商品，录入成交数量1 000，成交单位为千克（代码0.35），单价10，总价则会自动生成10 000。

（三）编码规则

无。

（四）其他说明

（1）项目沿革。该项目为原报关项目的“总价”和原报检项目的“货物总值”，录入要求无变化。

（2）其他。无。

六十四、币制

（一）项目类型

该申报项目为必填项。

该项目数据类型为3位字符型。

（二）录入要求

按海关规定的《货币代码表》选择相应的货币名称及代码填报，如《货币代码表》中无实际成交币种，需将实际成交货币按申报日外汇折算率折算成《货币代码表》列明的货币填报。

录入时可在本栏下拉菜单中选择币制或按《货币代码表》录入相应的币制代码。

(三)编码规则

具体规则：《GBT 12406－2008 表示货币和资金的代码》。

参数表：《货币代码表》。

(四)其他说明

(1)项目沿革。该项目为原报关项目的“币制”和原报检项目的“币种”，现合并为“币制”。

(2)其他。无。

六十五、原产国(地区)

(一)项目类型

该申报项目为必填项。

该项目数据类型为3位字符型。

(二)录入要求

原产国(地区)依据《进出口货物原产地条例》《海关关于执行〈非优惠原产地规则中实质性改变标准〉的规定》以及海关总署关于各项优惠贸易协定原产地管理规章规定的原产地确定标准，按海关规定的《国别(地区)代码表》选择填报相应的国别(地区)名称及代码。

例如，某进口货物的原产国为“美国”，可在本栏下拉菜单中选择“UAS－美国”或录入“USA”，栏目自动生成“USA－美国”。

(三)编码规则

海关根据国家标准修订的《国别(地区)代码表》由3位英文构成。

参数表：《国别(地区)代码表》。

(四)其他说明

(1)项目沿革。该项目为原报关项目的“原产国(地区)”和原报检项目的“原产国”，现合并为“原产国(地区)”。

(2)其他。无。

六十六、境内目的地/境内货源地

(一)项目类型

该申报项目为必填项。

该项目数据类型字符型，“境内目的地/境内货源地代码”为5位，“目的地/产地代码”为6位。

(二)录入要求

进口申报境内目的地，出口申报境内货源地和产地。

境内目的地填报已知的进口货物在国内的消费、使用地或最终运抵地，其中最终运抵地为最终使用单位所在的地区。境内货源地填报出口货物在国内的产地或原始发货地。

按海关规定的《国内地区代码表》选择填报相应的国内地区名称及代码，并根据《中华人民共和国行政区划代码表》(简称《行政区划代码表》)选择填报对应的县级行政区名称及代码。无下属区县级行政区的，可选择填报地市级行政区。

例如，某批货物的境内目的地是广州市花都区。

在“境内目的地”栏下拉菜单选择“44019－广州其他”，或按海关规定的《国内地区代码表》录入“44019”，栏目自动生成“44019－广州其他”。

同时“目的地”栏下拉菜单选择“440100－广东省广州市”，或根据《行政区划代码表》录入“440114”，栏目自动生成“广州市花都区”。

（三）编码规则

参数表：《国内地区代码表》和《行政区划代码表》。

（四）其他说明

（1）项目沿革。该项目为原报关项目“境内目的地/境内货源地”和原报检项目的“目的地/产地”，现合并为“境内目的地/境内货源地”。

（2）其他。无。

六十七、境外收发货人代码

（一）项目类型

该申报项目为选填项。

该项目数据类型为字符型，最多支持录入20位。

（二）录入要求

境外收货人通常是指签订并执行出口贸易合同中的买方或合同指定的收货人，境外发货人通常是指签订并执行进口贸易合同中的卖方。

对于AEO互认国家（地区）企业的，编码填报AEO编码，填报样式按照海关总署发布的相关公告要求填报（如新加坡AEO企业填报样式为SG123456789012，韩国AEO企业填报样式为KR1234567，具体见相关公告要求）。

（三）编码规则

无。

（四）其他说明

（1）项目沿革。该项目为原报检项目的“收发货人代码”，现改名为“境外收发货人代码”。

（2）其他。原报检项目的“收发货人”无需录入代码，只录入发货人名称。

六十八、境外收发货人名称（外文）

（一）项目类型

该申报项目为必填项。

该项目数据类型为字符型，最多支持录入100位。

（二）录入要求

境外收货人通常是指签订并执行出口贸易合同中的买方或合同指定的收货人，境外发货人通常是指签订并执行进口贸易合同中的卖方。

（三）编码规则

无。

（四）其他说明

（1）项目沿革。该项目为原报检项目的“收发货人（外文）”，录入要求无变化。

（2）其他。无。

六十九、货物存放地点

(一)项目类型

该申报项目为条件必填项。

该项目数据类型为字符型,最多支持录入100位。

(二)录入要求

填报货物进境后存放的场所或地点,包括海关监管作业场所、分拨仓库、定点加工厂、隔离检疫场、企业自有仓库等。

(三)编码规则

无。

(四)其他说明

(1)项目沿革。该项目为原报检项目的“存放地点”,现改名为“货物存放地点”,录入要求无变化。

(2)其他。无。

七十、启运港

(一)项目类型

该申报项目为必填项。

该项目数据类型为8位字符型。

(二)录入要求

填报进口货物在运抵我国关境前的第一个境外装运港。

根据实际情况,按海关规定的《港口代码表》填报相应的港口名称及代码。

(三)编码规则

根据实际情况,修订后的《港口代码表》由3位英文和3位数据组成。例如,缅甸仰光的港口代码为“MMR018”。

参数表:《港口代码表》。

(四)其他说明

(1)项目沿革。该项目为原报检项目的“启运口岸”。

(2)其他。无。

七十一、入境口岸/离境口岸

(一)项目类型

该申报项目为必填项。

该项目数据类型为6位数字型。

(二)录入要求

入境口岸按海关规定的《国内口岸编码表》选择填报进境货物从跨境运输工具卸离的第一个境内口岸的中文名称及代码;采取多式联运跨境运输的,填报多式联运货物最终卸离的境内口岸中文名称及代码;过境货物填报货物进入境内的第一个口岸的中文名称及代码;从海关特殊监管区域或保税监管场所进境的,填报海关特殊监管区域或保税监管场所的中文名称及代码。其他无实际进境的货物,填报货物所在地的城市名称及代码。

出境口岸按海关规定的《国内口岸编码表》选择填报装运出境货物的跨境运输工具离境的第一个境内口岸的中文名称及代码；采取多式联运跨境运输的，填报多式联运货物最初离境的境内口岸中文名称及代码；过境货物填报货物离境的第一个境内口岸的中文名称及代码；从海关特殊区域或保税监管场所出境的，填报海关特殊区域或保税监管场所的中文名称及代码。其他无实际出境的货物，填报货物所在地的城市名称及代码。

（三）编码规则

参数表：《国内口岸编码表》。

（四）其他说明

(1)项目沿革。该项目为原报检项目的“入境口岸/离境口岸”，录入要求无变化。

(2)其他。无。

七十二、检验检疫编码(原 CIQ 编码)

（一）项目类型

该申报项目为必填项。

该项目数据类型为 13 位字符型。

（二）录入要求

在 13 位数字组成的商品编号中，前 8 位为《进出口税则》和《海关统计商品目录》确定的编码；9、10 位为监管附加编号，11～13 位为检验检疫附加编号。

例如，申报进口商品“活龙虾”，需先在“商品编号”栏录入“0306329000”10 位数编号，再在“检验检疫编码”栏下拉菜单的“101 活虾”“102 鲜活或冷的带壳或去壳的龙虾(养殖)”“103 鲜活或冷的带壳或去壳的龙虾(野生的)”中，选择“101 活虾”检验检疫附加编号。

（三）编码规则

无。

（四）其他说明

(1)项目沿革。该项目为原报关项目“商品编号”和原报检项目的“货物 HS 编码”，原报关项目“商品编号”填报 10 位数字，原报检项目的“货物 HS 编码”填报 13 位数字，现合并为 13 位“检验检疫编码”。

(2)其他。无。

七十三、原产国(地区)

（一）项目类型

该申报项目为选填项。

该项目数据类型为 6 位字符型，最多支持录入 50 位。

（二）录入要求

入境货物填写在原产国(地区)内的生产区域，如州、省等。例如，申报原产于美国纽约的樱桃，在本栏录入“840097－美国纽约”。

（三）编码规则

参数表：《世界各国地区名称和一级行政区划代码表》。

（四）其他说明

(1)项目沿革。该项目为原报检项目的“原产国(地区)”，录入要求无变化。

(2)其他。详见《世界各国地区名称和一级行政区划代码表》。

七十四、特殊业务标识

(一)项目类型

该申报项目为选填项。

该项目数据类型为10位字符型。

(二)录入要求

属于国际赛事、特殊进出军工物资、国际援助物资、国际会议、直通放行、外交礼遇、转关等特殊业务,根据实际情况勾选。

(三)编码规则

无。

(四)其他说明

(1)项目沿革。该项目为原报检项目的"特殊业务标识",录入要求无变化。

(2)其他。无。

七十五、检验检疫受理机关

(一)项目类型

该申报项目为必填项。

该项目数据类型为10位字符型。

(二)录入要求

填报提交报关单和随附单据的检验检疫机关。

(三)编码规则

参数表:《检验检疫机构代码表》。

(四)其他说明

(1)项目沿革。该项目为原报检项目的"报检机关",录入要求无变化。

(2)其他。无。

七十六、企业资质

(一)项目类型

该申报项目为有条件必填项。

该项目数据类型为5位字符型。

(二)录入要求

按进出口货物种类及相关要求,须在本栏选择填报货物的生产商/进出口商/代理商必须取得的资质类别。有多个资质的须全部填写。

(三)编码规则

参数表:《企业资质类别代码表》。

(四)其他说明

(1)项目沿革。该项目为原报检项目的"企业资质类别编码",录入要求无变化。

(2)其他。无。

七十七、企业资质编号

(一)项目类型

该申报项目为有条件必填项。

该项目数据类型为40位字符型。

(二)录入要求

按进出口货物种类及相关要求,须在本栏填报货物生产商/进出口商/代理商必须取得的资质对应的注册/备案编号。有多个资质的须全部填写。

(三)编码规则

无。

(四)其他说明

(1)项目沿革。该项目为原报检项目的"企业资质编号",录入要求无变化。

(2)其他。无。

七十八、领证机关

(一)项目类型

该申报项目为必填项。

该项目数据类型为10位字符型。

(二)录入要求

填报领取证单的检验检疫机关。

(三)编码规则

参数表:《检验检疫机构代码表》。

(四)其他说明

(1)项目沿革。该项目为原报关项目的"领证地",录入要求无变化。

(2)其他。无。

七十九、口岸检验检疫机关

(一)项目类型

该申报项目为必填项。

该项目数据类型为10位字符型。

(二)录入要求

填报对入境货物实施检验检疫的检验检疫机关。

(三)编码规则

参数表:《检验检疫机构代码表》。

(四)其他说明

(1)项目沿革。该项目为原报检项目的"口岸机构",录入要求无变化。

(2)其他。无。

八十、B/L 号

(一)项目类型

该申报项目为有条件选填项。

该项目数据类型为字符型,最多支持录入 20 位。

(二)录入要求

填报入境货物的提货单或出库单号码。当运输方式为“航空运输”时,无须填写。

(三)编码规则

无。

(四)其他说明

(1)项目沿革。该项目为原报检项目的“提/运单号”,现改名为“B/L 号”,录入要求无变化。

(2)其他。原报检“提货单”与原报关“提运单”项目意义一致,合并为“提运单号”后,原报检“提/运单号”改名为“B/L 号”。

八十一、目的地检验检疫机关

(一)项目类型

该申报项目为有条件必填项。

该项目数据类型为 10 位字符型。

(二)录入要求

需要在目的地检验检疫机关实施检验检疫的,在本栏填写对应的检验检疫机关。

(三)编码规则

参数表:《检验检疫机构代码表》。

(四)其他说明

(1)项目沿革。该项目为原报检项目的“目的地机构”,现改名为“目的地检验检疫机关”,录入要求无变化。

(2)其他。无。

八十二、启运日期

(一)项目类型

该申报项目为必填项。

该项目数据类型为 8 位字符型。

(二)录入要求

填报装载入境货物的运输工具离开启运口岸的日期。

本栏目为 8 位数字,顺序为年(4 位)、月(2 位)、日(2 位),格式为“YYYYMMDD”。

(三)编码规则

无。

(四)其他说明

(1)项目沿革。该项目为原报关项目的“启运日期”,录入要求无变化。

(2)其他。无。

八十三、原箱运输

(一)项目类型

该申报项目为选填项。

该项目数据类型为1位字符型。

(二)录入要求

申报使用集装箱运输的货物，根据是否原集装箱原箱运输，勾选“是”或“否”。

(三)编码规则

无。

(四)其他说明

(1)项目沿革。该项目为原报检项目的“原箱运输”，录入要求无变化。

(2)其他。无。

八十四、使用单位联系人

(一)项目类型

该申报项目为选填项。

该项目数据类型为字符型，最多支持录入20位。

(二)录入要求

填报进境货物销售、使用单位的联系人名字。

(三)编码规则

无。

(四)其他说明

(1)项目沿革。该项目为原报检项目的“使用单位联系人”，录入要求无变化。

(2)其他。无。

八十五、使用单位联系电话

(一)项目类型

该申报项目为选填项。

该项目数据类型为字符型，最多支持录入20位。

(二)录入要求

填报进境货物销售、使用单位的联系人的电话。

(三)编码规则

无。

(四)其他说明

(1)项目沿革。该项目为原报检项目的“使用单位联系电话”，录入要求无变化。

(2)其他。无。

八十六、UN编码

(一)项目类型

该申报项目是有条件必填项。

该项目数据类型为字符型，最多支持录入 20 位。

(二)录入要求

进出口货物为危险货物的，须按照《关于危险货物运输的建议书》，在“危险货物信息”中填写危险货物对应的 UN 编码。

(三)编码规则

参数表：《关于危险货物运输的建议书》。

(四)其他说明

(1)项目沿革。该项目为原报检项目的“危险货物和包装信息”，现改名为“危险货物信息”项下的“UN 编码”，录入要求无变化。

(2)其他。无。

八十七、非危险化学品

(一)项目类型

该申报项目是有条件选填项。

该项目数据类型为 1 位字符型。

(二)录入要求

企业填报的商品 HS 编码可能是危险化学品时，会弹出“危险货物信息”窗口进行提示，企业可在“非危险化学品”栏目中选择“是”或“否”。

(三)编码规则

无。

(四)其他说明

(1)项目沿革。该项目为原报检项目“危险货物和包装信息”，现改名为“危险货物信息”项下的“非危险化学品”，录入要求无变化。

(2)其他。无。

八十八、危包规格

(一)项目类型

该申报项目有条件选填项。

该项目数据类型为字符型，最多支持录入 24 位。

(二)录入要求

进出口货物为危险货物的，须根据危险货物包装规格实际情况，按照海关规定的《危险货物包装规格代码表》在“危险货物信息”项下的“危包规格”中，选择填报危险货物的包装规格代码。

(三)编码规则

参数表：《危险货物包装规格代码表》。

(四)其他说明

(1)项目沿革。该项目为原报检项目“危险货物和包装信息”项下的“危包规格”，现改名为“危险货物信息”项下的“危包规格”。

(2)其他。无。

八十九、危包类别

(一)项目类型

该申报项目有条件必填项。

该项目数据类型为4位字符型。

(二)录入要求

进出口货物为危险货物的,须按照《危险货物运输包装类别划分方法》,在"危险货物信息"项下的"危包类别"中,勾选危险货物的包装类别。

危险货物包装根据其内装物的危险程度划分为三种包装类别:一类为盛装具有较大危险性的货物;二类为盛装具有中等危险性的货物;三类为盛装具有较小危险性的货物。

(三)编码规则

参数表:《危险货物运输包装类别划分方法》。

(四)其他说明

(1)项目沿革。该项目为原报检项目"危险货物和包装信息"项下的"危包类别",现改名为"危险货物信息"项下的"危包类别",录入要求无变化。

(2)其他。无。

九十、危险货物名称

(一)项目类型

该申报项目有条件必填项。

该项目数据类型字符型,最多支持录入80位。

(二)录入要求

进出口货物为危险货物的,须在"危险货物信息"项下的"危险货物名称"中,填写危险货物的实际名称。

(三)编码规则

无。

(四)其他说明

(1)项目沿革。该项目为原报检项目"危险货物和包装信息"项下的"危险货物名称",现改名为"危险货物信息"项下的"危险货物名称",录入要求无变化。

(2)其他。无。

九十一、货物属性

(一)项目类型

该申报项目有条件必填项。

该项目数据类型为字符型,最多支持录入20位。

(二)录入要求

根据进出口货物的HS编码和货物的实际情况,按照海关规定的《货物属性代码表》,在本栏下拉菜单中勾选货物属性的对应代码。有多种属性的要同时选择。

(三)编码规则

参数表:《货物属性代码表》。

(四)其他说明

(1)项目沿革。该项目为原报检项目的"货物属性",录入要求无变化。

(2)其他。无。

九十二、用途代码

(一)项目类型

该申报项目为有条件必填项。

该项目数据类型为4位字符型。

(二)录入要求

根据进境货物的使用范围或目的,按照海关规定的《货物用途代码表》在本栏下拉菜单中填报。例如,进口货物为核苷酸类食品添加剂(HS编码为2934999001)时,用于工业时,应在本栏选择"工业用途";用于食品添加剂时,应在本栏选择"食品添加剂"。

(三)编码规则

参数表:《货物用途代码表》。

(四)其他说明

(1)项目沿革。该项目为原报检项目的"用途",录入要求无变化。

(2)其他。无。

九十三、所需单证

(一)项目类型

该申报项目为选填项目。

该项目数据类型字符型,最多支持录入500位。

(二)录入要求

进出口企业申请出具检验检疫证单时,应根据相关要求,在"所需单证"项下的"检验检疫签证申报要素"中,勾选申请出具的检验检疫证单类型。

(三)编码规则

无。

(四)其他说明

(1)项目沿革。该项目为原报检项目的"所需单证",录入要求无变化。

(2)其他。无。

九十四、检验检疫货物规格

(一)项目类型

该申报项目为选填项。

该项目数据类型为字符型,最多支持录入2 000位。

(二)录入要求

在"检验检疫货物规格"项下,填报"成分/原料/组分""产品有效期""产品保质期""境外生产企业""货物规格""货物型号""货物品牌""生产日期""生产批次"等栏目。

(三)编码规则

无。

(四)其他说明

(1)项目沿革。该项目为原报检项目的“货物规格”。

(2)其他。无。

九十五、产品许可/审批/备案号码

(一)项目类型

该申报项目为有条件必填项。

该项目数据类型字符型,最多支持录入40位。

(二)录入要求

进出口货物取得了许可、审批或备案等资质时,应在“产品资质”项下的“产品许可/审批/备案号码”中填报对应的许可、审批或备案证件编号。

(三)编码规则

无。

(四)其他说明

(1)项目沿革。该项目为原报检项目的“产品许可/审批/备案号码”,录入要求无变化。

(2)其他。无。

九十六、产品许可/审批/备案核销货物序号

(一)项目类型

该申报项目为有条件必填项。

该项目数据类型为2位字符型。

(二)录入要求

进出口货物取得了许可、审批或备案等资质时,应在“产品资质”项下的“产品许可/审批/备案核销货物序号”中填报被核销文件中对应货物的序号。

(三)编码规则

无。

(四)其他说明

(1)项目沿革。该项目为原报检申报项目的“产品许可/审批/备案核销货物序号”,录入要求无变化。

(2)其他。无。

九十七、产品许可/审批/备案核销数量

(一)项目类型

该申报项目为有条件必填项。

该项目数据类型为字符型,最多支持录入20位。

(二)录入要求

进出口货物取得了许可、审批或备案等资质时,应在“产品资质”项下的“产品许可/审批/备案核销数量”中,填报被核销文件中对应货物的本次实际进出口数(重)量。

注意:特殊物品审批单支持导入。

（三）编码规则

无。

（四）其他说明

（1）项目沿革。该项目为原报检申报项目的“产品许可/审批/备案核销数量”，录入要求无变化。

（2）其他。无。

九十八、产品许可/审批/备案类别代码

（一）项目类型

该申报项目为有条件必填项。

该项目数据类型为5位字符型。

（二）录入要求

进出口货物取得了许可、审批或备案等资质时，应在“产品资质”项下的“产品许可/审批/备案类别代码”中填报对应的许可、审批或备案证件类别。

（三）编码规则

无。

（四）其他说明

（1）项目沿革。该项目为原报检项目的“产品许可/审批/备案类别代码”，录入要求无变化。

（2）其他。无。

九十九、产品许可/审批/备案名称

（一）项目类型

该申报项目为有条件必填项。

该项目数据类型为字符型，最多支持录入100位。

（二）录入要求

进出口货物取得了许可、审批或备案等资质时，应在“产品资质”项下的“产品许可/审批/备案名称”中填报对应的许可、审批或备案证件名称。

（三）编码规则

无。

（四）其他说明

（1）项目沿革。该项目为原报检项目的“产品许可/审批/备案名称”，录入要求无变化。

（2）其他。无。

一〇〇、集装箱拼箱标识

（一）项目类型

该申报项目为选填项。

该项目数据类型为1位字符型。

（二）录入要求

进出口货物装运集装箱为拼箱时，在本栏下拉菜单中选择“是”或“否”。

(三)编码规则

无。

(四)其他说明

(1)项目沿革。该项目为原报检项目的“集装箱拼箱标识”,录入要求无变化。

(2)其他。无。

一〇一、集装箱商品项号关系

(一)项目类型

该申报项目为必填项。

该项目数据类型为字符型,最多支持录入255位。

(二)录入要求

当使用集装箱装载货物时,需填报集装箱体信息,包括集装箱号、集装箱规格、集装箱商品项号关系、集装箱货重。

其中,集装箱商品项号关系信息填报单个集装箱对应的商品项号,半角逗号分隔。例如,“APJU4116601”箱号的集装箱中装载了项号为1、3和5的商品时,应在“商品项号关系”录入“1,3,5”。

(三)编码规则

无。

(四)其他说明

(1)项目沿革。该项目为新增项目。

(2)其他。无。

一〇二、集装箱货重(KG)

(一)项目类型

该申报项目为必填项。

该项目数据类型为数字型,最多支持录入19位,19位中小数点后最多录入5位。

(二)录入要求

当使用集装箱装载货物时,需填报集装箱体信息,包括集装箱号、集装箱规格、集装箱商品项号关系、集装箱货重。

其中,集装箱货重录入集装箱箱体自重(千克)+装载货物重量(千克)。例如,集装箱重量和箱内装载的200箱商品重量合计为15 555千克时,在本栏录入“15 555千克”。

(三)编码规则

无。

(四)其他说明

(1)项目沿革。该项目为新增项目。

(2)其他。无。

一〇三、关联号码及理由

(一)项目类型

该申报项目为有条件必填项。

该项目数据类型为2位数字。

(二)录入要求

进出口货物报关单有关联报关单时，在本栏中填报相关关联报关单号码，并在下拉菜单中选择关联报关单的关联理由。

(三)编码规则

无。

(四)其他说明

(1)项目沿革。该项目为原报检项目的"关联报检号、关联理由"，现改名为"关联号码及理由"，录入要求无变化。

(2)其他。无。

一〇四、检验检疫签证申报要素

(一)项目类型

该申报项目为有条件必填项。

该项目数据类型为字符型，最多支持录入4 000位。

(二)录入要求

填报"所需单证"项下"检验检疫签证申报要素"时，在确认境内收发货人名称(外文)、境外收发货人名称(中文)、境外收发货人地址、卸毕日期和商品英文名称后，根据现行相关规定和实际需要，勾选申请单证类型，确认申请单证正本数和申请单证副本数后保存数据。

(三)编码规则

无。

(四)其他说明

(1)项目沿革。该项目为原报检项目的"所需单证"，录入要求无变化。

(2)其他。无。

一〇五、VIN 信息

(一)项目类型

该申报项目为有条件必填项。

该项目数据类型为字符型。

(二)录入要求

申报进口已获3C认证的机动车辆时，填报机动车车辆识别代码，包括：VIN序号、车辆识别代码(VIN)、单价、底盘(车架号)、发动机号或电机号、发票所列数量、品名(英文名称)、品名(中文名称)、提运单日期、型号(英文)、质量保质期共11项内容。

(三)编码规则

无。

(四)其他说明

(1)项目沿革。该项目为原报检项目"产品资质"项下的"VIN信息"，录入要求无变化。

(2)其他。无。

关检融合
统一申报
反馈问题汇总

应知考核

一、单项选择题

1. 海关规定对在海关注册登记的企业给予10位数代码编号,称为"经营单位代码"。在下列选项中,10位数代码的正确组成规定是( )。

A. 地区代码、企业性质代码和顺序代码

B. 企业详细地址代码、特殊地区代码、企业性质代码和顺序代码

C. 企业所在省、直辖市代码,特殊地区代码,企业性质代码和顺序代码

D. 企业的属地行政区代码、经济区代码、企业性质代码和企业顺序代码

2. 英国生产的产品,中国某公司自新加坡购买,从新加坡启运经中国香港转运至中国内地,填写报关单时启运地为( )。

A. 英国　　B. 新加坡　　C. 中国香港　　D. 不用填

3. 我国某进出口公司(甲方)与新加坡某公司(乙方)签订一出口合同。合同中订明,甲方向乙方出售5 000件衬衫,于2019年4月10日在上海装船,途经中国香港运往新加坡。在签订合同时,甲方得知乙方还要将该批货物从新加坡运往智利。根据上述情况填写报关单时,以下填写正确的是( )。

A. 运抵国(地区)为"香港",最终目的国(地区)为"新加坡

B. 运抵国(地区)为"新加坡",最终目的国(地区)为"智利"

C. 运抵国(地区)为"香港",最终目的国(地区)为"智利"

D. 运抵国(地区)为"智利",最终目的国(地区)为"智利"

4. 100美元的运费单价应填报( )。

A. 502/100/1　　B. 100美元　　C. 100　　D. 502/100/2

5. 大连盛凯公司(0903535020)委托辽宁省机械设备进出口公司(0801914031)与日本三菱重工签约进口工程机械,并委托大连外运公司代理报关,在填制进口报关单时,"经营单位"栏应为( )。

A. 大连盛凯公司(0903535020)

B. 辽宁省机械设备进出口公司(0801914031)

C. 大连盛凯公司

D. 大连外运公司

6. 某进出口公司向从国外进口一批钢板共70吨,在运输过程中加以捆扎放于船的甲板上。进口报关单上的"件数"和"包装种类"两个项目的正确填报应是( )。

A. 件数为70,包装种类为"吨"　　B. 件数为1,包装种类为"散装"

C. 件数为1,包装种类为"裸装"　　D. 件数为1,包装种类为"其他"

7. 某进出口公司向某国出口500吨散装小麦,该批小麦分装在一条船的三个船舱内,海关报关单上的"件数"和"包装种类"两个项目的正确填报应是( )。

A. 件数为500吨,包装种类为"吨"　　B. 件数为1,包装种类为"船"

C. 件数为3,包装种类为"船舱"　　D. 件数为1,包装种类为"散装"

8. 我国某进出口公司从香港地区购进一批松下显示器,该显示器为日本品牌,其中显像管为韩国生产,集成电路板由新加坡生产,其他零件均为马来西亚生产,最后由韩国组装成整机。该公司向海关申报进口该批电视机时,原产地应填报为( )。

A. 日本　　B. 韩国　　C. 新加坡　　D. 马来西亚

9. 某工厂从无关系的美国某企业购买了一批机械设备，成交条件为 CIF 广州，该批货物的发票列示如下：机械设备 USD10 000，运保费 USD500，卖方佣金 USD3 500，培训费 USD500，设备调试费 USD700。该批货物向海关申报的总价应是（　　）。

A. USD10 500　　B. USD14 500　　C. USD14 000　　D. USD15 200

10. 在中国台湾纺成的纱线，运到日本织成棉织物，并进行冲洗、烫、漂白、染色、印花。上述棉织物又被运往越南制成睡衣，后又经中国香港更换包装转销中国内地。中国海关应以下列（　　）为该货物的原产地。

A. 日本，因为成衣在日本进行了第一次实质性加工

B. 中国台湾，因为纱线是在中国台湾完成制造的

C. 越南，因为制成成衣在税则归类方面已经有了改变

D. 中国香港，因为该货物是从中国香港进口的

二、多项选择题

1. 某公司从日本进口联合收割机 10 台，并同时进口部分附件，分装 30 箱装运进口，发票注明每台单价为 CIF SHANGHAI USD22 400，总价为 USD224 000，附件不另计价。进口货物报关单中以下栏目填报正确的是（　　）。

A. 成交方式：海运　　B. 件数：30

C. 商品名称：联合收割机及附件　　D. 单价：22 400

2. 某合资企业从英国进口一批作为投资的机器设备，该企业委托 A 进出口公司对外签订进口合同，并代办进口手续，A 公司与外商订货后，随即委托 B 公司具体办理货物运输事宜，同时委托 C 报关公司负责办理进口报关手续。根据这种情况，请指出下列出现在报关单栏目内的单位中错误的有（　　）。

A. 经营单位：A 进出口公司　　B. 收货单位：某合资企业

C. 经营单位：B 公司　　D. 收货单位：A 进出口公司

3. 下列叙述中正确的有（　　）。

A. 件数栏目裸装货物填报为 1

B. 毛重栏计量单位为千克，不足 1 千克的填报为 1

C. 0.3%的保险费率，币制是美元，填报为 502/0.3/1

D. 应计入完税价格的 502 英镑杂费总价在报关单杂费栏中填报为 303/502/3

4. 在填报报关单“总价”项目时，下列叙述中正确的是（　　）。

A.“一般贸易”货物应按合同上订明的实际价格填报

B. 总价如非整数，其小数点后保留 4 位，第 5 位及以后略去

C. 无实际成交价格，可以免予填报

D. 某公司进口数码相机 1 000 台，单价为 300 美元，则总价栏目应该填写“502/300 000/3”

5. 北京某合资企业，经海关同意，将原从日本横滨港（港口航线代码 1354），海运进口的投资设备，转为内销。其进口货物报关单上的“装货港”应填报为（　　）。

A. 日本横滨港(1354)　　B. 中国境内

C. 0142　　D. 142

6. 下列对于货物属性代码的表述中正确的是（　　）。

A. 入境强制性产品认证产品:必须在入境民用商品认证(11 目录内、12 目录外、13 无须办理 3C 认证)中勾选对应项

B. 食品、化妆品是否预包装、是否首次进口,必须在食品及化妆品(14 预包装、15 非预包装、18 首次进口)中勾选对应项

C. 凡符合原质检总局 2004 年第 62 号令规定含转基因成分须申报的,必须在转基因(16 转基因产品、17 非转基因产品)中勾选对应项

D."成套设备""旧机电"产品,必须在货物属性(18 首次进出口、19 正常、20 废品、21 旧品、22 成套设备)中勾选对应项

7. 下列对于境内目的/境内货源地表述中正确的是(　　)。

A. 最终使用单位难以确定的,填报货物进口时预知的最终收货单位所在地

B. 出口货物产地难以确定的,填报最早发运该出口货物的单位所在地

C. 海关特殊监管区域、保税物流中心(B 型)与境外之间的进出境货物,境内目的地/境内货源地填报本海关特殊监管区域、保税物流中心(B 型)所对应的国内地区名称及代码

D. 出口货物需同时在"境内目的地代码"和"目的地代码"两个栏目录入相应的国内地区和县级行政区名称及代码;进口货物需同时在"境内货源地代码"和"产地代码"两个栏目录入相应的国内地区和县级行政区名称及代码

8. 进口货物收货人以一般贸易方式申报进口属于《需要详细列名申报的汽车零部件清单》范围内的汽车生产件的,下列表述中正确的是(　　)。

A. 商品名称填报进口汽车零部件的详细中文商品名称和品牌

B. 中文商品名称与品牌之间用"/"相隔

C. 中文商品名称与品牌之间无须用"/"隔开

D. 必要时加注英文商业名称

9. 下列对于经停/指运港表述中正确的是(　　)。

A. 出口货物的最终目的港不可预知的,按尽可能预知的目的港作为指运港填报

B. 经停港/指运港在《港口代码表》中无港口名称及代码的,可选择填报相应的国家名称及代码

C. 实际进出境的货物,填报"中国境内"及代码"CHN000"

D. 经停港按海关规定的《港口代码表》选择填报进口货物在运抵我国关境前的最后一个境外装运港

10. 消费使用单位填报已知的进口货物在境内的最终消费、使用单位的名称,包括(　　)。

A. 自行进口货物的单位

B. 委托进出口企业进口货物的单位

C. 自行出口货物的单位

D. 委托进出口企业出口货物的单位

三、判断题

1. 某化工进出口公司下属某厂以进料加工贸易方式进口原料一批,经海运抵港后,进口报关单的"备案号"栏应填报为该货物的《进料加工登记手册》的编号。(　　)

2. 同一张报关单上不允许填写不同海关统计商品编号的货物。(　　)

3. 报关单上的"收货单位"应为进口货物在境内的最终消费、使用的单位名称,"发货单位"应为出口货物在境内的生产或销售的单位名称。 ( )

4. 一份报关单可以允许填报多个许可证号。 ( )

5. 经营单位编码的第6位数为"1",则表示该企业的经济类型为"有进出口经营权的集体企业"。 ( )

6. 申报地海关的关别代码后两位为"00"。 ( )

7. 一份报关单只允许填报一个备案号,一份报关单只允许填报一种征免性质。 ( )

8. 报关单毛重栏目不得为空,毛重应大于或等于1,不得为0。 ( )

9. 保险费币制为美元,"保险费币制"应录入"USD"。 ( )

10. 加工贸易内销征税报关单,"随附单证代码"栏填报"Y"。一般贸易进出口货物"随附单证代码"栏填报"C"。 ( )

应会考核

■观念应用

【背景资料】

众所周知,海关有四大任务,即监管、征税、缉私和统计。王红对于前面三项任务都能理解,但对于"统计"这一任务却犯难了。海关是如何实行统计的呢?有人说,海关是利用H2000系统对电子录入报关单的栏目自动进行统计的,王红将信将疑。您能解答王红的疑惑吗?

■技能应用

北京煤炭进出口总公司对巴基斯坦签约出口"水洗炼焦煤"10万吨,由唐山煤炭分公司执行合同,组织货源,并安排出口。在这一情况下报关单"经营单位"栏目应填报为"北京煤炭进出口总公司"11091×××××(北京煤炭进出口总公司的编号)。该填报是否正确?为什么?

■案例分析

1. 一报关员认为,进口货物报关单上的"收货单位"应为进口货物在境内的最终消费、使用的单位名称,出口货物报关单上的"发货单位"应为出口货物在境内的生产或销售的单位名称。这种想法是否正确?为什么?

2. 某汽车进出口公司进口50辆德国生产小轿车,每辆车上附带一套法国生产的维修工具。进口报关时,维修工具的原产国应按小轿车填报德国。该处理是否正确?为什么?

项目实训

【实训项目】

关检融合报关单。

【实训情境】

通过本项目的实训,掌握和熟悉关检融合、单一窗口报关单的基本填制规范,能够独立地完成进出口报关单的实际操作。同时,能够结合商业发票(Commercial Invoice)、装箱单(Packing List)、提单(Bill of Lading,B/L)、装货单(Shipping Order,S/O)完成基本业务。

【实训要求】

请结合下列已经完成的一线(即从国外进口到保税港再从保税港出口到国外)、二线(国内出口到保税港，再从保税港进口到国内）业务报关单和相关单据，模拟演练报关单的实际操作技能，并注意填写事项，请先对英文单据进行解读并翻译成汉语。

任务1：一线进口、一线出口。

中华人民共和国海关进口货物报关单

091020181100093796

预录入编号：I20180000080775729　　海关编号：091020181100093796　　（连保税港）　　页码/页数：1/1

境内收货人（91210242792014979K）	进境关别（0908） 连大窑湾	进口日期 20180815	申报日期 20180821	备案号 H09107000055
境外发货人 ESSENTRA FZE	运输方式（2） 水路运输	运输工具名称及航次号 ATACAMA/1809I	提运单号 COSU6189619930	货物存放地点 保税港区
消费使用单位（91210242792014979K）	监管方式（5034） 区内物流货物	征免性质	许可证号	启运港（SGP000） 新加坡
合同协议号	贸易国（地区）（ARE） 阿联酋	启运国（地区）（ARE） 阿联酋	经停港（SGP000） 新加坡	入境口岸（210101） 大连港大窑湾港区

包装种类（99） 其他包装	件数 1844	毛重（千克） 31468	净重（千克） 27758	成交方式（1） CIF	运费	保费	杂费

随附单证及编号

随附单证2：发票

标记唛码及备注

备注：BSG20 [illegible] 国际转口贸易 作业单号：GJR09100180821000001买方：SUIFENHE HUOYI ECONOMIC AND TRADE LIMITED LIABILITY COMPANY境外入区 N/M　集装箱标箱数及号码：10；MAGU4886587；CCLU4698519；CBHU6424899；CBHU6195426；CCLU5106954；

项号	商品编号	商品名称及规格型号	数量及单位	单价/总价/币制	原产国（地区）	最终目的国（地区）	境内目的地	征免
1 (9536	5601221000 0|3|	过滤烟嘴 醋酸纤维	27758千克 1844件	94.8578 174917.7600 美元	阿联酋 (ARE)	中国 (CHN)	(21026/210213)大窑湾保税港区/大连市金州区	全免 (3)

特殊关系确认：　　价格影响确认：　　支付特许权使用费确认：　　自报自缴：否

报关人员　　报关人员证号09103337　　电话	兹申明对以上内容承担如实申报、依法纳税之法律责任	海关批注及签章
申报单位（91210242792014979K）	申报单位（签章）	

COSCO SHIPPING 中远海运集装箱运输有限公司 COSCO SHIPPING LINES CO., LTD.

COPY

PAGE: 1 OF 2

TLX: 33057 COSCO SHIPPING
FAX: +86(21) 65458984

PORT TO PORT OR COMBINED TRANSPORT BILL OF LADING

1. Shipper Insert Name Address and Phone/Fax	Booking No.	Bill of Lading No.
ESSENTRA FZE FOR AND ON BEHALF OF MIDDLETON VENT URES FZE PO BOX NO 261392 JEBEL ALI FREE ZONE**	6189619930	COSU6189619930
	Export References: DLC27621001V1	
2. Consignee Insert Name Address and Phone/Fax	Forwarding Agent and References FMC/CHB No.	
SUIFENHE HUOYI ECONOMIC AND TRADE L IMITED LIABILITY COMPANY SUIFENHE COMPREHENSIVE BONDED ZONE, ADMINISTRATIVE OFFICE BUILDING, 2ND FLOOR, ROOM 240 - 2*	Point and Country of Origin	
3. Notify Party Insert Name Address and Phone/Fax (It is agreed that no responsibility shall attach to the Carrier or his agents for failure to notify) SINOTRANSLIAONING CO.,LTD. ROOM 1102,SINOTRANS LIAONING BLDG, NO.85,RENMIN ROAD,DALIAN,CHINA	Also Notify Party-routing & Instructions	

4. Combined Transport* Pre-Carriage by	5. Combined Transport* Place of Receipt		
	JEBEL ALI,DUBAI		
6. Ocean Vessel Voy. No.	7. Port of Loading	Service Contract No.	Commodity Code
CMA CGM NORMA 0GE0OE1MA	JEBEL ALI		
8. Port of Discharge	9. Combined Transport* Place of Delivery	Type of Movement	
DALIAN	DALIAN,LIAONING	FCL / FCL CY-CY	

Marks & Nos. Container / Seal No.	No. of Container or Packages	Description of Goods (If Dangerous Goods, See Clause 20)	Gross Weight	Measurement
5 X 40' HC CNTR S	1844 CARTONS	5 X 40' STD CNTRS STC TOTAL 1844 CARTONS 1164 CARTONS OF 4656 TRAYS 132 X 24.3 X 340 STD, FILTER RODS 680 CARTONS OF 3400 TRAYS 108 X 24.30 X 340 STD, FILTER RODS HS CODE : 56012200 FREIGHT COLLECT DDC PAYABLE AT DESTINATION E/D NO.303-03914770-18 SHIPPED ON BOARD	31468.000KGS	75.0000CBM

ON CY-CY TERM
SHIPPER'S LOAD STOW COUNT AND SEAL
OCEAN FREIGHT COLLECT
*SUIFENHE CITY, HEILONGJIANG PROVINCE, CHINA
** TO BE CONTINUED ON ATTACHED LIST **

SURRENDERED

Declared Cargo Value US$

Description of Contents for Shipper's Use Only (Not part of This B/L Contract)

10. Total Number of Containers and/or Packages (in words) Subject to Clause 7 Limitation: SAY FIVE CONTAINERS TOTAL

11. Freight & Charges	Revenue Tons	Rate	Per	Amount	Prepaid	Collect	Freight & Charges Payable at / by

Received in external apparent good order and condition except as otherwise noted. The total number of the packages or units stuffed in the container, the description of the goods and the weights shown in this Bill of Lading are furnished by the merchants, and which the carrier has no reasonable means of checking and is not a part of this Bill of Lading contract. The carrier has issued 3 original Bills of Lading, all of this tenor and date, one of the original Bills of Lading must be surrendered and endorsed or signed against the delivery of the shipment and whereupon any other original Bills of Lading shall be void. The merchants agree to be bound by the terms and conditions of this Bill of Lading as if each had personally signed this Bill of Lading.
*Applicable Only When Document Used as a Combined Transport Bill of Lading.
Demurrage and Detention shall be charged according to the tariff published on the Home page of LINES.COSCOSHIPPING.COM. If any ambiguity or query, please search by "Demurrage & Detention Tariff Enquiry". Other services and more detailed information, pls visit LINES.COSCOSHIPPING.COM.

Date Laden on Board 19 JUL 2018

Signed by:

9805 Date of Issue 19 JUL 2018 Place of Issue DUBAI

Signed for the Carrier, COSCO SHIPPING LINES CO., LTD.

中远海运集装箱运输有限公司
COSCO SHIPPING LINES CO., LTD.　　COPY

Vessel: CMA CGM NORMA　　Voyage: 0GE0OE1MA　　B/L NO.: COSU6189619930　PAGE: 2 OF 2

Marks & Nos. Container / Seal No.	No. of Container or Packages	Description Of Goods (If Dangerous Goods, See Clause 20)	Gross Weight	Measurement
****DUBAI, UAE COSCO DALIAN INTERNATIONAL FREIGHT COMPANY LTD. 71 REN MIN ROAD ZHONGSHAN DIST DALIAN LIAONING CHINA PHONE: (86)411-82555088 FAX: (86)411-82658940				
MAGU4886587 /176707 /	388 CARTONS	/FCL / FCL /40GP/		
CCLU4698519 /004125 /	388 CARTONS	/FCL / FCL /40GP/		
CBHU6424899 /176763 /	388 CARTONS	/FCL / FCL /40GP/		
CBHU6195426 /B340803 /	388 CARTONS	/FCL / FCL /40GP/		
CCLU5106954 /B340805 /	292 CARTONS	/FCL / FCL /40GP/		

COMMERCIAL INVOICE

SHIPPER/EXPORTER ESSENTRA FZE FOR AND ON BEHALF MIDDLETON VENTURES FZE PO BOX NO：261393 JEBEL ALI FREE ZONE		NO& DATE OF INVOICE MV/NTM/44/18-19 Dt：01/07/18		
CONSIGNEE(SHIP TO) SUIFENHE HUOYI ECONOMIC AND TRADE LIMITED LIABILITY COMPANY SUIFENHE COMPREHENSIVE BODED ZONE ADMINISTRATIVE OFFICE BUIDING, 2ND FLOOR, ROOM 240-2 TEL：0411-3955-8931		L/C ISSUING BANK		
NOTIFY PARTY(BILL TO)		REMARKS		
PORT OF LOADING	FINAL DESTINATION			
JEBEL ALI	DALIAN CHINA			
CARRIER	SAILING ON			
SHIPPING MARK	DESCRIPTION OF GOODS	Q'ty	UNIT PRICE	AMOUNT
			(US$)	(US$)
NO MARKING	MONO ACETATE FILTER RODS	37,057.60 1000/RODS	4.72	$174,917.76
	TOTAL	**37,057.60** 1000/RODS		**$174,917.76**

PACKING LIST

SHIPPER/EXPORTER		NO& DATE OF INVOICE			
ESSENTRA FZE FOR AND ON BEHALF MIDDLETON VENTURES FZE PO BOX NO : 261393 JEBEL ALI FREE ZONE		MV/NTM/44/18-19 Dt: 25/06/18 NO& DATE OF L/C			
CONSIGNEE(SHIP TO) SUIFENHE HUOYI ECONOMIC AND TRADE LIMITED LIABILITY COMPANY SUIFENHE COMPREHENSIVE BODED ZONE ADMINISTRATIVE OFFICE BUIDING, 2ND FLOOR, ROOM 240-2 TEL : 0411-3955-8931		REMARKS			
NOTIFY PARTY(BILL TO) SAME AS CONSIGNEE					
PORT OF LOADING JEBEL ALI	FINAL DESTINATION DALIAN CHINA				
CARRIER	SAILING ON				
SHIPPING MARK	DESCRIPTION OF GOODS	Q'ty	N.W	G.W	M3
	MONO ACETATE FILTER RODS	1844 CTNS	27,758 KGS	31,468 KGS	
TOTAL		1,844 CTNS	27,758 KGS	31,468 KGS	

中华人民共和国海关出口货物报关单

091020180100051066

预录入编号：E201800000084813509　　海关编号：091020180100051066　　（连保税港）　　页码/页数：1/1

境内发货人（91210242792014979K）	出境关别（0908） 连大窑湾		出口日期	申报日期 20180823	备案号 H09107000055	
境外收货人 KOREA GYONGHENG TRADING CORPORATION	运输方式（2） 水路运输		运输工具名称及航次号 TONG MYONG 9/1834E	提运单号 1834E302EX		
生产销售单位（91210242792014979K）	监管方式（5034） 区内物流货物		征免性质	许可证号		
合同协议号	贸易国（地区）（PRK） 朝鲜		运抵国（地区）（PRK） 朝鲜	指运港（PRK905） 南浦（朝鲜）	离境口岸（210101） 大连港大窑湾港区	
包装种类（99） 其他包装	件数 1844	毛重(千克) 31468	净重(千克) 27758	成交方式（3） FOB	运费	保费	杂费

随附单证及编号

随附单证2:发票;企业提供的其他

标记唛码及备注

备注:BSG20 作业单号GJR09101180822000049 卖方：SUIFENHE HUOYI ECONOMIC AND TRADE LIMITED LIABILITY COMPANY国际转口贸易 N/M 关联报关单号：091020181100093796 集装箱标箱数及号码：10;CICU9766462;CICU9765300;YCCU4700904;YCCU4700843;CICU9766272;

项号	商品编号	商品名称及规格型号	数量及单位	单价/总价/币制	原产国(地区)	最终目的国(地区)	境内货源地	征免
1 (9536	5601221000	过滤烟嘴 0|0|醋酸纤维	27758千克 1844件	94.8578 174917.7600 美元	阿联酋 (ARE)	朝鲜 (PRK)	(21026)大窑湾保税港区	全免 (3)

特殊关系确认：　　价格影响确认：　　支付特许权使用费确认：　　自报自缴：否

报关人员　　报关人员证号09103337　　电话　　兹申明对以上内容承担如实申报、依法纳税之法律责任 申报单位（91210242792014979K）　　申报单位（签章）	海关批注及签章

COMMERCIAL INVOICE

SHIPPER/EXPORTER		NO& DATE OF INVOICE		
SUIFENHE HUOYI ECONOMIC AND TRADE LIMITED LIABILITY COMPANY SUIFENHE COMPREHENSIVE BODED ZONE ADMINISTRATIVE OFFICE BUIDING, 2ND FLOOR, ROOM 240-2 TEL：0411-3955-8931		MV/NTM/30/18-19 Dt：018/07/18 NO& DATE OF L/C		
CONSIGNEE(SHIP TO)		L/C ISSUING BANK		
NOTIFY PARTY(BILL TO)		REMARKS		
PORT OF LOADING	FINAL DESTINATION			
DALIAN, CHINA	NAMPO			
CARRIER	SAILING ON			
SHIPPING MARK	DESCRIPTION OF GOODS	Q'ty	UNIT PRICE (US$)	AMOUNT (US$)
NO MARKING	MONO ACETATE FILTER RODS	37,057.60 1000/RODS	4.72	$174,917.76
	TOTAL	37,057.60 1000/RODS		$174,917.76

PACKING LIST

SHIPPER/EXPORTER SUIFENHE HUOYI ECONOMIC AND TRADE LIMITE LIABILITY COMPANY SUIFENHE COMPREHENSIVE 2ND FLOOR, ROOM 240-2 TEL：0411-3955-893		NO& DATE OF INVOICE MV/NTM/30/18-19 NO& DATE OF L/C			
CONSIGNEE(SHIP TO) 0		REMARKS			
NOTIFY PARTY(BILL TO) SAME AS CONSIGNEE					
PORT OF LOADING DALIAN, CHINA	FINAL DESTINATION NAMPO				
CARRIER	SAILING ON				
SHIPPING MARK	DESCRIPTION OF GOODS	Q'ty	N.W	G.W	M3
	MONO ACETATE FILTER RODS	1844 CTNS	27,758.00 KGS	31,468.00 KGS	
TOTAL		1,844 CTNS	27,758 KGS	31,468 KGS	

任务2:二线出口入区、二线进口出区。

中华人民共和国海关出口货物报关单

091020180100050538

预录入编号：E20180000084618511　　海关编号：091020180100050538　　(连保税港)　　页码/页数：1/1

境内发货人 (9121021311837522XJ)	出境关别 (0910) 连保税港	出口日期	申报日期 20180821	备案号 B09037455723
境外收货人 NO	运输方式 (Y) 保税港区	运输工具名称及航次号	提运单号	
生产销售单位 (9121021311837522XJ)	监管方式 (0214) 来料加工	征免性质 (502) 来料加工	许可证号	
合同协议号	贸易国(地区) (JPN) 日本	运抵国(地区) (CHN) 中国	指运港 (CHN000) 中国境内	离境口岸 (210104) 大连大窑湾保税港区

包装种类 (99) 其他包装	件数 12	毛重(千克) 2105.75	净重(千克) 1675	成交方式 (3) FOB	运费	保费	杂费

随附单证及编号

随附单证2:代理报关委托协议（电子）;发票;装箱单

标记唛码及备注　两单一审报关单

备注:BSG20 [illegible] 加工费:838369JPY 材料费:7707536JPY作业单GJS09100180821000060买方:MELCO TECHNOREX CO.,LTD N/M　关联报关单号：091020181100094061

项号	商品编号	商品名称及规格型号	数量及单位	单价/总价/币制	原产国(地区)	最终目的国(地区)	境内货源地	征免
1 (14)	8414599050	轴流风扇 3|0|变频器散热用|散热扇|7.92W|MTR|MMF-12J24DS-CP1	500台 125千克 500个	645.3300 322665.0000 日本元	中国 (CHN)	中国 (CHN)	(21022)大连经济技术开发区	全免 (3)
2 (1)	8414599050	轴流风扇 3|0|变频器散热用|散热扇|2.4W|MTR|MMF-06H24SS-CX1	19200台 960千克 19200个	254.7700 4891584.0000 日本元	中国 (CHN)	中国 (CHN)	(21022)大连经济技术开发区	全免 (3)
3 (4)	8414599050	轴流风扇 3|0|变频器散热用|散热扇|2.16W|MTR|MMF-06H24SS-CX7	4800台 240千克 4800个	270.3900 1297872.0000 日本元	中国 (CHN)	中国 (CHN)	(21022)大连经济技术开发区	全免 (3)
4 (23)	8414599050	轴流风扇 3|0|变频器散热用|散热扇|3.6W|MTR|MMF-06L24SS-CX1	5800台 290千克 5800个	316.7100 1836918.0000 日本元	中国 (CHN)	中国 (CHN)	(21022)大连经济技术开发区	全免 (3)
5 (24)	8414599050	轴流风扇 3|0|变频器散热用|散热扇|4.8W|MTR|MMF-08L24SS-CX1	600台 60千克 600个	328.1100 196866.0000 日本元	中国 (CHN)	中国 (CHN)	(21022)大连经济技术开发区	全免 (3)

特殊关系确认：　　价格影响确认：　　支付特许权使用费确认：　　自报自缴：否

报关人员　　报关人员证号09103315　　电话	兹申明对以上内容承担如实申报、依法纳税之法律责任	海关批注及签章
申报单位 (912102007560837828)	申报单位(签章)	

中华人民共和国海关进口货物报关单

09102018110009406 1

预录入编号：I20180000084623953　　海关编号：091020181100094061　　（连保税港）　　页码/页数：1/1

境内收货人（91210242792014979K）	进境关别（0910） 连保税港	进口日期 20180821	申报日期 20180821	备案号 H09107000055
境外发货人 NO	运输方式（9） 其他方式运输	运输工具名称及航次号	提运单号	货物存放地点 保税港区
消费使用单位（91210242792014979K）	监管方式（5000） 料件进出区	征免性质	许可证号	启运港（CHN000） 中国境内
合同协议号	贸易国（地区）（JPN） 日本	启运国（地区）（CHN） 中国	经停港（CHN000） 中国境内	入境口岸（210104） 大连大窑湾保税港区

包装种类（99） 其他包装	件数 12	毛重(千克) 2105.75	净重(千克) 1675	成交方式（1） CIF	运费	保费	杂费

随附单证及编号

标记唛码及备注　两单一审备案清单
备注：BSG20 N/M

项号	商品编号	商品名称及规格型号	数量及单位	单价/总价/币制	原产国(地区)	最终目的国(地区)	境内目的地	征免
1 (5071	8414599050	轴流风扇 3|3|变频器散热用|散热扇|7.92W|MTR|MMF-12J24DS-CP1	500台 125千克 500个	645.3300 322665.0000 日本元	中国 (CHN)	中国 (CHN)	(21026/210213)大窑湾保税港区/大连市金州区	全免 (3)
2 (5071	8414599050	轴流风扇 3|3|变频器散热用|散热扇|2.4W|MTR|MMF-06H24SS-CX1	19200台 960千克 19200个	254.7700 4891584.0000 日本元	中国 (CHN)	中国 (CHN)	(21026/210213)大窑湾保税港区/大连市金州区	全免 (3)
3 (5071	8414599050	轴流风扇 3|3|变频器散热用|散热扇|2.16W|MTR|MMF-06H24SS-CX7	4800台 240千克 4800个	270.3900 1297872.0000 日本元	中国 (CHN)	中国 (CHN)	(21026/210213)大窑湾保税港区/大连市金州区	全免 (3)
4 (5071	8414599050	轴流风扇 3|3|变频器散热用|散热扇|3.6W|MTR|MMF-06L24SS-CX1	5800台 290千克 5800个	316.7100 1836918.0000 日本元	中国 (CHN)	中国 (CHN)	(21026/210213)大窑湾保税港区/大连市金州区	全免 (3)
5 (5071	8414599050	轴流风扇 3|3|变频器散热用|散热扇|4.8W|MTR|MMF-08L24SS-CX1	600台 60千克 600个	328.1100 196866.0000 日本元	中国 (CHN)	中国 (CHN)	(21026/210213)大窑湾保税港区/大连市金州区	全免 (3)

特殊关系确认：　　价格影响确认：　　支付特许权使用费确认：　　自报自缴：否

报关人员　　报关人员证号09103337　　电话　　兹申明对以上内容承担如实申报、依法纳税之法律责任　　海关批注及签章

申报单位（91210242792014979K）　　申报单位（签章）

DALIAN DIER OFFICE EQUIPMENT CO.,LTD
No.8-1 Liaohe Mide Road Economic DEVELOPMENT ZONE,DALIAN CITY

TEX:0411-6278-4225

INVOICE

FAX:0411-6278-4226

NO: DIER-18953

DATA: Aug.21.2018

CONSIGNEE: MELCO TECHNOREX CO.,LTD
1933-1 Hamakawa Shinden Kakegawa-city,Shizuoka,Japan

TEL:(0537)72-5611
FAX:(0537)72-5216

MARKS&NOS	Description of Goods			Quantity			Amount
DIER-18953	MATERIAL FEE (NO COMMERCIAL VALUE)						
SHIZUOKA							
C/S NO.1- 12	64770	98H230	/MMF-12J24DS-CP1	300	PCS	JPY 618.80	JPY 185,640.00
FAN MOTOR ASS'Y	64795	98H239	/MMF-06H24SS-CX1	16200	PCS	JPY 227.66	JPY 3,688,092.00
	64817	98H289	/MMF-06H24SS-CX7	2400	PCS	JPY 243.28	JPY 583,872.00
	64857	98H582	/MMF-06L24SS-CX1	2400	PCS	JPY 289.45	JPY 694,680.00
	67057	98H230	/MMF-12J24DS-CP1	200	PCS	JPY 618.80	JPY 123,760.00
	67085	98H239	/MMF-06H24SS-CX1	3000	PCS	JPY 227.66	JPY 682,980.00
	67120	98H289	/MMF-06H24SS-CX7	2400	PCS	JPY 243.28	JPY 583,872.00
	67206	98H582	/MMF-06L24SS-CX1	3400	PCS	JPY 289.45	JPY 984,130.00
	67215	98H583	/MMF-08L24SS-CX1	600	PCS	JPY 300.85	JPY 180,510.00
	TOTAL:			30900	PCS		JPY 7,707,536.00

FAN MOTOR ASS'Y PROCESSING FEE

64770	98H230	/MMF-12J24DS-CP1	300 PCS	JPY 26.53	JPY 7,959.00.
64795	98H239	/MMF-06H24SS-CX1	16,200 PCS	JPY 27.11	JPY 439,182.00
64817	98H289	/MMF-06H24SS-CX7	2,400 PCS	JPY 27.11	JPY 65,064.00
64857	98H582	/MMF-06L24SS-CX1	2,400 PCS	JPY 27.26	JPY 65,424.00
67057	98H230	/MMF-12J24DS-CP1	200 PCS	JPY 26.53	JPY 5,306.00
67085	98H239	/MMF-06H24SS-CX1	3,000 PCS	JPY 27.11	JPY 81,330.00
67120	98H289	/MMF-06H24SS-CX7	2,400 PCS	JPY 27.11	JPY 65,064.00
67206	98H582	/MMF-06L24SS-CX1	3,400 PCS	JPY 27.26	JPY 92,684.00
67215	98H583	/MMF-08L24SS-CX1	600 PCS	JPY 27.26	JPY 16,356.00

TOTAL: 30,900 PCS JPY 838,369.00

Contracting Country: JAPAN

TOTAL:F.O.B 30,900 PCS JPY 8,545,905.00

MADE IN CHINA

PACKINGLIST

DIER-18953
Aug.21.2018

MARKS&NOS	CASE NO.		Description	Quantity	PCS		CTNS	N/W(KG)	G/W(KG)
DIER-18953	1	98H239	/MMF-06H24SS-CX1	3000	PCS	15	CTNS	150.00	187.60
SHIZUOKA	2	98H289	/MMF-06H24SS-CX7	2400	PCS	12	CTNS	120.00	153.70
C/S NO.1- 12		98H289	/MMF-06H24SS-CX7	600	PCS	3	CTNS	30.00	33.90
	3	98H582	/MMF-06L24SS-CX1	1200	PCS	6	CTNS	60.00	85.90
		98H289	/MMF-06H24SS-CX7	1800	PCS	9	CTNS	90.00	101.70
	4	98H230	/MMF-12J24DS-CP1	300	PCS	6	CTNS	75.00	101.50
		98H230	/MMF-12J24DS-CP1	100	PCS	2	CTNS	25.00	27.80
	5	98H582	/MMF-06L24SS-CX1	1200	PCS	6	CTNS	60.00	85.90
		98H582	/MMF-06L24SS-CX1	1800	PCS	9	CTNS	90.00	101.70
	6	98H239	/MMF-06H24SS-CX1	1400	PCS	7	CTNS	70.00	97.20
		98H582	/MMF-06L24SS-CX1	1600	PCS	8	CTNS	80.00	90.40
	7	98H239	/MMF-06H24SS-CX1	3000	PCS	15	CTNS	150.00	187.60
	8	98H239	/MMF-06H24SS-CX1	3000	PCS	15	CTNS	150.00	187.60
	9	98H239	/MMF-06H24SS-CX1	3000	PCS	15	CTNS	150.00	187.60
	10	98H230	/MMF-12J24DS-CP1	100	PCS	2	CTNS	25.00	45.90
		98H583	/MMF-08L24SS-CX1	600	PCS	3	CTNS	60.00	65.85
	11	98H239	/MMF-06H24SS-CX1	3000	PCS	15	CTNS	150.00	187.60
	12	98H239	/MMF-06H24SS-CX1	2800	PCS	14	CTNS	140.00	176.30

Contracting Country：JAPAN

TOTAL:				30900	PCS	162	CTNS	1675.00	2105.75

162 CARTONS
12 PALLETS
V: 11.556

中华人民共和国海关进口货物报关单

0910201811000946665

预录入编号：I20180000084636981　　海关编号：091020181100094665　（连保税港）　　页码/页数：1/2

境内收货人 (91210213604820712A)	进境关别 (0910) 连保税港	进口日期 20180822	申报日期 20180822	备案号 E09037000013
境外发货人 MITSUBISHI ELECTRIC TRADING CORPORATION	运输方式 (Y) 保税港区	运输工具名称及航次号	提运单号 100050538	货物存放地点 保税港区
消费使用单位 (91210213604820712A)	监管方式 (0615) 进料对口	征免性质 (503) 进料加工	许可证号	启运港 (CHN000) 中国境内
合同协议号 MDI-09266	贸易国（地区）(JPN) 日本	启运国（地区）(CHN) 中国	经停港 (CHN000) 中国境内	入境口岸 (210104) 大连大窑湾保税港区

包装种类 (99) 其他包装	件数 12	毛重(千克) 2105.75	净重(千克) 1675	成交方式 (1) CIF	运费	保费	杂费

随附单证及编号

随附单证2:发票;企业提供的其他;代理报关委托协议（电子）

标记唛码及备注　两单一审报关单

备注:BSG20 [redacted] 卖方：MELCO TECHNOREX CO.,LTD.作业单GJS09101180822000098关联号091020180100050538 N/M　关联报关单号：091020180100050830

项号	商品编号	商品名称及规格型号	数量及单位	单价/总价/币制	原产国(地区)	最终目的国(地区)	境内目的地	征免
1 (1808	8414599050	轴流风扇 3|3|变频器散热用|散热扇|2.4W|MTR|MMF-06H24SS-CX1	16200台 810千克 16200个	361.0000 5848200.0000 日本元	中国 (CHN)	中国 (CHN)	(21022/210213)大连经济技术开发区/大连市金州区	全免 (3)
2 (1808	8414599050	轴流风扇 3|3|变频器散热用|散热扇|2.4W|MTR|MMF-06H24SS-CX1	3000台 150千克 3000个	361.0000 1083000.0000 日本元	中国 (CHN)	中国 (CHN)	(21022/210213)大连经济技术开发区/大连市金州区	全免 (3)
3 (2385	8414599050	轴流风扇 3|3|变频器散热用|散热扇|2.16W|MTR|MMF-06H24SS-CX7	2400台 120千克 2400个	353.0000 847200.0000 日本元	中国 (CHN)	中国 (CHN)	(21022/210213)大连经济技术开发区/大连市金州区	全免 (3)
4 (2385	8414599050	轴流风扇 3|3|变频器散热用|散热扇|2.16W|MTR|MMF-06H24SS-CX7	2400台 120千克 2400个	353.0000 847200.0000 日本元	中国 (CHN)	中国 (CHN)	(21022/210213)大连经济技术开发区/大连市金州区	全免 (3)
5 (2794	8414599050	轴流风扇 3|3|变频器散热用|散热扇|3.6W|MTR|MMF-06L24SS-CX1	2400台 120千克 2400个	350.0000 840000.0000 日本元	中国 (CHN)	中国 (CHN)	(21022/210213)大连经济技术开发区/大连市金州区	全免 (3)
6 (2794	8414599050	轴流风扇 3|3|变频器散热用|散热扇|3.6W|MTR|MMF-06L24SS-CX1	3400台 170千克 3400个	350.0000 1190000.0000 日本元	中国 (CHN)	中国 (CHN)	(21022/210213)大连经济技术开发区/大连市金州区	全免 (3)

特殊关系确认:否　　价格影响确认:否　　支付特许权使用费确认:否　　自报自缴:否

报关人员石磊　报关人员证号09103315　电话　　兹申明对以上内容承担如实申报、依法纳税之法律责任 申报单位（912102007560837828）[redacted]　　申报单位（签章）	海关批注及签章

中华人民共和国海关进口货物报关单

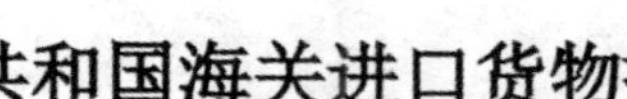
0910201811000946665

预录入编号：I20180000084636981　　海关编号：091020181100094665　（连保税港）　　页码/页数：2/2

项号	商品编号	商品名称及规格型号	数量及单位	单价/总价/币制	原产国(地区)	最终目的国(地区)	境内目的地	征免
7 (2795	8414599050	轴流风扇 3|3|变频器散热用|散热扇|4.8W|MTR|MMF-08L24SS-CX1	600台 60千克 600个	446.0000 267600.0000 日本元	中国 (CHN)	中国 (CHN)	(21022/210213)大连经济技术开发区/大连市金州区	全免 (3)
8 (1599	8414599050	轴流风扇 3|3|变频器散热用|散热扇|7.92W|MTR|MMF-12J24DS-CP1	300台 75千克 300个	730.0000 219000.0000 日本元	中国 (CHN)	中国 (CHN)	(21022/210213)大连经济技术开发区/大连市金州区	全免 (3)
9 (1599	8414599050	轴流风扇 3|3|变频器散热用|散热扇|7.92W|MTR|MMF-12J24DS-CP1	200台 50千克 200个	730.0000 146000.0000 日本元	中国 (CHN)	中国 (CHN)	(21022/210213)大连经济技术开发区/大连市金州区	全免 (3)

中华人民共和国海关出口货物报关单

0910201801000508 30

预录入编号：E201800000852497 81　　海关编号：091020180100050830　　（连保税港）　　页码/页数：1/2

境内发货人（91210242792014979K）	出境关别（0910）连保税港	出口日期	申报日期 20180822	备案号 H09107000055
境外收货人 NO	运输方式（9）其他方式运输	运输工具名称及航次号	提运单号	
生产销售单位（91210242792014979K）	监管方式（5000）料件进出区	征免性质	许可证号	
合同协议号	贸易国（地区）（JPN）日本	运抵国（地区）（CHN）中国	指运港（CHN000）中国境内	离境口岸（210104）大连大窑湾保税港区

包装种类（99）其他包装	件数 12	毛重(千克) 2105.75	净重(千克) 1675	成交方式（3）FOB	运费	保费	杂费

随附单证及编号

标记唛码及备注　两单一审备案清单
备注：BSG20 N/M

项号	商品编号	商品名称及规格型号	数量及单位	单价/总价/币制	原产国(地区)	最终目的国(地区)	境内货源地	征免
1 (5071	8414599050	轴流风扇 3|0|变频器散热用|散热扇|2.4W|MTR|MMF-06H24SS-CX1	16200台 810千克 16200个	361.0000 5848200.0000 日本元	中国 (CHN)	中国 (CHN)	(21026)大窑湾保税港区	全免 (3)
2 (5071	8414599050	轴流风扇 3|0|变频器散热用|散热扇|2.4W|MTR|MMF-06H24SS-CX1	3000台 150千克 3000个	361.0000 1083000.0000 日本元	中国 (CHN)	中国 (CHN)	(21026)大窑湾保税港区	全免 (3)
3 (5071	8414599050	轴流风扇 3|0|变频器散热用|散热扇|2.16W|MTR|MMF-06H24SS-CX7	2400台 120千克 2400个	353.0000 847200.0000 日本元	中国 (CHN)	中国 (CHN)	(21026)大窑湾保税港区	全免 (3)
4 (5071	8414599050	轴流风扇 3|0|变频器散热用|散热扇|2.16W|MTR|MMF-06H24SS-CX7	2400台 120千克 2400个	353.0000 847200.0000 日本元	中国 (CHN)	中国 (CHN)	(21026)大窑湾保税港区	全免 (3)
5 (5071	8414599050	轴流风扇 3|0|变频器散热用|散热扇|3.6W|MTR|MMF-06L24SS-CX1	2400台 120千克 2400个	350.0000 840000.0000 日本元	中国 (CHN)	中国 (CHN)	(21026)大窑湾保税港区	全免 (3)
6 (5071	8414599050	轴流风扇 3|0|变频器散热用|散热扇|3.6W|MTR|MMF-06L24SS-CX1	3400台 170千克 3400个	350.0000 1190000.0000 日本元	中国 (CHN)	中国 (CHN)	(21026)大窑湾保税港区	全免 (3)

特殊关系确认：　　价格影响确认：　　支付特许权使用费确认：　　自报自缴：否

报关人员　报关人员证号09103337　电话　兹申明对以上内容承担如实申报、依法纳税之法律责任	海关批注及签章
申报单位（91210242792014979K）　申报单位（签章）	

中华人民共和国海关出口货物报关单

0910201801000508300

预录入编号：E20180000085249781　　海关编号：091020180100050830　　(连保税港)　　页码/页数：2/2

项号	商品编号	商品名称及规格型号	数量及单位	单价/总价/币制	原产国(地区)	最终目的国(地区)	境内货源地	征免
7 (5071	8414599050	轴流风扇 3|0|变频器散热用|散热扇|4.8W|MTR|MMF-08L24SS-CX1	600台 60千克 600个	446.0000 267600.0000 日本元	中国 (CHN)	中国 (CHN)	(21026)大窑湾保税港区	全免 (3)
8 (5071	8414599050	轴流风扇 3|0|变频器散热用|散热扇|7.92W|MTR|MMF-12J24DS-CP1	300台 75千克 300个	730.0000 219000.0000 日本元	中国 (CHN)	中国 (CHN)	(21026)大窑湾保税港区	全免 (3)
9 (5071	8414599050	轴流风扇 3|0|变频器散热用|散热扇|7.92W|MTR|MMF-12J24DS-CP1	200台 50千克 200个	730.0000 146000.0000 日本元	中国 (CHN)	中国 (CHN)	(21026)大窑湾保税港区	全免 (3)

MELCO TECHNOREX

INVOICE

TO: MITSUBISHI ELECTRIC DALIAN INDUSTRIAL PRODUCTS CO., LTD.
DONGBEI 3-5, DALIAN ECONOMIC & TECHNICAL
DEVELOPMENT ZONE, DALIAN CHINA 116600
TEL: 86-411-87620535
FAX: 86-411-87649310
ATTN: MS. ZHANG FANG

NO.: MDI-09266
DATE: Aug 20, 2018

DELIVER TO: DALIAN YUE FENG WAN XIN INTERNATIONAL LOGISTICS CO.,LTD.
IVB-4-2, FREE TRADE LOGISTICS PARK,DALIAN,CHINA

TEL 0411-87599207
FAX 0411-87599209

P/O NO LINE	DESCRIPTION	QUANTITY	UNIT PRICE		AMOUNT	
NBL 12180401						
0001048969	MMF-06H24SS-CX1	16,200 PCS	JP¥	361	JP¥	5,848,200 -
0001049160	MMF-06H24SS-CX7	2,400 PCS	JP¥	353	JP¥	847,200 -
0001049217	MMF-06L24SS-CX1	2,400 PCS	JP¥	350	JP¥	840,000 -
0001048868	MMF-12J24DS-CP1	300 PCS	JP¥	730	JP¥	219,000 -
NBL 12180501						
0001060493	MMF-06H24SS-CX1	1,400 PCS	JP¥	361	JP¥	505,400 -
0001060488	MMF-06H24SS-CX1	1,600 PCS	JP¥	361	JP¥	577,600 -
0001060644	MMF-06H24SS-CX7	2,400 PCS	JP¥	353	JP¥	847,200 -
0001060684	MMF-06L24SS-CX1	1,000 PCS	JP¥	350	JP¥	350,000 -
0001060683	MMF-06L24SS-CX1	600 PCS	JP¥	350	JP¥	210,000 -
0001060682	MMF-06L24SS-CX1	600 PCS	JP¥	350	JP¥	210,000 -
0001060685	MMF-06L24SS-CX1	200 PCS	JP¥	350	JP¥	70,000 -
0001060690	MMF-06L24SS-CX1	400 PCS	JP¥	350	JP¥	140,000 -
0001060689	MMF-06L24SS-CX1	200 PCS	JP¥	350	JP¥	70,000 -
0001060688	MMF-06L24SS-CX1	400 PCS	JP¥	350	JP¥	140,000 -
0001060692	MMF-08L24SS-CX1	600 PCS	JP¥	446	JP¥	267,600 -
0001060398	MMF-12J24DS-CP1	200 PCS	JP¥	730	JP¥	146,000 -
	TOTAL	30,900 PCS			JP¥	11,288,200 -

TRADE TERMS: CIF DALIAN
PAYMENT TERMS: 60 DAYS AFTER INV DATE
COUNTRY OF ORIGIN: CHINA

MELCO TECHNOREX CO., LTD

鈴木広則

KA BUILDING 2F
3-12-20 IMAIKE
CHIKUSA-KU, NAGOYA 464-0850, JAPAN

MELCO TECHNOREX

PACKING LIST

TO: MITSUBISHI ELECTRIC DALIAN INDUSTRIAL PRODUCTS CO., LTD.
DONGBEI 3-5, DALIAN ECONOMIC & TECHNICAL
DEVELOPMENT ZONE, DALIAN CHINA 116600
TEL: 86-411-87620535
FAX: 86-411-87649310
ATTN: MS. ZHANG FANG

NO.: MDI-09266
DATE: Aug 20, 2018

DELIVER TO: DALIAN YUE FENG WAN XIN INTERNATIONAL LOGISTICS CO.,LTD.
IVB-4-2, FREE TRADE LOGISTICS PARK,DALIAN,CHINA

TEL 0411-87599207
FAX 0411-87599209

IDENTIFYING MARKS&NOS	DESCRIPTION		QUANTITY		N/W		G/W		
MDI	DC AXIAL-FLOW FAN								
DALIAN	MMF-06H24SS-CX1	IU1672-1	19,200	PCS	960.00	KGS	1211.50	KGS	
P/O NO. NBL12180401、12180501	MMF-06H24SS-CX7	IU2931-1	4,800	PCS	240.00	KGS	289.30	KGS	
C/NO. 1-12	MMF-06L24SS-CX1	IU3258-1	5,800	PCS	290.00	KGS	363.90	KGS	
MADE IN CHINA	MMF-08L24SS-CX1	IU3259-1	600	PCS	60.00	KGS	65.85	KGS	
	MMF-12J24DS-CP1	IU1309-1	500	PCS	125.00	KGS	175.20	KGS	
TOTAL			30,900	PCS	1675.00	KGS	2105.75	KGS	162 CARTONS

INVOICE NO.: MDI-09266
P.O.NO.: NBL12180401、12180501
COUNTRY OF ORIGIN: CHINA

MELCO TECHNOREX CO., LTD

鈴木広則

KA BUILDING 2F
3-12-20 IMAIKE
CHIKUSA-KU, NAGOYA 464-0850, JAPAN

任务3:填制实训报告

<table>
<tr><td colspan="3">《关检融合报关单》实训报告</td></tr>
<tr><td>项目实训班级:</td><td>项目小组:</td><td>项目组成员:</td></tr>
<tr><td>实训时间:　　年　　月　　日</td><td>实训地点:</td><td>实训成绩:</td></tr>
<tr><td colspan="3">实训目的:</td></tr>
<tr><td colspan="3">实训步骤:</td></tr>
<tr><td colspan="3">实训结果:</td></tr>
<tr><td colspan="3">实训感言:</td></tr>
<tr><td colspan="3">不足与今后改进:</td></tr>
<tr><td colspan="3">项目组长评定签字:　　　　　　　　　　项目指导教师评定签字:</td></tr>
</table>

参考文献

1. 姚雷、李贺、卢军:《报关实务》(第二版),上海财经大学出版社 2018 年版。

2. 2018 年报关水平测试:《报关业务技能》,中国海关出版社 2018 年版。

3. 中华人民共和国海关总署,http://www.customs.gov.cn。

4. 中华人民共和国商务部,http://www.mofcom.gov.cn。

5. 中国国际贸易单一窗口,https://www.singlewindow.cn。

6.《中国海关报关实用手册》编写组:《中国海关报关实用手册(2018 年版)》,中国海关出版社 2018 年版。

7. 海关总署监管司:《中国海关通关实务》,中国海关出版社 2017 年版。

8. 2018 年报关水平测试:《报关基础知识》,中国海关出版社 2018 年版。

9. 李贺、张静、王伟宏:《报检与报关实务》(第二版),上海财经大学出版社 2016 年版。

10. 王艳娜:《报关实务》,东北财经大学出版社 2016 年版。

11. 中华人民共和国海关进出口税则及申报指南编委会:《2018 年中华人民共和国海关进出口税则及申报指南》,中国商务出版社 2018 年版。

12. 罗兴武:《报关实务》,机械工业出版社 2017 年版。

13. 李贺、姚雷、田南生:《报检实务》,上海财经大学出版社 2016 年版。

14. 王桂英、牛淑梅:《出入境报检实务》,中国海关出版社 2017 年版。

15. 中国检验检疫出入境货物报检实用手册编委会:《中国检验检疫出入境货物报检实用手册》,中国标准出版社 2017 年版。

参考文献